稀見筆記叢刊

退庵隨筆

[清] 梁章鉅 編

欒保群 點校

文物出版社

圖書在版編目（CIP）數據

退庵隨筆／（清）梁章鉅編；欒保群點校．—北京：文物出版社，2019.8

（稀見筆記叢刊）

ISBN 978-7-5010-6185-3

Ⅰ.①退… Ⅱ.①梁… ②欒… Ⅲ.①筆記-中國-清代-選集 Ⅳ.①Z429.49

中國版本圖書館CIP數據核字（2019）第124174號

退庵隨筆 ［清］梁章鉅 編

點　　校：欒保群
責任編輯：李縉雲　劉永海
封面設計：程星濤
責任印製：张　麗
出版發行：文物出版社
地址：北京市東直門内北小街2號樓　郵編：100007
網站：http://www.wenwu.com　郵箱：web@wenwu.com
印　　刷：北京京都六環印刷廠
經　　銷：新華書店
開　　本：880mm×1230mm　1/32
印　　張：18.25
版　　次：2019年8月第1版
2019年8月第1次印刷
書　　號：ISBN 978-7-5010-6185-3
定　　價：82.00圓

出版説明

如果模仿一下出版界的一種宣傳時尚，《疑耀》也可以稱爲『奇書』了，但其『奇』乃在於它刊刻行世的曲折詭異。

書的作者是明代嶺南人張萱，但出版時所署的名字却是赫赫有名的『卓吾老子』李贄。書前的一篇署名張萱的序文，歷述自己負笈數千里，跑來投到李卓吾門下受業。大約很得老師器重，有一天，李卓吾取出一編手稿，『屬以訂正』。張萱接了過來，從此便當成枕中之寶，但後來覺得這樣的好書怎能秘不示人呢，便在『戊申歲』即萬曆三十六年（一六〇八），趁着在蘇州作官的機會，刻印了出來。這位『張萱』在序中向讀者保證這是一部奇書：『余知是編之行也，王充之《論衡》讓其確，應劭之《風俗通》讓其典，班固之《白虎通》讓其辯，蔡邕之《獨斷》讓其閎』。萬曆三十六年，距被冒名的作者李卓吾自盡於獄中已經有六七年了。

以上情節見於本書末所附《疑耀》『原序』。現在我們印在卷首的張萱之『序』則作於二十年後的崇禎元年（一六二八）。這篇『自序』否認自己是李贄的學生，而且特別申明，自己一向瞧不上這個『李禿』。《疑耀》的最初版本是萬曆三十六年自己在蘇州分司榷務時，在焦竑、黄汝亨二位幫助下刻印的。當時雖然成稿二十七卷，但後面的二十卷感覺還須修訂，正好榷關任滿得代，便衹刻了七卷就奉母還鄉了。直到天啟七年（一六二七），他才從友人信中得知，蘇州出現了盜印本，而且署名變成了『李贄』。到了次年，張萱有事到廣州，在友人李果卿家見到盜印本，而且盜印者還請人冒着自己的名作了篇序。於是張萱就在盜印本前寫了一篇文字，以澄清事實。這篇文字在清咸豐年間伍崇曜重刻《疑耀》時署爲『新序』，以區别盜印本的『僞序』，而我們這次排印整理本，就當成張萱的『自序』冠於卷首了。

張萱是《疑耀》的作者自然没有問題，但此事還是有一些不可解處。張萱在萬曆三十六年刻印《疑耀》，當時是『頗行於世，海内知交往往貽書見索』了，可是到天啟七年，還不足二十年的時間，蘇州的無良書商便公然盜刻，硬生生把作者之名改成李贄，却又讓『張萱』替李卓吾作了假序。奇怪的是，曾經『頗行於世』的原刻似乎全部没了蹤影，而且蘇州的讀書人也失去了記憶，從此之後，《疑耀》的作者就是李贄，與張萱一點兒關係也没有了。張萱面對盜版很是大度，除了向毫無關係的李卓吾發泄脾氣以『劃清界限』之外，對盜版者不怒反喜，頗有知遇的感激：『讀此書者能不以人廢言，今獲借他人以行於世，豈非此書之大幸耶？』但他想不到，明末署李贄之名的即是『禁書』，而禁書便能得以暢銷，到了清朝，李贄的書封禁如舊，而江南的書商却没有了印禁書的膽量了。張萱早已於崇禎九年（一六三六）以八十餘歲的高齡辭世，《疑耀》祇能帶着李贄的署名而被封殺。此後雖有屈大均在《廣東新語》、王士禎在《古夫于亭雜録》中對李贄的作者身份表示過懷疑，但也無濟於事。直到一百五十年後，乾隆時修《四庫全書》，《疑耀》作者的問題才由官方予以『落實』，以張萱署名的《疑耀》被收入《四庫》的『子部雜家類』。

張萱字孟奇，號九岳，别號西園。廣東博羅人。約生於嘉靖三十二年（一五五三），而卒於崇禎九年（一六三六）。萬曆十年（一五八二）舉於鄉。萬曆二十六年（一五九八）任職内閣制敕房中書舍人，得窺秘閣藏書。萬曆三十六年（一六〇八）官户部主事，分司蘇州滸墅關榷務，三十八年受代，陞户部郎中，不就職，離任即奉母回鄉。此後居家二十五年，以讀書著述爲樂，雖有徵聘，未再出仕。張萱自述所撰除《疑耀》四十餘卷外，尚有《彙雅》二十卷，《西園彙經》一百二十卷，《西園彙史》二百卷，《西園史餘》二百卷，《西園類林》五百卷，《西園聞見録》一百二十卷，《西園古文》六卷，《西園古韻》十卷。其中得到刊印的約有半數，但最爲讀書人愛讀的《疑耀》可惜在七卷之外没有再刻。

張萱没有對《疑耀》這書名做任何解釋，猜測其意，所謂『疑』就是讀書之疑，而『耀』則意爲發光，聯綴起來，大概是對讀書中所遇到的疑惑暗昧之處試圖開釋明白吧。好讀書而不冒從，衹要有迷惑不解之處，就敢於提出疑問，邁出這一步就是對抱守帖括的文奴思維的突破，已經難能可貴了。至於對疑惑的破解發明，那就要憑自己的學問見識了。《四庫》館臣説『是編考証故實，循循有法，雖間倡儒佛歸一之説，其言亦謹而不肆』，在明人著作中算是較高評價了。另外，就憑《疑耀》能冒着李卓吾的名字在知識界流布，使不明底細的人深信不疑，説明它總有與李卓吾相通之處。儘管張萱一嘴一個『李禿』地『大不敬』，但他的懷疑精神未必不受李贄的影響；雖然張萱不能接受李贄離經叛道的思想解放境界，但也不妨礙他在自己的認知水平上發表卓越的異見。萬曆年間，有張燧者編撰了一本《千百年眼》，專門從唐宋以至當代的學人著作中挖掘對歷史的新奇見解。入清之後，此書被禁，《四庫》更列入《禁燬書目》。張燧對當代學人兼取李贄與張萱，從《疑耀》（此時尚署名張萱）中採收了近二十條，由此也可以看出《疑耀》確有它的學術價值。

本次對《疑耀》的整理，是以文淵閣《四庫全書》本爲底本，以《叢書集成初編》排印的《嶺南遺書》本參校。失誤之處，敬請讀者指正。

校點者

序

《隨筆》一書，較桂林相國五種有其過之，真名臣言論也。執事以心得之學筆之於書，可坐而言，起而行，於世道人心所裨不淺，時賢著作如此，可貴耳。前贈《樞垣紀略》，掌故所繫，是樞廷不可少之書，至今繙讀不倦。今復得此編，耳目又爲之一新。所論皆平允通達之至，弟之拙著亦有與尊説暗合者，中間並無剌謬，可傳之書也。其參酌先儒語録、議論，正大和平，實有益於身心性命之學。願執事莅治後，即以廣示吏民。弟讀之起敬起畏，想他人讀之亦然，成就多少好官，成就多少好人，此豈尋常著作之比哉？謹當日置座右，以爲晚節之助云。道光十六年夏六月，愚兄阮元識。

自序

《退庵隨筆》者，隨所見之書而筆之，隨所聞之言而筆之，隨所歷之事而筆之，而於庭訓師傳尤所服膺，藉以檢束身心、講求實用而已，初無成書義例也。日月既積，楮墨遂多，里居多暇，方取而整比之，以類聚，以卷分，則凡可以勸善黜邪、訂訛砭惑者咸具焉。曩有古格言之刻，以唐、五代前爲斷。兹編則自有宋以迄今兹，時代愈近，其辭愈費，而其旨益暢，其境亦益新。乙［未］夏奉召復出，乃以稿自隨。去歲過關中，遽爲友人付梓。擕至日下，同人皆以爲有用之書，非説部雜家比。爰質之儀徵師相，承爲增删數事，題字卷端。既抵桂林，公餘復有勘補，擴爲十五門二十二卷，重付手民，因紀其緣起如此。道光十七年退庵居士自記。

目録

卷一 …… 一
躬行 …… 一
卷二 …… 二三
交際 …… 二三
卷三 …… 四九
學殖 …… 四九
卷四 …… 六九
官常一 …… 六九
卷五 …… 九一
官常二 …… 九一
卷六 …… 一一三
政事一 …… 一一三
卷七 …… 一三九
政事二 …… 一三九
卷八 …… 一五九
政事三 …… 一五九
卷九 …… 一八三
家禮一 …… 一八三
卷十 …… 二一三
家禮二 …… 二一三
卷十一 …… 二四三
家誡 …… 二四三

卷十二……二七三
攝生……二七三
卷十三……二九一
知兵……二九一
卷十四……三二一
讀經一……三二一
卷十五……三四五
讀經二……三四五
卷十六……三七三
讀史……三七三
卷十七……四〇三
讀子一……四〇三
卷十八……四二七
讀子二……四二七
卷十九……四五一
學文……四五一
卷二十……四八一
學詩一……四八一
卷二十一……五〇一
學詩二……五〇一
卷二十二……五四一
學字……五四一

卷一

躬行

自管子以「晏安」與「酖毒」並論，警人最爲深切，而世多忽其言。惟吕東萊《博議》中有「管仲言晏安論」一則，反覆闡明，其義愈著，讀之如聞清夜鐘，不覺汗流浹背也。其言曰：「昔管仲告齊威公〔一〕曰：『晏安、酖毒，不可懷也。』酖入人之口，裂肝腐腸，死不旋踵。晏安雖敗德，其禍豈遽至是？意者仲有警世之心，而不免於駭世之病歟？殆非也。使仲果盡言其實，則世將愈駭矣。世之死於酖者，千萬人

〔一〕「齊威公」，吕祖謙《左氏博議》爲避諱改「桓公」爲「威公」。

而一人耳，死於晏安者，天下皆是也。晏安之毒，至慘至酷，無物可譬，仲殆就世之所畏者爲譬也。地之於車，莫仁於羊腸，而莫不仁於康衢。水之於舟，莫仁於瞿塘，而莫不仁於溪澗。蓋戒險則全，玩平則覆。端居之暇，試思使吾志衰氣惰者誰歟？使吾功隳業廢者誰歟？使吾弛備忘患而陷於禍者誰歟？皆晏安之爲也。是晏安者，衆惡之門，以賢入者以愚出，以明入者以昏出，以剛入者以懦出，以潔入者以汙出，殺身滅國，項背相望，豈不甚可畏也！雖然，君子之所欲，與人無異也，苟晏安果可樂，則君子先據之矣。其所以去彼取此者，實見衆人之放肆偷惰，百殃並集，其心戚然不甯，乃憂患之大者耳。君子外雖憂勤中有逸樂者，自强不息，心廣體胖，無人非，無鬼責，然則善擇晏安者誰若君子哉！」

王伯厚先生曰：「成湯、周公，皆坐以待旦。康王晚朝，宣王晏起，則《關雎》作諷，姜后請愆，況朝而受業，爲士之職。《書》曰：『夙夜浚明有家。』《孝經》言卿大夫之孝，引《詩》云『夙夜匪懈』，言士之孝，引《詩》云『夙興夜寐』。讒鼎之銘曰『昧旦丕顯，後世猶怠』，叔向所以戒也。『三晨晏起，一朝科頭』，管幼安所以懼也。『在家常早起』，杜子美所謂質朴古人風者也。『雞鳴咸盥櫛，問訊謹暄涼』，朱子之詔童蒙也。『觀起之蚤晏，知家之興廢』，呂子之訓門人也。『起不待鳴雞』，陸務觀《示兒》之詩也。『雞鳴率家人同起，不可早晏無常』，葉少藴與子之書也。『雞鳴而起，决擇於善利之間，［爲舜］而已矣。』按此節載《困學紀聞》，誠爲警世之鐸。蓋自古聖賢及志士無不早起，早起則心體清明，人事尚未牽纏，讀書易於領悟，一切皆事半功倍。故相士之道，相宅之法，但觀其早起晏起而成敗可决矣。

周興嗣之言曰：「知過必改。」[一]此四字最結實。必改固難，知過尤難。夫以子夏之賢，有三罪而不自知，必待曾子責之始投杖而拜。以曾子之賢，又不知「不避大杖」之過，必待夫子責之而後明。使曾子無夫子，子夏無曾子，直終身不知其非耳。然則知過者鮮矣，能知人之過而忠言之者亦鮮矣，所以貴乎高明直諒之師友而勇於聽受也。

黄陶庵淳耀《（我）［吾］師録》云：「程子嘗見一學者忙迫，問其故，曰：『欲了幾處人事。』曰：『某非不欲周旋人事者，曷嘗似賢急迫。』朱子論『主一無適』云：『主一只是心專一，不以他念雜之。無適只是不走作，如讀書時只讀書，著衣時

［一］「知過必改」，見梁·周興嗣編《千字文》。

只著衣，了此一件，又做一件，身在這裏，心亦在這裏。』此皆先儒直指調心法示人。近周叔夜先生有言：『因事之煩冗而動躁火也，治之有二。其一自解云：待我逐頭清來；其一自解云：事完之後，却有何事，間亦何用？此躁之在事前者治法如此。若在事後者，治法亦有二。其一自解云：人生安能無勞？其一自解云：此勞未必無益，此身不必太惜。』此治躁之骨髓也，推之榮辱禍福，皆可以此心對治之矣。」

朱子嘗言：「延平先生終日無疾言遽色。常歎何修至此，自分雖終身不能學也。」又言：「李先生初間亦是豪邁底人，後來也是琢磨之功。」觀此則知學之能變化氣質也。

朱子答路德章曰：「向見伯恭説，少時性氣粗暴，嫌飲食不如意，便敢打破家私。後因久病，只將一册《論語》早晚間看，忽然覺得意思一時平了，遂終身無暴怒。此可爲讀書變化氣質之法。」

近人有輯成語作楹帖者，曰「無事此静坐，有福方讀書」，余每喜書之。近乃知讀書有實功，静坐尚是誑語也。昔朱子答張元德云：「明道教人静坐，只是收斂此心，莫令走作。蓋爲是時諸人相從在學中，無甚外事，故教之如此。今若無事，固是只得静坐。若特地將静坐做一件工夫，却是釋子坐禪矣。但宜著一『敬』字通貫動静，則無可議耳。」《語録》中又云：「人在世間未有無事時節，若事至前而自家却要主静，頑然不應，便是槁木死灰。無事時敬在裏面，有事時敬在事上，有事無事，吾之敬未嘗間斷也。且如應接賓客，敬便在賓客上，賓客去後，敬又在這裏。若厭苦賓客而爲之心煩，此即是自撓亂，非所謂敬矣。」

李二曲容《四書反身録》云：「儒字從人從需，言爲人所需也。式其儀範，則道德爲人所需；賴其匡定，則經濟爲人所需。二者宇宙之元氣，生人之命脉，乃所必需而一日不可無者也。然道德不見之經濟，則有體無用，迂闊而遠於事情；經濟不本於道德，則有用無體，苟且而雜夫功利。各居一偏，終非全儒也。」按此解「儒」字甚有理致，其實則古人并無此訓。《説文》：「儒，柔也，術士之稱，从人需聲。」段懋堂玉裁曰：「儒之言優也，柔也，能安人，能服人。又儒者濡也，以先王之道能濡其身。」此皆古訓，講學家之義已在其中矣。

真西山先生嘗言：「無心而誤，則謂之過；有心而爲，則謂之惡。不待别爲不善方謂之惡，只知過不改，便謂之惡。《易》曰：『風雷，益。君子以見善則遷，有過則改。』天下之至迅疾者，莫如風雷，故聖人以爲遷善改過之象。」

《明儒學案》載：南大吉知紹興府時，王文成方倡道東南。一日質於文成曰：「大吉臨政多過，先生何無一言？」文成曰：「何過？」大吉歷數其事。文成曰：「吾言之矣。」大吉曰：「無之。」文成曰：「然則何以知之？」曰：「良知自知之。」文成曰：「『良知』獨非我言乎？」大吉笑謝而去。數日數過加密，謂文成曰：「與其有過而悔，不若先言之使其不至於過也。」文成曰：「人言不如自悔之真。」又笑謝而去。居數日，謂文成曰：「身過可免，心過奈何？」曰：「昔鏡未開，可以藏垢，今鏡明矣，一塵之落，自難住脚，此正入聖之機也，勉之。」

吾鄉何元子楷嘗謂：「《易》言『頻復，厲』。夫舉動不肯諦思，動輒言誤，誤事豈可屢見？慎勿恃改過爲盛德，而漫無絶私勝己之功也。」劉念臺宗周亦曰：「吾輩習俗既深，平日所爲皆惡也。學者只有去惡可言，改過工夫且用不著。」此皆鞭辟入裏之論。

前明蔡虛齋先生，既登第，不求仕，惟在開元寺授徒。一日爲其母畫像，母久不出。虛齋往請，母曰：「汝成進士十年，我尚不得一新布衣，不欲出見客也。」虛齋大傷之，即赴選。在任心動，告歸，不久而父逝。後又貧不能自給，求得南京部司，以去鄉近也。到任又心動，復告歸，其母亦不久即逝。人以爲孝感。虛齋提學江西，寄四金以周其寡表嫂，丁甯告誡萬勿浪費。此等事當時即以爲佳話，至今人猶樂道之。李文貞所謂「窮得熱鬧」者，足以起懦廉頑。今人眼匡愈大，手頭愈鬆，毫無此流風餘韻矣。

陳白沙獻章曰：「學者須先理會氣象，氣象好時，百事自當。」此言最可玩味，即變化氣質之謂也。言語動靜，便是理會氣象地頭。變急爲緩，變激烈爲和平，則有大功亦遠禍之道也，非但氣象好而已。

呂新吾坤曰：「周子謂『聖可學乎，曰無欲』。愚謂聖人不能無欲，七情中合下有欲字。孔子言『己欲立、欲達』，孟子言『廣土衆民，君子欲之』。天欲不可無，人欲不可有。天欲公也，人欲私也。周子云聖『無欲』，不如云聖『無私』，此二字即三氏所由分也。」

又曰：『孔子七十而後從心，六十九歲時尚未敢言從也。衆人一生只是從心從心，安得好？聖學戰戰兢兢，只是降伏一箇『從』字，不曰『戒慎』『恐懼』，則曰『憂勤』『惕厲』。若任意可不離道，聖賢性不與人殊，何苦如此？」

黄陶庵曰：「趙清獻公言：『吾晝之所爲，夜必焚香告天，所不可告者，則不敢爲也。』陸九韶隱居山中，晝之所爲，夜必書之。元許魯齋亦然。《二程遺書》載：張天祺自約：『上牀便不得思量事，不思量事亦須强把這心寄寓在一箇形像。』司馬君實言：『吾得術矣，只管念一箇中字。』《朱子語録》言：『趙叔平平生用功，以一器盛黑豆，一器盛白豆，中置一虛器。才一善念動，則取白豆投其中；惡念動，則取黑豆投其中。至夜，倒虛器中，觀其黑白，以驗善惡念之多寡。初時黑多白少，久之漸平，又久之則白多黑少。』國朝張文定公邦奇每日晨興拜天，取《易》《詩》《書》要語，如『乾，元亨利貞』，『勅天之命，惟時惟幾』，『我其夙夜，畏天之威，于時保之』云云者，對天默誦數遍。官翰林時，有《觀頤録》，每夕考過。此諸公所行，疎密不同，皆攝心法也。若能直下見性，便不須如此捉捺。然人日在是非窠臼中，寸陰未轉，尺波已興，故必有神秀之『時時拂拭』，而後有惠能之『本無拂拭』也。」又曰：「聖賢千言萬語，説的是我心頭佳話，立的是我身上妙方，不必另竭心思，舉而措之，無往不效。而今把一部《四書》，當作聖賢遺留下富貴的本子，終日誦讀，惓惓只爲身家，譬如僧道替人念消災禳禍的經懺一般，絶不與己相干，只是賺些經錢食米來養活此身，把聖賢垂世立教之意辜負盡了。仔細思量，能無笑死愧死哉！」

或問《四書》疑義於李二曲，二曲曰：「吾子是行至此致疑乎，抑徒誇精鬥靡、以資講説已耶？夫《大學》之要，在格致、誠、正、修。試切己自勘：物果格乎？知果致乎？果意誠、心正、身修以立本乎？《中庸》之要，在戒慎恐懼，涵養於未發之前；子臣弟友，盡道於日用之際。試切己自勘：果或静或動，兢兢焉惟獨之是慎乎？果於子臣弟友盡道而無歉乎？《論語》之要，在於時學習。試切己自勘：果明善乎？果復初乎？果視聽言動之復禮乎？果忠信篤敬之交修乎？《孟子》之要，在知言、養、氣、求放心。試反己自勘：言果知乎？氣果養乎？心果收乎？五霸者，三王之罪人也。然則吾曹日讀《四書》，而不惟其言之是踐，雖欲不謂之孔、曾、思、孟之罪人不可也。昔有一士，從師千里。師悉出經書，欲盡講授。甫講一語，其士即稽首請退，浹月弗至。問之，則對曰：『未盡行初句，弗敢至也。』必如此始可謂實踐，始可謂善讀書哉！」

李二曲又曰：「顏子之不違如愚，正顏子之聰明絶人。蓋本心既空，則受教有地，入道有機。吾人生二千載之下，不獲親炙顔子，玩『如愚』二字，恍若覩其遺像，不覺口耳盡喪，心形俱肅，然後知平日之喋喋論辨、孜孜發明者，特淺夫小慧，道聽塗説，視顔之潛體默會、不言而喻，賢不肖之相去何啻天淵！此不愚，正所以爲愚也。」

黄香石培芳《虎坊雜識》云：「學者當明義利之辨。一部《孟子》皆是辨明義利。至『桃應問瞽瞍殺人』一章，則是義利之辨盡頭處矣。在皋陶，知有法而不知有天子之父，但有執之而已矣。在舜，知有法而不知有天下，但有竊父而逃而已矣。桃應所問似甚難人，而孟子義理熟極，只據當下義理斷之，更無難答；落第二念，即依迴周折於其間矣。故自古高世之行，非常之事，其理不離於庸常。學者於當下義理認得真，守得定，更不存一毫利害之見，則天下無難處之事。嘗見陸稼書先生爲縣令時，上官欲令其改文書内一字，先生不肯。一字雖微，但百姓情節不是如此，自不可改。觀此一事，先生義利之辨可知矣，其生平所造亦可見矣。一字尚不肯改，況肯諂權貴、狥請託以枉民情乎？若當下怕參官之念起，便無所不至矣。」

許藻園浩曰：「作文以讀書爲主，讀書以立品爲主。貪作文而不多讀書，猶之蒔無根之花，雖得一二日妍麗，其萎可立俟。好讀書而不務立品，譬之敝篋敗簏，亦嘗貯典籍其中，而不能保其不淪於糞壤蕪穢矣。」

有文無行之人，自昔輕之。使人因其人而議其文，恥也；使人因其文而惜其人，益之恥也。或問於梁曜北玉繩曰：「文至不可磨滅，似亦未可一概抹搬。」曜北曰：「不然。君子之文，以不磨滅爲幸；非君子，則以不磨滅爲不幸，使後人一番瀏覽，一番譏嘲，不如磨滅之乾淨矣。」魏叔子有言：「士不立品，文雖貴實賤；士不適用，文雖切實浮。君子雖愛之賞之，不過如鸚鵡之能言、孔翠之羽毛耳。文人方自恃其文爲撑天地，光日月，流川峙嶽，而君子乃等之於禽鳥之玩，不亦大可哀耶？」

魏叔子禧曰：「世上無有不宜讀書之人。賢者固益其賢，下愚讀之，縱不能益，決不至損。或謂人有讀破萬卷不辨一事者，此讀書無用處也。余謂此人脱令不讀書，遂能辨事否？然有兩種人，却不可讀書。一種機巧之人，原有小慧，又參以古人智術，則機械變詐，百出不窮，不至害人殺身不止。一種剛愎之人，既自以爲是，加之學問充足，則驕滿之心漫天塞地，必至一言不受，一非不改，即不殺身亦成絶物，終身無長進日子矣。」按叔子此論固是，然爲不善讀書者言之耳。善讀書者，變化氣質之謂何而患此哉！

施彦執《北窗炙輠録》載姚進道述堯之言曰：「上士雖不讀書亦佳，下士雖讀天下書亦不佳，惟在我輩，正當讀書耳。」此語殊有味，然雖上士，亦安可不讀書？

近世名公巨儒，喜談禪理，蓋亦如談書畫、談古玩之類，聊以自娱，非真能窺其奥窔也。魏叔子嘗言：「今之學者，必闢禪以崇儒，其實世無真禪，那能害儒？欲正人心者，但當自謹義利之辨，闢禪非今日之急務也。」

浮屠書中語，有可以與吾道相發明者，亦不可忽。記黄山谷答王秀書曰：「佛書言『無有一善從懶惰懈怠中得，無有一法從驕慢自恣中得』。此佳語也，願少留意。不加功而談命，猶不鑿井而俟泉也。既承傾倒相與，聊助聰明之萬一。」按魏伯子際瑞云：「積勞可以當病，積懼可以當災，積勤可以當智謀。」此三語亦約而可守也。

凡人於五更寤覺時，或悔悟舊事，或料理明日某事某事，若燭照數計，所謂平旦之氣也。盥頮之後，十忘其五矣，所謂旦晝之牿亡也。故昔人有「糊塗臉水聰明枕」之諺。人而能使夜氣常存，則庶乎近矣。謝梅莊濟世曰：「或問平旦氣何若？曰：『夜氣清，晝氣濁，平旦氣介清濁之間。』問求放心，曰：『過去想，未來想，皆放也。求然後能存，存然後能養，養然後能先覺前知。』然則與二氏將毋同？曰：『二氏静中求，吾儒閙中亦求；二氏捨學問以求，吾儒由學問以求；二氏求後無學問，吾儒求後儘有工夫。何嘗同？何可同？』」

既爲士大夫，則章身各有所宜，華固不必，奇尤不可，惟其稱而已。王伯厚先生嘗曰：「《孝經》言卿大夫之孝曰：『非先王之法服不敢服，非先王之德行不敢行。』孟子謂曹交曰：『服堯之服，誦堯之言，行堯之行。』聖賢之訓，皆以服在言行之先，蓋服之不衷，則言必不忠信，行必不篤敬。《中庸》言修身，亦先以『齊明盛服』。《都人士》之『狐裘黄黄』，所以『出言有章』而『行歸於周』也。」

吾鄉蔡文勤公世遠曰：「村俗秀才守時文一册，止望得第，夢夢一生，與時循環，全不計及異日設施若何，結局若何者，此鄙陋之尤，最所當戒。即學古而止以爲作文章用，講學而不能躬行，亦甚可恥。凡人家子弟，宜常勗以立大規模，具大識見，不可沾沾焉貪目前，安卑近。朱子云『天下事壞於懶與私』，最切今之弊。懶則學殖荒而志氣亦墜，私則自至親間尚分畛域，尚望其有器識，有所建立哉！」又曰：「當正道顯晦、異學争鳴之日，徒得一二拘謹之人，不足以追蹤往哲而振拔流俗。謝上蔡稱孟子强勇，以身任道，所至王侯分庭抗禮，壁立萬仞，由其氣足以勝之也。朱子曰：

『曾子大抵剛毅，故能獨得斯道之傳。子思行事，他無所考，如孟子所云，何等剛毅！』由是觀之，血氣之氣不可有，義理之氣不可無。豈故爲矯異哉，不如是則無以仔肩斯道，而畏縮囁嚅之態，必不足以挽頹風而起末俗也。然苟非用心之細，見理之明，則雖揚躒踔厲，不過湖海豪氣，矜己傲物，又與聖賢道義之氣無涉矣。」按《朱子語録》亦云：「孔子曰：『不得中行而與之，必也狂狷乎？』看來這道理須是剛硬立得脚住，方有所成，若慈善柔弱的，終不濟事。況當世衰道微之日，尤須無所屈撓，於世間禍福得喪一不足以動其心，方靠得。然其功夫只在自反常直，仰不愧，俯不怍，自然如此，不待他求也。」

魏伯子曰：「天下惟四高人極難受益：年高，位高，識高，學高。年高位高者難受益於常人，識高學高者並難受益於君子。蓋地步既高，又復自高，只思益人，豈思人益？卑者何人，豈敢益我？故受益學問，不但卑抑心志，並當謙退於詞色之間。」魏叔子亦嘗謂門人曰：「汝於我言行心中不然處，便須直説，必有一人受益。如汝説得是，則汝益了我，説得不是，則我又益了汝。」

吾師孟瓶庵先生超然，以儒林丈人主鰲峯講席，身後崇祀鄉賢。著述甚富，有

《焚香録》一卷，皆躬行實踐之要。外間此書尚未盛行，今録其尤切於身心者數條於左。如云：「孔子屢言『知者不惑，仁者不憂，勇者不懼』，吾觀世人何嘗知惑、知憂、知懼？連江陳一齋先生曰『孟子四十不動心，吾四十而始動心』，吾深有味乎其言。」又云：「北魏賈思伯云『衰至便驕』，程子云『不學則老而衰』，語皆切至。」又云：「閒中偶念，凡詬罵古人、譏切前輩太過者，非得奇禍，則往往無後，如某某者，可屈指數也。」又云：「閒居爲不善者，小人也。不爲不善，亦無善之能爲，看雜書，説閒話，引杯自樂，息偃在牀，其愈於爲不善者幾何？」又云：「星命之説，吾頗信之。然以爲命猶田也，其佳者猶之平疇沃壤，耕作勤勤則益有收，若蕪廢之，吾未見其自出嘉禾也。其劣者，猶之磽确瘠土，生殖薄，自難爲力，若墾治之，吾亦未見其終爲廢地也。」又云：「雷翠庭副憲家居時，客至，三呼從人捧茶來，未應，副憲亦恬然。或問之，曰：『在家稟給薄，此輩自懶於趨承耳，不足爲怪也。』」又云：「每誦薛西原語：『天地間福禄，若不有憂勤惕厲的心，聚他不來；若不做濟人利物的事，消他不去。』」又云：「有渾厚而爲人所欺者，未有深刻而爲天所佑者也。有孜孜自爲而成家者，未有勤勤濟人而破家者也。」又云：「眼前至親密戚尚未能安頓停妥，論學輒云『萬物一體』，豈非妄語？」又云：「有必不可諉事，亟爲經理整頓，則其事自當就緒。若悠悠忽忽，姑聽自然，將來益費手矣。」又云：「多一事不如省一事。多事之極，至於身家俱困；省事之極，至於心地光明。」又云：「閒嘗以省過語兒子，兒子曰：何事爲過？余曰：年來如某事之草率，某事之忿嫉，皆過也。自今以往，惟有事事縝密、事事和平始得耳。」又云：「少壯時，人之許我者皆謂之有英氣。今思十數年前使酒任氣，攻人之惡，皆粗氣也，謂之英氣可乎？英氣古人尚以爲害事，況粗氣耶？」

呂新吾嘗言：「隱逸之士只優於貪榮戀勢之人，畢竟在行道濟時者之下。君子重之，所以羞富貴利達之流也。若高自標榜，塵視朝紳，而自謂清流，傲然獨得，則聖世之罪人而已。夫不仕無義，宇宙内皆儒者事，奈之何潔身娱己，棄天下理亂於不聞，而又非笑堯、舜、稷、契之儔哉？使天下而皆我也，且不得有其身，況有此樂乎？」紀文達師亦曰：「使人人盡爲巢、許，則洪水當横流至今，並挂瓢飲犢之地亦不可得矣。」

古今隱者分量亦各不同，如荷蕢、晨門、長沮、桀溺，知世道不可爲，自有「無道則隱」一種道理。若巢、許一派，則雖有道亦不肯仕，鄙屑皋、夔、伊、呂，自謂曠古高人，而不知不仕無義，吾道之罪人也。世無此等人，不害其爲有道，若無皋、夔、伊、呂，則此等人也没安頓處，誰成就汝作高人乎？

孟子曰：「擇術不可不慎。」夫擇術而至於講學授徒，亦可謂有利無患矣，然又曰「人之患在好爲人師」，何哉？憶周櫟園亮工《書影》載薛千仞之言曰：「誘人子弟入飲博之門，其罪小；誘人子弟入詩文邪路者，當服上刑。」又阮吾山葵生《茶餘客話》載王瀞圃於酒間云：「士君子無手刀殺人事，然不操刀而甚於殺者有二焉。一曰授徒：士無恒産，畧習句讀，抗顔爲師，名曰餬口，實則喪心。其在老師宿儒，聲價愈高，門徒益盛，謬種流傳，害人三世，其禍尤烈。一曰行醫：稍識藥性，畧計〔二〕湯頭，懸壺立藥。病者危急之際，以性命相託，而動手輒誤，立擠於死，不殊手刃。」言之慘然，時座中有失色擲箸而去者。

紀文達師曰：鄞有一生，頗工文，而偃蹇不第。病中夢遇冥吏，乃其故人，因叩

〔二〕「計」，疑爲「記」字之訛。

以此病得死否。曰：「君壽未盡而禄盡，恐不久來此。」生言平生以館穀餬口，無過分之暴殄，禄何以先盡？吏太息曰：「正謂受人館穀，疎於訓課，冥司謂無功竊禄，即屬虚糜，銷除其應得之禄，補所探支，故壽未盡而禄盡也。蓋在三之義，名分本尊，利人修脯，誤人子弟，譴責亦最重。有官禄者減官禄，無官禄者即減食禄，一錙一銖，計較不爽。世徒見才士通儒，或貧或夭，動言天道之難明，烏知自誤生平，罪多坐此哉？」生悵然寤，竟不起。臨没，舉以戒所親，故人得知其事云。

秀才之名最美，自兩漢即重之，然彼時已有「舉秀才，不知書」之謠。今世俗乃有「窮秀才」之號，不知始於何時何地。吾友謝退谷金鑾最惡此稱，嘗論之曰：「秀才，至不窮者也，爲聖爲賢，爲卿爲相，皆秀才分内之事。即降而下之，進亦可望一官半職，退尚可以學術名於鄉里，何窮之有？」然今之秀才，實有窮者，不悦詩書，不務講求，則其學窮；不飭廉隅，不羞苟得，則其行窮；只一貧字，終日戚戚，則其志窮；百無一能，則其術窮。四者皆備，可謂真窮也已，又何尤焉？

余嘗受業於外舅鄭蘇年先生光策，乾隆庚子科吾鄉名進士也。每聞同人問爲學之方，先生必還叩以所志何事，以爲必志定而後，學者有入手之路，教者有下手之方。

迄今四十餘年，同門中人才輩出，而回憶當日情事，某某所言何志，先生因材而施，後來所成就亦各不甚相遠；惟無志可言者，遂竟至無成。思之輒爲汗下。昔朱子有言：「書不記，熟讀可記；義不精，細思可精。只有志不立，直是無著力處。」先賢先師之言，豈欺我哉！

《列子》言「貧者士之常」，後漢孔嵩則言「貧者士之宜」。余謂「常」字可絶人安心，「宜」字更引人入勝。孫夏峯奇逢曰：「一友自敘其貧之苦。予曰：『此居心之至寶，而涉世之坦途也。僕五十餘年敬重此字，雖受他苦累，實受他成就，不敢怨，且不敢忘。』其人問故，曰：『貧家少送迎，此日間清福；安眠不怕盜賊，此夜間清福；卒有緩急，入山入水，聞警即行，省得攜帶，既無瞻顧，又免人覬覦，此患難時清福。至寡過於己，遠怨於人，不得罪名教，不得罪鬼神，古來聖賢一流，皆從此一字磨鍊而出。君只當下立清願外之想，便是疏食簞瓢嫡派也。』」

《太上感應篇》云：「夫心起於善，善雖未爲，而吉神已隨之。或心起於惡，惡雖未爲，而凶神已隨之。故吉人語善、視善、行善，一日有三善，三年天必降之福。凶人語惡、視惡、行惡，一日有三惡，三年天必降之禍。」《抱朴子·微（言）［旨］》

云：「按《易内戒》及《赤松子經》《河圖記》《命符》皆云：天地有司過之神，隨人所犯輕重以奪其算，算減則人貧耗疾病，屢逢憂患，算盡則人死。諸應奪算者，有數百事，不可具語。又言身中有三尸，鬼神之屬也。每到庚申之日，輒上天白司命，道人所爲過失。又月晦之夜，竈神亦上天白人罪狀。大者奪紀，紀者三百日也；小者奪算，算者三日也。吾未能審此事之有無，然山川草木，井竈洿池，猶皆有精氣，況天地爲物之至大者，於理當有神；有神則宜賞善而罰惡，但其體大而網疎，不必機發而響應耳。然覽諸道戒，無不云欲求長生者，必須積善立功，慈心於物，恕己及人，仁逮昆蟲，樂人之吉，愍人之苦，賙人之急，救人之窮，手不傷生，口不勸禍，見人之得如己之得，見人之失如己之失，不自貴，不自譽，不嫉妒勝己，不嫉諂陰賊。如此乃爲有德，受福於天。若乃憎善好煞，口是心非，背聞異辭，反戾直正，虐害其下，欺罔其上，叛其所事，受恩不感，弄法受賂，縱曲枉直，廢公爲私，刑加無辜，破人之家，收人之寶，害人之身，取人之位，侵尅賢者，誅戮降伏，謗訕聖賢，殘傷道士，彈射飛鳥，刳胎破卵，春夏（獠）［燎］獵，詈罵神靈，教人爲惡，蔽人之善，危人自安，佻人自功，壞人佳事，奪人所愛，離人骨肉，辱人求勝，取人長錢，還人短陌，決放水火，以術害人，迫脇尫弱，以惡易好，强取强求，擄掠致害，不公不平，淫泆傾斜，淩虐孤寡，拾遺取施，欺僞誑詐，好説人私，持人短長，牽天援地，咒詛求直，假借不還，換貸不償，求欲無已，憎拒忠信，不順上命，不敬所師，笑人作善，敗人苗稼，損人器物，以窮人困，以不清潔飲飼他人，輕秤小斗，狹幅短度，以僞雜真，採取姦利，誘人取物，越井跨竈，晦歌朔哭。凡有一事，輒是一罪，司命奪其算紀，算盡則死。但有惡心而無惡迹者，奪算，若惡事而損於人者，奪紀。若算紀未盡而自死者，皆殃及子孫。諸横奪人財物者，或計其妻子家口當填之，以致死喪，但不即至耳。道家言枉煞人者，是以兵刃而更相煞。其取非義之財，不避（怒）［怨］恨，若以漏脯充饑，鴆酒解渴，非不暫飽，而死亦及之。其有曾行諸惡事後自改悔者，若曾枉煞人，則當思救濟應死之人以解之；若妄取人財物，則當思施與貧乏人以解之。」按此皆六朝以前道家之言，可與儒家相表裡，而鄭康成箋《詩·氓》之章有云：「士有百行，可以功過相除。」孔沖遠《正義》云：「士有大功則掩小過，故云可以功過相除。」則漢唐大儒之言，載在經典、列在學宮矣。

卷　二

交　際

呂新吾謂：「友道極有關係，故與君、父並列而爲五。人生德業成就，少朋友不得。君以法行，治我者也；父以恩行，不責善者也；兄弟怡怡，不欲以切偲傷愛；婦人主内事，不得相追隨規過；子雖敢争，終有可避之嫌。至於對嚴師則矜持而無過可見，在家庭則狎昵而正言不入。惟朋友者，朝夕相與，一德虧則友責之，一業廢則友責之，美則相與獎勸，非則相與匡救，日更月變，互感交摩，駸駸然不覺其勞且難，而入於君子之域矣。是朋友者，四倫之所賴也。若言語戲媟，樽俎嫗煦，無論事之善惡，以順我者爲厚交，無論人之賢奸，以敬我者爲君子，躡足附耳，自謂知心，接膝撫肩，濫許刎頸，大家同陷於小人而不知，可哀也已。」

朱子《戒子書》云：「交游之間，最宜審擇。大凡敦厚忠信、能攻吾過者，益友也；諂諛輕薄、傲慢褻狎、導人爲非者，損友也。以此求之，百不失一。但恐自己偏僻卑污，不能克己從善，則益友不期疎而日遠，損友不期親而日近，此須痛加檢點而切革之，不可荏苒漸習，日趨於小人之域也。」

皇甫持正作《韓〔文〕公墓志》云：「先生與人洞朗軒闢，不施戟級。族姻友舊不自立者，必待我然後衣食嫁娶喪葬。平生雖寢食未嘗去書，怠以爲枕，食以飴口。講評孜孜，以磨諸生，恐不（貌）〔完〕美，游以恢笑嘯歌，使皆樂義忘歸。嗚呼，可謂樂易君子巨人者矣！」夫以韓公自命之高，幾於壁立千仞，人之望之至如泰山北斗，而其樂易乃如此。後之君子非有公之名德，而輒以盛氣凌人，徒見其不知量矣。

李習之問一禪師：「如何是黑風吹船飄墮羅刹鬼國？」師曰：「李翺小子，問此何爲？」李怒形於色。師笑曰：「即此便是黑風飄墮鬼國也。」調心之難如此。王巖叟著《韓魏公別録》云：「凡人語及其所不平，則氣必動，色必變，辭必厲。唯公不然。更説到小人忘恩負義欲傾己處，辭和氣平，如説平常事，蓋幾於犯而不校者矣。」

司馬温公曰：「親戚故舊人情厚密之時，不可盡以密私之事語之，恐一旦失歡，則前日所言皆他日所憑以爲争訟之資。至於失歡之時，不可盡以切實之語加之，恐忿氣既平之後，或與之通好結親則前言可愧。大抵忿怒之際，切不可指其隱諱之事，暴其祖父之非。」

周海門曰：「應酬時有一大病痛，每於事前疎忽，事後檢點，检點後輒悔吝。閒時慵懶，忙時急迫，急迫後輒差錯。或曰：此失先後著耳。肯把檢點心放在事前，省得檢點，又省得悔吝；肯把急迫心放在閒時，省得差錯，又省得牽掛。大率我輩不是事累心，乃是心累心。一謹之不能，而謹無益之謹；一勤之不能，而勤無及之勤。於此心倍苦，而於事反不詳，昏懦甚矣。」

黄陶庵曰：「漢侯霸欲友王丹，霸子見丹下車拜，丹答拜。霸子曰：『大人方願交歡，奈何拜小子？』丹曰：『君房有是言，丹未許也。』魏張遼與其護軍武周有隙，就刺史温恢求交胡質，質辭以疾。遼遇質問其故，質曰：『古人之交，多取知其不貪，再敗知其不法，聞流言不信，是以可終。武伯南身爲雅士，往者將軍稱之不置，而今以睚眦成隙，如質才薄，豈能終好？』古人慎交不輕許與如此。」

又曰：「魏陳元方在東郡賣小宅，家人將就直矣，元方曰：『此宅甚好，但無出水處耳。』買者因辭不買。晉庾亮所乘馬的顱，殷浩以爲不利主，勸賣之。亮曰：『安可以己所不安而移於人乎？』宋司馬溫公居西京日，令老兵賣所乘馬，云此馬夏來有肺病，若售者須先語之。老兵笑其拙。噫！此即釋氏所謂『直心道場』也。」

又曰：「司馬文正公嘗曰：『光自結髮以來，實不敢錙銖妄取於人，以取之也廉，則其施之人也必斬，亦其理宜也。』今日士大夫服御華侈，交際稠疊，既不能繼，而取諸非分以益之，於是名節掃地矣。攻苦食淡，自是吾輩本色，其他則拚人嫌怪可耳。」

又曰：「周茂叔爲合州判官。部使者趙抃惑於讒言，臨之甚威，茂叔處之超然。通判虔州，抃守虔，熟視其所爲，乃大悟，執其手曰：『吾幾失君矣！』韓魏公知揚州，王荆公爲簽判，每讀書達旦，略假寐，日已高，亟上府，多不及盥漱。魏公意其夜飲放逸，一日從容謂曰：『君年少，毋廢書，不可自棄。』荆公不答，退而言曰：『韓公非知我者。』故《熙寧日録》中短魏公爲多，每曰『魏公形相好耳』，作畫虎圖詩詆之。及魏公薨，作挽詩，猶不忘少年之語。夫趙、韓皆當世賢者，始猶失之二公，人固未易知也。乃一則臨之以威而猶超然，一則勸之以學而遂爲憾，度量相越如是。

蓋涵蓄深沉，此濂溪之所以自得也；剛褊躁露，此荆公之所以速敗也。」

又曰：「范文正公讀書南都時，留守有子居學，見公食粥，歸告其父，以廚食饋公，既而悉已敗矣。留守子曰：『大人聞公清苦，故遺以食物，而不下筯，得非以相浼爲罪乎？』公謝曰：『非不感厚意，但食粥安之已久，今遽享盛饌，後日豈能啗此粥乎？』石徂徠介讀書南都時，侍郎王濟聞其困窮，因餉以盤餐。却而不受，曰：『今日固好，明日如何？』夫此二賢者，使繼得人饋，可以不乏美食，則從之乎？士非可受無功之食，以口腹累人，君子所不居也，二賢之意蓋有在矣。」

又曰：「趙康靖公口未嘗言人短，與歐陽文忠公同知制誥，復同秉政。及文忠被謗，康靖密申辯理，至欲納生平誥敕，而文忠不知也。范景仁與趙閲道同爲御史，以論公事有隙。熙寧中，介甫執政，恨景仁，數毁之於上，且曰：『陛下問趙抃，知其爲人。』他日上問閲道，對曰『忠臣』。上曰：『卿何由知其忠？』對曰：『嘉祐初，仁宗違豫，鎮首請立皇嗣以安社稷，豈非忠乎？』既退，介甫謂閲道曰：『公不與景仁有隙乎？』閲道曰：『不敢以私害公。』夫爲德於人而必使人知之，與必施諸其所嘗受德之人，淺淺之乎爲丈夫耳。古人於君父之前，進退榮辱之際，而能平心愛惡，若此真學道之功也。」

又曰：「宋大觀中有葛藂者，嘗語人曰：『予始者日行一利人事，嗣後或二或三，或數四，或十餘，積十餘年未常少廢。』問何以爲利人事，藂指座下足杌曰：『此物置之不正則蹙人足，予爲正之，若人渴時，與杯水，皆利人事也。但隨其事而利之，上自卿相，下至乞丐，皆可以爲，唯在乎常久而已。』按此即儒者之仁術，釋氏之方便，隨時可行，隨人可行，隨地可行，但不宜以此望報耳，望報則與世俗無異矣。」

吕新吾曰：「『與禽獸奚擇？於禽獸何難？』〔二〕此是孟子大排遣。初愛敬人時，就安排這念頭，再不生氣。余因擴充排遣橫逆之法，又有十焉。一曰：與小人處，進德之資也。彼侮愈甚，我忍愈堅，於我奚損哉？《詩》曰：『他山之石，可以攻玉。』二曰：不遇小人，不足以驗我之量。《書》曰：『有容德乃大。』三曰：彼橫逆者，至於自反而忠，猶不得免，其人之頑悖甚矣，一與之校，必起禍端。兵法云：『求而

〔二〕按此二句，吕坤《呻吟語》原作《孟子》「與禽獸奚擇哉？於禽獸又何難焉」。

不得者，挑也無應。』四曰：始愛敬矣，又自反而仁禮且忠矣，我理益直，我過益寡，其卒也，乃不忍於一逞以掩舊善，而與彼分惡，智者不爲。太史公曰：『無棄前修而崇新過。』五曰：是非之心，人皆有之，彼固自昧其天，而責我無已，公論自明，可付之不辯。古人云：『桃李無言，下自成蹊。』六曰：自反無闕，彼欲難盈，安心以待之，緘口以聽之，彼計必窮。兵志曰：『不應不動，敵將自靜。』七曰：可避則避之，如太王之去邠；可下則下之，如韓信之胯下。古人云：『身愈詘，道愈尊。』又曰：『終身讓畔，不失一段。』八曰：付之天。天道有知，知我者其天乎？《詩》曰：『投畀有昊。』九曰：委之命。人生相與，或順或忤，或合或離，或疏之而親，或厚之而疑，或偶遭而解，或久搆而危。魯平公將出而遇臧倉，司馬牛爲弟子而有桓魋，豈非命邪？十曰：外甯必有內憂。小人侵陵，必懼患防危，長慮却顧，而不敢侈然有肆心，則百禍潛消。孟子曰：『出則無敵國外患者，國恒亡。』三自反後，君子之存心猶如此，彼愛人不親、禮人不答而遽怒，與夫不愛人、不敬人而望人之愛敬己，其去橫逆能幾何哉！」

又曰：「伯夷見冠不正，望望然去之，何不告之使正？柳下惠見袒裼裸裎，而由由與偕，何不告之使衣？此孟子所以云『君子不由』也[一]。」

又曰：「君子與小人共事必敗，君子與君子共事亦未必無敗。何者？意見不同也。今有仁者、義者、禮者、智者、信者五人共一事，五相濟則事無不成，五有主則事無不敗。仁者欲寬，義者欲嚴，智者欲巧，信者欲實，禮者欲文，事何以成？此無他，自是之心勝而相持之勢均也。歷觀往事，每有以意見相爭，至亡人國家、釀成禍變而不顧，君子之罪大矣。然則何如？曰勢不可均。勢均則不相下，勢均則無忌憚而行其胸臆。三軍之士，卒伍獻計，偏裨謀事，主將定斷，何意見之敢爭？然則善天下之事，亦在乎通者當權而已。」

又曰：「人到無所顧惜時，君父之尊不能使之嚴，鼎鑊之威不能使之懼，千言萬語不能使之喻，雖聖賢亦無如之何。聖人知其然也，每養其體面，體其情私，而不使至於無所顧惜，則所全多矣。」

[一]「此孟子所以云『君子不由』也」，吕坤《呻吟語》原文作「故曰：不夷不惠，君子後身之珍也」。按《孟子·公孫丑上》：「孟子曰：『伯夷隘，柳下惠不恭。隘與不恭，君子不由也。』」梁氏用其意而省其文。

又曰：「聖賢處世，離一温厚不得，故曰『親民』，曰『泛愛』，曰『愛人』，曰『容衆』，曰『和而不同』，曰『和而不流』，曰『羣而不黨』，曰『周而不比』，曰『豈弟』，曰『樂只』。若冷落難親，便是世上一呆物，即使持正守方，獨立不苟，亦非輔世長民之才也。」

朱竹垞彝尊與友書云：「比聞足下授徒某氏，主人有音樂之好，歌板師食單豐於書塾，思辭之歸。弟以爲不足介意也。《易》曰：『君子以類族辨物。』物各有族，在人類而辨之。君子惟自審其分，斯無不自得矣。娶妻而納采，儷皮純帛可也，至買妾，有費百金者，若落營妓之籍，非千金不可，其流愈下，其直愈高。歌板師食單之豐，譬諸以魚飼貍，以肉餵犬，於足下何損焉？孟子有言：『飲食之人，則人賤之。』足下若以此引去，不知者將以爲飲食之人矣，其可哉？」

顧亭林炎武曰：「君子將立言以垂後，則與平時之接物者不同。孔子之於陽貨，蓋以大夫之禮待之，而其作《春秋》則書曰『盜』。又嘗過楚，見昭王，當其問答，自必稱之爲王，而作《春秋》則書『楚子軫卒』，黜其王，削其葬。其從衆而稱之也，不以爲阿，其特書而黜之也，不以爲亢，此所以爲『聖之時』也。孟子曰：『庸敬在兄，斯須之敬在鄉人。』」今人欲以一日之周旋，而施諸久遠之文字，無乃不知《春秋》之義乎！」

申鳧盟涵光《荆園小語》云：「士君子所至，務使人人因我而樂，勿使人人因我而不樂。因我而樂則視我如景星慶雲，因我而不樂則視我如疾風苦雨。黄香石曰：『此邵堯夫所以可愛，非泄泄隨俗之謂也。』」

《吉人遺鐸》中「應物」一門，最多格言名論，如云：「自家猶不能快自家意，如何要他人盡快我意？」又云：「以料事爲明，便駸駸入於逆，詐億不信，此念是刻薄關。」又云：「凡事必看其理如何，不要看其人是誰。」又云：「凡遇不得意事，試取其更甚者譬之，心次自然和平。」又云：「言人過於君子之前何益，言人過於小人之前有禍。」又云：「以耐事了天下之多事，以無心消天下之有心。」又云：「待富貴人不難有禮而難有體，待貧賤人不難有恩而難有禮。」又云：「富貴人宜學寬，聰明人宜學厚。」又云：「凡稠人中不可議人短長，必有親厚者。」又云：「盛喜中勿許人物，盛怒中勿答人簡。」又云：「士大夫不可無憂國之心，不可有憂國之言，言發於外，人以爲謗矣。不可無濟物之志，不可有濟物之名，名彰於外，求之者衆矣。」又云：「士人處世，甯使人訝其不來，毋使人厭其不去。」又云：「人之病在好談其所長。」此等語皆至爲簡切，足以動人，所謂吉人之詞也。

魏叔子《日録裏言》中所論待人諸條，有極警醒者，如云：「事後論人，局外論人，是學者大病。事後論人，每將知人説得極愚；局外論人，每將難事説得極易。二者皆從不忠不恕中出。蓋事後則其人之首尾盡露，局外則其人之四面俱見，但須替他設身，從事裡局中想耳。」又云：「嘲戲人自是惡事，尤不可入一二莊語，莊語則戲者皆真，每令人恨。若規人過失，不可入一二戲語，戲語則真者皆戲，每令人玩，失規人之旨矣。」又云：「施恩之道有二。一曰使己可繼。常人喜於見恩，盡情施去，不計後日不給，恩衰成怨者有之。然不可執『可繼』一語，做成出内之吝。如果大處急處，不求可繼可也。一曰使人可勸。常人輕於用恩，或多寡不中節，或緩急不中時，或輕重不中人，故財竭而人不蒙利，賞數而人不見榮。然不可因『可勸』一語，做成好行小慧。或抑人以揚己，或巧施以望報，則人心不平，天道亦忌之矣。」又云：「最不可輕易疑人。今如誤打罵人，人可回手回口，若誤疑人，則此人一舉一動，我有十分揣摩，彼無一毫驚覺，冤誣那得申時？此逆億所以爲薄道也。」又云：「處財一分，定要十鞶，便是刻。與人一事一語，定要相報，便是刻。治罪應十杖，定一杖不饒，便是刻。處親屬道理上定要論曲直，便是刻。刻者，不留有餘之謂，過此則惡矣。或疑親屬中如何便不論曲直，曰：若必論曲直，豈不與路人等乎？」

鄭半人梁曰：「孟子言『儉者不奪人』，非謂儉而後可以不奪人，亦非謂不奪人故不得不儉也。先儒以禮下爲賢君之恭，以取於民有制爲賢君之儉，則直是不奪人名儉而已矣。今天下之言儉者曰：『吾甘清苦，省交際，然後可以無求於人，否則當今民窮財匱，求人實難，非節嗇慳鄙，則恐無以爲生。』若此者，人皆許之曰儉。由吾思之，此其意直欲奪人，其不奪也，直無待於奪而後不奪，或奪之終不能奪而後不奪耳。夫古之人，必以其廉於取者言儉，今之人，第以其吝於與者言儉，則是便人好利之念，而開天下以刻薄寡恩莫儉若也。豈孟子之所謂儉哉！」

謙固受益，然謙不中禮則所損亦多。在上者有不中禮之謙，必至於亂名分，紊紀綱；在下者有不中禮之謙，必至於取賤辱，喪氣節。故聖人明告人以「恭而無禮則勞」，又曰「巧言、令色、足恭，某亦恥之」。

紀文達師曰：「門人桐城耿守愚，狷介自好，而喜與人争禮數。余嘗與論此事曰：『儒者每盛氣淩轢以邀人敬，謂之自重，不知重與不重，視所自爲。苟道德無愧於聖賢，雖王侯擁篲不能榮，雖胥靡版築不能辱，可貴者在我，則在外者不足計耳。如必以在外爲重輕，是待人敬我我乃榮，人不敬我我即辱，輿臺僕妾皆可操我之榮辱，毋乃自視太輕歟？』守愚曰：『公生長富貴，故持論如斯。寒士不貧賤驕人，則崖岸不立，益爲人所賤矣。』余曰：『此田子方之言，朱子已駁之。其爲客氣不待辨。即就其說而論，亦謂道德本重，不以貧賤而自屈，非毫無道德，但貧賤即可驕人也。信如君言，則乞丐較君爲更貧，奴隸較君爲更賤，羣起而驕君，君亦謂之能立品乎？先師陳白崖先生手書一聯於書室曰：事能知足心常愜，人到無求品自高。斯真探本之論矣。』」

海甯陳文勤公言：昔在人家遇扶乩，降壇者安溪李文貞公也。公拜問涉世之道，文貞判曰：「得意時毋太快意，失意時毋太快口，則永保終吉。」公終身誦之，嘗誨門人曰：「得意時毋太快意，稍知利害者能之；失意時毋太快口，則賢者或未能。夫快口豈特怨尤哉，夷然不屑，故作曠達之語，其招禍甚於怨尤也！」

楊忠愍繼盛訓子云：「凡與人相處，第一要謙恭誠實。同人做事，勿辭勞苦偷安。

同人飲食，勿貪多不讓。同人行路，勿棄伴不顧。同人寢臥，勿佔好牀席。甯讓人，勿使人讓我；甯恕人，勿使人恕我；甯喫人虧，勿使人喫我虧；甯受人氣，勿使人受我氣。人有恩於我則終身不忘，人有仇於我則終身不計。見人之善則稱揚不已，聞人之惡則絶口不言。覺人之詐，防之而不宣諸口。有人向汝説某人感汝之恩，則曰他有恩於我，我無恩於他，則感者聞之，其感益深。有人向汝説某人訕謗汝，則曰他與我最相好，則恨者聞之，其怨自解。汝不如人，則恭敬而求教，不可掩飾護短；人不如汝，則謙和而遜讓，不可鄙薄遈長，則無怨尤矣。」按公忠義之氣直薄雲霄，而體會人情，乃復如是，蓋真君子未有不躬自厚而薄責於人者也。

凡論人，當於有過中求無過，不當於無過中求有過。昔邵伯温讀《文中子》至「諸葛武侯無死，禮樂其可興乎」，因著論駁之，以爲孔明雖不死，未必能興禮樂。康節見之，怒曰：「使汝如武侯，尚不可妄論，何況萬萬不及乎！」古人立心忠厚，雖論古亦不輕易如此，其於同時人可知矣。猶憶余十五六歲時，輒詆林西仲之《古文析義》、方伯海之《文選集成》、浦二田之《讀杜心解》爲兔園册。先大夫痛斥之曰：「待汝將《古文析義》中文字篇篇熟在胸中，又將《文選》、杜詩皆全部熟讀，尚未可輕議前人，何況汝萬萬不能，而先學此輕薄言談，何濟於事！」余爲惕然汗下，至今思之猶有餘慙也。

所貴乎友者，固在乎遏惡，而亦在乎揚善。昔子路問於孔子曰：「今有人躬耕竭力以養其父母，甘旨未嘗有缺，而孝名不彰者，何也？」子曰：「或者其心之不誠歟？辭之不順歟？色之不悦歟？若三者不闕而名不彰者，則友不爲宣之也。」夫人雖有烏獲之力，不能自舉其身，非力之少，勢不能也。故内行不修，則身之罪也，内行已修而名不彰者，則友之罪也。友也者，所以遏惡揚善而成其名者也。按古今之論友道者，皆主切偲，然必兼此説而義乃備。故太史公亦云：懷才抱奇之士，「非附青雲之友，烏能施聲名於後世哉？」

里諺有「仁義莫交財，交財仁義絶」之語，雖是爲下等人説法，實痛切乎其言之也。凡交際不能免交財，但總以分明爲要義。昔管仲分財多自與，而鮑叔不以爲貪，人多援此藉口。然必有管仲之才，而適逢鮑叔之識，方克全交，否則鮮有不招嫌隙矣。劉向《説苑》云：「上士可以託色，中士可以託辭，下士可以託財。」可託財者僅屬下士，然則不可託財者是下士之不若矣，豈非恥哉！

魏叔子曰：「人以涉世爲涉世，故委曲周旋，輒生厭苦。不知涉世處即是自己做學問處，如涉世要周詳，學問中原不可疎畧；要謹慎，學問中原不可放肆；要謙和，學問中原不可疎傲。若能體認此理，自不見世情可厭惡處，即日在委曲周旋中，亦不見煩勞矣。」余自外宦所歷，皆極煩劇衝要之區，過客如織，每以應接爲苦。嘗見任城節相孫寄圃公玉庭，終日欵客不疲，心竊疑之。公曰：「我辦事只在朝夕，常極案牘之疲，其中間欵客，正藉以爲將息之地，故轉不覺其苦。」後謁襄平節相蔣礪堂公攸銛，亦曰：「坐披案牘，静象也，而必受之以動，否則昏沈欲睡矣。日勤應接，動象也，而必受之以静，否則内外交疲矣。」此皆閲歷有得之言，然尚不如魏叔子之歸於學問爲有味也。

黎愧曾士宏曰：「人有一點之怨於我，我必欲報，而曾不思人欲報我之怨者不知其幾也。我有一點之恩於人，便欲人報我，而曾不思我未報人之恩不知其幾也。」按人能常體會此言，自可以收懲忿窒慾之益。凡可以招人之怨者，皆不肯爲，凡可以受人之恩者，益知所慎矣。

方靈皋苞曰：「古無奴婢，事父兄者子弟也，事舅姑者子婦也，事長官者屬吏也。

惟盜賊之子女乃爲罪隸而役於官，如後世官賜奴婢，亦以罪役耳。戰國、秦、漢以後，平民始得相買爲奴，然寒素儒生必父母篤老，子婦多事，然後傭僕賃嫗以助奉養。金陵之俗，中家以上，婦不主中饋、事舅姑，而飲食必精，燕遊惟便，縫紝補綴皆取辦於工，仍坐役僕婦及婢女數人，少者亦一二人，婦安焉，子順焉，蓋以母之道奉其妻而有過矣。余幼見農家婦，耕耘樵蘇，佐男子力作，時雨降，脱履就功，形骸若鳥獸。然遭亂離焚剽，則常泰然無虞，蓋其色不足貪也，家無積貨可羡也。而劫辱繫虜、斬刈無遺者，則皆通都大邑縉紳富室之子女也。人事之感召，天道之乘除，蓋有確然不可易者矣。吾家寒素，敝衣粗食，頗能内外共之，而婦人必求婢女，猶染金陵積習，吾甚懼焉，恐不幸而言之中也。」

邱秀瑞嘉穗曰：「天下之窮而無告者，莫如鰥寡孤獨。然此四民者，即不幸，猶不必其相兼，而其無妻、無夫、無子者，亦皆至於垂老而後廢，非窮於人，實窮於天也。若如今人，以奴若婢而制之終身，使不得配偶，則是始而孤，繼而鰥且寡，而終於爲獨，以一人之身備歷其窮，而又非天之所爲使也。悲夫悲夫！竊謂今日居民上者，宜設爲厲禁，令奴婢年二十以上皆爲配偶，然後得役。否則奴聽其自去之，毋得責以贖身，婢聽其適人，薄給本主之財禮。如是而不之聽，許奴婢自陳於官，而約長爲之舉首，則有常刑，有隱蔽者，亦坐之以法。然後內無怨女，外無曠夫，咸得以自遂其生於天地之間，而爲本主者亦不至肆爲刻薄，賊人之子，以干神怒，召天災，其亦中和位育之一助也已。」

陶南村宗儀《輟耕録》云：「許魯齋先生在中書日，命牙儈僱一僕。選一能應對嫻禮節者進，却之曰：『特欲老實耳。』復領一蓬首垢面愚騃之人來，遂用之。儈請其故，先生曰：『諺云「馬騎上等馬，牛用中等牛，人使下等人」，馬上等能致遠，牛中等良善，人下等易馴。若其聰明過我，則我反爲所使矣。』即如司馬温公家一僕，三十年止稱君實秀才，蘇子瞻來謁，聞而教之，明日改稱『大參相公』。公驚問，以實告，公曰：『好一僕，被蘇東坡教壞了。』」蔣礪堂節相每語人曰：「京官不必擇僕，若外官，則才勝於我者斷不可用。」亦此意也。

凡驟遇非常之人，必須有定識定力。昔蘇文忠公官某地時，夜夢爲虎所扼，傍一僧揮袖障之而去。及旦，即遇此僧，揖曰：「夜來驚未定乎？」公遽令收之，即遁去。此見公之定識定力矣。紀文達師亦言：「姚安公在苑家口遇一僧，合掌作禮曰：『相別七十三年矣，相見不一齋乎？』」適旅舍所賣皆素食，因與共飯。問其年，解囊出一度牒，乃前明成化二年所給。問：『師傳此幾代矣？』遽納之囊中，曰：『公疑我，我不必再言。』食未畢而去。」公嘗曰：「士大夫好奇，往往爲此輩所誤，即真仙真佛，吾甯交臂失之。」此亦蘇文忠識力也。

孟瓶庵師曰：「一人朝夕饘粥，月得一金，直錢一千，可以不饑。省一僕之食，并工資計之，歲可育二人。省一美衣之費，歲可育一人。省宴會之費五六次，歲可育一人。省年節慶賀之費五六次，歲可育一人。即此可以類推。然此乃僕窮措大打算耳，若有力者，省得一事，便可周給數十人也。」又曰：「我輩力不能濟人，却須爲人所倚賴，斗粟尺布，皆可以自盡其心。」又曰：「以喜慶事來求助者，不妨從省，喪葬事必須從厚。孔子脱驂，非力有餘者也。」又曰：「先君子一生嚴毅，而僕婢亦能知恩。不肖頗事周旋，而戚友猶多未諒。此葉福清所謂『自顧生平不如祖父遠甚者』也。」

魏叔子《師友行輩議》云：「師者師其德，友者友其義，以德義爲名分。故兄弟子孫行輩，非如族姓姻戚之有一定可遞推也。古者師友無服，義無一定，故不可以制服。知服之不可制，則知行輩之不可遞推爲合禮義矣。請言其例：德業之師，以父道事之。師之父，尊其稱曰祖。師之妻，尊其稱曰母。此名之不可殺者也。至所以事之之禮，則不盡如祖與母也。其父有名德而妻賢，齒且長，以祖與母事之可也；不然，則奉以名焉可已。師之至親伯叔兄，師俯然爲子弟，吾不可以雁行也，非名德宜自居於後進。師之弟，學與齒可雁行，則雁行之矣。曰師伯叔者，俗人之稱也，何也？師之弟有可以爲吾弟子者，則分非一定也。師之子以兄弟禮之，常也，然師有以門人爲其子師者。故學與齒相去也遠，而師視其門人如至友，則師之子可事以父執。有初友而後爲師弟者，有本爲師弟而情義實如朋友者。師之子，隅坐隨行拜跪當如通家子禮，但以伯叔姪稱呼則不可，以先後輩可也。漢昭烈謂後主：『汝事丞相從事當如事父。』是君臣且然矣。同立一師之門，有先輩焉，有後輩焉，其禮不可班也。父與子，師與門人，可共進而師一人。門人之子於師之子爲後進，常也；學與齒可雁行，則雁行之矣。故曰師也者師其德，友也者友其義，非德非義，苟非名分之必不可移，則不可以遞推。吾友之子以吾爲父執，不可移者也，故友之孫視吾子爲前輩，常也，而齒與學相等，則雁行可也。友之子與吾子，不徒以通家爲兄弟，而自爲兄弟。其孫與吾子雖齒學等，而雁行不可也。友之中有可以兄視其父而弟視其子者，父友之子亦友之，古人所謂『羣、紀之間』

也。交親如兄弟者則不可，必視其始交，或父其（子）［父］，或子其子，不可移也。此其大較也。父之友或視爲兄弟，或同齒同學出入同友善，則皆可以伯叔禮之。今夫伯叔之服，自期至緦以下，其親疎固有殺也。故父之友有事之如親伯叔父者，有如從、再從以下者，有僅奉之以其名者。余少於前輩甚重伯叔之名，或不得已，循其禮焉，而心慚則過也。」

古人見通家尊長有八拜之禮。《北窗炙輠録》載：「張安道年德俱高。有孫延嗣爲鄰郡倅，一日往拜公。公曰：『某已受君家拜四世矣，且可六拜。』延嗣既拜而起，乃撫之如子姪。然前輩受拜各自不同。吕原明言：歐公有故人子來拜者，但平受，初不辭讓。荆公、温公始答拜，至與其人通寒温、叙父兄交契訖，再拜，始不答，如此則受半禮矣。關子開、子東兄弟見米元章，元章曰：『忝蒙先長官不棄，不敢答拜。』遂平受八拜。前輩受拜之禮不同如此。以予意觀之，荆公、温公最爲中制云云。」按此禮不可行於今久矣，然分居卑幼者正不可不知此理也。

凡朋友契闊之餘，必藉尺書以通情欵。嘗見有深交密契一分手而音問缺如者，非必其恝也，語長心鄭重，勢必艱於下筆，乃至因循愈久，則愈難發付，以迄於無者。

昔歐陽公有一書與富文忠公，責其久不寄書，云：「彦國自西歸於今已逾月，無由一致書，蓋相別後患一大疽，爲苦久，不暇求西人行者。然亦時時有客自西來，獨怪彦國了無一書，又疑其人不的。於段氏僕夫來，致幾道書，此人最的，宜有書，又無，然後果可怪也。始與足下別時，屢邀聖俞語，（雖）〔謂〕『書者於朋友間，不以疏數爲厚薄，然既不得羣居相笑語盡心，有此猶足以通相思，知動靜，是不可忽。苟不能具寸紙，數行亦可，易致則可頻致，猶勝都不致也』。當時相顧切切，要約如此，謂今別後，宜馬朝西而書夕東也，不意足下自執牛耳，登壇先歃，降壇而吐之，何耶？生平與足下語，思欲力行者事何限，此尺寸紙爲俗累牽之，尚不能勉强，向所云云，使僕何望哉！洛陽去京爲僻遠，孰與絳之去京師也？今尚爾，至絳又可知矣。自相別後，非見聖俞，無可語者，思得足下一書，不翅饑渴，故不得不忉忉也。」此書非特曲盡情事，而當時朋友真切之意亦可風矣。

名柬稱謂，京宦有舊式可循，外官有憲綱可守，不容率意爲之。凡在籍進士、舉、貢、生、監謁太守以上官，俱應手板直書進士某、舉人某。惟五品以上之封翁及各衙門幕友，可用名柬稱「晚生」。余官吴中時，有部下士以「後進小生」名柬進謁者，余曾面斥之。《冬夜箋記》載明人往來名刺，親戚則寫「眷」，世交則寫「通家」，年誼則寫「年家」，後則無論有無科第俱寫「年家」矣。《分甘餘話》又載，順治中社事盛行京師，往來投刺，無不稱社稱盟者。楊雍建疏言之，部議飭禁，遂止不行。近則無不用「年家眷」三字矣。有人戲爲詞曰：「也不論醫官、道官，也不論兩廣、四川，但通名，一概年家眷。」按今惟翰林前後輩交拜通用「年家眷」字，外省則大府拜知府以下屬員，間用「年家眷弟」字，此外則多從簡從謙。若率意爲之，鮮不貽笑柄者矣。明人小説載：正德中，一大臣謁劉瑾，刺稱「門下小厮」。嘉靖中一儀部謁翊國公，刺稱「渺渺小學生」，又有自稱「將進僕」、「神交小子」、「未面門生」者。

翰林名柬，例用大字，而過大則有倨侮之譏。《湧幢小品》云：「翰林字大幾與亞卿等。余在姚畫溪公家見公座主王槐野單名帖，稱『友生』，字僅蠅頭。是科甲辰會元瞿文懿亦有單帖，稱『年侍生』，與槐野字畧相等，可見前輩謹樸。」據此，則嘉靖以前尚不用大字也。按前明言字大不過云「幾等亞卿」，而今則有過於正卿、上公者。近有新庶常來謁，名片每字將方寸半。余篋中適存曹儷笙太傅及英煦齋師舊名片，較新庶常字尚縮小十分之三。因憶《湧幢小品》中又載職方王偉嘲一御史名片云：「諸葛大名垂宇宙，今人名大欲如何。」後王偉晉兵部侍郎，有客賀曰：「大名今屬公矣。」又自嘲：「諸葛大名非用墨，清高二字肅千秋。如今一紙糊塗帳，滿面松烟不識羞。」後二語正堪爲今人寫照也。《詞林典故》載：故事書柬，大學士自簡端書起，掌院而下以次遞降，逮及庶常，大約於柬之中半高數指寫起。然自余入京都，所見大學士柬，並無自簡端書起者，大約皆就中半高一二指。

《茶餘客話》云：「舊時翰、詹、編、檢以上於中堂、吏部尚書兩處投刺稱『晚生』，於五部尚書、左都、總督稱『侍生』，侍郎、巡撫以下則否。以余所見，庚午、辛未以前猶守此規，嗣是則於侍郎巡撫稱『侍』矣，旋於尚書、總督稱『晚』矣，近者又有於三品京卿稱『侍』者矣。」

《虎坊雜識》云：「翰林拜前輩用白柬，或謂自明張江陵掌院始，時方奪情起用也。」此不知出於何書。又嘗聞謝薌泉前輩振定言：凡編、檢拜庶、常前輩因散館改官者，即改用紅柬，惟後官至内閣學士及布政使者，則仍用白柬，謂之還魂。此語亦不知何所本，俟更考之。

今人與人往來書函，以署名爲敬，稱字爲簡是也，然在古人却不甚拘。古人凡相與言及書帖詩文中，多自稱其字，不定稱名。顧亭林《日知録》歷舉十餘事爲證，而不止乎此也。伊尹名摯而自稱尹躬，見《禮·緇衣》。衛將軍文子名木而自稱彌牟，見《禮·檀弓》。祭公自稱謀父，韋昭以謀父爲祭公字。見《周書》。項籍自稱羽，見《史記·項本紀》。狐偃自稱犯，見《史記·晉世家》。閔貢自稱仲叔，見《後漢書》八十三。此自古人之脱畧，今人不宜效之。《詩·巷伯》疏：「君父之前自名，朋友之接自字。」

滿洲書名多不繫姓，今公私稱謂，書札往來，皆但取首一字，此固有所本也。白香山代朱忠亮答吐蕃東道節度使論結都離稱「論公麾下」，虞道園《正心堂記》稱忙哥帖木耳爲「忙侯」。近錢竹汀《金石文跋尾續》載至正二十二年《嘉定州重建儒學記》稱鐵穆爾普華爲「鐵侯」。蓋截取首一字以代姓，而其本姓自在。乃今人竟以首字爲姓，而以其下數字爲名，仿漢人單稱名之例，如論結都離稱「結都離」，忙哥帖木耳稱「哥帖木耳」，則於文理不可通矣。此滿洲人所了然於心，而漢人多不解其故，所當正告之也。

今人動言老人有「十反」，初以爲流俗之論，而不知其起於宋人。周子充必大《二老堂詩話》云：「郭功父嘗言老人有十拗，謂不記近事記得遠事，不能近視能遠視，哭無淚笑有淚，夜不睡日睡，不肯坐多好行，不肯食軟要食硬，兒子不惜惜孫子，大事不事碎事絮，少飲酒多飲茶，暖不出寒即出也。」憶孟瓶庵師《瓜棚避暑録》中亦載有數事，如《魏志·王肅傳》評云：「王肅亮直多聞。劉寔以爲肅方於事上而好下佞己，一反也；性嗜榮貴而不求苟合，二反也；吝惜財物而治身不穢，三反也。」《世説》郗超有三反：「方於事上而好下佞己，一也；治身清真，大修計較，二也；自好讀書，憎人學問，三也。」《唐詩紀事》云李嶠有三戾：「性好榮遷，憎人陞進；好文章，憎人才華；性貪濁，憎人受賂。」此皆性有所偏，瑕瑜不掩者也。若東坡論徐仲車云：「仲車之獨行，於陵仲子不能過，然其詩文則怪而放，此一反也。耳聵甚，畫地爲字始通，終日面壁，不與人接，而四方事無不周知，此二反也。」明楊文懿語徐詹事云：「平昔才無半斗而喜作文，飲不數合而樂與客讌，行不能里許而好遊。」近見龔進士景瀚爲其考厚齋先生作行狀，述雲南驛鹽道沈公榮昌之言曰：「汝父一生有三反：慷慨喜功名而恥干謁；下於己者煦煦相歡暱，而不喜事權貴人；用財如泥沙不計有無，而錙銖之入動色相戒。」如是之反，又何礙其爲正人君子哉！

卷三

學殖

士大夫不説學，實關繫家國之盛衰。昔人言不殖將落，原氏所以先亡；數典忘祖，籍父所以無後。董昭謂「當今年少不復以學問爲本，專以交游爲業」，曹魏所以不永也。史弘肇歎「但事長槍大劍，安用毛錐」，乾祐所以失國也。蔡京禁人讀史，以《通鑑》爲元祐學術，宣和所以速禍也。學不學之分顧不重哉！

聖人以身教人，不過曰「好古」，曰「好學」，曰「不如學」。其屢稱顏子，亦不過稱其好學。而顏子之好學，不謂其能讀三墳五典，亦祇稱其「不遷怒，不貳過」而已。可知聖人之教，莫切於好學，而好學之要，莫重於變化氣質也。

《吕氏春秋·尊師》云：「子張，魯之鄙家也；顔涿聚，梁父之大盜也，學於孔子。段干木，晉國之大駔也，學於子夏。高何、縣子石，齊國之暴者也，指於鄉曲，學於子墨子。索盧參，東方之巨狡也，學於禽滑釐。此六人者，刑戮死辱之人也，今非徒免於刑戮死辱，由此爲天下名士顯人，以終其壽，王公大人從而禮之，此得之學者也。」

《荀子·解蔽》云：「人心譬如槃水，正錯而勿動，則湛濁在下而清明在上，則足以見鬚眉而察理矣。微風過之，湛濁動乎下，清明亂於上，則不可以得大形之正也。心亦如是矣。故導之以理，養之以清，物莫之傾，則足以定是非、決嫌疑矣。小物引之則其正外易，其心内傾，則不足以決庶理矣。故好書者衆矣，而蒼頡獨傳者，壹也；好稼者衆矣，而后稷獨傳者，壹也；好樂者衆矣，而夔獨傳者，壹也；好義者衆矣，而舜獨傳者，壹也。倕作弓，浮游作矢，而羿精於射；奚仲作車，乘杜作乘馬，而造父精於御。自古及今，未有兩而能精者也。」按荀子之言，見道之言也，不第爲治經之士言之。然治經者能守此言，六經不憂通矣，而況能進於是乎！

夫子十五志學，便是志到從心、不踰矩地步。二程子十四五歲時便鋭然欲學聖人，便是要學到後來二程地步。立志成德，一以貫之，然必下學方能上達，又須步步踏着階梯，得尺則尺，得寸則寸。若朱子言「陸子静門徒仰視霄漢」，此則後學所當戒矣。

黄香石曰：「諸葛武侯生漢末，與盧、鄭同世，正當考據盛行之時，而讀書獨窺大意，此所以爲王佐才。考據之學，雖足名家，而致遠恐泥，故君子不爲也。」唐弼軒寅亮曰：「考據之學，最後者勝。」則有鑒於膠葛者而以諧語斷之耳。

學問之道，惟虚受益。虚則益明，明則益虚。蓋虚則好善，便可到明；明則真知，自然服善。泰州王心齋二十餘歲時，王陽明已膺封爵，心齋見之，抗賓主禮，談三日而心齋服，四拜爲師。後數日，心齋又不服，陽明於是還之四拜，仍爲賓主。後心齋又大服，乃復拜爲師。昔王荆公見司馬君實爲人作墓志，語多譏切新法。人謂司馬禍且不測，荆公乃以粘於屏風，歎美不已，曰「此西漢之文也」。〔二〕荆公與陽明皆有性氣的人，而其虚公之心尚如此。後之學者其可拒人以自封乎？

讀書必以細心爲主。蘇子容聞人語故事，必檢出處。蘇文忠每有撰著，雖目前事，

〔二〕按自「虚則益明」至此一段，出於李光地《榕村語録》。

率令少章、叔黨諸人檢視而後出。明代人讀書多不細，便大害事。王陽明爲王守溪作傳，最表章他的《性説》。《性説》中引孔子語云「心之神明謂之性」，以爲吾止以孔子爲斷，不知原文乃「謂之聖」，非「謂之性」也。記不確，又不去查，落筆便成笑話。明道因濂溪教他尋孔、顔樂處，晚年欲作《樂書》。朱子曾笑云：「不知樂如何作書？」謂樂在心作不得書耳。性理中載此語，恐人讀作「禮樂」之「樂」，乃於「樂」字下旁注「洛」字。書生不看小注，於問樂策往往答云：「明道常欲作書。」是讀爲禮樂之樂矣。常州錢啓莘又錯以旁注「洛」字爲正文，因費許多心力著一部《洛書》，皆畫作龜文，繫之以詞，以竟明道未竟之志，豈非説夢？此殊有關係，非止文義少差而已。〔二〕

程伊川先生曰：「今農夫祁寒暑雨，深耕易耨，播種五穀，吾得而食之；百工技藝，作爲器物，吾得而用之；介胄之士披堅執鋭，以守土宇，吾得而安之。無功德及人，而浪度歲月，晏然爲天地間一蠹，惟綴緝聖人遺書爲有補耳。」

〔二〕「明代人讀書多不細」至此一段，出於李光地《榕村語録》。

李二曲曰：「今人初學之日便是志穀之日，揣摩帖括，刻意雕繪，疲精竭神，窮年累月，無非爲穀而然。此外無志，故此外無學。夫惟此外無志，是以修己務實之儒世不多見，以致修己務實之業無人講求。士趨日卑，士風日壞，病正坐此，可勝歎哉！」

嘉興王惺齋《家訓》云：「一日之内，必有當務之業。聚談者頃刻而可以周乎四海之遠，其端又相引而不窮，非若執業之確有其方，其慆心逸志，爲害於學問之實功者非淺也。」蘇齋師謂：「今之學者詳於六合之外，而畧於耳目之前。讀惺齋之言，庶幾日奉程、朱之正學，講韓、歐之文字，或如游子之識其家乎？」

《荆園小語》云：「學問以先入爲主，故立志欲高，如文必秦漢，字必鍾、王，詩必盛唐之類。骨氣已成，然後順流而下，自能成家。若入手便學近代，欲逆流而上，難矣」。

黄陶庵曰：「朱子誨門人：聖賢言語只在仔細看，别無術。又云：書只貴熟讀，别無法。又云：法在讀了一遍又思量一遍，思量一遍又讀一遍，先儒讀法如此。向見一書載張安道問蘇明允以子瞻方讀何書，答云：『方温《漢書》。』安道驚曰：『書要讀第二遍耶？』初以爲安道自矜敏捷耳，今思之殊不然。蓋古人讀第一遍時，必須精熟此書，未熟更不讀他書，不待他日又温也。他日坡公有云：『故書不厭百回讀，熟讀深思子自知。』則豈止讀第二遍耶！司馬温公嘗言：『學者讀書，少能自卷首讀至卷尾，往往從中，或從末隨意讀起，又多不能終篇。光性最專，猶患如此。從來唯見何涉學士案上唯置一書，讀之自首至尾，正錯較字，以至終篇，未終誓不他讀，此學者所難。』温公所言，正安道所謂『一遍』。」

吾鄉李文貞公光地曰：「天下繁星萬有一千五百二十，若湊起來，比月還大，只因月是團圞一物，所以月光比星大。別又如百十燈火，因散開了，反不如一火把之光。昔有人力格數人，問之，渠云：『力兼二人，便敵得十人；兼三四人，則三四十人不足道也。』讀書之法，亦是如此。能將所讀之書湊成一堆，自能得力，此即孟子將博反約之旨。荀子云：『合三十五人之智，智於堯禹。』只平常人合湊起來，便比得堯禹，而堯禹不多見者，以其散爲二十五人也。」[一]

[一]「二十五人」，原文如此，與上文「三十五人」不合，《荀子》書亦無「合三十五人之智」云云。《説苑》卷八有「仲尼曰：合二十五人之智，智於湯武；并二十五人之力，力於彭祖」之語，疑是李光地誤記。是本條「三十五人」應是「二十五人」之誤。

又曰：「看書須逐條想過一遍，不但爲書，且將此心磨得可用。不然遇大事，此心用不入，便做不來。凡看書，但經用過心，不獨悟過好，即疑過亦好，不但記得好，就不記得亦好，中有箇根子，便有時會發動。」

又曰：「某向作『學而時習』之文，有友爲塗乙數次，某皆即時改定。每改一次，畢竟覺得好些。最後復問之曰：『尚有宜改處否？』曰：『似宜拈出性字。蓋時習説、朋來樂，凡學皆是如此提出性字，乃是吾儒之學。故注曰「人性皆善」，又曰「復其初」，拈出此字，則次節「以善及人」、三節「成德之名」皆有著落。』如此議論實爲精透，然非再四講切不聞此義矣。」

又曰：「讀書千遍，其義自見。某初讀《參同契》，了無入處。用此法試之，熟後遂見得其中自有條理。初讀《大司樂》亦然，用此法又有入處。乃知魏伯陽所謂『千週萬遍』真丹訣也。今有師表之責者，只糾合有志讀經之人，且不要管他别樣，但教他將一部經，一面讀，一面想，用功到千遍再問他所得便好。」

閻百詩若璩《潛邱劄記》云：「曩在東海公邸夜飲，公云：『今晨直起居注，蒙詢古人言「使功不如使過」，此語自有出處，當時不能答。』予舉宋陳良時《使功不如使過論》，篇中有秦伯用孟明事，但不知此語出何書。越十五年，讀《唐書·李靖傳》，高祖以靖逗留，詔斬之，許紹爲請而免。後率兵破開州蠻，俘擒五千。帝謂左右曰：『使功不如使過，果然。』謂即出此。又越五年，讀《後漢書·獨行傳》，索盧放諫更始使者勿斬太守，曰：『夫使功者不如使過。』章懷注『若秦穆公赦孟明而用之，霸西戎』，乃知全出於此。甚矣學問之無窮，而尤不可以無年也。」

陸朗夫燿曰：「科舉之業，自古有之。然伊川嘗曰：『人謂某不教人習舉業，某何嘗有是！不習舉業而望及第，是責天而不修人事，但可以得之即已，不必盡力也。一月之中，十日爲舉業，餘日足可爲學。』此猶謂宋時舉業，非四書文也。至於近世，則如陸清獻公訓子有云：『方作舉業，不能不看時文，然不必十分全力盡用於此。』湯文正公訓子云：『時文只做七八分便已，不必做到十二分。』張清恪公與陳宫詹書曰：『今日役役於舉業者未必中，讀先儒之書者未必不中。』三公皆本朝大儒，而其言亦無不與程子合矣。」

《虎坊雜識》云：「人有全神赴於舉業、終身以之者，必自命爲發憤有志者也。然自有識者觀之，則仍謂之自暴自棄。按此種人亦自可憐，所憐者其舉業亦無成耳。

若科第到手之後，導之發憤大業，亦未必終於暴棄也。」

乾隆十四年，命大司馬梁詩正捧御製詩十二本交沈德潛，令其逐日校閱，嗣閱過四本，先繳進。是日召見，上云：「汝所改幾處，俱依汝，惟《覺生寺大鐘歌》中『道衍儼被榮將命』，汝改『榮將』爲『榮國』，自因道衍曾封榮國公也。榮將本黄帝時鑄鐘人，汝偶然誤會耳。然古書讀不盡，有我知而汝不知者，亦有汝知而我不知者。餘八本且盡心校勘，不必依回。」仰見聖學高深而復沖然善下，實從古帝王所未有。又以見珥筆者流，不容率易。顔之推所謂「觀天下書未遍，不得妄下雌黄」者，真有味乎言之也。

讀書要有記性。記性難强，要練記性，須用精熟一部書之法。不拘大書小書，能將這部爛熟，字字解得，道理透明，諸家記俱能辨其是非高下，此一部便是根，可以觸悟他書。如領兵十萬，一様看待，便不得一兵之力。如交朋友，全無親疏厚薄，便不得一友之助。領兵必有幾百親丁死士，交友必有一二意氣肝膽，便此外皆可得用。何也？我所親者又有所親，因類相感，無不通徹。只是這部書，却要實是純粹無疵、有體有用之書方可。倘熟一部没要緊的書，便没用。如領兵却親待一夥没用的兵，交

友却親待一夥没用的友，如何聯屬得他人？若親待得一班作姦犯科及無賴之徒，則更不可問矣。〔二〕

文文肅震孟曰：「今世之人，心不在軀殼裡，如何讀得聖賢之書？昔陳烈先生苦無記性，一日讀《孟子》『學問之道無他，求其放心而已矣』，忽悟曰：『我心不曾收得，如何記得！』乃閉門静坐百餘日，以收放心，遂一覽無遺。」

張稷若爾岐曰：「歷城葉奕繩嘗言强記之法，云：『某性甚鈍，每讀一書，遇意所喜好，即劄録之，録訖乃朗誦十遍，粘之壁間。每日必三十餘段，少亦六七段。掩卷即就壁間觀所粘録，日三五次，以爲常，務期精熟，一字不遺。粘壁既滿，乃取第一日所粘者收笥中，俟再讀，有所録，補粘其處。隨收隨補，歲無曠日，一年之中，約得千段，數年之後，腹笥漸富。每見務爲泛覽者，畧得影響而止，稍隔時日，便成枵腹，不如余之約取而實得』云云。此真可爲困學要法。」

姜西溟宸英曰：「讀書不須務多，但嚴立課程，勿使作輟，則日累月積，所蓄自

〔二〕此節採自李光地《榕村語録》。

富。歐陽公言：『《孝經》《論語》《孟子》《易》《尚書》《詩》《禮》《周禮》《春秋》《左傳》，準以中人之資，日讀三百字，不過四年半可畢；稍鈍者減中人之半，亦九年可畢。』東方朔上書，自稱十二學書，十五學擊劍，十六學詩書，誦二十二萬言，十九學孫吳兵法，亦誦二十二萬言，凡臣朔固已誦四十四萬言。此時朔年二十二，自十六學詩書至十八而畢，又自十九學兵法至二十一而畢，皆作三年課程。三年誦二十二萬言，每年正得七萬三千三百餘言，以一年三百六十日計之，則一日纔得二百零三言耳，蓋中人稍下之課也。夏侯氏作《東方先生像讚》云：『經目而誦於口，過耳而諳於心，其敏給如此。』今其所自誇大，不過中人稍下之課。可見古人讀書不苟，讀一書必思得此一書之用，至於終身守之不失，如此雖欲多不得也。」閻復申曰：「《儀禮》《公羊傳》《穀梁傳》，日讀三百字，一年三四月可畢；即減半，亦不過二年半。」

伊順行先生元復，吾鄉甯化縣諸生，有學行。康熙間，儀封張清恪公撫閩，慕其名，將以博學薦，令汀州守造廬徵之，辭疾不赴。所著有《焦桐集》。余至汀訪之，不得，僅得其所爲《讀書說》一篇，固今日俗學之鍼砭，而訓蒙之矩臬也。說曰：「夫學莫大於經史矣，凡鄒魯濂洛之道德，帝師王佐之經濟，班馬韓歐李杜之文章，皆從此出。或得其一節而遺其全粹者，有之矣；曰捨是而别有得焉者，未之聞也。合九經計之，《周易》程傳、《本義》四百七十而葉，《尚書》蔡傳二百七十四葉，《詩集註》三百三十四葉，《春秋》《左氏》、《公羊》、《穀梁》、胡傳八百一十五葉，《禮記纂注》五百一十葉，《論語、孟子集注》、《大學、中庸章句》四百三十四葉，共二千八百四十七葉。史以《資治通鑑》爲折衷，温公原本、胡三省注九千五百八十六葉，仁山《前編》一千六十六葉，《續宋元通鑑》一千五百四十七葉，合《國語》韋注二百九十七葉，《戰國策》正文三百八十葉，《史記》小司馬注一千九百四十九葉，《漢書》顔師古注二千六百六十九葉，《甲子會記》三百四葉，共一萬七千七百九十八葉。以一歲日力計之，除吉凶慶弔、祭祀伏臘外可得三百日，每一半治經，限三葉，以半治史，限二十葉，閲三年，經史俱可訖工。此在上智者已自能兼綜條貫，金聲而玉振之，上可以登四科之堂，下可以奉石渠之對矣。即不然，降而爲中智，如是者又三年。又不然，降而爲下智，如是者又三年，積之九年之勤而謂經史猶不能淹貫者，世無是也。此功既成，本末兼舉，傳世應世，無施不可，所謂長袖善舞，多錢善賈，沛乎莫之能禦矣。竊見世之急求聞達者，鹵莽滅裂，爲不終日之計，謂青紫可旦夕取。而窮達有命，利鈍不齊，隱忍羈縻，終覬一當。倏忽數十年，如隙過影，所求者未必遂，而少壯一去不可復還，平生精力虛擲於無用之地，内顧枵然而一無藉手，長爲庸人以没世矣。悲嘆窮廬，悔復何及，良可痛也。僕既傷於虎，亦欲鑒此覆車。語不云乎：『往者不可諫，來者猶可追。』今天下才俊不少，方其少年果鋭，亦有不安流俗之心，而載籍浩汗，雲海茫然，不識從何下手。又恐取道邅迴，坐失逢年捷徑，猶豫經營，東西馳騖。迨衡困既深，非是漸晰，乃悟升高行遠，古人軌轍昭然，而時已暮矣，精已消矣，千鈞之弩無能復發矣。僕過不自揆，竊比於識途之馬。有志之士能從吾言者，以中人之資準之，三年小成，九年大成，不啻探囊可必。蓋記誦之取益有限，神智之濬發無窮。今之號爲好學者，不過多誦時賢場屋之文及八家秦漢而已。此如轉販求贏，匄貨作活，終不得富。若研練經史，六合内外精義微言，數千百年之治亂得失，醖釀蓄積於胸中，識見奚患其不開擴，才力奚患其不盛大，德業奚患其不高明？譬則河來星宿，錢鑄銅山，取不窮而用不竭。故孔孟教人，必曰『多聞多見』，又曰『博學而詳説之』，非虛也。人自十七八畢此九年之功，猶未及三十，從此有事四方，殊未恨晚。即時過然後發憤，爲甯越、荀卿、蘇明允，亦無不可者。顧捨百金必得之舉，而徼倖於一跌不可復振之爲，以自爲謀則不智，爲子弟謀則弗善，熟慮及此，又豈所稱賢父兄耶！」

《吉人遺鐸》云：「陶謙年十四尚騎竹馬兒戲，後舉茂才，位至牧伯。陳子昂年十八從博徒遊，後精經史，爲唐名人。蘇洵三十始讀書，爲歐公所許。姚元崇少以射獵爲娱，四十始讀書，卒爲賢相。歐公學書在半百外，王右軍書至五十三乃成。凡少恃中墮而不終始成名，及暮年不學而以頹老自廢者，當服此劑。」又云：「范文正公讀書帳頂如墨色。夫人持以示子孫曰：『此翁勤學燈烟迹也。』張横渠教人夜間自不合睡，他做《正蒙》時，或袛默坐徹曉，直恁地勇方得。又言中夜有得，亦須起寫了方睡，不然放不下，無安著處。凡未及丙夜而倦於篝燈者，當服此劑。」又云：「柳公綽自舉進士至方面，嘗鈔書不輟，九經、三史一鈔，《南、北史》再鈔。司馬温公手鈔諸子，自《國語》以下六書，其目三百一十有三，端楷無一筆不謹。東坡遷海外，再鈔《漢書》、《唐書》。璩君瑕云：吴文定手鈔五經，李于鱗五鈔《文選》，三録《兩漢》。凡懶於手録而惟付記室者，當服此劑。」

顧亭林曰：「人之爲學，不日進則日退。不幸而在窮僻之域，無友朋之資，猶當古人與稽，以求其是非之所在。若既不出户，又不讀書，則是面墻之士，雖子羔、原憲之賢，終無濟於天下。子曰：『十室之邑，必有忠信如某者焉，不如某之好學也。』夫以孔子之聖，猶須好學，今人可不勉乎？」

鄭蘇年師答謝鵬南書云：「來書大意，欲著書成一家言以傳世耳。愚觀古之聖賢，未嘗即欲著書也。其所學務先求諸身，既修諸身，即推以濟於世，隨其大小淺深，要必由己以及人。至萬不得已，始獨善其身，思有所傳於後。故孔、孟著書，大抵皆屬晚年，道既不行而後事此，當其初，固皆以行道濟時爲亟亟也。吾子年未及壯，不應即爲遲暮之言。即立意欲著書，亦當先定其志向。古之子書，各倚所見，於世亦不無所益，然非道之大全。且門徑已盡，恐非吾子所能及，即及亦無由出其範圍，故子書可不學也。然則居今日而言著書，大約祇有數端：經學也，史學也，詩賦古文詞之學也。其中又分兩類，經學、史學有專求義理者，有專主考訂者；詩古文之學有專摹家數者，有泛濫以博贍見長者。此必須定所趨向，如從事經學，當以何經爲先，此一經何者爲根本，何者爲附益，如何講求以爲折衷。又此一經作者林立，今尚缺何等義類，我當如何研求，以補前人所未及。夫有所從事則志不紛，將來成就，始有所裨於世。

若泛泛然如水中之萍，或抱殘守缺，拾人殘瀋自以爲獨見，又何緣能垂世而傳遠乎？更以古文言之：唐宋諸家如歐、蘇、王，皆深於經學，著有成書；曾亦有史學；韓、柳書雖未成，然觀其文中所言，其於經史百家所用功者可見。且皆夙負經濟，如韓之論淮西事宜及論黃家賊狀，歐公、王荆公之奏疏，蘇之奏疏及策論，此豈可以摹倣剽竊爲之者？即論斷古事及議定典禮，亦皆學識爲之。吾子當推求古人原本之所在，必使措之於辭，實有質榦，非時花候鳥，徒悦耳目，過時則爲飄風，乃爲可貴。抑又聞之：學於師者必諮於友。師尊而難攀，友近而易入。故學古文亦須博覽元、明及近代各家。代近則事跡相通，題目相習，閲之又易入手。蓋能博覽然後義類詳明，得所牽引，心思亦有所注。至於歸宿，仍在唐宋諸大家。此亦如泛巨海者，當先學操舵於舵師，欲獵平原者，當先學健兒之騎射耳。雖然，猶有進焉：言，心聲也，令伯《陳情》之表，武侯《出師》之詞，膾炙千古，此其人豈沾沾以文爲事哉，忠孝之誠蓄積於中，故懇款之詞溢於筆墨。然則修身敦行，自理性情，尤爲大本大源之地。則劉彦和所謂『心生而言立，言立而文明，自然之道也』。否則貌竊唾拾，無本之言，必不相稱。古文如是，詩賦可知，所以治經學如是，所以治史學者亦可推矣。」

粤東宋茝灣觀察湘，學人也，亦頗負詩名。一日在蘇齋談藝，師曰：「可惜茝灣一好人，不讀書。」茝灣愕然。師曰：「汝讀書是一繙就過，算不得讀書。」又曰：「汝詩才却好，何不作詩？」茝灣又愕然。師曰：「汝詩是三杯酒後，隨筆一揮，如何算得作詩？」茝灣爲之悚然。嘗謂余曰：「老輩法眼可畏如此！」阮芸臺先生亦云：「世人每矜一目十行之才，余哂之。夫必十目一行，始是真能讀書也。」此皆可爲後學頂門針。

今人著述引書，必注明某卷，此法最善，可以杜裨販之弊，前人所不及也。余仲林蕭客嘗言：「引書注某卷，向謂始於遼僧行均之《龍龕手鑑》、宋程大昌《演繁露》二書，然亦不過二三條如是。後讀江少虞《事實類苑》，竟體注卷，則在程大昌之前。頃閱《道藏》，見唐人王懸河《三洞珠璣》，每卷稱某書某卷，則又在江少虞之前矣。《四庫提要》謂李匡乂《資暇集》引《通典》多注出某卷。匡乂亦唐人也。顧亭林嘗言：「萬曆以前八股之文，可傳於世者不過二三百篇，其間却無一字無來處。」偶爲門人講吴化「事君數」一節，文中有「謇諤」二字。「謇」字出《離騷》，「諤」字出《史記·商君傳》，「謇諤」二字又出陸機《辨亡論》。今意欲集門牆多士十數人，委之將先正文字注解一二十篇，以示後學讀書作文之式。除事出《四書》不注外，其五經、子史、古文句法一一注之，如李善之注《文選》，方爲合式。此法亦甚善也。

費補之衮《梁谿漫志》云：「曹孟德嘗言：『老而好學，惟吾與袁伯業。』東坡云：『此事不獨今人不能，古人亦自少也。』東坡以《論語解》寄文潞公，書云：『就使無取，亦足見其窮不忘道、老而能學也。』予竊謂年齒寖高而能留意於學，此固非易事，然於其中亦自有味。蓋老者更事既熟，見理亦明，開卷之際，迎刃而解，如行舊路而見故人，所謂温故知新也。」

阮芸臺先生曰：「數爲六藝之一，而廣其用則天地之綱紀、羣倫之統系也。天與星辰之高遠，非數無以效其靈；地域之廣輪，非數無以步其極；世事之糾紛繁賾，非數無以提其要。通天地人之道曰儒，孰謂儒者而可不知數乎？自漢以來，如許商、劉歆、鄭康成、賈逵、何休、韋昭、杜預、虞喜、劉焯、劉炫之徒，凡在儒林，類能爲算。惟後之學者喜空談而無實，薄藝事而不爲，其學始衰耳。自我聖祖仁皇帝《御製數理精蘊》，高宗純皇帝《欽定歷象考成》諸書既行，而海内之精數學者亦後先輩出。專門名家則有若吴江之王錫闡，淄川之薛鳳祚，宣城之梅文鼎；儒者兼長則如吴縣之惠士奇，婺源之江永，休甯之戴震，鍾祥之李潢，元和之李鋭，皆有撰述流布人間。我朝算學之盛，蓋從古所未有矣。」

六藝以數居末一字。有人欲以二三年工夫通了算學，再來理料經義，其意以算學有盡而經義無窮也。不知經義雖包裹淵深，都是從根本説起，歷數之學則頭緒繁雜，難以遽罄。譬如一株樹，還是根本多，還是枝葉多？況要精六藝，尤須以經書道理爲根，則用力雖勤，而以本貫末，即末見本，自有從容悦心之樂。否則勉强先從繁雜處入，恐致心病。前人有讀黄石齋先生《三易洞璣》，極意殫精，必求其解，遂至失心者，所當引以爲戒也。

顧亭林嘗言：「吾於經史雖畧能記誦，其實都是零碎工夫。至律曆、禮樂之類，整片稽考，便不耐心。此是大病，今悔之而已老矣。」此是真讀書人，方能自知其分量。今之學者能如此自知者已少，自知而復肯自言之者更少也。

今三家村塾小兒讀書，率多大聲狂叫，聒耳不堪。秀才家讀時文亦往往如此，每不惜氣竭聲嘶，而不知其有損無益也。余最愛誦彭忠肅龜年《讀書吟示子鉉》，云：「吾聞讀書人，惜氣勝惜金。纍纍如貫珠，其聲和且平。忽然低復昂，似絶反可聽。有時静以默，想見紬繹深。心潛與理會，不覺（泳）〔詠〕嘆淫。昨夕汝讀書，厲響驚四隣。方其氣盛時，聲能亂狂霖。倏忽氣已竭，口亦遂絶吟。神疲神自昏，思慮那得清。安能更雋永，温故而知新。永歌詩有味，三復意轉精。勉汝諷誦餘，且學思深湛。」又唐盧仝《寄男抱孫詩》亦云：「尋義低作聲，便可養年壽。莫學村學生，麤氣强叫吼。」又元楊元誠瑀《讀書訣》云：「生則慢讀明經句，熟則緊讀貪遍數。未熟莫要背念，既倦不如且住。」此皆可爲後生小子讀書之法。

卷四

官常一

昔人言：「變民風易，變士風難；變士風易，變仕風難；仕風變則天下自治。」然仕風與士風却是一貫，士習果正，則仕風未有不清者，此正本清源之説也。

士君子到一處，便思盡一處職業，方爲素位而行。故當官者無論久暫崇卑，一入門即當心安志定，爲地方籌久遠之計。吕新吾嘗言：「學者窮經博古，涉事籌今，只見日之不足，惟恐一登薦舉，不能有所建樹。仕者修政立事，淑世安民，只見日之不足，惟恐一旦陞遷，不獲竟其施爲。」此方是確實心腸，真正學術，爲學爲政之得真味者。

古人以四十爲强仕之始，以五十爲服官政之年，以七十爲致仕之期。統計人生居官之日，前後不過三十年之久耳。顧亭林嘗言：「漢順帝陽嘉元年，用左雄之言，令孝廉年不滿四十不得察舉，皆先詣公府，諸生試家法，文吏課牋奏。宋文帝元嘉中，限年三十而仕。梁武帝天監四年，令九流常選年未三十、不通一經不得解褐。今則突而弁兮，已厠銀黄之列；死期將至，尚留金紫之班。何補官常，徒隳士習。洪熙元年俞廷輔言：『近年賓興之士，率記誦虛文，求其實才，十無二三。或有年纔二十者，未嘗學問，一旦挂名科目而使之臨政治民，職事廢隳，民受其弊。自今各處鄉試，宜令有司先行審訪，務得博古通今、行止端重、年過二十五者，許令入試。』帝雖嘉納而未果行。積習相沿，二三百載，青雲之路，跬步可階，五尺之童，便思奔競。欲以成人材而厚風俗，不亦難乎！」

陳見復祖范曰：「人生不出仕、學兩途。古者年二十，博學不教，内而不出。過三十而後，博學無方。故《學記》有七年小成、九年大成之分，此古爲學之節候也。四十曰强而仕，五十命爲大夫，服官政，則四十以前皆爲學之日，未四十無望仕也，未五十無望爲大夫也。古者仕於私家，仕於庶人，在官仕爲閭胥黨正之屬，皆謂之仕。

漢三老、嗇夫、掾屬之職亦然，不遽服政也。然雖小官，亦得自行其志，而無所牽制方物。出謀發慮，道合則服從，不可則去。其不可而去，想亦不俟五十而慨然自廢矣。若五十命爲大夫，則必道合者也。服政二十年，己之底蘊無所不展，國家既已盡其才，竭其力，曰『吾不忍更勞子大夫，子大夫其少安』，於是去位以讓後來者。此古從官之節候也。後代則不然，自六年就傅，父兄即望以仕，十餘歲子弟之聰俊者，亦惟曰余仕。從事科目者，學其所學而實非學，不以科目出身者益不識所謂學。間有自命博學者，無不好爲人師，而自炫自鬻，詎有不教、不出者乎？仕則人人期於躐躋顯要，惟智盡能索、中路蹉跌斯已耳，安所謂道合不合乎？又官無大小，一入仕即去留皆不由己。官卑不肯言去，官高又不敢言去。統計一生，其未仕也，若渴若饑，若驟若馳；其既仕也，若沉若浮，若寤若迷，前瞻後顧而無所泊棲，亦可悲矣。」

《唐風・蟋蟀》之詩，凡三言「思」，真切要之官箴也。其云「職思其居」者，自大僚以至微員，各有其職即各有其居，各思其居即各盡其職。職未盡而他謀，是捨己田而芸人之田也。「職思其外」者，職無不盡，而上下四旁、遠近親疎又必計之周，慮之到，即如地方官以撫字懲奸爲職，或民人流亡於吾地，豈得以爲他方之民而不卹乎？賊盜逋竄於吾境，豈得以爲他方之盜而不緝乎？以此推之，「思其外」正所以善其居也。若「職思其憂」，則不但己身之害爲憂，凡事之流弊後禍皆憂也。出一令，有在此爲利而在彼則爲害，行一政，有目前若可喜而實釀後來無窮之禍者，思之不審，鮮有不蹈偏見而悔作俑者矣。

王隱《晉書》載司馬昭之語云：「爲官長者當清，當慎，當勤。修此三者，何患不治？」《三國志·李通傳》注所引。此不可以人廢言者也。宋呂舍人本中《官箴》亦有此語，今人遂以此三字爲出於呂，非也。呂於三字外復添一「忍」字，謂「耐瑣屑，習煩勞，不易怒，不輕喜，不激不隨，皆忍字之妙用。《書》曰『必有忍，其乃有濟』，若能清、慎、勤之外更行一忍字，何事不辦乎？」按忍字固好，然若呂所言，則「慎」字足以該之矣。吾鄉李文節九我嘗言：「李若谷侍郎曰：『某守官每持四字，曰勤、謹、和、緩。』一後生曰：『勤、謹、和既聞命矣，緩之一字，某所未聞。』侍郎正色曰：『何嘗教賢緩不及事，且道世間甚事不因忙後錯了！』」愚謂「緩」字亦好，然「謹」字亦足以該之，似皆不必節外生枝也。

《周官》六計，以廉爲本。孔疏：「廉者，潔不濫濁也。」《皋陶謨》「簡而廉」，孔傳則直以「廉隅」釋之。故朱子釋廉爲「有分辨，不苟取」，義最精確。今人但以不要錢爲廉，於是一節自矜，動成戾氣。夫清乃居官分内之事，猶婦女之守貞。婦女無淫行，遂可凌翁姑、壓夫子、詈妯娌而虐子孫乎？且廉而不能理民事，廉而不能合人情，則雖不要錢而終不得謂之好官。今郡邑各有城隍神像，終日峩冠端坐，不要一錢，足矣，又何必設官分職哉！

順治十七年，御史李振宜有《請飭宰相調燮弭災疏》，云：「臣聞三公得人則逸，不得其人則勞。陰陽不調，宰相之責也，故古有因水旱策免，有不待策免而自引退者。夫用人行政，其將用未用、將行未行之際，差之毫釐，失之千里。天顔咫尺，呼吸可通，惟有内閣諸臣而已。身居密勿之地，苟懷緘默之風，則宰相亦何常之有？一切凡人皆可爲之，又何藉乎夢卜以求也哉？臣讀上諭云：『十二三年，時有過舉。』夫自親政以來，憂勤惕厲，百度維新，原未見有過舉也。上諭既以爲有過舉，是必有過舉矣。試問其舉之之時，亦曾有言其過者否？宰相之不言，非其驗歟？總之，天時之不齊，不過目前之患，可以藉朝廷之修省而感格。宰相不言，且爲萬世之憂。夫既寄以心膂股肱，而猶然畏首畏尾，徒以擬票四五字了宰相事業，則生食一品二品之俸，死荷三壇六壇之祭，生死皆荷殊恩，曾不若懦夫之自立，清夜捫心，其能自慰乎？」

黄静山永年曰：「韓魏公在政府，嘗與范文正論事不合，范拂衣起，忿形於色。公徐把其袂云：『希文不容更商量乎？』和氣滿容，范亦釋然。歐陽文忠不信《河圖》，公與共輔政，未嘗一言及《易》。或又謂公相業無愧古人，獨文學不逮。公曰：『吾爲相，永叔爲學士，天下文章莫大於是。』斯言可以覘其所存矣。賢者與賢者處時多異同，其流遂至於分門别户。如公者，真相臣之則也夫！」

陳文恭曰：「當明目達聰、廣開言路之時，爲臣子者，惟有知無不言，言無不盡，庶爲盡職，不必問之部議准行與否也。司馬温公云：『當志其大，捨其細；先其急，後其緩，而汲汲於名者深戒焉。』此爲臺諫樹之鵠矣。臺中言事，自以事在可行，方不虚建白之意。然果有關於國計民生，雖一時格於時議，不盡施行，而言爲人人心中所欲言，事爲近今所共見，存此一議，安知異日不施行耶？此又不在乎一時之從違，而在乎情理之不易也。若有事在必行而行之無益，且不如其不行者，則又不如其已矣。」

王從之《滹南詩話》云：「柳公權『殿閣生微涼』之句，東坡罪其有美無箴，乃爲續成之。其意固佳，然責人亦已甚矣。吕希哲曰：『公權之詩，已含規諷，蓋謂文宗居廣廈之下，而不知路有暍死人也。』」或又謂『五絃之薰，所以解慍阜財，則是陳善閉邪責難之意』，此亦强勉而無謂。以是爲諷，其誰能悟乎？規諷雖美事，然燕閒無事，從容談笑之暫，何必定以此繩之？事君之法，有所寬乃能有所禁，畧其細故於平素，乃辨其大利害於一朝。若夫煩碎迫切，毫髪不恕，使聞之者厭苦而不能堪，彼將以正人爲仇矣，亦豈得爲善諫乎！」此雖是論詩之語，而實可爲廷臣進諫之程也。

姚姬傳鼐《翰林論》云：「爲天子侍從之臣，拾遺補闕，其常任也。天子雖明聖，不能無失，與其有失播諸天下，不若傳諸朝廷而改之之善也；傳諸朝廷，不若初見聞諸左右而改之之善也。翰林居天子左右，爲近臣，則諫其失也宜先於衆人。見君之失而智不及辨歟，則不明；智及辨之而諱言歟，則不忠。侍從者，得其忠且明者而居之者也。唐之初設翰林，百工皆入焉，猥下之職也。其後乃益親益尊，而責之宜益重。今有人焉，受其親與尊而辭其責之重，將不蒙世譏乎？自唐及宋及元明，官制因革，六七百年其不革者，御史有彈劾之責而兼諫争，翰林有制造文章之事而兼諫争。彈劾、制造文章，所别也；諫争，所同也。今獨謂御史爲言官而翰林不當有諫書，是知其一而失其一也。今之翰林固不可云皆親近居左右，然固有親近居左右者。且翰詹立班於科道上，謂其近臣也。居近臣之班，不知近臣之職，可乎？明之翰林皆知其職，諫争之人接踵，諫争之辭連篋。今之人不以爲其職也，或取其忠，而議其言爲出位。夫以盡職爲出位也，孰肯爲盡職者哉？」

湯文正斌答沈茝岸書云：「足下簡授中祕，從此積學樹品，大用可期。長安名利之場，聞見繁雜，最易搖惑。三門急湍，砥柱良難。李文節云：『翰林官能壞人：衙門冷，易苟；體面好，易傲；無政事，易懶；無風波，易放。』道丈識力堅定，宜静重養望，勿逐時好。署中堂聯云：『人重官非官重人，德勝才毋才勝德。』真座右銘也。」

今翰苑儒臣以侍直三天爲榮遇，必品學兼優者方與斯選。蓋學不勝其品，則無以擴格物致知之功；品不勝其學，則無以端誠意正心之準。不知格致誠正，更何論修齊治平？此非可以訓詁詞章了厥事也。恭讀康熙年間諭曰：「明季所行，多迂闊可笑。建極殿後階石厚數丈，方整一塊，其費不貲，採買搬運至京，不能舁入午門。運石太監參奏此石不肯入午門，乃命將石綑打六十御棍。崇禎嘗學乘馬，兩人執轡，兩人奉鐙，兩人扶鞦，甫乘輒已墜馬，乃責馬四十，發苦驛當差。馬猶有知識，石何所知？

如此舉動，豈不發噱？總由生於深宮，長於阿保之手，不知人情物理故也。」謹按崇禎踐祚，并非冲齡，當日青宮，非無保傅，豈真諭教之不早，良由倚任之非人。然則膺此選者，慎勿第矜爲榮遇哉。

今之國子監，即古之太學。《王制》太學「天子曰辟雍」，又曰成均。鄭康成釋辟爲明，廱爲和，所以明和天下也。宋陳祥道謂：「明之以法，和之以道，曰辟廱；成其虧，均其過不及，曰成均。」蓋學校爲造士之地，而國學尤爲首善之區。我朝自順治初即設立太學，官司大備，條教周詳，既厚其歲需，復廣其學舍。乾隆初，命監臣倣宋儒胡瑗經義治事齋法分課諸生，不但四方之士裹糧而景從者不遠數千里，至於蕃夷異域、鑾徼外臣，亦莫不航海梯山，請横經而受業。古來辟雍成均之盛，何以加兹。乾隆初，復欽頒切諭云：「士爲四民之首，而太學者教化所先，四方於是乎觀型焉。比者聚生徒而教育之，董以師儒，舉古人之成法規條，亦既詳備矣。獨是科名聲利之習，深入人心，積重難返，士子所爲汲汲皇皇者，惟是之求，而未嘗有志於聖賢之道。不知國家以經義取士，使多士由聖賢之言，體聖賢之心，正欲使之爲聖賢之徒，而豈沾沾然文藝之末哉？朱子《同安縣諭學者》云：『學以爲己。今之世，父所以詔其子，兄所以勉其弟，師所以教其弟子，弟子之所以學，捨科舉之學則無爲也。使古人之學止於如此，則必可以得志於科舉斯已耳，所以孜孜焉愛日不倦，以至於死而後已者，果何爲而然哉？今之士惟不知此，以爲苟足以應有司之求矣，則無事乎汲汲爲也，是以至於游惰而不知反，終身不能有志於學。而君子以爲非士之罪也，使教素明於上，而學素講於下，則士者固將有以用其力，而豈有不勉之患哉？諸君苟能致思於科舉之外，而知古人之所以爲學，則將有欲罷不能者矣。』觀朱子此言，洵古今通患矣。夫『爲己』二字，乃入聖之門。知爲己，則所講之書一一有益於身心，而日用事物之間，存養省察，闇然自修。世俗之紛華靡麗無足動念，何患詞章聲譽之能奪志哉！況即爲科舉，亦無礙於聖賢之學。朱子云：『非是科舉累人，人累科舉。若高見遠識之士，讀聖賢之書，據吾所見爲文以應之，得失置之度外，雖日日應舉亦不累也。處今之世，雖孔子復生，亦不免應舉，然豈能累孔子耶？』朱子此言，即是科舉中爲己之學。誠能爲己，則四書五經皆聖賢之精蘊，體而行之，爲聖賢而有餘。不能爲己，則雖舉經義治事而督課之，亦糟粕陳言，無補實用，浮僞與時文等耳。故學者莫先於辨志，志於爲己者，聖賢之徒也；志於科名者，世俗之陋也。國家養育人才，將用以致君澤民、治國平天下，而囿於積習，不能奮然求至於聖賢，豈不謬哉！適讀朱子書，見其言切中士習流弊，故親切爲諸生言之，俾司教者知所以教，而爲學者知所以學。」聖謨洋洋，自古人君之訓士，無有切實詳盡如此者。然則爲祭酒、司業等官者，苟不思所以稱其官，又烏足以副聖人之情而塞天下之望哉！

掌文柄者，以學政爲最難。各項試官不過端坐較閱而已，而學政則兼有舟車奔走之瘁，夙興點名之苦，内外防弊之勞。且所閱之卷較多，而揭曉之期尤迫，專恃一人之精力必不能周。若再見少惜費，不肯多延幕友，或修脯微薄，所延之友不佳，潦草應付，賓主同之，斷難免不明之譏，而不公者更無論矣。前太傅朱文正師督學吾閩，時張孟詞騰蛟卷已爲幕賓抹置劣等，師覆閱之，乃拔置第一，而幕賓遂於是夜襆被去。使非吾師之明，則孟詞之衿早褫矣。恭讀乾隆三十七年諭云：「國家所給學政養廉，本屬豐厚，原以資其辦公之用。若於延置幕友尚思靳惜廉金，不肯多延名幕，致以人少誤公，已昧人臣敬事之義。且任學政者不思校士育才，而斤斤惟養廉是惜，其鄙陋尚可問乎？嗣後各省學政，務須通曉大體，多擇工於閱文之幕友，即極小省分，亦不得不及五六人。並着各督撫留心稽查，如有不肯多延幕友辦理周章者，即隨時據實奏聞，毋得稍涉徇隱。將此通行飭諭知之。」

吕新吾曰：「今有督學於此，文學甚優，澡身甚潔，持法甚公，校士甚精，閲卷甚敏，賢矣乎？曰：賢矣，而職未盡也。天下之治亂係人才，人才之邪正關學校。譬之器物，學校其造作處，廟堂其發用處；譬之菽粟布帛，學校其耕織處，海宇其衣食處也。是學校美惡，士習善敗，三公九卿、百司庶府皆不任其咎，捨督學責將誰歸哉！夫入學甚榮進也，賓興甚巨典也，朝廷懸此以艷天下士，天下士竭蹶趨之，豈以學校乏人，待督學以足數，貢舉缺額，待督學以取盈乎？即使朝督莫責，人人盡一等，士士可三元，止作養了許多文章之士、富貴之人，何益於國家理亂之數哉！」

施愚山閏章嘗言：「學使一席，近代已成金穴，即以伯夷處之，必目爲盜跖。向來不幸涉足，至今爲累，公私屬目，交責環向，歸田八載，掃地赤立」云云。余師孟瓶庵先生謂：「愚山先生在山東最稱廉吏，時未有養廉，公私交責，皆以跖待夷耳。一窮書生，蒙恩年受三百萬俸錢，歸田云無囊槖，誰其信之？但自期問心無愧耳。對人言貧，意欲何求？對人言廉，可恥孰甚？先儒固有是言也。」

凌厚堂堃曰：「今之主鄉會試者，徒索之冥冥之中，其人之邪正，並其素所儲蓄皆不可得知。其可得知者，惟督學使者而已。魏敏果公嘗言：『文運不昌，病在有情面而無文章，有文章而無德行。』拂天下大公之望，抑孔子首重之科，請託公行，廉恥道喪，俾人才所從出之地，既無真秀才，安得有真舉人、真進士耶？夫各直省非乏材也，經傳子史根柢之學又非功令所禁也，其由縣、州達府，由府達院，不得謂之濫入也。其覆核至再至三，及儒師之月課而歲計者，又非止於場屋課試之藝也。且優者必有賞，劣者必有罰，孝弟節烈之可表者必有旌，將貢於朝廷之上、太學之中者必先自學臣拔之，將付索於冥冥不可得知之所者，必先自學臣決之，然則先王觀風設教之權，實於學政乎寄。而近人顧但相艷以爲美差也，豈非傎哉！」

紀文達師曰：「李又玥先生言：昔有寒士下第者，焚其遺卷，牒訴於文昌祠。夜夢神語曰：『爾讀書半生，尚不知窮達有命乎？』嘗侍先姚安公偶述是事，先姚安公咈然曰：『又玥應舉之士，傳此語則可，汝輩手掌文衡者，傳此語則不可。聚奎堂柱有熊孝感相國題聯，曰「赫赫科條，神理常存惟白簡；明明案牘，簾前何處有朱衣」，汝未之見乎？』」

徐原一《刑部題名記》云：「天下人命係於刑部一官。自古皋陶爲士，終身不遷其官。若漢之于定國、陳寵、何比干，皆家世治律，明習法比，故吏不得因緣爲欺。今部掾吏長子孫其中，輕重之例，惟意所擬，居官者對案茫然，但僥倖無事速去而已。夫一案之誤，動累多人；一例之差，貽害數世。不惟其時之久暫也，梁統以重刑一疏而禍湛門族，路温舒求尚德緩刑而子孫顯宦，殃慶之積，不待久也。且身有去留，名姓不滅，百世而下，悠悠之口，誰復相借乎？」

田綸霞雯《白雲司引議》云：「明刑弼教之衰，而刑至於不勝用，司刑者又復以私意行之。内設成心，則執此規彼，概操一切之法；外狃故牘，則便襲憚更，莫開一面之網。或矜智巧以爲聰明，或持姑息以惠奸宄。上則視堂官之趨向而輕重其手，下則惑胥吏之浮言而二三其見。甚且分牒便了，而不察事情之曲折；立判稱捷，而不知訟端之原委。出入顛倒，與吏爲奸；饑寒（庾斃）［瘐斃］，沈滯不問。犯者既已服辜，必令妄及平民，以爲誅求之計；罪人不即流決，必令廣攀富户，以爲賄囑之媒。囹圄桁楊之間，白日暗而無光，長夜漫而弗旦，豈不大可歎哉！」

臨晉有疑獄久未決，後某令鞫實爲弟毆兄死。讞牘甫定，夜寢，忽聞牀上帳鈎鳴。帳旋啟，有白髮老人跪牀前叩頭，叱之不見，而几上紙翻動有聲。急起視，則所擬讞牘也。反覆詳審，罪實無枉，惟其家四世單傳，至其父始生二子，一死非命，一又伏辜，則五世之祀斬矣。因毁稿存疑，蓋以存疑爲是也。紀文達師曰：「以王法論，滅倫者必誅；以人情論，絶嗣者亦可憫。生與殺皆礙，仁與義竟兩妨矣。如必委曲以求通，則謂殺人者抵，以申死者之冤也。申己之冤以絶祖父之祀，其兄有知，必不願，使竟願，是無人心矣。雖不抵，不爲枉，是一説也。或又謂情者一人之事，法者天下之事，使凡僅兄弟二人者，弟殺其兄，哀其絶嗣，皆不抵，則奪産殺兄者多矣，何法以正倫紀乎？是又未嘗非一説也。此獄非皋陶不能斷矣。」

今世司刑之官，多爲「救生不救死」之説，不知起於何時。佐刑幕者尤持此論，牢不可破，屢奉聖明訓飭，猶未盡轉移也。憶紀文達師《筆記》中有一條云：「余某者，司刑幕四十餘年，後卧病，燈前月下，恍惚似有鬼爲厲者。余某曰：『吾存心忠厚，誓不敢妄殺一人，此鬼胡爲乎來耶？』夜夢數人浴血立，曰：『君知刻酷之積怨，不知忠厚亦能積怨也。夫煢煢孱弱，慘被人戕，就死之時，楚毒萬狀；孤魂飲泣，銜恨九泉，惟望强暴就誅，一申積憤。而君但見生者之可憫，不見死者之可悲，刀筆舞文，曲相開脱。遂使兇殘漏網，白骨沈冤。君試設身處地：如君無罪無辜，受人屠割，魂魄有知，旁觀讞是獄者改重傷爲輕，改多傷爲少，改理曲爲理直，改有心爲無心，使君切齒之讐從容脱械，仍縱横於人世，君感乎怨乎？不是之思，而詡詡以縱惡爲陰功。彼枉死者，不讐君而誰讐乎？』余某惶怖而寤，以所夢備告其子，廻手自撾曰：『吾所見左矣！』就枕未安而歿。」

阿文勤公方燕居，文成公侍立。公仰而若有思，忽顧文成曰：「朝廷一旦用汝爲刑官治獄，宜何如？」文成謝未習。公曰：「固也，姑言其意。」文成曰：「行法必當其罪，罪一分與一分法，罪十分與十分法，無使輕重。」公大怒，罵曰：「是子將敗我家，是當死！」遽索杖。文成皇恐叩頭謝曰：「惟大人教戒之，不敢忘。」公曰：「噫，如汝言，天下無全人矣。罪十分治之五六，已不能堪，而可盡耶？且一分之罪尚足問耶？」其後文成長刑部，屢爲諸曹郎述之。

官中以夾棍爲大刑，不可輕用，更不可誤用。余在樞直，屢派秋審處讞獄，外任府道，三筦臬篆，皆極刑名繁重之區，未嘗一用此刑，亦無不結之案也。嘗讀陳慶門《仕學一貫録》有云：「夾棍一物，原有不得不用之時，不過欲取確供耳。初審狡展，不妨屢呼要夾，而其難其慎不肯即夾。三木之下，動關人命，堂上一聲催刑，皁役奮力，受之者魂飛魄散，氣蔽血壅，即有供吐，昏迷之中，隨口强應，亦難確鑿。惟平日於行刑之人明白指示，如不得已，必須用夾，不得遽收。先就情理反覆窮詰，此時問者之狼狽着急，較受刑之人爲更甚，如不從實供吐，姑催收刑。但一收止三四分，又再反覆窮詰，此時官府審問，本犯呼號，行刑者又須暗暗鬆放。如仍狡展，再收亦不過二三分。一放一收，痛則有之，而不至傷人，且使神魄清白，語言不至混亂，此時供吐方爲確切，可以定讞耳。不獨大刑爲然，即行杖亦不可忽。罪當杖者，亦視其人，氣體壯健，足以當之而無傷性命者，然後如法杖責。凡行杖時，官須停閲審卷，亦不可別有問答，惟注目凝神，以觀受杖之人。一則視其人能受與否，倘不能受，量減數杖，杖雖減而法已盡；一則防行杖有任意重責要害、毒打一處之弊也。如專用板頭，專打腿灣。

趙甌北翼《簷曝雜記》云：「往時軍機大臣罕與督撫大吏相接者。前輩嘗言：張文和公最承寵眷，然門無竿牘，餽禮值百金者輒却之。訥（親）［公］人雖苛刻，而門庭峻絶，無有能干以私者。至傅文忠爲首揆，頗和易近人矣。然外吏莫能登其門，督撫皆平交，不恃爲奧援也。余在汪文端第，見湖撫陳文恭伴函，不過獞錦二端。閩撫潘敏惠公，同年也，餽節亦不過葛紗。至軍機司員，非特不與外吏接，即在京部院官亦少往還。余初入時，見前輩馬少京兆璟嘗正襟危坐，有部院官立階前，輒拒之曰：『此機密地，非公等所宜至。』同直中有與部院官交語者，面斥不少假，被斥者不敢置一詞云。」按今之軍機，即唐宋之樞密，義取慎密，所不待言。然珥筆其間者，非實有通敏强毅之才，則不足以言稱職。若才望遠遜前修，但以華資捷徑相誇，尚如王惕甫芑孫所云：「其人而自軍機來者，處士大夫間，往往衣冠笑語，望而可識。」則官不足以重人，而人更不足以重官矣。

余初選庶常日，侍先叔父太常公，問詞林故實。適有同鄉新孝廉謁公，稱爲「老前輩」者。公面斥之曰：「京朝官之老前輩，各有專屬，非爾所得混稱也。」時余亦偶誤稱某公爲「先輩」，公亦斥之曰：「唐人稱應試舉子爲先輩，今無此稱，何得信口混説！」因云：「汝亦知前後輩之稱，不特翰林爲然乎？凡内閣、都察院、吏部、禮部、國子監及軍機章京，皆有此稱，若他衙門則不爾也。」余問其故，公曰：「前後輩之稱，僅次於師弟子一間。故稱人爲前輩者，自稱曰『晚生』『學生』，見於文字者亦稱『後進』，稱『後學』，猶之稱『弟子』、稱『門人』也。所以然者，館閣職專文字，以製作編纂爲能；臺諫意在建言，有敷陳啟沃之責；吏部則澄敘官方，必銓衡之允協；禮部則典司三禮，綜貢舉之大權；國學則陶成士類，官而兼師；軍機則潤色王言，清而且要。此七衙門，末學新進非奉老輩爲楷模，得前修之指授，不能悉其肯綮，觀其會通。若此外各衙門，則刑名、錢穀、戎政、考工，皆有例案可循，吏胥並能言其故，毋需乎請業問難之煩。故功令，凡各部院官遇有捐輸新例，悉許納貲，而惟此七處，非由正途出身及引見除授者不能入。然則爲後輩者，誠宜執弟子禮甚恭，而爲前輩者，亦必求所以無忝爲前輩也。」

呂新吾曰：「行中書省與中書省相表裏，秩皆二品，至崇重也。爲朝政槖籥，爲外僚領袖，主持風會，通達民情，至樞要也。名其司曰承宣布政，蓋政者天子之威惠，使承其流而宣布於一方。督撫之所監臨，監臨此政；按察之所廉訪，廉訪此政；守巡之所分理，分理此政；府州縣之所推行，推行此政。故元人艶之，名曰『外政府』。凡關係軍民利病，地方安危，風教盛衰，政治得失，無不由之。而今也止知爲錢糧衙門耳。經年以催解爲職，終日以收放爲事，以此畢承宣布政之職，不小之乎其爲藩司哉！」

又曰：「古者御史大夫掌西臺，蓋癉惡之司也。以中臺不便於察外吏，乃設按察司爲外臺，彈壓百僚，震懾羣吏，藩司以下皆得覺舉，實與御史大夫表裏均權。厥後和同溺職，而事權俱歸兩院矣。司曰按察司，官曰按察使，按察之謂何？但以刑名爲職掌，人亦以刑名吏目之。棄其尤重而獨任兼銜，可謂之提刑司、提刑使耳。今內外詳皆轉都察院，人未嘗以都察院爲刑曹，何按察司獨專爲刑名乎？夫宋人謂之天垣執法，人代閻羅，若但崇長厚，百無聽聞，賢否取正於府官，依樣署考，重輕定擬於院道，代之轉詳，則法司之權非人我侵，實我自失之矣。」

世傳傅元鼎巡方三則，皆切實可行。一云因人。屬吏有謁見必有談吐，有文移必有議論，就中細細察之，有據理勢明白直截者，有不吞不吐、騎牆兩顧者，有一問即對、條暢無隱者，有再問不答、沈吟含糊者，有實見得是，雖違衆而必争者，有中實無主，一經駁而遂靡者。以此察吏，可得十之五六。二云因地。所過地方，變服游覽，遇漁樵耕牧，霽色與言，問年歲，次及催科，問保甲，次及訟獄，及差役、官司、佐領，俱可詢問。未有好官而百姓不稱頌者，未有不肖而百姓不怨恨者，以此察吏，可得十之七八。三云因事。入境之時，畧一流覽，橋梁道路，亦王政所關，置郵見其精神，城池見其保障，學宫見其文教，器械見其武備，倉庫見其綜理，養濟見其慈惠。實心者自然檢點不同，見任去任，悉無遁墮。合上二法，察而記之，百不失一矣。按此爲巡方言之，然各省大寮之察庶吏，亦豈能外是哉？

阮吾山嘗言：「人生太閒則别念竊生，太忙則性真不見。士君子不可不抱虚生之憂，亦不可不知有生之樂。山谷與洪氏甥書曰：『尺璧之陰，以三分之：一以治公事，一以讀書，一以爲棋酒，則公私皆辦。』爲京官者宜味此語。」按山谷之語，余在京日曾仿行之。自外宦十餘年，棋酒二字竟束之高閣，非不爲也，實不暇也。竊謂外官過日須以五分之：三以治公事，一以讀書，一以將息。其於棋酒，實不相宜。蓋余所任皆極繁劇衝要之區，故無暇旁及。或僻簡之地，竟可不廢棋酒者亦未可知。乃有謂外官即讀書亦不相宜者，則俗吏之談，可置之弗論。昔李文貞謂：「各省大吏多以優伶爲性命，無怪其然，即吾輩之幾本書也。不爾，政事之暇，如何度日？」可謂知己知彼之言。

卷五

官常二

陳文恭曰：「官場陋習，上下衙門終日忙迫，究竟實在及民者甚少。官有事於民而民反不之知，民所切望於官官又不之知。且有名雖奉行、實未曾行者，總由上司以轉行爲了事，州縣以發房爲了事。即出告示，亦祇在城門通衢，遠僻士民何能遍觀盡識？出示之後，官又全不照應，及至士民或有違犯，不曰事不可行，則曰民不肯行，而不知其先實未曾行也。大凡有益於世之事，其始也不能不有所難，迨其後又不能一無所累。畏其難，懼其累，必至視天下事皆可以已。不但己不爲，且勸人之不爲，且忌人之或爲，見有爲之者，則又即其小疵以議其大醇，使卒無以自解。此所以驅天下之人皆趨於苟安自便之一途，而鮮有人焉出而任天下之事也。」

今天下治亂之故，惟州縣與百姓一關至爲緊要。不獨貪廉爲小民身家所繫，即勤惰明昧之間，緩急寬嚴之別，亦爲小民休戚所關。余友謝退谷嘗言：「天下最要之官惟有兩員，在内則宰相，在外則州縣而已。學者果有修己治人之術，恫瘝在抱，則不爲宰相，必爲州縣，蓋宰相所措置者在天下，州縣所措置者在一方也。至於目擊生民之疾苦，實能爲之興利而除害，則宰相有不及州縣者矣。」

一州一邑之中，可與州縣相助爲理者，惟教官而已。今天下府教授一百八十餘員，州學正二百一十餘員，縣教諭、訓導共二千六百餘員。顧名思義，則教化之源，應由此起。明初，每逢上舍爲郡邑師，行取爲編修、檢討、御史、給事中，驟至九列。當時以起家教官爲第一榮進，其初則不過稱職而已。今則不覈其才望，不責其訓課，以學校爲卹老憐貧之地，以司鐸爲投閒置散之官。甚至索贄見，勒節規，而不復問教學何義，諭訓何事，爲州縣者遂從而外之，此庸惡陋劣之譏所由來也。謝退谷教諭云：「有問於余曰：『今之教官，苟營糗糒，不以秀才爲魚肉已可謂賢，而子獨以學術自任，終亦無有能知子者，若何？』余曰：『安能以彼之不知而易吾之志，又安能以人之不知而棄吾之職乎？』嗚呼，今之爲教官者，其亦有聞斯語而油然興起者哉？

牛階平運震曰：「墨卷家揣摩之訣，有典、顯、淺三字。僕爲縣官，亦謬效之，有三字拙謀，曰儉、簡、檢而已。儉者，薄於自奉，量入爲出，所謂以約失之者鮮，此不虧空、不婪贓之本也。簡者，令繁則民難遵，體亢則下難近。一切反之，毋苛碎，毋拘執，毋聽陋例，毋信俗諱。儀從可減減之，案牘可省省之。當無日不與百姓相見，差與之齊而訊其苦樂，惟求一切便民，雖驅世笑我以黃老不顧也。檢者，天有理，人有情，吏部有處分，上司有考課。豪强在國將吾伺，奸吏在衙將吾欺。入一錢乙諸簡，得無納賄；施一杖榜諸册，得無濫刑。今日去官，吾倉庫不畏後任；明日還鄉，吾心跡可白友朋。此則所謂檢耳。」

謝退谷以司鐸終其身，未嘗一日膺民社之責，然所論服官利弊，則直如過來人語。如云：「做一日官，即當爲百姓籌百年之計，不得稍存不久之心。存不久之心，則諸事苟且，不成爲官矣。至於錢穀賬目、册檔文卷，則宜處處斬截，時時日日皆可交代。蓋所存者百年之心，難保者一日之事。賢者居官，今日要去便去，明日要行即行，豈可有葛藤餘累哉！」又云：「爲官以理財爲急。初到任，即須詳察此缺每年中錢糧出息若干，廉俸若干，爲入數。又細察每年各項酬應若干，差使坐派若干，幕賓束脯若干，家計食用若干，爲出數。以入數抵出數，僅敷支給，更無盈餘，則須於出數中力爲裁減，硬立鐵定章程，必使有餘而後可。」

袁簡齋由詞垣出爲邑宰，有循吏之目，所言皆本閱歷，非同泛泛官箴也。嘗言：「治民不自民始，胥吏者，官民交接之樞紐；家丁戚友，又胥吏交接之樞紐也。不治胥吏不能治民，不治家丁戚友亦不能治胥吏。惟官與吏終日見，而無勞家人之轉通；官與民又終日見，而不許胥吏之壅遏，則若輩者不過供奔走佐使之職而已，何弊之能爲？且夫用戚友不如用家丁，用家丁不如用胥吏，用胥吏不如用百姓。戚友不肖，法難遽加，若家丁，則利在前、法在後矣。然家丁之來去無常，胥吏之曹缺永在，其畏法媚官，又較家丁爲可用也。胥吏之職，大都拘人集衆，若受訟時朱書牒尾，即令某甲喚某乙，豈不省需索而免稽遲，是百姓尤可用也。吾不解今之爲政者動曰『嚴胥吏』。夫胥吏即百姓也，非鬼蜮禽獸也，使果皆鬼蜮禽獸，宜早誅之絶之，而又何必用之而嚴之？彼嚴之者，豈不曰胥吏舞文乎？病百姓乎？然試問所舞之文，判行者誰乎？加印者誰乎？彼舞而我亦隨而舞之，不自責而責人，何也？胥之權在行檄，吏之權在奉檄，今之縣令，檄行若干不知，檄書云何不知，某當理不知，某當銷不知，如是而欲除弊，雖日殺百胥吏無益也。夫欲大權在我，莫如手記而手銷之，訟牒雖多，每日所進能過百紙乎？百紙中其待理者能過十事乎？每日記十事，未爲難也。次日再收百紙，大半覆詞訴詞，其應記者又減十而五矣。受牒十日，書所記而召之訊。訊吏何以不行檄，則吏窮；訊役何以不集犯，則役窮。檄行犯集，隨判而隨銷之，任胥役之需索，奸匪之侜張，而不出十日之期，則所費有限，枝節不多，初情未改，訊斷亦易。彼百姓者，知十日之必結也，又何畏乎吏役而賄之？此胥役之所大懼也。然民不告臟，上不訪吏，有提吾胥吏者官自當之。不許胥吏索百姓之錢，亦不許上官胥吏索吾胥吏之錢，彼胥吏者有不懼於始而感於終乎？夫可以探喜怒、轉關鍵者，胥稟也；有減增、有株引者，檄稿也；有移換、有竄入者，供詞也；有暗阻、有明催、忽早忽遲者，訊期也。吾一切目覽而親裁之，許一檄不許重檄，檄中人數及差某役皆空之，而待親裁，彼胥吏何權焉？於胥吏又何誅焉？」又云：「孟子曰『省刑罰』，言省察之不使其繁也。蓋刑以戒惡也，刑繁則轉不足以懲惡，以爲吾既已受刑而無所損矣，又何懼哉！要知刑具而必部頒之，亦無庸也。彼衣冠孱民，加細荆而呼號不勝，何事於部頒之具？積蠹大猾，其筋骨皆習鍊之餘，當巨棓而含笑，囊三木而無聲，何畏乎部頒之具？吾以爲其畏刑者，雖應笞亦宜寬省，以洒其恥；其玩刑者，法止杖四十，而吾以二十當之，其酷則更甚於四十，使彼知二十之委頓如此也，況四十耶，庶懼心生而惡念除矣。」又云：「凡判尾必親書讞，非炫才也，以便日後展卷而了然也。判事必坐堂皇，非矜衆也，以觀國人之顏色，而是非使共見也。勿輕置人於獄，所以清狴犴而妨雜處之不虞也；勿輕申詳，所以免捉搦而成難結之案也；勿問坐獄者之貧富，恐有成見而誤大公也；勿故反聽請者之勾求，恐事未可知而矯枉過正也；勿勸捐以安富，恐抑勒者多；勿罰鍰以遠嫌，恐徇財者惑；勿交鎖鍊於胥役，當用者加朱墨圍，使不得開，不當用者不署鎖字，使不得混；勿委監獄於典史，必驟臨之。審其輕重，辨木索之有無；觀其氣色，知衣糧之尅扣。對簿之人，宜分爲六，而臨事料量之：重者獄，其次繫，其次管守，其次保釋，其次待喚，其次聽其所之。和息非不可允，但須書明曲直，以防日後之終凶。狎邪非不當嚴，但須戚屬投明，不許匪徒之恫喝。律設大法而通融者，存乎人，否則傀儡而已。案無確據而闕疑者，法乎史，否則武斷而已。觀漢江充之巫蠱，而知贓之可栽也；觀《南史》傅炎之斷獄，而知凶器之難據也。神而明之，化而裁之，則存乎人矣。」

陳慶門曰：「州縣親民之官，非特貪酷足爲民害，即拘謹之流，未嘗不潔清自好，而暗昧不明，優柔不斷，識不足以剔弊，力不足以懲奸，彼雖不貪，有代之而吸民膏者，有代之而戕民命者，其與貪酷害民無異。且百爲叢脞，諸務廢弛，反不若貪酷者流，猶能理煩而治劇。所謂『廉而無能，不若貪而有幹』，古之人誠有慨乎其言之也。」

王犀川士俊曰：「紳士，耳目也，無耳目何以納益？幕客，心腹也，無心腹何以論思？佐吏，股肱也，無股肱何以集事？然不先之以知人，則招權聚賄，官爲孤注矣。不歸之於獨斷，則坐嘯畫諾，官同木偶矣。有用人之識與才，而後可以用人，不然，非用人也，用於人也。至於肘腋之間，隱然爲奸，莫如家僮。莊以涖之，慈以畜之，尤當明以燭之，嚴以防之。《易》曰『機事不密則害成』，其御僕之謂也乎？」

唐人《縣令箴》有云：「不恕而明，不如不明；不通而清，不如不清。」雖爲有激之談，實則確中情理。蓋操守平常之劣宦，衆所伺察，其貽累於地方者尚輕；而潔己沽譽之巧員，不復誠求，其貽誤於地方者更甚。恭讀雍正四年諭曰：「居官立身之道，自以操守清廉爲本。但封疆大吏職任甚鉅，《洪範》所稱有猷、有爲、有守，三者並重，則是操守者不過居官之一節耳。安民察吏，興利除弊，其道多端。倘但恃其操守博取名譽，而悠悠忽忽，於地方事務不能整飭經理，苟且塞責，養奸貽害甚大。蓋此等清官無所取於民，而善良者感之；不能禁民之爲非，而豪强者頌之，故百姓之賢不肖皆稱之。無所取於屬員，亦不能禁屬員之不法，故屬員之賢不肖者皆安之。大臣之子弟親戚犯法，則姑容而不行參革；地方之强紳强衿生事，則寬待而不加約束，故大臣紳衿皆言其和平而望其久留。甚至胥吏作奸而不能懲，盜賊肆行而不能察，故自胥吏至於盜賊皆樂其安静，而不欲其去任。及至事務廢弛，朝廷訪問，加以譴責罷斥，而地方官民人等羣然嘆息，以爲去一清廉有司，爲之稱屈。此則平日模棱悦衆、違道干譽之所致也。」睿智所周，於仕宦情弊洞若觀火。世有自矜爲廉吏者，其能無惕然於心哉！

今之爲州縣官者，輒以賭博、鬥毆、娼妓爲小事，至於盜案，則知爲大事矣，而又相率趨避情節，遷延歲時，仍欲化大事爲小事。此等積習，牢不可破，又安望其能除莠安良乎？恭讀乾隆元年諭曰：「姦宄不除，不可以安良善；風俗不正，不可以興教化。閭閻之大惡有四：一曰盜，三代聖王不待教而誅者也；二曰賭博，干犯功令，貽害父兄，以視《周官》之『罷民』，未麗於法而繫諸嘉石、收之圜土者，罪有甚矣。三曰打架，即《周官》所謂『亂民』，孟子所謂『賊民』也。四曰娼妓，則自周以前，人類中未嘗有此。此四惡者，劫人之財，戕人之命，傷人之肢體，破人之家，敗人之德，爲善良之害者莫大於此。是以我皇考愛民之深，憂民之切，嚴申糾禁。積歲月之久，然後道路少響馬及老瓜賊，而商旅以寧；賭博及造賭具者漸次改業，而家室以安；聚衆打架者斂跡，而城市鄉鎮鮮聞鬥囂；娼妓遠藏，不敢淹留客店。此皇考十有三年政教精神所注，而海内臣民顯見其功效、實享其樂利者也。朕嗣位以來，增廣赦條，惠保良民，使得從容休息。而無識諸臣，誤謂朕一切寬容，不事稽察，民間訛言諸禁已開，直省四惡皆微露其端倪。是守土之官敢悖世宗憲皇帝之明旨，墮十三年之成功，而戕害善良、傷敗風俗也！自後州縣有政令廢弛，使諸惡復行於境内者，該督撫即行嚴參。督撫、司道、郡守有不能董率州縣、殫心輔治者，必以溺職治罪，與通苞苴、受賄賂者等，決不輕貸。」聖諭嚴切如此，而州縣官乃若罔聞知，何哉？雍正年間有《欽頒訓飭州縣規條》一册，恭讀簡端諭旨云：「地方事務皆發端於州縣，頭緒紛繁，情僞百出。而膺斯任者，類皆初登仕籍之人，未練習於平時，而欲措施於一旦，無怪乎徬徨瞻顧，心志茫然。即採訪咨詢，而告之者未必其盡言無隱，此古人所以有學製美錦之歎也。向以大學士朱軾、左都御史沈近思外任多年，周知地方利弊，曾令二臣商著規則，以爲州縣之南車。乃書未就緒而沈近思物故，邇年以來，朱軾復時多病，此事遂致遲延。去年始降旨，委諸總督田文鏡、李衛，令二臣各抒所見，繕録諸條以進。朕親加披覽，見其條理詳明，言詞愷切，民情吏習，罔不兼該，大綱細目，莫不備舉，誠新進之津梁，庶官之模範也。在二臣各就其所閲歷者而言，繁簡同異之間，不必一致，而慎守官方，勤恤民隱，興利除害，易俗移風則一而已矣。」謹按當時此書曾經剞劂頒行，迄今已將百年，州縣官未能人有其書，所當重加刊布，俾一行作吏者皆日置几案間，朝夕印證，未必於政事無裨矣。

州縣官必應讀之書，如宋呂舍人本中之《官箴》，元張師孟養浩之《牧民忠告》，明呂新吾之《實政録》，又《呻吟語·治道篇》，又《刑戒》，顔光衷茂猷之《官鑑》，高忠憲攀龍之《責成州縣約》，袁了凡黄之《當官功過格》，白一清如珍之《刑名一得》，本朝于清端成龍之《親民官六戒》，熊勉庵宏備之《居官格言》，陳文恭之《從政遺規》，又《在官法戒録》，汪龍莊輝祖之《學治臆説》，又《佐治藥言》，蔣心餘士銓之《官戒》。近人如祁竹軒中丞填之《快樂説》刻於桂林，鍾雲亭制府祥之《緝捕聽斷章程》刻於濟南者，皆當時時省覽，奉爲楷模。若某制府之《居官指要》刻於蘭州者，率以臆爲之，則祇堪噴飯而已。如三下鑼爲清、慎、勤，五下鑼爲恭、寬、信、敏、惠之類。

道光二年，余以荆州守兼護荆宜施道，並權荆關監督。時蔣礪堂節相自蜀中移書云：「荆關連年缺額，榷務又非我輩所長，計惟以寬從事，庶收招徠之效耳。」余奉教惟謹。計荆關所轄凡十一口，相距八百里而遥，稽查頗不易。余兼筦七閲月而瓜代者至，不但於額無缺，且有盈餘，方悟寬之一字，誠管關要訣也。恭讀康熙五十五年諭大學士等曰：「各關監督所欠錢糧甚多。未派之先，俱願前往，及到任之後，額税必欠。此皆多帶人役、征收過刻之故。昔南新關有一監督，問巡撫王度昭錢糧如何不致缺額，王度昭告以『從寬征收，斷不欠缺』，後果如其所言。」乃知礪堂節相之言亦有所本矣。

憶少時侍先資政公讀《論語》，公曰：「仕而優則學，謂仕雖優不可廢學也；學而優則仕，謂學必優而後可入仕也。總見學之不可以已也。」余因舉昔人「一行作吏，此事便廢」之言。公云：「此語似是而非。今文人於通籍後，往往以此藉口，甚不可也。無論官翰林者以文章爲職志，當終身精益求精，即六部曹司，每日有應定之稿案，或時有應擬之奏議，既係出身科目，豈得謝曰不能？若翰林而供奉内廷，部曹而入直樞地，則尤不能不與文字爲緣。倘皆手鈍如椎，如何應付得去？推之外省各衙門，似乎抗塵走俗矣，然使詳稟不足以聳動上臺，示諭不足以彈壓百姓，函札不足以感孚僚屬，一一皆假手書吏，藉重幕賓，而本官不能建一議，改一字，詎不形同木偶？所尤可慮者，身居臺諫，不抗疏不可，抗疏而不密尤不可，勢必自竭心力而爲之。乃文筆薾弱，識見膚庸，一登邸抄，萬目難掩，平生底蘊，盡軒豁呈露於字裏行間，而本人方自以爲洋洋大篇、煌煌奏議，可笑可嘆，莫此爲甚！然則不學而仕，仕而不學，其弊將至於一步不可行，敢曰此事遂廢哉！」

謝退谷亦嘗言：「文字爲居官緊要之用，有不可全賴幕賓書吏者。假使文字不得力，雖有良法美意，不能自達於上下四旁，而姦宄亂政之徒得以施其毁害之術矣。」按退谷之言是矣，而猶未盡也。當官文字有應詳而失之畧者，往往一二語之漏，一二字之疎，雖事後百計彌縫補苴，終覺費手。亦有應簡而失之繁者，或因反復而招疑，或因絜聒而生厭，或自晦其指歸所在，或轉開指摘之端。凡此皆於政體有礙，而幕賓書吏轉可乘間而舞文者，是尤不可以不慎耳。

陸桴亭世儀曰：「人非聖人，不能無過。故君有過，臣諫之，父有過，子諫之。獨爲長吏令一邑，未聞闢一言路，令羣下得言其過失，近爲民父母而矯亢反過於至尊，無拒諫之名而有弭謗之實，誠所不解。今後吾黨有得第爲縣令者，必尊禮有道，祈聞得失，月朔必置一櫃，令士民投紙櫃中，言我一月中過差，庶無冒昧妄行之弊耳。」

劉横詩：「職事煩填委，文墨紛消散。沈迷簿領間，回回自昏亂。」陸機詩：「終朝理文案，薄暮不妨眠。」文人性畏簿書，古今同病。但既入其中，便當平心静氣，不可治絲而棼。朱子嘗言「一日立乎其位，則一日業乎其官；一日不得乎其官，則不敢一日立乎其位」是也。

孟瓶庵師曰：「世之俗吏，有承委而不必盡心者，然猶不敢明言也。元微之《游三寺詩自敘》云：『道出當陽，奉命録視縣囚，牽於游行，不暇詳究。』詩云：『會緣稽首他方佛，無暇精心滿縣囚。』噫！國家安賴有此人哉！此則小人明目張膽、自許顛狂者，吾輩讀書人斷不可如此。」鄉前輩黄莘田先生，詩人也，在粤東《歲暮慮囚》詩云：「情有可原惟勿喜，生求不得豈含冤。我來敢學疎狂吏，舉板看山出寺門。」

今之巧宦，有所謂「不蹚泥」者，最爲可鄙。無論事之大小，總當先以是非爲衡，而後計利害。又當先公家之利害，而後計及身。若全不爲百姓受過，爲同官分過，爲上司擔過，則一事不能行矣。故范文正公嘗言：「凡爲官者，私罪不可有，公罪不可無。」真洞見癥結之言。

《北窗炙輠》云：「有官君子最忌二事：在己則貪，在公家則聚斂。它罪猶可免，犯此二者，終身不可齒士大夫之列。今人或有處身最廉，然掊克百姓，上以媚朝廷，下以諂權貴，輒得美官，雖不入己，其入己莫甚焉！暗中伸手，此小偷也；公然聚斂，以期貴顯，此劫盜也！」

漢相朱博，爲人廉儉，不好酒色游宴。自微賤至富貴，食不重味，案上不過三杯。夜寢早起，妻罕見其面。古今自有此一等官情深重之人，除非官之外一無所好，反似蕭然無欲者。然博後卒自殺，人其易知乎哉！

《茶餘客話》云：「今官府出行，列『肅静』『廻避』二牌，亦辟人之義。王陽明開府時，易其字曰『求通民情』『願聞己過』。劉忠宣大夏爲督撫，凡行司道府縣，不用『官封硃點』『當堂開拆』字樣，但夾單帖具名，另用副啟開陳事宜，末後親筆填『大夏頓首』四字。是皆前人艷稱爲美談者，其實此等舉動，全是客氣，非立異即沽名，非素位之義也。」

李文貞曰：「立朝柄政者，苟非大賢，與之交好比附，未有不爲所累者。故仕宦以孤立爲安身。」的是名言。

《吉人遺鐸》云：「屠赤水先生嘗言：終《綱目》一書，凡一千三百六十二年内請致仕者惟唐杜佑一人，請老者惟漢疏廣、疏受二人，甚矣見幾之難也！」

龐非敏籍知定州，請老，召還，請不已。或謂：「公精力少年不逮，主上注意方厚，何遽引去之堅？」公曰：「必待筋力不支，明主厭棄，是不得已，豈止足之謂耶？」按古人進退，自有恰好之時。李文貞嘗言：「士大夫老自當退。天地亦有休息時，寒冬至，物都凋枯，此不是無用，却於生物有功。古者憲老而不乞言，但觀法他的模樣，並不敢勞其言語，原有此種道理。如老臣致政之後，天下仰其德望，何嘗無禫乎？」此則又進一解矣。

朱子發震被召，問出處之宜於胡文定。文定曰：「子發學《易》二十年，此事當素定矣。世間惟講學、論政不可不詢究。至於行已大致，去就語默之幾，如人飲食，饑飽寒温必自斟酌，不可決諸人，亦非人所能決也。」

方靈臯曰：「衆人之於仕宦常逐逐而不休者，上不求所以自致於君，下不思所以塞望於人，而惟其身之利焉。故操之則慄，捨之則悲。君子難進而易退，非以爲名也，所見者大，故其進也，常覺其志之難稱，而其退也，如釋重負然。昔歐陽公生北宋之隆，遭時行志，功見而名立，自世人觀之，不可謂非仕宦之滿志者矣。及讀公《思潁》詩，然後知公之胸中固有欲然不自足者也。」

今民間作事，多以初五、十四、二十三日爲月忌，其説不知始於何時。或謂此三日即《河圖》中宫，五數爲君象，故庶民避之。而居官者又有正、五、九月不到任之忌。按正、五、九，釋氏謂之三長月，學佛者不葷食。唐武德中下詔禁屠宰，自是方鎮饗士多避之。緣方鎮到官必大饗將校，以此三月禁屠宰，故不用。今外任無饗士之禮，此三月又無屠宰之禁，又何忌焉？況今京官除授，即日履任，即外省督撫兩司陞調，有奉旨不必進京者，亦須即日履任，又豈能遷延至旬月之久？乃京官不忌而獨外官忌之，外之大官不忌而獨庶官忌之，又何説乎？

呂新吾嘗言：「參政東藩日，與年友張督糧臨碧在座。余以朱判封，筆濃字大。臨碧曰：『可惜！可惜！』余擎筆舉手曰：『年兄此一念，天下受其福矣。』判筆一字所費，絲毫硃耳，積日積歲，省費不知幾萬倍。充用硃之心，萬事皆然。天下各衙門積日積歲，省費又不知幾萬倍。且心不侈然自放，足以養德；財不侈然浪費，足以養福，不但天物不宜暴殄，民膏不宜慢棄而已。夫事有重於費者，過費不爲奢；省有不廢事者，過省不爲吝。余在撫院日，不儉於紙，而戒示書吏片紙皆使有用。比見富貴家子弟，用財貨如泥沙，長餘之惠，既不及人，有用之物，皆棄於地，胸中無不忍一念，口中無可惜兩字。人或勸之，則曰所值幾何。余嘗號爲『溝壑之鬼』，而彼方侈然自快，以爲『大手段』『不小家勢』，痛哉！」

李敏果衛未達時，嘗同一道士渡江。適有與舟子爭詬者，道士太息曰：「命在須臾，尚較計數文錢耶！」俄其人爲帆脚所掃，墮江死。李心異之。中流風作，舟欲覆，道士禹步誦咒，風止得濟。李再拜謝更生，道士曰：「適墮江者，命也，吾不能救。

君貴人也，遇阨得濟，亦命也，吾不能不救，何謝焉？」李又拜曰：「領師此訓，吾終身安命矣。」道士曰：「是不盡然。一身之窮達，當安命，不安命則奔競排軋，無所不至。不知李林甫、秦檜，即不傾陷善類，亦作宰相，徒自增罪案耳。至國計生民之利害，則不可言命。天地之生才，朝廷之設官，所以補救氣數也。身握事權，束手而委命，天地何必生此才？朝廷何必設此官乎？晨門曰：『是知其不可而爲之。』諸葛武侯曰：『鞠躬盡瘁，死而後已。』成敗利鈍，非所逆睹，此聖賢立命之學，君其識之。」後李每述此語以戒人。

黄陶庵曰：「張乖崖帥蜀時，仕蜀者不攜家，止帶給澣濯紉縫兩人。乖崖説一姬，中夜心動而起，繞屋而行，但云『張詠小人！張詠小人！』後稍令自近，及將歸，出帖子議親云：『某家室女，房奩五百千。』以禮遣之，果未嘗有犯也。趙清獻帥蜀日，悦一妓，謂直宿老兵曰：『汝識某妓所居乎？』曰：『識之。』曰：『爲我呼來。』已二鼓，不至，令人速之，旋又令人止之。老兵忽自幕後出，公怪問之，兵曰：『某度相公不過一箇時辰，此念息矣，雖承命，實未嘗往。』夫以乖崖之勇，閲道之清，而皆未免强制，人欲洶可畏哉！然能强制，此正二公之賢於人也，故曰『忍過事堪喜』。」

官府衙門，不能不用吏役；外官衙門，不能不兼用幕賓。得其人，可收臂指之功；非其人，遂成切身之害。蓋爲吏役者，不可不使之讀陳文恭之《在官法戒録》；爲幕賓者，不可不勸之讀汪龍莊之《佐治藥言》。諺有云：「公門中好修行。」二書所言盡之矣。

紀文達師曰：「汪龍莊《佐治藥言》中所載近事數條，頗足以資法戒。其一曰：孫景溪先生幕中有葉某，一夕方飲酒，偃仆於地，歷二時而蘇。自言：『前在山東館陶幕，有士人告惡少調其婦。本擬請主人專懲惡少，不必婦對質，而同事謝某欲窺婦姿色，慫恿傳訊，致婦投繯，惡少亦抵法。今惡少控於冥府，謂婦不死則渠無死法，而婦死由内幕之傳訊。館陶城隍神移牒來拘，昨具疏申辨，謂婦本應對質，且造意者爲謝某。頃又移牒，謂「意在窺其色，非理其冤，念雖起於謝，筆實操於葉，謝已攝至，葉不容寬」。余必不免矣。』越夕遂殞。其一曰：浙臬同公言，乾隆乙亥秋審時，偶一夜潛出，察諸吏治事狀，衆皆已酣寢，惟一室燈獨明。穴窗窺之，見一吏方理案牘，几前立一老翁、一少婦。吏初草一籤，旋毁稿更書，少婦歛衽退。又抽一卷，沈思良久，書一籤，老翁亦揖而退。傳詰此吏，則先理者爲因姦致死一案，初擬緩決，旋以身列青衿，敗檢釀命，改情實。後抽之卷爲叠毆致命之案，初擬情實，後以索逋理直，死由還毆，改緩決。知少婦爲捐生之烈魄，老翁爲纍囚之先靈矣。其一曰：秀水縣署中有幕胡某，因盛夏不欲見人，獨處一樓。一日聞樓上慘號聲，從者急梯而上，則胡裸體浴血，自刺其腹，并碎劙周身如刻畫。自云：『曩在湖南幕，有姦夫殺本夫者，姦婦首於官。吾恐主人有失察咎，以訪拏報，婦遂坐磔。頃見一神引婦來，剚刃於吾腹，他不知也。』號呼越夕而死。其一曰：吴興某以善治錢穀有聲，偶爲當事者所慢，因密訐其侵盗陰事於官，竟成大獄。後自齧其舌而死。又張某，在裘魯青幕。有姦夫殺本夫者，裘以婦不同謀，欲出之。張大言曰：『趙盾不討賊爲弑君，許止不嘗藥爲弑父，《春秋》有誅意之法，是不可縱也。』婦竟論死。後夢一女子披髮持劍至，曰：『我無死法，汝何助之急也？』以刃刺其腹，夜夜爲厲，以至於死。其一曰：蕭山韓其耜先生，少工刀筆，久困場屋，且無子，已絶意進取矣。忽在公安幕中，夢神語曰：『汝因筆孽多，盡削禄嗣。今治獄仁恕，賞汝科名及子，其速歸。』初未以爲信，次夕復夢。時已七月初旬，答以試期不及。神曰：『吾能送汝也。』寤而急理歸裝，江行風利，八月初二日竟抵杭州，以遺才入闈中式，次年果舉一子。龍莊篤實，所言當不妄也。」

陳文恭曰：「人有在四民之外，勢所不能無，而又關係民生之利害，吏治之清濁，不可以無化誨者，則官府之胥吏是也。古者三百六十之屬，皆有府、史、胥、徒。府掌廩藏者，即今之庫吏也；史掌文案者，即今之吏典也；胥即今之都吏，爲徒之什長；徒即今之隸卒也。是爲庶人在官，其禄同於下士。其田在遠郊之地，充人掌之。春秋月吉，讀法書。其孝友睦婣，得與於鄉舉里選之列。故當時僚隸輿臺之守法循分，豈惟風俗之醇，抑上之人教養成就之有其具也。秦燔《詩》《書》，人以吏爲師。漢制能諷書九千字以上，乃許爲吏。當時刺史、守相自辟其屬，恒求其賢者以爲吏而進達之，而吏亦皆束身自好，以蘄不負上之知。故一時名公鉅卿起家掾吏者，不可勝紀。兩漢吏治最爲近古。魏、晉而後，流品遂分，上品無寒門，下品無世族，吏始不得與清流之班。隋、唐以降，科貢之勢重，而吏之選益輕矣。然國家設官置吏，官暫而吏久也，官少而吏衆也。官之去鄉國常數千里，簿書錢穀，或非專長，風土好尚，或多未習，而吏則習熟而諳練者也。他如通行之案例，與夫繕發文移、稽查勾攝之務，有非官所能爲，而不能不資於吏者。則凡國計民生，繫於官即繫於吏。而爲吏胥者，類皆有機變之才智，不能安於畎畝耕鑿之樸以來役於官，因盤據其間，子弟親戚轉相承受，作姦犯科，相習熟爲固然，而不知禮義之可貴。爲官者亦多方防閑之，摧辱之，幾若猛獸搏噬之不可馴擾。夫防之愈嚴，作弊亦愈巧；摧之愈甚，自愛之意愈微。將囂然喪其廉恥之心，以益肆其奸猾狡黠之毒，官吏相蒙，國計民生於焉交困矣。昔劉晏以吏人不可用，謂吏無榮進，則利重於名。我國家立賢無方，吏員一途，咸有進身之階，惟其才之所宜，未嘗限其所至，則固有榮進之可期矣。即或不盡榮進，而其愛一時之小利，必不如其愛身家子孫之大利，更不如其畏身家子孫之奇禍。今試語人以于公治獄之陰德，而子孫駟馬高車充溢門閭，未有不欣然慕效者也。語以王溫舒舞文巧詆，奸利受財，而罪至於五族，未有不悚然易慮者也。特無提醒之者，遷善遠罪之良心無緣而動耳。上以君子長者之道待人，而人不以君子長者之道自待者，非人情也。矧吏胥多讀書識字，粗知義理，習典故，明利害，視田野之愚氓、閨門之婦孺，其化誨當更易易。爲官者方日資其心思才力以成其政治，而顧視爲化外之人，不一思所以化誨之，聽其日習於匪辟，于心何安，而於事又甯有濟乎！」

卷　六

政事一

先儒言：道學、政治，不可使出於二。蓋治天下國家而不先自治其心，則必不能無私，而愛憎取捨必不能大公而至正。然亦有自恃其心之無私，而吏治賢否，民情苦樂，不能洞徹無壅蔽，而措注不能以悉當者，故又須學以濟之。恭讀雍正十三年上諭云：「朕閲督撫參奏屬員，及題請改教本章，每有『書生不能勝任』及『書氣未除』等語。夫讀書所以致用，凡修己治人之道，事君居官之理，備載於書。故傅説之告其君曰『學於古訓乃有獲』，又曰『念終始典於學』。成王訓其臣曰『學古人官，議事以制，政乃不迷』，又曰『不學牆面，莅事惟煩』。人不知書，則偏陂宅衷，操切處事，生心害政，有不可救藥者。若州縣官，果足以當『書生』二字，則以易直子諒之心，寬懷惠愛之政，任一邑則一邑受其福，蒞一郡則一郡蒙其庥。朕惟恐人不足當書生之稱，而安得以書生相戒乎？朕自幼讀書宫中，講誦二十年未嘗少輟，實一書生也。王大臣爲朕所倚賴，朝夕左右，亦皆書生也。若指屬員之迂謬疎庸者爲書生，以相訴病，則正伊不知書所致，而書豈任其咎哉！至於『書氣』二字，尤可寶貴。果能讀書沈浸醞釀而有書氣，更集義以充之，便是浩然之氣。人無書氣，即爲粗俗氣、市井氣，而不可列於士大夫之林矣。是書氣正宜從容涵養，以善培之，安可勸之使除而反以未除者爲病乎？」聖訓煌煌，道學、政治一以貫之矣。

蘇文忠作《田表聖奏議敍》云：「古之君子，必憂治世而危明主。明主有絶人之資，而治世無可畏之防。夫有絶人之資，必輕其臣；無可畏之防，必易其民。此君子之所甚懼也。」此數語酷似董江都、賈長沙、魏鄭公、陸宣公口氣，爲近臣者宜三復斯言。

大臣之職，莫大於以人事君，故薦賢宜受上賞。司馬温公有《薦士録》，自至和逮建寧，凡百有六人，皆公手録，其外題曰「舉賢能」，亦公所作隸古也。見牟巘《陵陽居士集》。呂正獻公嘗薦常秩，後稍改節，呂對程伯淳有悔薦之意。伯淳曰：「願侍郎寧可受人欺，不可使好賢之心少替。」見吴曾《能改齋漫録》。古人爲國求賢之心，誠篤懇切如此。後人身家之念重，而忠愛之意薄，有大臣終身不薦一人，而轉博公正之譽者。夫仲弓問政，夫子告以「舉賢才」。子游宰武城，夫子但問其得人。聖門之教如此。邑宰且然，況大臣哉！

《尚書》言「學古入官」，《魯論》言「學優則仕」。子路以子羔爲宰，孔子以爲賊之。鄭罕虎欲官尹何，子產以爲必有所害。賊、害之存乎人者不足惜，而傷於政者將不可挽矣。吾友程春廬同文嘗言：「民之難治甚矣，而皆根於無教。誠不以民之愚賤而恝置之，教民勤儉則可以足衣食，教民禮義則可以省獄訟，教民孝弟忠信則可以使之尊君親上，固結而不可解。然則天下有不教之民，豈有不可治之民哉？夫官者，以教民爲貴者也。而民之有不教者，何以故？亦不學之咎耳。故學而仕則可以治民，而不學者反是，此自然之效也。夫正其本，萬事理。人才者，政之本也；學者，人才之本也。若夫道德爲先，文藝次之，此又學之本也哉。」

李二曲曰：「宰一邑與宰天下同，特患無求治之心。如果有心求治，不妨從容料理。若求治太急，興利除害，爲之不以其漸，不是忙中多錯，便是操切太過。自古成大事者眼界自闊，規模自別，甯惇大成務，不取便目前。亦猶學者甯學聖人而未至，不欲以一善成名也。」

又曰：「教化爲政之首務，然言教不如身教之易以感人。昔清河太守房景伯，力行教化，務以身先。有婦人告其子不孝，景伯召婦人侍其母食，使其子侍立堂下，觀己供食。每上食，親捧虔拜，母食畢，然後退食。未旬日，其子悔過求還。景伯以爲此雖面慙，其心未也，不聽。凡二十日，其子叩頭流血，婦人亦涕泣求還，然後許之，卒以孝聞。」

黄香石培芳曰：「古來政之弊也，不徒弊於疎畧，抑且弊於繁密。處分重則人思規避，而巧宦生矣；條例多則法可游移，而舞文作矣。蓋法律之權不可在吏與幕。法密文繁，條例日增，求其權不歸吏與幕也得乎？故善治獄者任律不任例，律有定而例無定也。夫制律之初，亦既簡且明矣，簡明則仕宦者皆可習而知，彼吏與幕安得從而弄之？其有事出非常，則隨時聞於上，以下廷議定之可也。若例與時增，積重難究，非吏不能習知，非幕不能援引，於是專事比照，徒工組織。有一例以入之，即有一例以出之；有一例以生之，即有一例以死之。於是仕宦之精明廉幹者，或往往不免罹於法，而詐僞平庸者，時可以僥倖而得福，皆職此之由，所謂一法立一弊生也。」

魏叔子曰：「考覈人才，繩以六曹之職，如學兵者考其韜畧，學刑者考其律例，最爲切實不浮。然天下之才，有未必能專精一曹，而獨能明於國家興除之大故，强弱之大勢，斷非常之事，定卒然之變，其精强於六曹者，至此或束手而無措。若必以專才繩之，則此等人皆遺棄矣。故循名責實之術，反有時而失人。司用人之柄者不可不知也。」

申公謂：「爲治不在多言，顧力行何如。」此語雖結實，理尚未賅。「多言」自專指條教號令之繁説，若夫一政之原委，一事之得失，倘不經講求辨論，反覆詳明，如何行得去？即如堯、舜、禹、湯之道，至文、武時已極明備，乃周公猶須仰而思之，夜以繼日。以此知「力行」二字，猶是後半截工夫也。

昔人謂決疑案，除外惡，第一善法莫如私訪。政簡則親行，政繁則託人。昔子賤宰單父，父事兄事數人，便彈琴而理；尹翁歸任東海太守，巡行屬縣，奸猾强横無有脱者，皆此法也。然此事亦只可偶一行之，屢試則必滋弊。紀文達師嘗言：「明公恕齋官太平府時，有疑獄，易服自察訪之。偶憩小庵，僧年八十餘矣，見公合掌，呼其徒具茶。徒遥應曰：『太守且至，可引客權坐别室。』僧應曰：『太守已至，可速來獻。』公大駭，曰：『何以知我來？』曰：『公一郡之主也，一舉一動，通國皆知之，何獨老僧？』又問：『何以識我？』曰：『太守不能識一郡之人，一郡之人則孰不識太守？』問：『爾知我何事出？』曰：『某案之事，兩造之黨布散道路間，彼皆陽不識公耳。』公憮然自失，問：『爾何獨不陽不識？』僧投地膜拜云：『死罪死罪，欲得公此問也。公爲郡不減龔、黄，然微不慊於衆心者，曰好訪。此不特神姦巨蠹能預爲蠱惑計也，即鄉里小民，孰無親黨，孰無恩怨？訪甲之黨則甲直而乙曲，訪乙之黨則甲曲而乙直；訪其有讐者則有讐者曲，訪其有恩者則有恩者直。至於婦人孺子，聞見不真，病媪衰翁，語言昏憒，又可據爲信讞乎？公親訪猶如此，再寄耳目於他人，庸有幸乎？且訪之爲害，非僅聽訟爲然也。閭閻利病，訪亦爲害，而河渠堤堰爲尤甚。小民各私其身家，水有利則遏以自肥，水有患則鄰可爲壑，孰肯捨此勝算而揆地形之大局，爲永遠安瀾之計哉？』公沈思其語，竟不訪而歸。姚安公曰：『凡獄情虚心研察，情僞乃明，信人信己皆非也。信人之弊，僧言是也；信己之弊，亦有不可勝言者，安得再一老僧爲説法乎？』」

仁言不如仁心、仁聞，夫人而知之。然當官而不事條教號令，其勢亦有所不行。凡告諭之文，必先設身處地而出之，纏綿愷惻，然後足以動人。今人於此等文字，不論理而論勢，非曰「言出法隨」，即曰「決不寬恕」，滿紙張皇，全無真意。官以挂示爲了事，而民亦遂視爲貼壁之空文矣。余最愛王陽明先生當官告諭之文，直如教誡家人子弟。其《諭浰頭巢賊》一篇，尤爲警至。其詞曰：「蒞任之始，即聞爾等積年流劫鄉村，殺害良善。本欲即調大兵剿除爾等，因念爾等巢穴之内，豈無脅從之人，況聞爾等亦多大家子弟，必有識達事勢、頗知義理者。自吾至此，未嘗遣一人撫諭，遽爾興師剪滅，是亦近於不教而殺。今特遣人告諭爾等：勿自謂兵力之强，更有兵力强者；勿自謂巢穴之險，更有巢穴險者，皆已誅滅無存，爾等豈不聞見？夫人情之所共恥者，莫過於身被盜賊之名；人心之所共憤者，莫甚於身遭劫掠之苦。今使有人駡爾等爲盜，爾必怫然而怒，豈可心惡其名而身蹈其實？又使有人焚爾室廬，劫爾財貨，掠爾妻女，爾必憤恨切骨，誓死必報。爾等以是加人，人其有不怨者乎？人同此心，乃必欲爲此，想亦有不得已者，或爲官府所迫，或爲大户所侵，一時錯起念頭，誤入其中。此等苦情，亦甚可憫，然亦皆由爾等悔悟不切。爾等當初去從賊時，乃是生人尋死路，尚且要去便去，今欲改行從善，乃是死人求生路，乃反不敢，何也？若爾等肯如當初去從賊時拚死出來，求要改行從善，我官府豈有必要殺爾之理？我每爲爾等思念及此，輒至終夜不能安寢，亦無非欲爾等尋一生路。爾等冥頑不化，然後不得已而興兵，此則非我殺之，乃天殺之也。今謂我全無殺爾之心，亦是誑爾；若謂我必欲殺爾，又非本心。爾等今雖從惡，其始同是朝廷赤子，譬如一父母所生十子，八子爲善，二子背逆要害八人，父母之心，須除去二人，然後八子得以安身。均之爲子，何故必欲偏殺二子，不得已也。若此二子者一旦悔惡遷善，號泣投誠，爲父母者亦必哀憫而收之。何者？不忍殺其子乃父母之本心也。吾於爾等亦正如此。聞爾等辛苦爲賊，所得亦不多，其間尚有衣食不充者。何不以爲賊之勤苦精力，而用之於耕農，運之於商賈，可以坐致饒富，遊觀城市之中，優游田野之内？豈如今日擔驚受怕，出則畏官避讐，入則防誅懼剿，潛形遁迹，憂苦終身，卒之身歿家破，妻子戮辱，亦有何好？爾能改行從善，吾即視爾爲良民，撫爾如赤子，更不追咎爾等既往之罪。若習性已成，更難改動，亦由爾等爲之。吾親率大軍，圍爾巢穴。爾之財力有限，吾之兵糧無窮，縱皆爲有翼之虎，諒亦不能逃於天地之外。爾等若必欲害吾良民，使吾民寒無衣，饑無食，居無廬，耕無牛，父母死亡，妻子離散。吾欲使良民避爾，則田業被爾等侵奪，亦無可避之地；欲使吾民賄爾，則家資爲爾等擄掠，已無可賄之財。就使爾等今爲我謀，亦必須盡殺爾等而後可。爾等好自爲謀，吾言已無不盡，吾心已無不盡，如此而不聽，非我負爾，乃爾負我矣。嗚呼，爾等皆吾赤子，吾終不能撫恤爾等而至於殺爾，嗚呼痛哉！」

呂新吾曰：「太和之氣雖貫徹於四時，然炎徼以南常熱，朔方以北常寒，姑無論，只以中土言之。純然暄燠而無一毫寒涼之氣者，惟是五月半後八月半前九十日耳，中間亦有夜用袷綿時。至七月而暑已處，八月而白露零，九月寒露、霜降，亥子丑寅月，其寒無俟言矣。二三月後，猶未脱綿，穀雨以後，始得斷霜，四月已夏，猶謂清和。大都嚴肅之氣歲常十八，而草木二月萌芽，十月猶有生意，乃生育長養不專在於暄燠，而嚴肅之中，正所以操縱沖和之機者也。聖人之爲政也法天，當寬則用春夏，當嚴則用秋冬，而常持之體，則於嚴威之中施長養之惠。何者？嚴不匱，惠易窮，威中之惠，鼓舞人羣，惠中之惠，驕弛衆志。子産相鄭，鑄刑書，誅强宗，伍田疇，（褚）［赭］

衣冠，及語子太叔，猶有「莫如猛」之言，可不謂嚴乎？乃孔子之評子産，則曰「惠人也」，他日又曰子産「衆人之母」，孔子之爲政可考矣。彼沾沾煦煦，尚姑息以養民之惡，卒至廢弛玩愒，令不行，禁不止，小人縱恣，善良吞泣，則孔子之罪人也。故曰居上以寬爲本，未嘗以寬爲政。嚴也者，所以成其寬也，故懷寬心不宜任寬政。」

又曰：「做天下好事，既度德量力，又須審事擇人。『專欲難成，衆怒難犯。』此八字者，不獨妄動邪爲者宜慎，雖以至公無私之心行正大光明之事，亦須調劑人情，發明事理，俾大家信從，然後〔二〕動有成，事可久。盤庚遷殷，武王伐紂，三令五申，猶恐弗從。蓋恒情多暗於遠識，小人不便於己私，羣起而壞之，雖有良法，胡成胡久？」

又曰：「簿書所以防奸也，簿書愈多而奸愈黠，何也？千册萬簿，何官經眼？不過爲左右開打點之門，廣刁難之計，爲下屬增紙筆之孽，爲百姓添需索之名。舉世昏迷，了不經意，以爲當然，一細思之，可爲大笑。有識者但裁簿書十分之九，而上

〔二〕「後」，原文誤作「從」，據吕坤《呻吟語》改。

下相安，弊端自清矣。」

李文貞曰：「書吏實少好人，然欲天下太平，必先此輩。孟子説『班爵禄，却自庶人在官者始』。漢家吏治，曹掾得自辟用，最妙。此輩都用讀書人，從下面好起，不相欺，事便易辦。否則上雖嚴明，終有覺察不到處。」

顧亭林曰：「天子所恃以平治天下者，百官也。今奪百官之權而一切歸之吏胥，是所謂百官者虚名，而柄國者吏胥而已。郭隗之告燕昭王曰：『亡國與役處。』吁，可懼也！大抵吏胥之權所以日重而不可拔者，任法之弊使之然也。誠能開誠布公以任大臣，疎節闊目以理庶事，則文法省而徑竇清，人材陞而狐鼠退矣。」

又曰：「科場之法，欲其難不欲其易，更其法而予之以難，則覬倖之人少。少一覬倖之人，則少一營求患得之人，而士類可漸以清矣。抑士子知其難也，而攻苦之日多，多一攻苦之人，則少一羣居終日、言不及義之人，而士習可漸以正矣。鄉、會試雖分三場[一]，實止一場，士子所誦習，主司所鑒別，不過《四書》文。行之四百餘

[一] 按據黄汝成《日知録集釋》，自「鄉會試雖分三場」至文末，皆爲黄氏所引錢大昕語。

年，場屋可出之題，士子早已預擬，每一榜出，抄録舊作，幸而得雋者不少矣。今欲革其弊，易以詩賦論策，則議者必譁然，以爲聖賢之言不可不尊，士子所習難以驟改，其説必不行，其弊終難革也。竊謂宜以《五經》文爲第一場，《四書》文爲第二場。五經卷帙既富，題目難以預擬，均爲八股之文，不得諉爲未習，如此則研經者漸多，而勦襲雷同之弊庶其（消）［稍］息乎？」

古人良法美意，惟其實不惟其名。今人有終日奉行而習焉不察者，甚可笑也。即如論取士者，輒以爲當復鄉舉里選之法，不知今日士子應試，紳宦赴官，無不須隣里保結者，非即古之鄉舉里選乎？保者事發連坐，結者要以終身，立法至嚴也。書一名，畫一押，用印而附之卷，干繫甚重也。其責保人曰「如虚甘罪」，責所保之人曰「身家並無違礙」。夫士紳而無身家違礙之事，保結惟取身家無違礙之人，鄉舉里選，何以異是？苟就此一端而核實行之，如有違礙，雖班、馬、曹、劉亦難進取，而聰明才辯之士將亟亟於富貴利達之途，雖欲不免爲善而强寡過，得乎？

王荆公《上宋仁宗書》云：「今士之所宜學者，天下國家之用也。今悉使置之不教，而教之以課試之文章，使其耗精疲神，窮日之力以從事於此。及其任之以官也，則又悉使置之，而責之以天下國家之事。夫古之人以朝夕專其業，於天下國家之事而猶有能有不能。今乃移其精神，奪其日力，以朝夕從事於無補之學，及其任之以事，然後卒然責之以爲天下國家之用，宜其才之足以有爲者少矣。」宋治壞於荆公，而此言則不可以人廢矣。

《虎坊雜識》云：「人皆言鄉舉里選之風斷難行於今日，恐其矯飾、詐僞、請託也。然以空文取人，其矯飾、詐譌、請託不益甚乎？何法無弊，在乎行之善耳。且就二者衡之，文之失大，行之失小；行所得者多，文所得者少。以文進人，人猶修行，況以行取人乎？故曰：『民之秉彝，好是懿德。』」

龔海峯曰：「後世鄉舉里選之法不行，而浮華聲氣之弊接踵而起。崎嶇暮夜，乞憐於公卿；輾轉名場，借途於關節。相習成風，恬不知怪。夫今日之爲士，皆後日之爲官也。廉、恥本相因，士不知恥，則官安能廉？科名小事耳，可以得之者無所不爲；君親大倫也，可以欺之者無所不至。一旦居官，毋怪其病民而負國也。士習不正而官方不肅，官方不肅而民氣益以不醇。彼見夫服儒衣、冠儒冠、誦讀聖人之書者之猶見利必爭、見害必避也，而閭閻何責焉？好刺譏、善可否、議論當世之人者之猶終違其始行、背其言也，而椎魯何責焉？老師宿學，彫零殆盡，後生小子，無所效法。而公卿大夫不知正身率士，藉口收羅人才，引掖後進，以濟其私心。其風愈烈，其波愈靡，不急挽之以杜其源，將恐吏治民風俱不可問矣。」

自前代以《四書》文取士，其極至於空虚勦襲，陳陳相因。我朝欲矯其弊，康熙二年遂停止八股文體，鄉、會試以策、論、表、判取士。分爲二場：第一場試策五道，第二場四書論、經論各一篇，表一道，判五道。直省學政亦專以策論考試生童。三年，更定鄉、會試頭場策五篇，二場用四書、本經題作論各一篇，三場表一道，判五道。四年，禮部侍郎黄機疏言：「制科往事先用經書，使士子闡發聖賢之微旨，以觀其心術。次用策論，使士子通達古今之事變，以察其才猷。若重策論而輕經書，恐人將置聖賢之學於不講，非朝廷設科取士之深意。請復舊制，仍於頭場用《四書》文。」從之，至今遵行，未之有改。阮芸臺先生曰：「唐以詩賦取士，何嘗少正人？明以《四書》文取士，何嘗無邪黨？惟是人有三等，上等之人，無論爲何藝，所取皆歸於正；下等之人，無論爲何藝，所取亦歸於邪；中等之人最多，若以《四書》文囿之，則其聰明不暇旁涉，才力限於功令，平日所誦習惟程朱之説，少壯所揣摩皆道理之文，所以篤謹自守，潛移默化，有補於世道人心者甚多，勝於他藝遠矣。」

殿試以制策取士，爲士子拜獻先資。乾隆二十五年諭曰：「廷試士子爲掄才大典，向來讀卷諸臣率多偏重書法，而於策文則唯取中無疵纇、不礙充選而已。就文與字較，則對策自重於書法。如文義醇茂，字畫端楷，自屬文、字兼優，固爲入格之選。若其人繕録不能甚工，字在丙而文在甲者，以視文、字均屬乙等，可以調停入彀之人，自當使之出一頭地。況此日字學稍疎，將來如與館選，何難臨池學習？倘專以此爲進退，兼恐讀卷官有素識貢士筆跡者，轉以滋弊，非射策決科本義也。」謹按近來讀卷大臣抑文重字，此風猶未盡改。王士禛《分甘餘話》云：「本朝狀元必選書法之優者。順治中，上喜歐陽詢書，而壬辰狀元鄒中倚、戊戌狀元孫承恩皆法歐書者。康熙以來上喜二王書，而己未狀元歸允肅、壬戌狀元蔡升元、庚辰狀元汪繹皆法《黄庭經》、《樂毅論》者。」揣摩風氣，逐末忘本，蓋自國初已然。且策文必詳細研求，而字蹟則一望而得，是亦避難就易之一端。恭繹聖謨，能無審所持擇哉！

舊例，廷試策冒十四行，卷尾空白十四行；新例，策冒八行，卷尾空白十行。而「欽惟干冒」四字必在行末，中間不得塗乙一字，則新舊例並同。謝梅莊曰：「此例未知起於何時，意當時秉鈞大臣私作威福，恐新進有劉蕡、蘇轍其人，故多方以鈐束之。而且品題高下，先字後文，不取其文之剴切，而第取其字之精工。賈、董、鍾、王同時應制，賈、董下第，鍾、王登科，恐非古帝王敷奏明試、詢虞訪箕之意矣。」

康熙二十八年，始定考試滿洲生員、舉人、進士皆兼試騎射。按《禮記》，古者天子以射選諸侯卿、大夫、士，諸侯歲獻貢士於天子，天子試之於射宫，其容體比於禮，其節比於樂，而中多者得與於祭。其諸侯有慶，則益地以示賞，反是者讓之，削地以示罰。射之於選舉其重如此。孔子射於矍相之圃，觀者如堵牆。古之儒者，未有不能射者也。自後世溺於章句，而文武判爲兩途。懷鉛握槧之儒，幾不知弓矢爲何事，寬衣博帶，以號於人曰「士也」。抑知六藝均爲士人所有事，習書廢射，則得一藝而失一藝，人才之偏而不全，宜其遠遜於三代也。國家功令所在，八旗有不與試之士，而無不能射之人。入則含毫挾册，出則躍馬彎弧，要皆爲有用之學。有事則公卿即爲將帥，頗、牧出於禁廷，行師一二萬里之外，指揮坐定，無事登壇選將，如往代委曲繁重之所爲矣。竊謂漢人似亦可仿斯制，行之以漸，未必於人才無裨。夫學習騎射，豈能妨礙讀書。余同年友果益亭將軍，以十五善射冠其曹，而行楷書之精，一時旗人亦無出其右者，足見此事可以並行不悖矣。

掌書院講席者謂之山長。南唐昇元中，白鹿洞建學館，以本道爲洞主，掌其教授。《實賓録》〔二〕載：「蔣維東隱居衡嶽，從而受業者號『維東爲』山長。」蓋「山長」以衡山名，猶之「洞主」以鹿洞名。宋大中祥符間，嶽麓書院山長以行義著，此則書院之山長也。山長亦稱「院長」，嵩陽書院王曾奏置院長是也。亦稱「山主」，台州守王華甫建上蔡書院，楊棟爲山主是也。近時山長有以本學教官兼管者，亦自古有之。《宋史》理宗景定四年，何基爲婺州教授兼麗澤書院山長，徐璣爲建甯府教授兼建安書院山長是也。然未有如今日之舉、貢、生、監以在家遥領爲故常者；更未有如近日江南以書院爲市惠應酬之具，每縣薦至十餘人，小縣至少者亦三五人，皆不必赴館，其名謂之食乾俸。此則無益於士子，有損於縣官，受者傷廉，施者傷惠，誠不可不革之頹俗矣。

明弘治九年，遼東王雲鳳爲禮部祠祭郎中，請天下府州縣學校悉立名宦、鄉賢祠，遂爲定制。見《明史藁》。至《續通考》載：直隸提學御史陳子員，請郡邑學宫、名

〔二〕「實賓録」，原文誤作「賓退録」，據引文出處改。

宦、鄉賢之秩祀，皆當屬之提學官，别衙門不得越俎。《明會典》載萬曆二年，令各撫按釐正名宦、鄉賢祠，有不應入祠者即行革黜。立法之初，嚴慎如此，近日未免冒濫。余在禮部，每歲彙題疏稿，無不畫諾，竊見長貳及同人皆以善善從長爲主，多准少駁，亦一時風氣使然。按《野獲編》及《堅瓠集》各載成化中給事王徽將卒，屢戒其子欽佩曰：「鄉賢祠甚雜亂，吾恥居其中，切不可入。」又弘治中劉健爲相時，河南有司欲以其封翁入鄉賢，劉謝之曰：「吾郡鄉賢祠有二程夫子在，吾父何敢並焉？」卓哉二公，可以風世矣。

災異之來，除却恐懼修省，並無别法，無事推測，更無事禱祈。居國如此，居家亦如此。《後漢書》楊賜疏引《周書》云：「天子見怪則修德，諸侯見怪則修政，卿大夫見怪則修職，士庶人見怪則修身。」《唐書·五行志》云：「所謂災者，被於物而可知者也，水旱螟蝗之類是已；異者，不可知其所以然者也，日食星孛、五石六鷁之類是已。孔子於《春秋》紀災異而不著其事應，蓋慎之也。以爲天道遠，非諄諄以諭人，而君子見其變，則知天之所以譴告，恐懼修省而已。若推其事應，則有合有不合，有同有不同，至於不合不同，則將使君子怠焉，以爲偶然而不懼，此其深意也。」此段議論，足破京房諸人穿鑿附會之病。

李文貞曰：「西人曆算比中國細密，但不知天人相通之理。如古人説日變修德，月變修刑，西人便説日月交食、五星凌犯乃運行定數，無關災異。不知天於人君，猶父母也。父母或有病，飲食不進，豈不是風寒燥濕所感自然有的。但爲子孫者，自應憂苦求所以然之故，必先自反於身，或是觸怒致然，否則調理不周所致，因而徬徨求醫，斷無有説疾病人所時有、不須管他之理。無論天子，即督撫於一省，知府於一郡，知縣於一邑，皆有社稷民人之責，皆當修省。即士庶以至卑賤，似不足以召天變，然據理亦當修省。如父母怒别個兒子時，凡爲兒子者俱當畏懼，父母斷不因其畏懼而謂我本怒他，於爾無與，而反增其怒者。通天地人之謂儒。揚雄謂『知天而不知人則技』。西人此等説話，直是陰助人無忌憚，『天變不足畏』之説耳。」

中天之世，以堯舜爲君，皋陶爲士，而尚有疑輕之罪、無刑之期，則後世治刑，更談何容易。《舜典》言刑，實在正當，至夏、殷則有「孥戮」之語，惟文王一以堯、舜爲法，故曰「罪人不孥」。若無孥者，何消説不孥乎？

《新唐書·刑法志》載太宗嘗覽《明堂針灸圖》，見人之五臟皆近背，詔罪人無得鞭背。按《漢書·刑法志》，孝景中六年，定箠令「當笞者笞臀」。如淳曰：「然則先時笞背也。」殆漢以後復笞背，至唐太宗又改爲笞臀耳。

今法於五刑之外，又有凌遲之刑，其名始見於《宋史·刑法志》。嘗讀陸放翁奏狀云：「伏覩律文，罪雖甚重，不過處斬。五季多故，以常法爲不足，於是始於法外特置凌遲一條。肌肉已盡，而氣息未絶，肝心聯絡，而視聽猶存，感傷至和，虧損仁政，實非聖世所宜遵也！議者謂如支解人者，非凌遲無以報之。臣謂不然，若支解人者必報以凌遲，則盜賊有滅人之族、掘人之冢墓者，亦將滅其族、掘其冢墓以報之乎？若謂斬首不足禁姦，則臣亦有以折之。昔三代用肉刑，而隋唐之法杖背，當時必謂非肉刑、杖背不足以禁姦矣。及漢文帝、唐太宗一日除之，而犯法者乃益稀。仁之爲效，如此其昭昭也。欲望聖慈特命有司除凌遲之刑，以增國家之福。」乃知此刑昉於五代，非古人意也。

程春廬曰：「重典之説，見於《周禮》。先儒有以爲周、秦間晚出之書，非周公所手定者，有以此語爲劉歆所竄入者，皆不可知。孔子曰：『不教而殺謂之虐。』曾子語士師，亦以道失民散，宜於哀矜。春秋之時，禍變已極，誠可謂之亂國，而孔、曾之言如此。則重典之無所施於世亦審矣。」

牛階平曰：「當官治民，要通盤打算。與其輕刑十人而不足懲，不如重處一人而九人畏，是懲一而恕九也。」

顧亭林曰：「《周禮》士師『掌（邦）［士］之八成』，『七曰爲邦朋』。太公對武王『民有十大』，而曰『民有百里之譽，千里之交，六大也』，又曰『一家害一里，一里害諸侯，諸侯害天（子）［下］』。嗟乎，此太公之所以誅華士也。世衰道微，王綱弛於上，而私黨植於下，故箕子之陳《洪範》，必『皇建其有極』，而後人無有『淫朋』『比德』。文王之作《易》，必曰『渙其羣，元吉』也。」

王爾緝心敬曰：「前代議選法者，曲生防範，設爲本省人不得官本省之例，其意專爲防弊耳。究之所防之弊，有出於所防之外，而中間隱伏弊端，爲國計民生吏治之害者匪淺。其弊云何？以極南之人遇極北之缺，以極東之人遇極西之缺，仕途來往，費已不貲，債累滿身，雖欲以廉莅官，而本心不能自遂，其弊一也。吏爲士民師表，宜敦崇孝道以爲風化之倡。今如兩親已老，更無昆弟，一選遠地，即平日至性天成之士，不能不違其初心，而離親長往，當亦非國家教孝之道，其弊二也。一選遠方，語言不通，情形不熟，雖至明者，初至必難洞悉，是官與民俱受害，其弊三也。南北風氣迥殊，一選遠地，往往飲食起居不宜。本官長途跋涉，勞而無益，有去以十餘口，而歸僅四五口，甚且有本官不免者，則害在本官之身家，其弊四也。路途既遠，行程必淹，即不免曠時廢事，則害在公家之職業，其弊五也。一選遠地，新舊相接，斷不能一一交手，中間添一署事之員，即不免隱滋弊端，則害在地方，其弊六也。本衙胥役有遠接虛耗之費，則害在胥役，其弊七也。若屬在大吏，夫馬騷擾，更不可言，則害在驛遞，其弊八也。今若依三單之法而善行之，諸弊可以立去。何謂三單？如天下原分十五省，即以十五省分爲南北中三單。北單盛京、山東、山西、河南、陝西五省，中單江南、浙江、江西、四川、湖廣五省，南單雲南、貴州、福建、廣東、廣西五省。除督撫特差、邊將重任、司道府尹大僚，但論材識，不分南北外，其餘文自五品以下，武自四品以下，三單各自論俸，不得以極南人任極北缺，極北人任極南缺。惟中單盡可通融，然通融者亦止於千五百里至二千里爲度，庶幾公私盡便，中間暗收無窮之利。試觀本朝滿人皆仕盛京，各省武科與行伍大小武員本省皆可試用，亦未聞盡屬扶同徇私，情法拘礙，而鄉遠地遙之員，亦未必盡免扶同拘礙之弊。則即盛京而天下可推矣，即武員而文員可推矣，即前事而後事可推矣。又如教官除本邑外，隣邑便可除授，至遠止宜以五百里爲度。蓋教官許任本省，已爲切近情理之良法。然作教官之人，往往年踰少壯。而如陝西之境，自潼關至肅州五十程，中間又無水程舟楫之便，以徒老寒儒，鞍馬驅馳，路費浩大，亦覺難乎爲情。即陝西而各省可推矣。」

鄭蘇年師曰：「今朝廷所設官司廉俸一切銀兩，非扣俸即公捐，有名無實，百不一存。然而官之室家賴之，親友賴之，僕從賴之，而且以延幕賓，以恤丁役，以奉上司，以送迎賓客僚友，而又有歲時不可知之費，計其所需，豈止一端。昔東坡有云：『士大夫從官於四方者，宣力之餘，亦欲取樂，此人之至情也。』今即不敢言爲樂，然使一切費用艱難節澀，困苦拘囚，已非治景，況勢有迫於無可逃，而其用實無所從出。官司自俸廉而外，一思展拓，何一非侵漁刻削之端。事出於不可奈何，而復欲以法繩之，是何異於坐之鮑臭之肆而譏其薰染之不馨，登之部色之場而責其嚬笑之已苟乎？竊思古者卿大夫皆有采地，士庶以下皆有授田，其所授者，必使足供其所費，而後責其盡心宣力以事國家。魏晉以下，此風未廢，正史所載，猶有官品第一至第九職田之名。《晉書》陶潛以官田種秫，《宋書》阮長之以芒種前一日去官，此皆公田之證。唐、宋以下，間存其制。《元史》至元元年八月，詔定官吏員數，分品從官職，給俸禄，頒公田。《明太祖實録》：洪武十年制：『賜百官公田，以其租入充俸禄之數。』其後不知何時，始收職田以歸之於上，而但折俸鈔，其數復視前代爲輕，始無以責吏之廉矣。今若能復古制，隨地損益行之，畧如教職之學租，書院之生息，庶亦清吏之本務而養廉之良規歟？」

《論語》言「謹權量，審法度」。成周開國之政，莫先於此。其於天下，則有五歲一察之典，《虞書》所謂「同律度量衡」是也。其於國中，則有每歲再察之政，《月令》所謂「日夜分則同度量，鈞衡石，角斗甬，正權概」是也。降至後世，權量丈尺，隨地而歧。一權也，既以十六兩爲斤矣，乃民間又有十二兩稱、十八兩稱及斤半稱之殊；既以庫平爲準矣，乃民間又有京平、市平、曹平、廣平之別。一量也，既有部頒之官斛矣，乃又有倉斛、舖斛、大斗、小斗之異。一尺也，既有部定之尺矣，乃又有京尺、家尺、裁尺、工尺之分。名目愈紛，詐僞愈出。甚至田畝之數有以五尺爲步者，有以六尺、七尺、八尺爲步者；有以二百四十步爲畝者，有以三百六十步爲畝者，有以七百二十步爲畝者，有以一千二百步爲畝者。在下者奚所適從？在上者憑何稽察乎？顧亭林嘗言：「隋（張）〔趙〕煚爲冀州刺史，作銅斗鐵尺，置之於肆，百姓稱便。」不知我朝開國之初，盛京即有金石、金斗之製。康熙四年諭大學士九卿等曰：「各省民間所用斗斛大小各别，此皆牙儈平價之人牟利所致。又升斗面寬底穿，若少尖量即致浮多，稍平量即致虧少，弊端易生。職此之由，嗣後直省斗斛大小，應作何畫一，其升斗式樣應否底面一律平準，一併議奏。」旋據會議，查順治五年户部將供用庫舊存紅斛，與通州鐵斛較，紅斛大，鐵斛小，將紅斛減改，永爲斛式。十二年又鑄鐵斛二十具，一存户部，一貯倉場，直隸各省皆發一具。今應再將鐵斛照鑄七具，分發盛京、順天府五城。其升斗俱改底面一律平準，各造三十具，分發直隸各省，永遠遵行。」至康熙四十三年，復諭大學士及户部尚書等曰：「户部呈樣之斛與升斗，朕俱注水詳加測量。其樣升上下四角寬窄不均，算積數見方得三萬一千三百八十二分有零；其樣斗上下四角寬窄亦不均，算積數見方得三十一萬六千七百六十四分有零；其樣鐵斛，算積數見方得一百六十萬分。其數不相符。查《性理大全·嘉量篇》，每斛積一百六十二萬分，與今之鐵斛較多二萬分。因鐵斛用之已久，不可輕改，是以依今之鐵斛五斗爲準，造新樣斗一具，方徑四寸，深二寸，積數見方得三萬三千分。若依此樣十升一斗，五斗一斛，毫釐不差。」因出新樣銅斗升付户部，令照式以鐵爲之。仰見天縱生知，精心測量，允足垂定式而息争端。惜臣工等不能實力奉行，隨時審較，以至吏胥高下其手，市儈又從而生心，弊竇叢生，遂至不可究詰也。

同律度量衡，自是三代以上之政。今再三思之，權量尚不難定制，而度尺實未易更張。人家日用之丈尺，猶可設法均齊，而履勘田畝之弓尺，則更難於畫一。查乾隆十五年户部議奏，自順治十二年部鑄弓尺頒行天下，康熙年間復行嚴禁，如有盈縮，定以處分。迨後各省弓尺多有不齊。乾隆五年行令直省，各將該地方現行弓尺式樣報部。其時惟直隸、奉天、江西、湖南、甘肅、四川、雲南、貴州並兩淮、河東二鹽場，俱遵部頒弓尺，此外或以三尺二三寸，或以四尺五寸，或以六尺五寸，或以七尺五寸爲一弓，或二百六十弓，或三百六十弓，或六百九十弓爲一畝。今若令各省均以部頒五尺之弓二百四十弓爲一畝，倘部頒弓尺大於各省舊用之弓，勢必田多缺額，正賦有虧；若小於舊用之弓，又須履畝加徵，於民生未便，且事經久遠，一時驟難更張。已據各督撫開明不齊緣由，報部存案，毋庸再議。惟自十五年以後新漲新墾陞科之田，務遵部頒弓尺，不得私自增減。然迨兹又八十餘年，豈能保無盈縮？以此見立法之不易，自古至今，未有一勞永逸之方也。

卷七

政事二

康熙二十九年，大内發出前明宮殿樓亭門名摺子，又宮中所用銀兩及金花鋪墊並各宮老媼數目摺子，令王大臣等察閱。諸臣等覆奏：「查得故明宮中每年用金花銀共九十六萬九千四百餘兩，今悉已充餉。又故明光禄寺每年送内所用各項錢糧二十四萬餘兩，今每年止用三萬餘兩。每年木柴二千六百八十六萬餘觔，今止用六七（八）[百]〔二〕萬觔。每年用紅螺等炭共一千二百八萬餘觔，今止用百萬餘觔。各宮牀帳、輿

〔二〕據《清文獻通考》卷二九改。

轎、花毯等項每年共用銀二萬八千二百餘兩，今俱不用。又查故明宮殿樓亭門名共七百八十六座，今以本朝宮殿數目較之，不及前明十分之三。至故明各宮殿九層基址、墻垣，俱用臨清磚，木料俱用楠木，今禁中修造房屋，出於斷不可已，凡一切基址、墻垣俱用尋常磚料，木植皆用松木而已。」四十九年諭大學士等曰：「明季事蹟，卿等所知，往往皆紙上陳言。萬曆以後所用太監，有在御前服役者，故朕知之獨詳。明朝費用甚奢，興作亦廣，一日之費可抵今一年之用。其宮中脂粉錢四十萬兩，供應銀數百萬兩，至世祖皇帝登極，始悉除之。紫禁城内一切工作俱派民間，今皆現錢僱覓。明季宮女至九千人，内監至十萬人，飯食不能遍及，日有餓死者，今則宮中不過四五百人而已。」又諭户部曰：「國家錢糧，理當節省，否則必致經費不敷。每年有正額蠲免，有河工費用，必能大加節省，方有裨益。前光禄寺一年用銀一百萬兩，今止用十萬兩；工部一年用二百萬兩，今止用二三十萬兩，必如此然後可謂之節省也。」我國家黜奢崇儉，世所共知，而開國之初即已撙節減省，至於無可復加，則非恭讀典謨，而何由得其詳悉哉。

雍正元年，敕諭各省鹽政官員曰：「國家欲安黎庶，莫先於厚風俗，厚風俗莫要於崇節儉。《周禮》一書，上下有等，財用有度，所以防僭越、抑驕奢也。孟子亦曰：『食時用禮，菽粟足而民無不仁。』朕臨御以來，躬行節儉，欲使海内之民皆敦本尚實，庶康阜而風俗醇。夫節儉之風，貴行於閭里，而奢靡之習，莫甚於商人。朕聞各省鹽商，内實空虛而外事奢侈，衣物屋宇，窮極華靡，飲食器具，備求工巧，俳優妓樂，恒舞酣歌，宴會嬉遊，殆無虛日，金錢珠貝，視爲泥沙。甚至悍僕豪奴，服食起居，同於仕宦。越禮犯分，罔知自檢，驕奢淫逸，相習成風，各處皆然，而淮揚爲尤甚。使愚民尤而效之，其弊可勝言哉！爾等既司鹽政，宜約束商人，嚴行禁止，出示曉諭，諄諄勸戒，使其痛自改悔，庶循禮安分，不致蹈僭越之愆。若仍前奢侈，不知悛改，商人必當從重究治，爾等亦不能辭徇縱之咎。欽此。」謹按商人惡習，百十年前即已如斯，今則商力愈疲而侈風愈甚，非重申聖諭，而以重法隨其後，又烏由挽此頹波哉！

乾隆八年諭曰：「朕惟養民之典，莫要於務農。州縣考成，固應用是爲殿最。而向來功令不專以此課吏者，因其事甚樸，無可炫長，其蹟似迂，驟難見效。又或上司之察勘難周，有司之條教易飾，不似催科、聽斷、捕盜等事之顯而有據也。督撫察吏，每於此等本計轉視爲老生常談，漠然不甚加意，以致州縣之吏趨承風旨，專以簿書期會爲先，而農事反居其後。不知爲治之道，本舉而末自隨之。如果南畝西疇，人無餘力，于耜舉趾，日無暇時，則心志自多淳樸，風俗自鮮囂凌。人知急公，而閭閻無待追呼矣；人知畏法，而盜賊因以寢息矣。本計既端，末事亦次第就理，如此則州縣之考成似疎而實密，即督撫之察核可簡而不繁。若夫朝令夕申，意非不美，束縛馳驟，適以擾民。爲督撫者，當善體朕意，毋視爲具文，毋事於塗飾，誠實心化導其屬，俾屬吏亦實心勸課其民，庶幾野無游惰之風，家有蓋藏之樂。欽此。」謹按歷代劭農之詔，無有似此之深切著明者。此大僚庶職所當心體力行，即蔀屋窮簷，亦宜家喻户曉也。

昔漢詔言：「一夫不耕，或受之饑；一女不織，或受之寒。」此雖似虛揣之詞，而其理則至當而不易。今天下户口日繁，而土田止有此數。以今之民耕今之地，即使竭力耕耘，兼收倍穫，猶虞不足，若再民多逐末，地多抛荒，一穀不登，即資賑濟，將何以善其後？昔虞廷咨牧，食哉惟時，而水土既平，即命棄以播時百穀，禮樂兵農〔二〕，皆在所後。《周禮》爲治平之書，其時巡稼之官，不一而足，又有保介、田畯，

〔二〕按文意「農」字有誤，《舜典》「播時百穀」之後，言教言刑言禮言樂，亦無言農事。

日在田間，皆爲課農設也。今課農雖無專官，然自督撫以下，孰是不兼此任者？乃今之大僚庶官，知農者已鮮，夫不知將何以課考？《漢志》農九家百一十四篇，今悉無傳。蓋古無不學之農，阿衡耕莘，周公明農，降及漢、晉，南陽之躬耕，栗里之荷鋤，猶其遺意。後世農勤耒耜而士習章句，判若兩途，故農習其業而不能筆之於書，士鄙其事而末由詳究其理。即今世所傳《齊民要術》、《農桑輯要》諸書，亦不過供文人之流覽，實於服田力穡者毫無所裨。近吴霽峯中丞邦慶在直北輯《澤農要録》，李蘭卿都轉彦章在江南輯《催耕課稻編》，而潘功甫舍人曾沂日以區田之法，勸導其鄉，並詳筆之於書，以貽遠近。居官者果就此悉心講貫，見諸施行，使天下之民皆盡力於南畝，未必於斯世無裨也。

勞民勸相之事，不但農田而已，即如舍旁田畔，以及荒山不可耕種之處，度量土宜，種植樹木，桑柘可以飼蠶，棗栗可以佐食，柏桐可以資用，即榛楛雜木，亦足以供炊爨。若能爲督率指畫，嚴禁非時之斧斤、奸徒之盜竊，皆於小民生計有資。而北方之羊，南方之彘，牧養如法，乳字以時，其利亦不淺。是在良司牧之視民事如家事而已。

地方倉儲缺額，自以買補爲先，然當視年歲之豐歉，以爲緩急之準。倘逢歉歲而必急買，未有不病民者。乾隆年間，户部侍郎英廉，因連年截漕平糶，以致京倉缺額，請於江浙捐納貢監，儘收本色，另行收貯，如遇截漕之年，即於次年照所截之數補運京倉。其時安徽巡撫託庸，亦奏請將安省存穀一百六十餘萬石，儘可碾米，分年附於漕船，搭運進京，以補倉貯。兩疏同時並入，上嘉其酌濟倉儲，頗見勇往，而其事並未准行。因又通諭中外曰：「陳編所載餘三餘一之文，固爲足食本計。第在當時原屬地曠人稀，又列國各守其封域，持籌者可以隨宜措置耳。以今幅幀之廣，生齒之繁，歲即屢豐，而三農九穀，衹有此數。採購於官庾，捐輸於紳士，條款雖殊，其爲地方所産則一。與其輾轉挹注，名異名同，又何如即以此留之民間，俾饔飧倍爲饒給乎？朕御極以來，曾議直省倉儲寬裕買補，旋聞市價增長，即令停罷。蓋以小民未獲將來糶貸之利，而先受目前食貴之艱。譬諸日食四餔者，先奪其一二，而語之曰：『吾將爲爾他日待哺計也。』彼不生感而生怨矣。況朕念切民依，偶值偏災，即截漕動以億萬計。向年來糧艘正供自足，太倉之粟可預備二三年而贏，此亦足矣。計臣即鰓鰓較量，朕皆不以爲然。國家昇平富庶，内府外府，均爲一體，凡官廩兵糈之數，豈闕於供？

若以補漕糧而議捐穀，又因議捐穀而先運常平，不獨徒費輸輓之勞，且他省聞風踵事，地方因緣壟斷，必致米價踴騰，閭閻轉滋弊累。即云不動聲色，似此多立規條，轉相仿效，其爲聲色，更何待言？揆之經常不易之道，惟爲民食留其有餘，國用自無不足。居今承平日久，户口增而産米衹有此數，倘民間或遇必資通融協濟之處，亦不過臨時善爲補偏救弊耳，無他一勞永逸之計也。至執『三十年制國用』之説，拘文牽義，更制而事不可行，譬之封建、井田之舊法，又豈可復議於今日哉？」大哉聖謨，高出常情萬萬，所謂「百姓足，君孰與不足」也。臣工之一知半解，烏足以仰企高深哉！聖人言「均無貧」，今天下之不均甚矣，焉得而不貧？於是有倡爲限田之論者。然漢、唐皆嘗議行，而賈似道行之浙西，遂大擾。蓋其名雖正，而其實難行。乾隆初年，漕運總督顧琮曾奏請舉行限田，每户以三十頃爲限。諭曰：「爾以三十頃爲限，則未至三十頃者原可置買，即已至三十頃者，分之兄弟子孫，名下不過數頃，未嘗不可置買，何損於富民？何益於貧民？況一立限田之法，若不查問，仍屬有名無實。必須户户查對，人人審問，其爲滋擾，不可勝言。夫果滋擾於一時，而可收功於日後，亦豈可畏難中止？今輾轉思維，即使限田之法，地方官勉强奉行，究於貧民無補，是不但無益，而且有累也。而顧琮猶以爲可行，請率領地方官，先於淮安一府試行之。朕令其與尹繼善熟商，今據尹繼善陳奏難行之處，與朕語不約而同，則此事之斷不可行，斷不能行，實出人人之所同，然又豈可以嘗試？特降旨曉諭，顧琮此事着停止。」聖明洞察於幾先，彼好從事者又何所容其置喙哉！

撫字心勞，催科政拙，在今人不免下考，在古人則以爲美談。然此猶分撫字、催科爲二事也。余以爲欲催科必先撫字，撫字盡其心，則催科即撫字之一端，事可不勞而舉。余官東南時，每持此論，以訓飭牧令等，蓋信者半，不信者半。嗣讀趙清獻廷臣康熙初奏疏，則已先我而言之矣。其詞曰：「夫征糧之法，至不一矣，苟能寓撫字於催科，即百姓受其福。是故加意百姓之有司，必於催科致其殷勤；加意有司之督撫，必於催科試其賢能。蓋催科不擾，其餘可知也，抑催科不擾，其餘皆可不問也。今誠欲得其人與法而行之，戴星而作，秉燭而息，事事精察，户户詳細，此以勤補拙之法，可行也。流水紅簿，必用親手，甲乙完欠，毫忽經心，此不假手之法，可行也。里有總欠，户有散欠，臨比分别，洞若觀火，此澄清完欠之法，可行也。臨比之時，按簿而稽，如欠多者，赴比自無受賄之私，欠少者，應卯必有賣放之弊，此絶禁大户避匿之法，可行也。民無多力，數太多則交納不及，限太勤則奔馳不遑，宜減卯而寬比，勿濫比而增卯，此留餘力與民之法，可行也。民無多積，分限而比，先見征，後帶征，此用一緩二之法，可行也。本省軍需，鄰省協餉，解院項下約數先征，俸薪工食可緩且緩，大凡存留可緩且緩，此分別先後之法，可行也。禁絶差擾，城有歇保則除之，鄉有坐催則撤之，一酒一飯，無不爲閭閻節省，人未有不交納恐後者。遇殷户大户盡數先交者，量給獎勵，有相率而傳、惟恐趨納不勇者矣。遇窮民小户，有穀帛而無售，有雞豚而待市，或代爲設法，或曲示變交，有感激流涕、因之相勸全完者矣。此又催科而兼撫字之法，可行也。夫急公好義，人情皆然，若止以箠楚爲能，使民間重利借債，減價賣産，錢糧雖完，而地方則壞矣。」

程春廬曰：「今日國計民生之困，其故全在幣輕。自前明以至我朝，皆以錢與銀二品爲幣，相權而行。伏覩康熙、雍正以及乾隆之初，民間百物之估，按之於今，大率一益而三，是今之幣輕甚矣。而官之俸，兵之餉，所得者幣耳；民間如富商巨賈，皆操幣以逐利者也；紳士、吏胥、僧道、役夫、奴僕，皆以幣爲衣食者也。惟百工與農，需幣畧少，而闕之則勢亦有所不行。幣輕而用愈繁，天下無三倍於昔之幣，有三倍於昔之用，而取民之制如賦税之入，不能以其幣輕而益之。至於國帑歲下，雖循常則而有司竭蹶，則必他有侵冒以爲取償。即如河工料價、軍需口糧之屬，已不能不溢於例矣。然則幣輕而不足於用，其病於國，又必然之勢也。夫幣者，上之所制，以馭天下之富。然而其輕其重，常轉移於下，而上不能與之争。蓋古有以幣輕而更之者，龜貝、鹿皮、大錢、五十當百之屬是也。古有以幣不足於用而益之者，鈔是也。數更幣則民不信，不信則不行；驟益幣則百物騰貴，而幣愈不重。然則欲其幣重而足於用，是當求之民矣。蓋民多務本，則幣日重；民多逐末，則幣日輕。夫菽粟布帛，齊民衣食之所資也，民貧而至於凍餒，皆貧於菽粟布帛而不貧於他。然而賤菽粟而貴珍錯，賤布帛而貴文繡，於是百人致之以給一人之食，百人作之以供一人之衣，而此百人者即其捨本而逐末者也。故奢儉者，貧富之大源也。誠使工無作淫巧，商無致罕異，驅游惰之民而返之南畝，令菽粟布帛之積所在充牣，如是久之，則百物之估當無不平者，而幣重矣。歷觀前史，當一代盛時，其幣必重，繼則日患其輕，則盈虚消息之理可見矣。」

白太傅《長慶集》策云：「賦斂之本，量桑地以出租，計夫家以出庸。租、庸者，穀帛而已。今則穀帛之外，又責之以錢。桑地不生銅，私家不敢鑄，業於農者，何從得之？至乃吏胥追徵，官限迫蹙，則易其所有以赴公程。當豐歲，則賤糶半價不足以充緡錢；遇凶年，則息利倍稱不足以償補債。是以商賈大族乘時射利者日以富豪，田壟罷人望歲勤力者日以窮困。勞逸既懸，利病相誘，則農夫之心盡思釋耒而倚市，織婦之手皆欲投杼而刺文。至使田卒污萊，室如懸磬，人力罕施而地利多鬱，天時虛運而歲功不成。臣嘗反覆思之，實由穀帛輕而錢刀重也。夫糴甚貴、錢甚輕則傷人，糴甚賤、錢甚重則傷農。農傷則生業不專，人傷則財用不足。故王者平均其貴賤，調節其輕重，使百貨流通。四人交利，然後上無乏用而下亦阜安。今天下之錢日以減耗，或積於國府，或滯於私家。若復日月徵取，歲時輸納，臣恐穀帛之價轉賤，農桑之業轉傷。今若量夫家之桑地，計穀帛爲租庸，以石斗登降爲差，以匹夫多少爲等，但書估價，並免稅錢，則任土之利載興，易貨之弊自革。弊革則務本者致力，利興則趨末者回心。所謂下令如流水之源，繫人於苞桑之本者矣。」

解大紳縉《太平十策》言：「及今豐歲，宜於天下要害之處，每歲積糧若干，民樂近輸而國受長久之利。」顧亭林云：「愚以爲天下稅糧，當一切盡徵本色，除漕運京倉之外，其餘則儲之於通都大邑，而使司計之臣畧倣劉晏之遺意，量其歲之豐凶，稽其價之高下，糶銀解京，以資國用。一年計之不足，十年計之有餘。小民免稱貸之苦，官府省敲撲之煩，郡國有凶荒之備，一舉而三善隨之矣。」按前明正統十二年，巡撫直隸周文襄忱言：「各處被災，恐預備倉儲賑濟不敷，請以折銀糧税悉徵本色，於各倉收貯，俟青黃不接之際出糶於民，以所得銀上納京庫，則官既不損，民亦得濟。」從之。蓋解大紳籌之於豐歲，周文襄行之於歉歲，顧亭林則直以爲常行之法。留心民瘼者，慎勿失其時哉！

顧亭林曰：「華陰王弘撰嘗著議，以爲邊郡之民既不知耕，又不知織，生計日蹙，國税日逋，非盡其民之惰，以無教之者耳。今當每州縣發紡織之具一副，令有司依式造成，散給里下，募外郡能織者爲師，即以民之勤惰工拙爲有司之殿最。一二年間，民享其利，將自爲之，不煩程督矣。又吴華覈嘗上書，欲禁綾綺錦繡，以一生民之原，豐穀帛之業。謂『今吏士之家，少無子女，多者三四，少者一二。通令户有一女，十萬家則十萬人，人人織績，一歲一束，則十萬束矣。使四疆之内，同心協力，數年之間，布帛必積。恣民五色，惟所服用，但禁綺繡無益之飾，而府藏自充矣。按此救乏之上務，富國之本業，使管、晏復生，無以易此。』方今纂組日新，侈薄彌甚，斲雕爲樸，意亦可行之會乎？」

生財之道，不外開其源與節其流。今日財源之竭甚矣。雲南之銅，年年缺産，何況金銀，則惟有節其流而已。而今日之耗金銀且愈甚。即如豪家器皿，無不用銀者矣，然猶有銀存也；乃至以中國之銀易外洋之物，而一去不復返矣，然猶有物存也；乃至以中國之銀易外洋之錢，而暗中之耗不可問矣；相傳將洋銀銷復爲銀，其銀色水必低一二成。乃至以中國之銀易外洋之鴉片，而耗中之毒愈不可問矣。且不但銀也，婦人之首飾無不用金者矣，然亦猶有金存也；乃至佛像之塗飾，寺觀之裝修，日費一日矣；甚至店面之招牌用之，門樓用之，人家之門匾用之，廳聯用之，吉事之屏幛用之，凶事之聯軸又用之，畫家之設色用之，書家之牋絹聯箑又用之。一銀器也，有貼金又有鍍金；一漆器也，有描金又有堆金；一蟒袍也，有蹙金又有織金。蓋今日民間之耗金，較之耗銀爲尤甚也。昔宋太宗問學士杜鎬曰：「兩漢賜予，多用黄金，不若後代遂爲難得之貨，何也？」對曰：「當時佛事未興，故金價甚賤耳。」《日知録》歷考古來用金之費，如《吴志·劉繇傳》：「（管）［笮］融大起浮屠祠，以銅爲人，黄金塗身，衣以錦采。」《何姬傳》注引《江表傳》：「孫皓使尚方以金作華燧、步摇、假髻以千數，令宫人著以相撲，朝成夕敗，輒出更作。」《魏書·釋老志》：「興光元年，於五（緞）［級］大寺内鑄釋迦立像五，各長一丈六尺，都用赤金二萬［五］千斤。」「天安中，於天宫寺造釋迦像，高四十三尺，用赤金十萬斤，黄金六百斤。」《齊書·東昏侯本紀》：「後宫服御，極選珍奇。京邑酒租皆折使輸金，以爲金塗，猶不能足。」《唐書·敬宗紀》：「詔度支進銅三千斤，金薄即箔字。十萬，翻修（法）［清］思院新殿及昇陽殿圖幛。」《五代史·閩世家》：「王昶起三清臺三層，以黄金數千斤鑄寶皇及元始天尊、太上老君像。」宋真宗作玉清昭應宫，甍栱欒楹，全以金飾，所費巨億萬。《金史·海陵本紀》：「宫殿之飾，遍傳黄金，而後間以五采，金屑飛空如落雪。」《元史·世祖本紀》：「建大聖壽萬安寺，佛像及窗壁皆金飾之。又繕寫金字藏經，凡縻金二千二百四十兩。」此皆耗金之事，然猶不過宫殿寺觀之用，未至如今日民間之踵事增華也。今欲逐事逐物而禁之，則不勝其擾。竊謂但嚴金箔、金泥之禁，則其弊亦當以漸而輕。金一爲箔，即不可以復爲金；泥由箔而成，無箔則泥無所出。考《南齊書·武帝紀》禁不得以金銀爲箔，《宋史·真宗紀》大中祥符元年亦曾申明此禁，《仁宗紀》康定元年禁以金箔飾佛像，《哲宗紀》元祐二年禁私造金箔，《劉庠傳》仁宗外家犯銷金法，庠奏言法行當自貴近始，從之。《金史·世宗紀》大定七年七月，禁服用金絲，其織賣者皆抵罪。《元史·仁宗紀》至大四年，禁民間製金箔、銷金、織金。此皆載在史册，倘仿而行之，則亦節流之一端，且未必無裨於風化也。

陳仲魚鱣曰：「古言國奢示之以儉，今日風俗之弊，非徒禁其奢已也，必先去其邪。夫居處之雕鏤，服御之文繡，器用之華美，古之所謂奢也。今則視爲平庸無奇，而以外洋之物是尚。如房室舟輿無不用玻璃，衣服帷幙無不用呢羽，甚至什物器具曰洋銅，曰洋磁，曰洋漆，曰洋錦，曰洋布，曰洋青，曰洋紅，曰洋貂，曰洋獺，曰洋紙，曰洋畫，曰洋扇，遽數之不能終其物。而南方諸省則通行洋錢，大都自日本、流求、紅毛、英吉利諸國來者。內地出其布帛菽粟民間至不可少之物，與之交易。有識者方惜其爲遠方所欺，無如世風見異思遷，一人非之，不敵衆人慕之。其始達官貴人尚之，浸假而至於僕隸輿儓，浸假而至於倡優婢嬪。外洋奇巧之物日多，民間布帛菽粟日少，以致積儲空虛，民窮財盡，可勝歎哉！且也遠隔重洋，舟楫往來，多遭飄泊，適遇盜船，每被其劫奪。是內地之布帛菽粟反齎盜糧，外洋之珍奇貨物徒充盜用，內地之商賈舟師每爲戕害，內地之舟楫桅檣盡付東流。而愍不畏死之徒，冒險以往，蓋俗之所尚，利之所在故也。夫民間誠不足責，竊怪夫達官貴人，競相誇靡，曾不慮其大爲風俗之害，吾不知其何心！昔袁邵去濮陽令歸，曰：『吾輿服豈可使許子將見之。』高平劉整語人曰：『紗縠，吾服其常耳，遇蔡子尼在坐，經日不自安。』魏毛玠典選，以儉率人，雖貴寵之臣，輿服不敢過度。彼仁人君子，以身率物，雖尋常車服，猶使人不敢過侈，況奇邪是尚、奢之又奢耶？《王制》曰：『作淫聲、異服、奇技、奇器以疑衆，殺。』又曰：『關執禁以稽，禁異服。』《月令》曰：『毋或作爲淫巧。』蓋大爲之防如此。有教民之責者，必立法令以禁之，制刑罰以齊之，使內地有用之物，不得易外洋無用之物。日月既久，去邪反正，倘見有用外洋服物者，必駭爲怪異之人，則天下孰肯費己之財，干國之禁，而招怪異之目哉！」

古之放債取息，皆有限制。《漢書·王子［侯］表》：旁光侯劉殷，「坐貸子錢不占租，取息過律，免。陵鄉侯坐貸穀息過律，免。」則知古取息有律，而重息之罪甚嚴也。今赴銓守候者，所假京債之息，以九扣三分爲常，甚有對扣、四扣、三扣者。得缺莅任之初，債主已相隨而至，剝下不足，遂借庫藏以償之，欲求其爲良吏、循吏，其勢甚難，則京債之爲害大矣。《舊唐書·武宗紀》：會昌二年，中書奏：「赴選官多京債，到任填還，致其貪求，罔不由此。今年三銓，得官者許連狀相保，户部各（備）［借］兩月加給料錢，至支時折下。所冀初官到任，不帶息（貲）［債］，衣食稍足，可責清廉。」從之。我朝功令，凡外吏出京者，分别道途遠近，許如户部借支養廉，亦是此意。此非惟勸廉之意，恤下之仁，兼可以杜重息刻剝之風。乃猶有爲債主所窘，而不克保其官者，重可歎也。

乾隆四十八年，廣西永安州葉道和與岑照科場舞弊，治罪籍没，江西省並其兄撫州照磨葉道中查封。諭曰：「從來緣事獲罪之人，兄弟本不相及。如因一人獲罪，將其兄弟貲產槩行查抄，辦理未免過當。若以未經分析，盡免入官，則應行查封者皆得託言財產未分，任意隱匿，使貪吏子孫仍復坐擁厚資，亦何以示警？嗣後有獲罪查抄，而兄弟未經分產者，將所有產業，據其兄弟人數分股計算。如家產値銀十萬，兄弟十人，每股應得一萬，祇將本犯名下應得一股入官，其餘兄弟名下應得者，槩行給予，以昭平允。葉道和一案即照此辦理。著爲令。」蓋因道中兄弟未曾分產之故。至嘉慶七年八月，重申爲令。仰見聖明之世，大公至正，無纖毫波及無辜也。

古者體國經野，因民授事。凡鄉黨州里之間，皆以官治之。考之《周禮》，其法良備。大抵以士大夫治其鄉之事爲職，以民供事於官爲役。此馬端臨《通考》所以立「職役」一門也。漢治近古，亭長、嗇夫之屬，其職匪一，於民之任役者，則從而後先之。唐、宋以降，士大夫多不屑爲，自是凡治其鄉之事，皆以役槩之，其名屢變而弊滋多。至我朝開國之初，規模宏遠，重民之力，俾得專南畝之勤，百餘年來，天下幾不知職役爲生民之常分。恭考天聰八年，有漢官以差役重科之事，陳訴於管户部貝勒之前者，太宗文皇帝命傳集衆官，諭之曰：「爾衆官在明國時，所有人丁若干，今有若干，孰多孰寡，何不細思之？朕思我國雖貧，爾等如此亦足矣。欲令爾等與滿洲一例當差，尚恐致累，今爾等反言苦累過於滿洲。滿、漢官民雖有新舊，皆我臣庶，豈有厚薄之分乎？滿洲出兵，三丁抽一，今令爾等亦與滿洲一例，三丁抽一，爾等以爲何如乎？且滿洲之偏苦於漢人者，不但三丁抽一也，如每牛彔下守臺、淘鐵及一切工匠、牧馬人、旗下聽事人役等，所出不下三十人，當差凡十有四家。又每年耕種以給新附之人，每牛彔又出婦人三口。又耀州燒鹽，獵取禽獸，供應朝鮮使臣驛馬，修築邊境四城，出征行獵後巡視邊墻，守貝勒門，及派兵防守巨流河，在在需人，皆惟牛彔是問。又每牛彔設哨馬二匹，遇有倒斃，則均攤買補。遇征瓦爾喀時，又各餧馬二三匹從征。又每牛彔復派護軍十名、兵丁二三名，往來驅使，差回又令餧養所乘馬匹。遇各國投誠人至，撥給滿洲現住房屋，令滿洲展界移居，又分給糧穀，令其舂米釀酒，解納每年獵取獸肉，分給新附之人。又發帑金於朝鮮，貿易布疋，仍令滿洲負載，運送邊城。又有窖冰之役，每年迎接新附之虎兒哈，於教場看守皮張，運送薪水。朝鮮、蒙古使至，駐瀋陽，護軍甲喇額真各出一人，運給水草。若夏月至，更有採給青草之役。又每年採參，並負往朝鮮貨賣。每旗以一户駐英格地方，巡緝蹤跡。又以一户駐瀋陽渡口，看守船隻。此皆滿洲偏苦之處，若不向爾等詳切言之，爾等亦未必深信。今滿漢均屬一國民人，爾等何竟不知差徭之少，倍減於滿洲，而滿洲差徭之多，實踰爾等三十餘項也。」諭畢，衆漢官乃謝罪。謹按國初規制未備，徭役之畧，此其權輿。厥後政平事簡，與民休息，不獨公家營造，一瓦一木不肯徒勞其民，甚至城工河防及一切興築，凡所以爲民衛者，亦莫不按日計工，人給之直，實未役一民也。即至陳師鞠旅，又率用滿洲索倫之兵，而近地之民，目覩出車，耳聞唱凱，身皆不與其役，古稱「從衽席上過師」者，今始見之。且所過之區，蠲租賜復，殆無虛歲。民生其間，狃於樂利，所謂襲狐貉之厚者，不知至寒之悽愴；享昇平之樂者，不知憚人之沉瘁。蚩蚩者氓，沐休養生息之恩，竟若分所應得者。學士大夫烏得不深思其所由然哉！

吾閩外郡，率多大姓，聚族而居。族人率以千計，必有族長以總其事。查雍正四年，嘗有選立族正之例，特因苗疆村堡聚族滿百人以上者，保甲或不能遍查，乃選族中人品端方者立爲族長，以稽查匪類。因地制宜，本非通行之制。今吾閩之族長，不必皆剛方之品，本在可有可無之數。乾隆年間，吾閩有御史奏請設立大姓族長者，奉諭云：「民間户族繁甚，其中不逞之徒，每因自恃人衆，滋生事端。向來聚衆械鬭各案，大半起於大姓。惟在地方官實力彈壓，有犯必懲，以靖囂陵之習。政體不過如是，若於各户專立族長名目，無論同宗桀驁子弟未必遽能受其約束，甚者所主非人，必至藉端把持，倚强鋤弱，多爲鄉曲之累，正所謂杜弊轉以滋弊也。」謹按此正吾閩漳、泉及臺灣之情形，睿慮精詳，真明察萬里之外矣。

卷八

政事三

王愓甫曰：「方今民困於浮收，官困於幫費。議者莫不欲去浮收以救民，去幫費以救官。然去浮收必先去幫費，去幫費必先改漕法。今之漕艘，所謂直達綱漕之善者也。顧國家承平百六十年，法久弊生，老奸宿蠹，窟穴其中。通倉之需索，大累於幫丁；幫丁之需索，大累於州縣。督撫以浮收暫紓州縣，而州縣卒未嘗紓也；漕臣以幫費暫恤疲丁，而疲丁卒未嘗恤也；通倉諸臣奮然欲去經紀花户之需索，而需索卒未嘗去也。經紀花户之盤踞於通倉者不得去，則劣丁之蠶食於州縣者不能除。浮收歲甚，幫費歲增；幫費愈增，浮收愈甚。於是有書役之挾制，有紳士之包攬。昔之浮收利於官，今之浮收又害於官，岌岌乎勢且不終日而道窮矣。窮則變，變則通。漢、唐以來，自轉般而之直達，今何不可自直達而之轉般？變之所極，其機自至。近歲剝般之設，始爲偶行，繼成常例，不得已隨地置倉，由是而天津有倉矣，臨清又有倉矣，是轉般之法，雖未顯立其名，實已用之於北也。今築禦黄壩，恐誤江廣回空，即就清江增船剝運，是轉般之法又已用之於南也。日者敕下諸臣，别籌河漕兩利之策，似專爲河工未就而言。竊以河工天事也，患之偶也；幫費人事也，患之常也。天事無往不復，人事有加靡已。就使河流順軌，漕艘暢行，而幫費日增，漕弊日出。是上以百萬金錢治河，而下又以百萬金錢治漕也。治河河平而費止，治漕漕在而費無終窮。何不酌古之制，權今所宜，取唐、宋轉般倉成法損益之，不泥其跡而師其意。古稱『利不百，不變法』，轉般之在今日，豈徒利百已哉！」按愓甫有《轉般倉私説》，此其自序之文也。前備考漢、晉以後興廢成跡，後分列十大端，曰除衛籍，曰裁衛官，曰易漕艘，曰省漕督，曰建倉，曰造船，曰判職掌，曰優俸糈，曰備災賑，曰兼懋遷。審勢度時，旁皇周浹，洵可見諸施行。蓋轉般之法，實托始於《禹貢》「百里賦納總，二百里納秸，三百里納秸服，四百里粟，五百里米」。説者以服爲納秸而服輸將之事。善賈者百里不販樵，千里不販糴。聖王賦民，必不使之四百里而負粟，五百里而負米，故制賦止於百里、二百里，其四百里、五百里不復言納者，蓋不遠納於帝都，但行百里或二百里，而使三百里之民轉而輸之於都。夫三百里之民爲遠郊，轉輸粟米，力固勞而賦則省，亦足見古者賦役不兩重之意。然則轉般之法，其來古矣。

國家歲需東南漕米四百萬石，而蘇、松、常、鎮、太四府一州之額，幾及其半。余嘗藩牧吴中，畧知其數。其每歲例給旗丁之運費，爲銀三十六萬九千餘兩，爲米四十一萬一千餘石，計米折價直銀九十三萬六千七百餘兩，共計給丁銀米二項需銀百二十九萬五千餘兩。上之出於國帑者如此，而下之所以津貼幫船者，又不啻再倍過之。官非樂爲給也，民非樂爲出也，丁亦非盡飽厚利也。以數千里之河而過淺過閘有費，督運催儹有費，淮安通壩驗米又有費，官民俱困，名實不符，日甚一日，伊於胡底。物窮則變，變則通，而海運之説興焉。以道光六年成案計之，但動漕項正帑，已足辦公。舉百餘年丁費之重累，一旦釋然，如沈痾之去體，誠當垂爲定制。乃踰年而即罷不行，此可爲太息者也。蓋海運之利，非河運比；本朝之海運，又非前代比；江蘇之海運，又非他省比；而蘇松等屬之海運，又非他府比。乃議者每執「河運費財，海運費人」二語。試觀道光六年一役海運，果費人否耶？而駮海運者猶曰盜賊，曰潮濕，曰侵蝕。自道光六年一役，諸無此弊，而巧爲論難者又劫以通倉之掯勒，難以屯丁之安置，怵以南兑易而北卸難，眩以漕政便而河防弛。此則存乎其人，而非可因噎而廢食者也。且六年之海運，其優於元、明者有三因焉：曰因海用海，曰因商用商，曰因舟用舟。蓋承二百年海禁大開，水程之險易，風汛之遲速，駕駛之趨避，愈講愈熟，行所無事。知北洋不患深而患淺，故用平底沙船以適之；知海船不畏浪而畏礁，故直放大洋以避之。以商運決海運，則風颶不足疑，盜賊不足虞，黴濕不足患；以商運代海運，則舟楫不待造，丁舵不須募，價值不更籌。因利乘便，事半功百，此元代所未有也。其優於河運者又有四利焉：曰利國，曰利民，曰利官，曰利商。蓋河運之費，如前所陳，上既出百餘萬米以治其公，下復須百餘萬津貼以治其私。海運之費，則用公而私可大裁，用私而公可全省，實用實銷，三省其二，此又河運所不能也。成效彰彰如是，而猶有百計阻撓，多方恫喝，必使此途萬不再開而後快，果何心哉？今必不得已而爲變通之計，則將蘇、松、太二府一州之漕，歲由海運以爲常，而改小江廣之重艘以利漕，變通目前之河道以利黄，或亦補偏救弊之一道乎？否則官與民爲難，丁與官爲難，而人心習俗囂於下；黄與淮爲難，漕與河爲難，而財力國計耗於上，吾不知其所屆矣。

江南賦額之重甲於天下，其始也，賈似道倡買官田之説而增其額；其繼也，明太祖怒吴氏之爲張士誠守城而重其賦；其後也，楊憲改一畝爲二畝，趙瀛均官田於民田，而民困益深。遷延至今，日積月累，即以蘇、松二府計之，較宋時原額增至七倍有餘，較元時原額亦二倍有餘。約計蘇松之田居天下八十五分之一，而所出之賦任天下一十三分之二，其不均甚矣。余藩吴五年，日思此事，嘗密與潘功甫舍人曾沂籌議。功甫爲言：「明宣宗時，周文襄撫吴，與知府況鍾曾奏減官田之税，因田制之多寡，酌量裁減。蘇州減至八十餘萬，松江減至三十餘萬。時户部責其變亂成法，而宣宗不加之罪，民困遂因以稍蘇。今國家愛民，豈但前明之比，果能體察情勢，力陳於朝，未必不有變通之策。」余謂：「蘇松減賦，在國初已經屢行，近來蠲緩頻施，國用不足，若復議減，誠有所難。惟前人有均賦之議，但就各直省賦輕之地稍增之，以抵蘇松所減之數，要在他處不形其重，在蘇松已利其輕，而於國家之正額仍無所絀。此議在今日似尚可行。」時功甫之尊人芝軒先生方爲大司農，余亦適行巡撫事，已屬功甫馳稟至京，查開各直省賦額輕重細數，以憑折衷。乃京信未回，而代者已至，逾年而余遂謝病去矣。此事與功甫往復商榷者月餘日，至今猶耿耿於懷不能釋也。

鄭蘇年師云：「煮海之利，國賦爲最多，而濱海之民資此爲養者亦最多。乃近代之制，盡屬於商，貧民不得與焉。所市者此疆彼界，各有分地，分毫不能相借。民情所便而地勢限之，民力所任而官制束之。富者擁利百萬，侈侔公卿；貧者欲負擔以求升斗之資渺不可得。鋌而走險，則嘯聚如盜，官兵捕之，刑獄滋多。然議者謂不如是則無以盈歲賦之額。夫國賦不可減，而課法非不可通也。竊謂鹽出於海，猶米出於田。米一税之後，即聽其所之，奈何於鹽必限之以人、限之以地乎？昔唐劉晏之治鹽也，但於出鹽之鄉置鹽官，收鹽户所煮之鹽，轉鬻於商人，聽其所之，其餘州縣不復置官，官獲其利而民不乏鹽。史稱江淮鹽利，始不過四十萬緡，季年乃六百萬緡，由是國用充足而民不困敝。誠仿此意而行之，將使民之貧者富者遠者近者無人不可以爲商，即無人不可以自食其力。上無損於國用，下有濟於民生，是亦變通之一策也。否則太平日久，生齒日繁，濱海之民無所得食，必出於販私；販私則課引必滯，引滯則商疲。商疲而歸官，則病官；商疲而請帑，則病國；商疲而舉富民爲商，則又病民。近日舉商之害，亦已烈矣。夫富人者，貧人之母也，不殖而落之，豈治計之得也哉？

《日知録》載：「松江李雯論：『鹽之産於場，猶五穀之生於地，宜就場定額，一税之後，不問其所之，則國與民兩利。』又曰：『天下皆私鹽，則天下皆官鹽。』此論鑿鑿可行。邱仲深《大學衍義補》言復海運，而引杜子美詩『雲帆轉遼海，粳稻來東吴』爲證。余於鹽法，亦引杜詩『蜀麻吴鹽自古通』，又『風烟渺吴蜀，舟檝通鹽麻』，又『蜀麻久不來，吴鹽擁荆門』。若如今日之法，行鹽各有地界，吴鹽安得至蜀哉？人人誦杜詩，而不知此故事，所云『誦詩三百，授之以政，不達』者也。」

行鹽地界有遠近之不同。遠於官而近於私，則民有不得不買私鹽之勢。余嘗守荆州，其地應食淮鹽，亦嘗奉行巡捕之格，而民間之販川私如故也。細察其由，乃知淮鹽從不能到荆州，而川私順流而下，其勢甚便，其來甚多。若必令民間不食川鹽，則惟有茹淡而已。蓋淮鹽聚於漢口，由漢口逆江而至荆州，千里而遥而有風浪之險；由漢口逆漢而至荆州，千里而近而水道紆廻。又惟值夏漲可行，春、秋、冬皆須盤運，則淮鹽之不能到荆州，實地勢使然，而分界之始謀亦不臧甚矣。

近人因鹺政之敝，又有將鹽課灑歸地丁之議。西北諸邊地間有行之者，而其弊亦不可勝言。吾鄉龔海峯先生官甘肅時，論之詳矣。其言曰：「鹽課歸於地丁，足救目前之急，乃一時權宜，而非經遠之計也。何則？出課之民不必皆販鹽之民，肩挑背負，藉以餬口，惟近地之民可耳。其遠而數站，或十餘站，車載驢馱，轉運取利，則非有力者不能。有力之家，精於心計，必不肯，多置田産，以避差徭，廣畜牛馬，賤積貴售。小販皆領其貲本，四出營運，有利同分。彼於國課，分毫無出，而坐享厚利，乃令力田務本之農民代之納課，非重本輕末之道。其弊一也。利權不可以假人。官不配鹽，則無人爲之經理。游手無賴之徒，羣集其中，趨利如鶩，是縱之使争，積久生奸，必釀事變。其弊二也。地瘠民貧之區，勢不能免於拖欠。其名雖不累官，而其實官仍不免於賠墊。豐稔之年，尚可勉强催科，一遇水旱，死亡轉徙，正項錢糧可以奏聞蠲免，而鹽課必不能減。斯時將仍取之民乎，民必不堪；將不取之民乎，課從何出？其弊三也。當日各州縣分引之多寡，並未嘗按照地畝之多寡。通都大邑則多，山僻小邑則寡。非通都大邑之民食鹽獨多於山僻小邑也。行鹽雖有地界，而四達之衢可以闌入他界，銷鹽多故配引多；山僻之邑無可通融，銷鹽少故配引少。今若歸之地丁，則永爲定額，一成而不可變，多寡不一，苦樂不均。其弊四也。此法若行，不過數年，其弊立見，再思變法，其勢愈難，則何如慎之於始乎？」

我朝初年，錢法屢經更定。始以滿漢文分鑄天命通寶及天聰通寶，錢幕皆無字。迨鑄順治通寶，則專用漢文。嗣於錢幕之左鑄漢文「一釐」二字，按古半兩、五銖等錢皆紀銅之輕重，此一釐字錢則紀直銀之數。其右係户部者鑄「户」字，係工部者鑄「工」字。後又改定京局，錢幕分鑄「寶泉」、「寶源」二字，皆滿文。其各省鎮局亦分鑄各地名，江南江寧府局鑄「寧」字，安徽局又鑄「安」字，蘇州府局鑄「蘇」字；江西南昌府局鑄「江」字，後又鑄「昌」字；浙江杭州府局鑄「浙」字；福建福州府局鑄「福」字，漳州府局鑄「漳」字，臺灣府局鑄「臺」字；湖廣武昌府局鑄「昌」字，後又鑄「武」字，長沙府局鑄「南」字；河南開封府局鑄「河」字；山東濟南府局鑄「東」字，後又鑄「濟」字；山西太原府局鑄「原」字，後又鑄「晉」字；陝西西安府局鑄「陜」字；甘肅鞏州府局鑄「鞏」字；後移蘭州，亦仍用「鞏」字。密雲鎮局鑄「密」字，薊鎮局鑄「薊」字，宣府鎮局鑄「宣」字，大同鎮局鑄「同」字，臨清鎮局鑄「臨」字；四川成都府局鑄「川」字；廣東廣州府局鑄「廣」字；廣西桂林府局鑄「桂」字；雲南雲南府局及臨安府、大理府、禄豐縣、蒙自縣各局俱鑄「雲」字；貴州貴陽府局鑄「貴」字，畢節縣局鑄「黔」字。皆滿漢文各一，滿文居左，漢文居右。至雍正初年，又定各省錢幕，亦照京局之例，以「寶」字爲首，次鑄本地方一字，皆用滿文，至今遵行。蓋於錢面鑄年號以昭王制，於錢幕鑄國書以示同文，折衷盡善，洵爲萬世不刊之制。乃近年所鑄之新錢，遠不及舊錢之精好，過此以往，更不知何如。則偷減工料者居其半，私鑄攙和者居其半。竊以爲私鑄之例綦嚴，地方官失察處分亦重，而數十年來引用此例者甚少，恐由立法過峻，故官民皆相遁於法之外，而轉至於無所創懲。若能酌爲寬減，期於有案必破，有犯必懲，庶乎可截其流，或亦維持錢法之一道耳。私鑄舊例：爲首者斬決，私銷者罪同，後改斬候。失察之該管官，知情者與私鑄爲首同，不知情者革職降調有差。

嘉慶年間，蔡生甫學士之定以奏請通行鈔法左遷，日下士大夫無不笑其迂者，亦未考本朝故實也。順治初，曾仿明制造爲鈔貫，與錢並行。八年，所造鈔一十八萬八千一百七十二貫有奇，自後歲以爲額，至十八年始行停止。然其時所造鈔甚少，其上下流通，仍以銅錢，故暫行而無弊。金、元以來，鈔法之弊在於錢不勝鈔。鈔既日多，錢行日少，於是鈔輕物重，終至壅格，而法遂以窮。邱瓊山所謂「鈔法不可行以用之者，無權也」。蓋鈔虛而銀實，鈔易敝而銀可久，鈔難零折而銀可分用，其得失固自判。然特銀匱而錢窮，有不得不用鈔之勢，則亦救時之急務哉。而前代恐鈔法之阻滯，並銀與錢而禁之，甚至用銀用錢者皆以奸惡論，則亦不揣其本末矣。

邵國賢寶云：「禹之治水，地平天成，六府三事，允治其功，可謂盛矣。以今觀之，所空之地甚廣，所處之勢甚易，所求之效甚小。今之治水，所空之地乃狹於禹，所處之勢乃難於禹，所求之功乃大於禹。禹之導水，自大伾以下，分播合同，隨其所之而疏之，不與爭利，故水得其性，而無衝決之患。今河南、山東郡縣，棊布星列，官亭民舍，相比而居，凡禹所空以與水者，今皆爲吾有，蓋吾無容水之地，而非水據吾之地，其有衝決之患宜也。故曰所空之地狹於禹。禹之治水，隨地施功，無所拘礙。今北有臨清，中有濟寧，南有徐州，皆通漕要路，左顧右盼，動則掣肘，使水有知，尚不能使之必隨吾意，況水無情物也，其能委蛇曲折以濟吾之事哉？故曰所處之勢難於禹。況禹之治水，去其墊溺之害而已，此外無求焉，今則賴之以漕。不及汴矣，又恐壞臨清；不及臨清矣，又恐壞濟寧；不及濟寧矣，又恐壞徐州。使皆無壞也，又恐漕渠不足於運。了是數者而後謂之治，故曰所求之功大於禹。」然則居今日而言治河，賈讓上中二策既未易施行，則捨多穿漕渠，分殺水怒，别無善策。昔平當使領河隄，奏「按經義治水，有決河深川，而無隄防壅塞之文」。宋開寶詔亦曰：「夏后但言導河至海，隨山濬川，未聞力制湍流，廣營高岸。」乃今之治水者，捨賈讓救敗之術以爲迂，而專從事於隄塞，勞費無已，妨運病民，伊於胡底哉！

古人只言治河，後世始言防河。賈讓之上策，在漢已不能行，則在今人又豈有一勞永逸之策。今日南河之難治，甚於東河，人皆知之；海口之淤墊，爲全河之害，人亦知之。余官河上三年，細加體察，如果海口初淤，河身未墊，則當專治海口。今受病之河，實不在尾閭而在中膈，則當兼治河身。時有議由灌河改移海口者，又有議由射陽湖改移運口者，皆經親加履勘，而知其斷不可行者也。至於混江龍、鐵掃帚諸器，具本靳文襄輔疏淤之成法。當時用之於未淤之先，自可使沙隨水去，日起有功，今用之於既淤之後，欲專恃此以蕩滌深通，殊難見效。又如對頭築壩以逼溜，在運河易於節制，若黄河則難以施功。逢灣取直以掣溜，遇沙底可以挑成，若膠底則難以刷透。此亦曾經躬歷試行，而知其實無把握者也。此外惟有束水攻沙之法，可以永遠遵循，即潘印川季馴所謂「以水治水」者也。或議增培隄身，惟仗歲請金錢，將黄河擡於至高之處，而城郭居民悉在河底之下，其勢何所底止？然河隄不加，汛水即難容納，此又明知其非釜底抽薪之計，而不能不日從事於其間者也。竊謂急則治標，惟有預籌分派減流之路。南河舊設分水閘壩最多，往往不能暢消。求其洩水最暢而復能助清刷黄者，惟徐州蕭南廳屬之毛城鋪，係靳文襄所建。當時分洩黄流，最爲得力，其下注之水，紆迴數百里，澄清而達於洪澤湖。湖水既高，則堅守山盱各河壩，使專從清口滔滔外注，徐城以下之漲水既可分消，而山安海防一帶積淤亦得全資刷滌。惟壩座久湮，迴非靳文襄舊制，力加鈐束，恐分洩仍屬不靈。若必收暢消之功，則湮没近處田廬，實所不免，然較之王營減壩，則害少而利多。轉移之機，宜實無便於此者，唯在預先堅修閘門、廣籌去路而已。道光五年秋，黄河盛漲。余曾有請開毛城鋪之議，衆皆難之，以地非所轄，不能力争。憶吾鄉莊復齋觀察亨陽當乾隆初，曾請開上流水道，有「自壅毛城鋪而徐州壞，壅天然減水壩而鳳、潁、泗各州壞，壅車邏、昭關等壩而淮揚上下河皆壞」之論。又有詩云「賈讓非無策，其如未見庸。南流不一道，北口亦徒封」，亦可謂瞻言百里者矣。

今官北方者以開水利爲興利，官南方者以開水利爲除弊。其實北方水利興則水得其用，自不至泛濫爲災；南方水利修則水有所制，並可收灌溉之益，興利與除弊常相因也。昔歐陽公作《唐書·地理志》，實兼志《河渠》，凡一渠之開，一堰之立，無不記之其縣之下。蓋唐時爲令者，猶得以一方之財興期月之役。而志之所書，大抵在天寶以前者十之七，豈非太平之世，吏治修而民隱達，故常以百里之官創千年之利。至於河朔用兵而後，則以催科爲急，而農功水道有不遑講求者矣，然自大曆以至咸通，猶不絶書於册。今則北方之吏，鮮不以此事爲迂。水日乾而土日積，山澤之氣不通；南方之吏又日困於徵比之勞、簿書之苦，而不暇以爲。無怪乎夏旱秋潦，年年告病矣。

許力臣承宣謂：「天下無無水之地，即無不可溉田之水。古者衆建諸侯，各食其地之所入，不聞其仰食東南也。蓋水之流盛於東南，而其源皆在西北。用其流者利害常相兼，用其源者有利而無害，其或有害，則不善用之過耳。」按今人言水利者無慮百十家，而通徹南北源流利弊，則此數語盡之。竊謂西北之興水利，惟當使由而不使知，全在一州一縣一村一里，各自董勸，枝枝節節爲之，且不必達之九重，且不必督以大吏，聽其得尺則尺，得寸則寸，愈推愈廣，自有會通之時。即終不會通，而各受各利，亦有何不可乎？今之病根，即在昌言「興西北水利，可減東南漕賦」二語，議論愈明暢，愈格不行，而舉世不悟，豈不可笑。

李文貞曰：「凡州縣各因其山川高下之宜，近山者導泉通溝，近河者引流釃渠，無山無河之處，則勸民鑿井，亦可資灌溉。一縣開一萬井，則可溉十萬畝，約計畝獲米一石，十縣之入，已當全省之倉儲矣。若夫一溝之水可當百井，一渠之水可當十溝，以此推之，水利之興，其與積穀備荒之利，不止於倍蓰而什伯也。」王爾緝有《井利説》兩篇，見《切問齋文鈔》。

水爲地之險，酒爲人之險。《易》爻之言酒者，無非坎卦，而萍氏掌國之水禁，水與酒同官。故先王之於酒也，禮以先之，刑以後之。《周書·酒誥》曰：「羣飲，汝勿佚。盡執拘以歸於周，予其殺。」《周禮·地官》胥師、司虣「禁屬游飲食於市，若不可禁，則搏而戮之」。古者羣飲之罪至重如此。《漢書·文帝紀》注曰：「漢律：三人以上無故羣飲酒，罰金四兩。」則禁稍弛矣。後世惟魏大安四年設酒禁，釀、酤、飲皆斬；金海陵正隆五年禁朝官飲酒，犯者死；元至元二十年禁造酒者，本身配役，財産子女没官，皆可謂用重典。然立法太過，故亦不久而弛。予嘗聞黎襄勤世序言：「今者生齒日繁，財用不足，但當嚴釀酒栽烟之禁，或加重其税，於民間生計無損，而於利源不無少裨。」蓋亦救時不得已之一策也。

方靈皋曰：「《周官》凡酒皆公造，民得飲酒，獨黨正、族師歲月蜡酺耳。漢制：三人無故共飲，罰金一鍰。三國時，家有酒具，行罪不宥。誠知耗嘉穀於無形，而衆忽不察者，惟酒爲甚也。今天下自通都大邑以及窮鄉小聚，皆有酤者，沃饒人聚之區，飲酒者常十人而五，與瘠土貧民相較，約六人而飲者居其一。中人之飲，必耗二日所食之穀，若能堅明酒禁，是三年所積，可通給天下一年之食也。凡民間用酒，莫宜於祭祀、婚姻。然周公制法：不耕者無盛，不績者不衰。祭無盛猶可，况以歲儉而去酒乎？乾隆初年，北五省大吏議燒鍋躧麯之禁，言人人殊。直隸疏内以「燒酒之禁，宜嚴於歉收之歲，而稍寬於豐裕之年。本地釀造零星者，毋庸禁止，惟不許麥麯燒酒出境，而嚴禁肆行躧麯興販者」。河南疏内以「行法宜因乎地而立禁，先清其源。豫省酒多自造，比户皆然，請免零星製麯之科，而嚴廣收多躧販賣之禁」。甘撫疏内以「甘省并非産酒之區，毋庸查禁」。晉撫疏内以「晉省燒鍋可寬於豐年，應禁於歉歲」。陝撫疏内以「陝省俗儉，民間祭祀慶弔，不得已而用酒。若禁燒酒而用黄酒，則專用米穀細糧，轉於民生未便。况臨邊地冷，兵民藉以禦寒，勢難槩禁。惟躧麯開行遠販，宜嚴加禁止」。陝督疏内則以爲「燒鍋當禁，而不可以必禁。禁之所以節流，寬之所以去擾。惟歉年自宜禁令加嚴，其躧麴開行遠販者，宜嚴行禁止」。至山東巡撫因二麥歉收，嚴禁燒鍋躧麴，竟有毀棄釀具、畏法改業者，有自行出首者，則行之已著有明驗者也。按燒鍋一事，各省情形不同，故辦理亦不能畫一，自可齊其政不易其宜。躧麴一項，係燒酒盛行之源。躧麴多則私燒必廣，有損蓋藏。且富商巨賈，肆行躧麴，廣收販運，易於查拏，不致滋擾平民，禁之以清其源，裨益甚大。故各省陳奏，衆論僉同也。

郭復齋起元曰：「閩地二千餘里，原隰饒沃，山田有泉，力耕之，原足給全閩之食。無如始之闢地者，多植茶蠟、麻苧、藍靛、糖蔗、荔枝、龍眼、柑橘、橄欖之屬，已耗地三之一。然其物猶足供食用也。今則煙草之植，耗地十之六七。原煙出自西北，謂可驅寒耳，今則遍於東南。飲煙者無間暑寒，爲用與食鹽等而又勝之，閩中更甚。其煙葉之雨露，入地則地苦，而穀蔬不生，無益於人而害於嘉種如此，可不知所變計哉！」按復齋，吾閩人，宜其爲桑梓遠慮如此。而余嘗藩甘肅，屢欲申蘭州水煙之禁。詢之紳士，皆以爲斷不能禁，而徒以擾民。蓋今日之喫水煙者遍天下，其利甚厚，利愈厚則逐末者愈多。甘肅地土磽瘠，甚於吾閩，循此而不知返，則本計益絀，農利益微，甚可慮也。

吾鄉顔光衷懋猷所著《官鑑》，言救荒之事最備。有先先策者，謹未然也；有先策者，備將然也；有正策者，有權策者，籌已然也。湘陰王朗川之鈇《言行彙纂》所載林希元《救荒叢言》亦好。如言救荒有二難，曰得人難，審户難；有三便，曰極貧民便賑米，次貧民便賑錢，稍貧民便賑貸；有六急，曰垂死貧民急饘粥，疾病貧民急醫藥，病起貧民急湯米，既死貧民急墓瘞，遺棄小兒急收養，輕重繫囚急寬恤；有三權，借官錢以糴糶，興工作以助賑，貸牛種以通變；有六禁，曰禁侵漁，禁攘盜，禁遏糴，禁抑價，禁宰牛，禁度僧；有三戒，曰戒遲緩，戒拘文，戒遣使。按救荒事極繁重，而其綱領不過此數端，求可以一言蔽之者，則「盡心」二字而已。憶道光辛卯秋，余藩吴中，值江淮大水，流民蔽江而來者日以萬計，吴民惶惶。余與守令等盡心籌畫，出示募捐，一面給船資送，一面設廠留養。親與城内外巨紳富户約：不必踵立局勸捐故套，亦不必設專管款項之人，惟在富而好禮者各量力而行，稱心而出，或獨任一廠，或分襄一事，或繼衆捐所不及，或補官辦所未周，彈壓仍歸有司，出納自爲經理。認辨之事既定，即榜示災民口數，並大標捐助姓名，使受者知食所自來，施者知錢所自往。合計自秋至冬三月餘日，資送出境者六十餘萬人。自冬至春五月餘日，蘇州城外設廠留養者四萬餘人，凡三十七廠。外郡州縣視此有差。其在蘇廠者，余復倡捐棉衣袴萬領，聞風好義者又從而附益之，故竟一冬，數萬人無啼饑號寒、疾病死喪之事。迨壬辰三月，始陸續厚資回里，時潘功甫舍人復以籽種贈之，沿途頗有頌聲，以爲「吾屬歸不少一人，且增新産兒數十百輩」。余曾繪成《目送飛鴻》長卷，屬同人作詩紀其事，倘亦他日採風者所不廢歟？

唐德宗朝，東川節度使李叔明上言曰：「佛，空寂無爲者也；道，清虚寡慾者也。今迷其内而飾其外，使農夫工女墮業以避役，故農桑不勸，兵賦日屈。臣請定寺爲三等，觀爲二等。上寺留僧二十一，上觀道士十四，每等降殺以七，餘還爲民。」德宗善之。都官員外郎彭偃曰：「僧道不耕而食，不織而衣。一僧衣食，歲無慮三萬，五夫所不能致。舉一僧以計，天下所費不貲。臣請僧道年未滿五十，可令歲輸絹四疋，尼及女冠輸絹二疋，雜役與民同之；過五十者免。」刑部員外郎裴伯言曰：「二教不耕不織，且絶繼嗣，國家著令，又從而助之，是以夷狄不經之法，反制中夏禮義之俗也。傳曰女子十四，有爲人母之道，四十九絶生育之理；男子十六有爲人父之道，六十四絶陽化之理。臣請僧道士一切限年六十四以上，尼女冠四十九以上者，許在寺觀，餘悉還爲編民。收寺觀以爲廬舍。」議上，皆不行。孟瓶庵師曰：「此三議俱可行。定寺觀之等，則興造不得行；立征輸之制，則僧尼有所畏；酌年齒之數，則少壯無所容。循是爲之，僧道不出十年將漸廢矣。捨此不爲，至會昌時乃欲一槩剗除之，封刀關上，毋亦近於不教而殺耶？」

景州申學坤，信道學甚篤，見僧衆以福田誘財物供酒肉資，因著一論，戒勿施捨。夜夢一神，似彼教所謂伽藍者，侃侃而争曰：「以佛法論：廣大慈悲，萬物平等，彼僧尼非萬物之一耶？施食及於烏鳶，愛惜及於蟲鼠，欲其生也。此輩借施捨以生，君必使之饑而死，曾視之不若烏鳶蟲鼠耶？其間破壞戒律、自墮泥犁者誠比比是，然因有梟鳥而盡戕羽族，因有破獍而盡戕獸類，有是理耶？以世法論：田不足授，不能不使百姓自謀食。彼僧尼亦百姓之一種，募化亦謀食之一道耳。必以其不耕不織爲蠹國耗民，彼不耕不織而蠹國耗民者獨僧尼耶？君何不一一著論禁之也？且天下之大，此輩豈止數十萬，一旦絶其衣食之源，羸弱者轉乎溝壑，姑勿具論，桀黠者鋌而走險，將何以善其後耶？昌黎闢佛，尚曰『鰥寡孤獨廢疾者有養』，君無策以養，而徒浚其生，豈但非佛意，恐亦非孔孟意也。」南城鄧葵薌曰：「二帝、三王、周公、孔子之道，如日月經天，江河行地。二氏則譬猶爝火也，陂池也，繼日月之光，分江河之派，亦能有益於人，無害於日月江河者也。然古人闢之不遺餘力者，何也？曰：彼所值之時有不得已焉者也。我國家崇儒講學，三尺之童皆尊孔子，雖有二氏，奚足誣民？且存其因果感應之説，未嘗不可警中人以下，俾了然於殃慶之不爽，是不惟不惑於二氏，而轉使二氏亦樂効靈於盛世矣。士生今日，猶欲拾古唾餘，竊竊然憂佛老不息，周孔之道不著，夫何異日月照臨而慕啬夫庶人之馳走，江河順軌而議疏瀹排決之兼施，豈不謬哉！」恭讀乾隆年間御製詩序曰：「御史有以沙汰僧道爲請者。朕謂沙汰何難，即盡去之，不過一紙之頒，天下有不奉行者乎？但今之僧道，實不比昔之横恣，有賴於儒氏辟而闢之。蓋彼教已式微矣，且藉以養流民。分田授井之制既不可行，將以此數千百萬無衣無食、游手好閒之人置之何處？故爲詩以見意云。頽波日下豈能迴，二氏於今亦可哀。何必闢邪猶泥古，留資畫景與詩材。」大哉王言，非尋常儒生所能見及矣。

西番帕克巴爲元時高僧，傳至宗喀巴，爲黄教之祖，有二大弟子，曰達賴喇嘛，曰班禪喇嘛。達賴喇嘛位居首，其名曰根敦珠巴，次即班禪喇嘛，其名曰凱珠布格呼克巴斬藏，與達賴喇嘛遞相爲師，以化身世掌黄教者也。「喇嘛」二字，即如漢語稱僧爲上人。喇嘛示寂後，轉生爲呼必勒罕，如漢語稱轉世化生人。當呼必勒罕未出之前，彼教於佛前誦經祈禱，廣爲訪覓，各指近似之幼孩於佛前，納穆吹忠擇一聰慧有福相者，定爲呼必勒罕，幼而習之，長成乃稱呼土克圖，以掌彼教。蓋蒙古最尊奉彼教，興黄教即所以安衆。蒙古行之既久，亦遂有影射牟利，任意妄指，或至出於一族，竟與世襲無異。乾隆時，朝廷洞鑒其私，製金奔巴瓶送往西藏，凡藏中有轉世之大呼必勒罕，命衆舉數人，各書其名置瓶中，公掣以定，其弊乃絶。所謂修其教不易其俗，齊其政不易其宜者也。

西洋人入中國，自利瑪竇始。其教法之傳中國，自利瑪竇《二十五言》一書始。大旨暗資釋氏而復明攻釋氏，又明知儒教之不可攻，故所著《天主實義》，並附會六經中上帝之説，其實亞尼瑪之學，亞尼瑪者，華言靈性。即釋氏覺性之説。天堂地獄之論，與釋氏之輪回相去無幾。同時龐迪我又撰《七克》一書，述天主所禁罪宗凡七：一驕傲，二嫉妒，三慳吝，四忿怒，五迷飲食，六迷色，七懈惰於善。迪我復發明其義：一曰伏傲，二曰平妒，三曰解貪，四曰熄忿，五曰塞饕，六曰坊淫，七曰策怠，則與儒書又何異？惟以尊崇天主太過，不免於迂怪夸誕。其論保守童身一條，或難以「人俱守貞不婚，人類將滅」，乃答以「儻人俱守貞，人類將滅，天主必有以處之，何煩過慮？」其詞已遁。又謂「生人之類，有生必有滅，亦始終成毁之常，若得以此終以此毁，幸甚大願」，則更理屈詞窮，爲釋氏所不屑道矣。又有高一志撰《空際格致》一書，以火、氣、水、土爲四大元行，而以中土五行兼用金、木爲非。然彼國所最擅長者在天文，而推算量測仍不能廢五星，則於彼説亦自相矛盾矣。此其所以爲異端歟？

前朝曆法，大約遵守元代《授時曆》。明萬曆中，西洋人利瑪竇與其徒湯若望、羅雅谷等，奉天主教來遊中國，極言《授時曆》之誤，當時未之信也。至國朝順治二年仲秋朔日食，若望先期進時刻分杪、起復方位。至期令廷臣公同測驗，諸法俱舛，而新法獨合。於是令若望用新法修《時憲曆》。時天下初定，海禁尚弛，西洋人來者愈多，散居中國，於濟南、淮安、揚州、鎮江、江寧、蘇州、常熟、上海、杭州、金華、蘭谿、福州、建寧、延平、汀州、南昌、建昌、贛州、廣州、桂林、重慶、保寧、武昌、西安、太原、絳州、開封等處，共建天主堂三十餘所。入其教者，厚與金帛，無籍之徒，羣相依附，其燄遂熾。有歙民楊光先者，著《闢邪論》，又著《孽鏡》《中星説》《選擇議》《摘謬十論》，痛詈新法之非，總名其書爲《不得已》。又以若望等邪黨惑衆，包藏禍心，具《請誅邪教疏》，於康熙三年赴部投遞。下吏部會審，若望得罪革職。四年，以光先爲監副。光先五上疏辭職，不准，尋陞監正，西法中廢。後西洋人南懷仁復具疏訟冤，又革光先職，用南懷仁，而西法復行。至雍正年間，嚴海上之禁，拆毀各處天主堂，止留京師一處，俾西人修曆者居之。其他有潛來内地妄稱傳教者，皆嚴繩以法。曆法既稱得人，而邪説亦無自生矣。

卷　九

家禮一

古昏禮有六禮，今《朱子家禮》畧去問名、納吉、請期，止用納采、納幣、親迎，蓋以問名併入納采，而以納吉、請期併入納幣，已屬簡省之至，然於禮並無所增減也。而吾鄉親迎之禮猶缺焉，毋乃太簡乎？

孔子言：「嫁女之家，三夜不息燭，思相離也；取婦之家，三日不舉樂，思嗣親也。」按《禮記》亦云：「昏禮不用樂，幽陰之義也。」夫以禮言，則幽陰之義不宜用樂，以情言，則相離之悲、代親之感不忍用樂。而今舉世用之，不以爲怪，何哉？

謝梅莊曰：「或問：『《詩》詠琴瑟、鐘鼓，昏禮又云幽陰不用樂，何居？』

曰：『此孤子當室之禮也，故曰思嗣親。』」又曰：『擇日祭於禰，曰然則廟見，亦孤子禮歟？』曰：『廟祭所同也，禰祭所獨也。』曰：『然則不賀，亦孤子禮歟？』曰：『昏以著代，人皆有之，雖具慶，何賀爲？』」

朱子曰：「司馬温公與伊川定昏禮，都依《儀禮》，只畧改一處，便不是古人意。温公云：『親迎，奠雁，見主昏者即出。』伊川却教拜了，又入堂拜大男小女。伊川非是。伊川云：『婦至次日見舅姑，三月廟見。』温公却說：『婦入門即拜影堂。』温公非是，蓋親迎不見妻父母者，婦未見舅姑也；入門不見舅姑者，未成婦也。今親迎用温公，入門以後用伊川，三月廟見改爲三日云。」

自《周禮》有「奔者不禁」之文，鄭氏以「重天時，權許之」爲注，遂貽千古詬病。《禮》文「奔者不禁」，與下句「若無故而不用令者，罰之」，「若」字與今律文之言「若」者同，「若」之爲言，及也，謂不禁男女之奔及無故不用命者，俱有罰耳。熊氏《經説》云：「仲春會男女之時，有不以禮合，至淫奔而不能禁，固父母之罪，及有愆期不嫁，别無喪故，而不遵昏令者，亦父母之罪。似此二者皆罰之，則必無過笄無嫁之女矣。」吾鄉林氏之奇則謂：「古人聘則爲妻，奔則爲妾。六禮不備謂之奔。

國有凶荒，家有喪禍，必待備禮，男女失時矣，此之謂『故』。若無故而不備禮，則罰之。」案大司徒以荒政十有二聚萬民，七曰眚禮，十曰多昏。蓋國有凶荒則殺禮而多昏，會男女之無夫家者。是故女有聘而嫁者，有奔而嫁者。奔者非必淫，淫而奔者始謂之淫奔，若「奔則爲妾」者，皆不備禮之謂。邵二泉曰：「先王制禮，豈不欲六禮皆備而後歸哉？禮不下庶人，勢也，故仲春奔者不禁，恐失時也；荒年殺禮多昏，欲繁育也。」則此義尤精矣。

男子生而願爲之有室，女子生而願爲之有家，此言情也。男子三十而娶，女子二十而嫁，此言禮也。情與禮相制而亦可相通。情欲之感愈遲，則筋骸之束愈固，乃亦有時事所迫，不得不行，則有不待三十而娶、二十而嫁者。古禮有爲夫之姊妹服長殤，年十九至十六，如此則男不必三十而娶，女不必二十而嫁明矣。范甯注《穀梁傳》引譙周之言曰：「三十而娶，二十而嫁，蓋嫁娶之限不得復過此云爾。故舜三十無室，《書》已稱鰥。女子二十未嫁，《周官》即許其仲春奔，不爲止。」孔子曰：「夫禮言其極矣，豈必定以是期哉！」是以孔子亦十九而娶亓官氏也。古禮五十始得爲大夫，而亦有不盡然者。以《喪服傳》「大夫爲昆弟姑姊之長殤小功」，果五十始爲大夫，又安得有兄若姊之尚在十九以下者？

《禮部則例》載：「民公以下百官未受職之子，父爲納婦者，禮視其父；已受職者，各從其品。」此酌古準今之制也。朱子曰：「昏禮用命服，乃是古禮，如士乘墨車而執雁，皆大夫之禮。」士昏禮謂之攝盛，今宦族娶妻之日，率用其父冠服，尋常人家亦借用頂戴，不得謂之僭矣。

李文貞曰：「昏禮三月廟見，朱子改定三日，今便可從。或問三日連本日算，抑離本日算？曰：連與離皆可，古人亦是大畧說。如《武成》丁未『越三日庚戌』，是離根算，《召誥》丙午『越三日戊申』，又『越三日庚戌』，『越五日甲寅』，皆是連根算，可見不拘也。」

古最重冠禮。周東遷以後，禮樂廢壞，然魯襄公可冠而未冠，晉悼公告之曰：「曷爲冠具？」春秋時尚如此，則盛時可知也。古冠禮之存者，惟《儀禮》中之《士冠禮》一篇而已。漢、晉以來，帝王家有行者，皆由士禮而推之，而士大夫家則轉不行。唐柳子厚《答韋中立書》云：「冠禮數百年人不復行，近有孫昌引者，獨發憤行之。既成禮，明日造朝，薦笏言於卿士曰：『某子冠畢。』京兆尹鄭叔則拂然曳笏却立曰：『何預我耶？』廷中皆大笑。天下不以非鄭尹而快孫子，「何」也？」然則此禮之廢久矣。今應童子試者，尚有已冠、未冠之稱，則安得不顧名思義哉？

男子爲冠，女子則爲笄，大約自十五至二十皆可行。今吾鄉男子至十六，其父母必衣以盛服，設酒醴，使遍拜祖宗尊長，謂之「出幼」。女子至十四，則擇日爲畜髮，謂之「上頭」，亦遍拜父母尊長，似於禮意適合也。

司馬温公曰：「冠者，成人之道也。成人者，將責爲人子、爲人弟、爲人臣、爲人少者之行也。將責四者之行於人，其禮可不重歟？」近世以來，人情尤爲輕薄，生子猶飲乳已加巾帽，有官者或爲製公服而弄之；過十歲猶總角者，蓋鮮矣。彼責以四者之行，豈能知之？故往往自幼至長，愚騃如一，由不知成人之道故也。古稱二十而冠，今世俗之弊，不可猝變，若敦厚好古之君子，俟其子年十五以上，通《孝經》《論語》，粗知禮義之方，然後冠之，斯其美矣。

伊川程子嘗言：「凡人服至高祖，祭亦應至高祖。既得祭，豈可不詳制度？」而今仕宦之家，鮮有爲四親立廟者，止於忌日設祭。夫祭爲吉禮，古人無忌日之祭。惟朱子不敢廢，然變服用淺墨色巾，蓋猶哀之餘也，豈可當吉禮乎？

朱子四親廟之法，可仿而行，只在宅内立四龕，每龕隔開，便不嫌於並坐南向。蓋古時天子、諸侯、大夫各有祖廟，其合食也，則太祖正東向之位。今既無各廟之制，又無東向之禮，則同堂異室，自然並坐南向。只是妣本附祖，合饗時人家都設一筵，却大不妥。母子同席猶可，舅婦可同席乎？惟程子説得確：四親應分四席。若再爲通融，則祖與祖爲一處，妣與妣爲一處，不過一筵分爲兩筵，意厚而禮明，不惟其物也。今按《大清會典》所列品官及庶士、庶人家祭之禮，各有等差，可以遵守，而今人鮮有仿行之者。謹録於此，云：「凡品官得於居室之東立家廟。一品至三品：廟五間，中三間爲堂，左右各一間，隔以墻，北爲夾室，南爲房，堂南檐三門，房南檐各一門，階五級，庭東西廡各三間，庭繚以垣南爲中門，又南爲外門，左右各設側門。四品至七品官：廟三間，中爲堂，左右爲夾室，爲房，階三級，東西廡各一間，餘制與三品以上同。八九品：廟三間，中廣，左右狹，階一級，堂及垣皆一門，庭無廡，餘與七品以上同。堂後楣北設四室，奉高、曾、祖、禰四世，妣以適配，南向。歲以春夏秋冬仲月擇吉致祭，一品至三品官，羊一豕一；四品至七品，特豕；八品以下，豚肩，不特（殺）。三品以上，每案俎二、鉶二、敦二、籩六、豆六；七品以上，籩

四、豆四；八品以下，籩二、豆二，皆俎一，鉶、敦數同。三品以上，時祭遍舉；四品至七品春秋二舉；八品九品春一舉。至庶士，則於寢堂之北爲龕，以版别爲四室，奉高、曾、祖、禰神位。歲以春夏秋冬節日出主而薦。庶人則於正寢之北爲龕，亦奉高、曾、祖、禰神位，歲逢節序一薦。」今小户不必論，大户力能建立宗祠者，又以意爲之，則何如恪遵《會典》之爲得乎？

李文貞曰：「《朱子家禮》，要存古法，故段段有宗子行禮，到底人不能行。如今須考定人人眼前可行方好。卿大夫家古有世禄，故子孫雖無位，行事尚得與大夫同。今卿大夫既無世禄，設數傳之後，支子顯達而宗子却無禄，則宗子分止於薦，而支子不得祭，是使有禄者身享鼎烹，而祖宗僅受菲薄，於心安乎？寒家宗祠在山中，先世士大夫多居郡，祭時不躬不親，惟使直祭者經理，潦草獻享而已。及先君定議，以爲宗子有禄，自當主祭。即宗子舉人而支子進士，宗子侍郎而支子尚書，爵禄相仿，亦仍當宗子主祭。若宗子無禄而庶子顯貴，則貴者以其禄主祭，居中，宗子居左，直祭者居右，一同奠獻。如此斟酌，既不背古意，而於今可行，方不爲空言耳。小宗有及身貴者，便當立四親廟。大宗不容有二，小宗不厭其多。

《喪服小記》云：「妾祔於妾祖姑。亡則中一以上而祔。」疏謂「祔於妾祖姑者，祔夫祖之妾也。亡，無也。中，間也。若夫祖無妾，則又間曾祖而祔於高祖之妾也」。凡祔必昭穆相同，故須間曾祖而上之。《小記》又云：「妾無妾祖姑者，易牲而祔於女君可也。」注謂「妾當祔於妾祖姑，上章言無則祔於高祖妾，今又無高祖妾，則當易妾之牲而祔於嫡祖姑」。妾當下女君一等，今祔於女君，故易女君牲，猶士祔於大夫而易大夫牲也。按後人拘於廟祭者，謂大夫不得祭高祖，觀此則高祖有廟祭明矣。又泥於妾母不世祭者，《穀梁傳》亦謂「於子祭，於孫止」。觀此則高祖之妾，曾孫猶得附祭矣。

顧亭林《日知録》云：「父不祭子，夫不祭妻。不但名分有所不當，而以尊臨卑，則死者之神亦必不安，故當祭則有代之者。」按此説非也。《朱子語録》謂：「《曲禮》『父不祭子，夫不祭妻』，此承上面『餕餘不祭』説，蓋謂餕餘之物，雖父不可將去祭子，夫不可將去祭妻。且如孔子，『君賜食，必正席先嘗之；君賜腥，必熟而薦之』。君賜腥，則非餕餘矣，雖熟之以薦祖考可也。賜食則或爲餕餘，但可正席先嘗而已，固是不可祭先祖，雖妻子至卑亦不可祭也。」秦味經蕙田曰：「父之於子，夫之於妻，分雖有尊卑，然喪服父爲長子三年，夫於妻齊衰期。父之斬傳重也，夫之期齊體也。服猶如是，而況祭乎？」《小記》曰：「婦之喪，虞，卒哭，其夫若子主之。」注：「在寢祭婦也。」的是確證。顧氏之説不如朱子之精矣。

古人祭用尸，今無此禮，然禮意則不可不知。吾師大興朱文正公，慟母氏早没，事庶母謝幾如母。語子輩曰：「古人祭必有尸，仿之以申吾慕，非過禮也。」

林樾亭喬蔭曰：「《朱子語録》答用之祭用尸之意，有云：『嘗見崇安余宰，邵武人，説他之鄉里有村，名密溪，去邵武數十里。此村中有數十家，事所謂中王之神甚謹。所謂中王者，每歲以序輪，一家一長一人爲中王，周而復始。凡祭祀祈禱，必請中王坐而祈之。歲終，則一鄉之父老合樂置酒，請新舊中王講交代之禮。此人既爲中王，則一歲家居寡出，恭謹畏慎，畧不敢爲非，以副一鄉祈向之意。若此村或有水旱災沴，則人皆歸咎於中王，以不善爲中王之所致。此等意思，皆古之遺聞，近數年此禮已廢矣。看來古人用尸，自有深意，非樸陋也。』」愚按此等風俗，正是古時樸陋之處。今邵汀各郡山鄉聚落，雖無復此舉，然極重師巫之降神者。有事祈禱，輒潔其酒殽。而爲師巫者，即假神像跳舞飲噉，傳神語以告。蓋尸廢而像設興，像設立而師巫重，亦時代遷流之故也。

紀文達師曰：「古者世禄世官，故宗子必立後。支子不祭，則禮無必立後之文。孟皮無後，亦不聞孔子爲立後，非嫡故也。支子之立後，其爲煢嫠守志，不忍節婦之無祀乎？譬諸士本無誄，而縣賁父始誄，死職故也。童子本應殤，而汪踦不殤，衛社稷故也。禮以義起，遂不可廢。凡支子之無後者，亦遂沿爲例，不可廢，而家庭從此多事矣。」

今時喪禮既不能復古，即不必泥古。子曰：「喪，與其易也，甯戚。」又曰：「稱家之有亡。」子思子曰：「凡附於身者，必誠必信，勿之有悔焉耳矣。凡附於棺者，必誠必信，勿之有悔焉耳矣。」此數語已盡喪禮之要，最爲平易近情。人人能守此訓，則雖有失者亦鮮矣。若其他繁文末節，則以《士喪禮》《戴記》爲主，而參以《朱子家禮》、司馬温公《書儀》及我朝徐氏《讀禮通考》，斟酌損益而行之，人豈有非之者哉！

上古初喪，有升屋而號之禮，後恐驚衆，因制爲復禮，蓋盡愛之道，望反諸幽也。司馬温公曰：「《士喪禮》『臯某復，三』，注：『臯，長聲也。男子稱名，女子稱字，或稱官封，或依常時所稱。』今復禮亦久不行，而世俗於屬纊後，即延僧誦經，謂之藥師醮，或爲報亡醮，不經甚矣。孟瓶庵師云：「當合室哀痛急遽之時，而緇流黄冠偃然列坐堂上，喃喃諷誦，縻酒食，費金錢，不知於死者何裨？亟宜除之。」

禮有訃告，惟施於君，後世始於族姻朋友一一遍訃，已非古禮，則其訃書隨地爲式，原可不拘。然如稱父母曰「顯考顯妣」，則不可。按《祭法》，顯考廟在祖考廟之上，則今之曾祖也，名實乖舛，莫此爲甚。又稱父必曰「某府君」，亦非。府君當專屬之有位者，漢魏以來，門生故吏稱其長官率曰府君，即府主也，古碑刻具在，可證。此二事雖家禮有之，實皆亟當改正耳。

司馬温公曰：「世俗信浮屠言，於始死及七七日、百日、期年、再期、除喪，皆飯僧設道場，作水陸大會，寫經造像，修建塔廟，云爲死者滅彌天惡罪，必生天堂，不爲者必入地獄。唐廬州刺史李舟與妹書云：『天堂無則已，有則君子登；地獄無則已，有則小人入。』世人親死而禱浮屠，是不以其親爲君子，而爲積惡有罪之小人也，何待其親之不厚哉？就使其親實積惡有罪，豈賂浮屠所能免？甚至有傾家破産然後已者，則曷若早賣田營墓而葬之乎？」

古有含襚賵賻之禮。珠玉曰含，衣服曰襚，所以送死；車馬曰賵，貨財曰賻，所以佐生，皆所以矜恤喪家、助其斂葬也。司馬温公謂：「今人但送錢紙，焚爲灰燼，何益喪家？不若復賻禭之禮。既不用珠玉，亦無以車馬助喪者，則含、賵可不必存。金帛錢穀之類，視其家之有無貧富，親之遠近，情之厚薄，自片衣尺帛、百錢斗粟以上皆可行之，勝於無也。」孟瓶庵師云：「古人愍死恤孤，故禭、賻並行，而有喪者費省。閩俗相沿，以不受錢帛爲榮。始不過商賈家以財自豪耳，近士紳亦然。夫以受賻爲恥，而不知人道之宜然；以靡費爲榮，而不卹財力之不繼。甚則鼓樂喧闐於喪次，族戚醉飽於殯宫，主人煢然在疚中，稍有不周，反加責備，此澆風之亟宜返者也。」

汪韓門師韓曰：「佛教興而人死有七七之期。俗謂天干至七則剋，地支至七則衝，以其衝剋爲之禳解。其事蓋始元魏時。《魏書》外戚胡國珍薨，『詔自始薨至七七皆爲設千僧齋，百日設萬人齋』。《北齊書》孫靈暉爲南陽王綽師，從綽死後，每至七日及百日，恒爲請僧設齋，傳經行道。按《路史發揮》云：『人生四十九日而七魄全，其死四十九日而七魄散。』七七之説，固亦有義，因而齋僧，遂爲後世飯僧之濫觴耳。」今吾鄉相沿已久，但當七七設祭而不齋僧，即無可議。近有於訃書中注明不用釋教七七期，以爲通儒家法如此，亦可謂少見多怪者矣。

吾鄉訃書之式，凡父在而母死者，其柬首或用其夫語氣，如「寒門不幸，蹇及元配」云云，或用其子語氣，如「不孝某等罪孽深重」云云，並與《家禮》所載書式不合。此皆於古無考，可隨人用之。乃有執《禮經》「凡喪，父在父爲主」一言，謂訃書必出自其夫者，亦泥古也。古禮父在爲母期，故一切儀文皆父主之，今母服亦斬衰三年，一切哭奠、謝賓、上食之儀，自以服重者爲主，惟父在則凡事稟命而行，即父爲主之實矣，又何必徒徇其名以致步步窒礙哉？按《朱子家禮》有「喪主」，注謂死者長子無，則長孫承重者專奉饋奠。有「護喪」，注以子弟知禮能幹者一人爲之。有「主賓」，注用同居之尊且親者一人爲之；如無同居，擇族屬之親賢者；又無族屬，則用戚友專主與賓客爲禮。有「相禮」，注議親友或鄉黨中之素習禮者一人爲相禮，凡喪事皆聽之處分，而以護喪助焉。有「司書」，注以子弟知書者爲之。按言子孫爲喪主者，其名也，言專奉饋奠者，其實也，皆與父爲主之義兩不相妨。《檀弓》有「父兄命訃」之文，《士喪禮》有「孝子自命訃」之文，説者謂大夫以上父兄代命之，士則自命，益見父在母死者，訃書之首不必定出諸其夫矣。

呂新吾曰：「訃告遠近不能遍，或使者誤不及，或情有厚薄可不及，或訃及而不至焉，轉生嫌隙。蓋休戚相關者，疾則問，病則守，無待於訃。迨病且死而猶不知，又安用訃哉？北俗或書卒葬於屏間，或揭紙旗於户外，情義相關，聽其自至。遠不至者，俾彼得以有辭，即不訃，於禮何害？」按今吾鄉貧家亦有揭訃於門首者，若以初喪，孝男匍匐道途，自行分訃，則甚不宜矣。

吾鄉喪禮，自成服後，黎明具湯沐，主人以下皆哭，食時奠、夕奠亦然，皆與禮意合。惟朔望奠多移於月晦及十四日，蓋以朔望爲吉日而避之耳，殊爲無據。然時俗相沿已久，於禮並無所殺，聽之可也。

服制定於聖人，各有精意。《記》曰：「始死，三日不怠，三月不解，期悲哀，三年憂，恩之殺也。」聖人因殺以制節，俾賢者不得過，不肖者不得不及，使人勿倍「示民有終」而已。《公羊傳》言魯文公欲服喪三十六月。何休以爲亂聖人之制。後代增改服制，則莫甚於唐。如嫂叔本無服，太宗令服小功；曾祖父母舊服三月，增爲五月；嫡子婦大功，增爲期；衆子婦小功，增爲大功；舅服緦，增爲小功；父在爲母服期，高宗增爲三年；婦爲夫之姨舅本無服，玄宗令從夫服。又增舅母緦麻，堂姨舅袒免。王元感遂欲增三年之喪爲三十六月。見《舊唐書·張柬之傳》。此皆務飾其文，欲求過於聖人之制，而人心彌澆，風化彌薄，亦未見其名之有過於三王也。

明洪武初，孫貴妃薨，敕禮官定喪服之制。尚書牛諒等奏曰：「《周禮》：父在，爲母服期年；若庶母，則無服。」太祖曰：「父母之恩一也，而喪服低昂若是！」乃敕學士宋濂等考定喪禮。於是濂等考上古人論母喪者凡四十二人，願服三年者二十八人，服期者十四人。太祖曰：「三年之喪，天下通喪，觀願服三年視願服期年者倍，豈非天理人情之所安乎？」乃立爲定制：子爲父母，庶子爲其母，並斬衰三年。嫡子、衆子爲庶母，皆齊衰杖期。此母服改爲斬衰之緣起也。

古禮：婦爲舅姑皆齊衰，不杖、期。後世易爲舅斬衰三年，爲姑齊衰三年，從夫服也。自明以來，婦爲舅姑皆斬衰三年矣。方靈皋曰：「古禮婦爲舅姑期，稱情以立文，適至是而止也。婦之痛其舅姑，信及其子之半，可以稱婦順矣。其義比於孫之喪其祖，不可謂非隆矣。後世易以斬衰三年，將責其誠乎，抑任其僞乎？信乎禮非聖人不能作也。」

古有承重之稱，謂其承大宗之重，非專指喪服也。昔吾鄉蘇子容頌對宋神宗言：「古者貴賤不同，諸侯大夫世有爵禄，故有大宗小宗主祭承重之義，則喪服從而異制，宜也。匹夫庶人亦何與焉？近代不世爵，長子孫與衆子孫無以異，生而情禮則一，死而喪服獨異，非先王制禮本意」云云。語最簡當。按古之承重者，承父之重，不係其母，故《喪服小記》云：「祖父卒，而后爲祖母後者三年。」但言三年服而不言承重。今人於祖母亦稱承重，且並施於本生之庶祖母，則尤無謂矣。嘉慶四年，奏准官員生祖母係屬庶室，病故時其父先故，别無父同母之伯叔，本員於生庶祖母爲長孫者，無論嫡祖母是否現在，槩令治喪一年。

晉孟陋喪母，不飲酒食肉十餘年，親族迭勸之，然後從吉，蓋釋服之謂也。《唐律》「不孝」條：「居父母喪，釋服從吉，徒三年。」今律亦載於十惡之條，即期喪從吉，猶杖六十。乃世俗之行三年服者，輒於名簡中書「從吉」二字，不亦傎乎！

顧亭林曰：「《喪服》『自期以下，諸侯絶，大夫降』，説者以爲期以下之喪，皆其臣屬，故不服。然制禮之意，不但爲此。古人有喪不祭，諸侯有山川社稷宗廟之事，不可以曠，故惟服三年而不服期。大夫於其君亦有駿奔在廟之事，但人數多，不至於曠，故但降之而已。此古人重祭之義，後人不知，但以爲貴貴而已。」按亭林之言，亦尚未盡，不如隋劉炫所説爲精。隋尚書牛弘建議，欲諸侯絶旁期，大夫降一等，今之上柱國雖不同古諸侯，比大夫可也，宜降旁親一等。議者以爲然。炫駁之曰：「古之仕者，宗子一人而已，庶子不得進。由是先王重嫡，其宗子有分禄之義。族人與宗子雖疏遠，猶服（齊）［縗］三月，良由受其恩也。今之仕者，位以才升，不限嫡庶，與古既異，何降之有？今之貴者，（或）多［忽］近親，若［或］降之，人道自此疎矣。」[二]事乃寢。

今人服制有過於古人者，子爲母，婦爲舅姑及兄弟之妻皆是。此皆後儒所不敢輕議者，然古人制禮之精意，未可以淺識窺也。顧亭林《日知録》所引吴幼清《服制考詳序》之言最爲明暢，今節録於此云：「凡喪禮，制爲斬、（衰）［齊］、功、緦之服者，其文也；不飲酒，不食肉，不處内者，其實也。中有其實而外飾之以文，是爲情文之稱；徒服其服而無其實，則與不服等爾；雖不服其服而有其實者，謂之心喪。心喪之實有隆而無殺，服制之文有殺而無隆，古之道也。愚嘗謂服制當一以周公之禮爲正，後世有所增改者，皆溺乎其文，昧乎其實，而不究古人制禮之意者也。爲母齊

[二] 以上據《隋書·劉炫傳》校改。

衰三年，而父在則爲母杖期，豈薄於其母哉？蓋以夫爲妻之服既除，則子爲母之服亦除，家無二尊也。子服雖除，而三者居喪之實如故，則所殺者三年之文而已，實固未嘗殺也。女子子在室爲父斬，既嫁則爲夫斬，而爲父母期。蓋曰子之所天者父，妻之所天者夫，嫁而移所天於夫，則降其父。婦人不貳斬者，不貳天也。降己之父母而期，爲夫之父母亦期，期之後夫服未除，婦服已除而居喪之實如其夫，是舅姑之服期而實三年也，豈必從夫服斬而後爲三年哉！喪服有以恩服者，有以義服者，有以名服者。恩者，子爲父母之類是也；義者，婦爲舅姑之類是也；名者，爲從父從子之妻之類是也。從父之妻名以母之黨而服，從子之妻名以婦之黨而服，兄弟之妻不可名以妻之黨，其無服者，推而遠之也。然兄弟有妻之服，己之妻有娣姒之服，一家老幼俱有服，己雖無服，不能華靡於其躬，宴樂於其室，如無服之人也。夫實之無所不隆者，仁之至；文之有所或殺者，義之精。古人制禮之意蓋如此。後世父在爲母三年，婦爲舅姑從夫斬（衰）［齊］並三年，爲嫂有服，爲弟婦亦有服，意欲加厚於古，而不知古者子之爲母，婦之爲舅姑，未嘗薄也。」

阮芸臺先生曰：「有丁父喪而繼母在堂，欲稱『奉繼母命稱哀』訃聞來問者，并疑『孫抆淚頓首爲輕』來問者，余曰：此皆俗例也。父没稱孤，母没稱哀，爲三年喪也。唐咸通王宏泰爲其母書墓誌，自稱「哀子」。《周禮》「孤子」，則其父死於王事者。三年，國制也，豈有國制當稱三年而必須奉繼母命者？設繼母無此命，即不三年耶？無已，於『孤哀子』之上雙行加『繼母侍下』四字爲明白耳。若庶子之先丁生母憂者，由此例之，亦可加『嫡母侍下』四字。其曰『奉嫡母命稱哀』者，亦似禮而非禮矣。庶子之先丁嫡母憂者，亦可加『生母侍下』四字矣。何也？同是三年，無可厭，音壓。據事直書也。『抆淚』亦輕也，若改，須改爲『哭頓首』爲安。夫有聲曰哭，無聲曰泣，人所共知也。今俗例孤哀子稱『泣血稽顙』，實爲大謬。古人言『泣血』者，無聲出淚而已，非甚哀也。血非赤血，即目汁也。《詩》『鼠思泣血，無言不疾』，毛傳曰：『無聲曰泣血。』《禮記》曰『高子皋執親之喪也，泣血三年，未嘗見齒』，鄭注曰：『無聲而血出。』孔穎達曰：『泣無聲出淚也。則無聲謂之泣矣，連言血者，以淚出於目，猶血出於體，故以淚比血。』據此是血即是淚，并非赤色之血。鼠思之人，無聲而泣，何嘗是目中出赤血？子皋至大祥之後，猶無聲而垂淚而不笑，以見其哀思之長，亦豈是目出赤血？《文選·答蘇武書》「戰士爲陵飲血」注曰：「血即淚也。」《别賦》「泣下霑衿」，古本作「血下霑衿」。然則今俗所謂泣血者，直是初喪之時，子不哭號擗踊，但憂思垂淚而已。欲重反輕，不讀《詩》《禮》注疏之過也。然則當如何？答曰：稱『孤哀子哭踊稽顙、期服孫哭頓首』尚近是。又案：孔穎達所云以淚比血，此語猶未確。試問五經内有『淚』字乎？『淚』字始於漢時，古人稱目哀出汁，但直名涕，直名血，無稱淚者，非以血字比淚字也。書此以示家塾。」今人於族長家長書袒免。袒免者，初喪衆主人之服，亦爲杜撰。

閻百詩曰：「古者『喪期無數』，孔穎達謂哀除則止，無日月限數。其説頗非。孔氏疏《三年問》引此句，謂『無葬、練、祥之數，其喪父母之哀，猶三年也。故堯崩云「如喪考妣三載」，則知堯以前已三年』。余謂豈惟堯以前，蓋自有天地即有人類，有人類即有恩愛，而喪紀緣之而興。善乎荀卿言『三年之喪，人道之至文者也。是百王之所同，古今之所壹也，未有知其所由來者也』，此九字見前，小戴綴於此。小戴緝入經。」又言「殺人者死，傷人者刑，是百王之所同，未有知其所由來者也」，班固採入史。兩「未有知其所由來者也」語致精。

又曰：「期之喪有禫者二，父在爲母、爲妻是也。或問父在爲母期，期之喪莫有重焉；爲妻服與此同，得毋甚歟？曰：非也。段成式《酉陽雜俎》解得致精，一切傳注未及，曰：『今之士大夫喪妻，往往杖者。據《禮》，彼以父服我，我以母服報之。杖同削杖也。』使子夏復生，聞之亦當首肯。爲母期雖除，猶申心喪三年；爲妻禫已過，夫必三年然後娶，以達子之志。種種皆同，豈凡旁親之期所得並歟？」

爲人後者，爲其所生父母服期。古禮如此，今制亦如此，然有願終三年喪者，則聽之。余目中所見戚友中，惟林研樵慶章爲其本生父樾亭先生持三年服畢，然後赴官，此吳幼清所謂「情文之稱」也。古人蓋有行之者，特未見紀載耳。竊謂古人父在爲母期者，必皆如此。漢《巴郡太守樊敏碑》有「遭離母憂，五五斷仁」之語。五五謂二十五月，即三年之喪也。《孝經援神契》曰：「喪不過三年，以期增倍，五五二十五月義斷仁，示民有終。」《傳》曰「父必三年然後娶，達子之志也」，《正義》曰：「《左氏昭公十五年傳》：『王一歲而有三年之喪二焉』，據太子與穆后，天子爲后亦期，而言三年喪者，據達子之志而言，故並謂之三年。」此所謂「其文則期，其實則三年」也。推之舅姑之服期，亦應如此，故曰「與更三年喪不去」。

謝梅莊曰：「晉武帝欲終苴絰之禮，裴秀止之，使其遇張九齡，必不止也。張九齡辭平章而乞終喪，唐明皇不許，使其遇晉武帝，必許之也。雖然，使九齡能如富鄭公之五起五辭，劉忠肅之六起六辭，明皇亦必許之，惜其遽止也。

今服制亦有不及於古人者。《宋會要》載仁宗寶元中，王恪言父母相繼亡没，乞通持服五十四月，詔許之。《宋史·孫冲傳》亦曰：嘗併喪父母去官，有司循五代故事，必六年乃聽調。是前代父母相繼没，服皆通持。今無通持服之制，月日準後計算，不知改自何時也。

爲人後者，當以所後爲父母，而以所生爲伯叔父母。此後儒之説如此，雖於經未有所考，而以「尊無二上」之義推之，自是不易之稱。乃宋濮安懿王之事，廷臣皆以爲宜稱皇伯，惟歐陽公以爲不然，引《儀禮》及《五服敕》云：「『爲人後者爲其父母』，謂是雖出繼，而於本生猶稱父母之證。」時未有能難之者，司馬温公獨疏言：「爲人後而言父母，此因服立文，捨父母則無以爲稱，非謂其得稱父母也。」語意已爲簡當，然猶不若趙瞻「辭窮直書」之論尤爲深切著明。其言曰：見《宋史·趙瞻傳》。「仁宗既下明詔子陛下，議者猶惑禮律所生所養之名，妄相訾難。彼明知禮無兩父貳斬之義，敢裂一字之辭，以亂厥真。且文有去婦出母者，去已非婦，出不爲母，辭窮直書，豈足以斷大義哉？臣謹與廷辨，以定邪正。」按歐陽公有集《濮議》四卷，又設爲或問以發明之，滔滔數萬言，持之愈力，争者愈多，竟以此被陰私之謗而不悟。賢者之過，不能曲爲之解矣。

汪堯峯曰：「先王之制禮也，在父黨則父之昆弟重，而於父之姊妹恩殺矣。故服諸父期，服姑姊妹大功。在母黨則母之姊妹重，而於母之昆弟恩殺矣。故服從母小功，服舅緦。此先王所以嚴内外、别男女而遠嫌疑也。唐太宗欲加舅服使與姨母同。太宗知禮，孰不知禮？」

又曰：「凡父黨之尊者，由父推之，皆父之屬也。世父，從祖之父是也。至父之姊妹，則不可謂之父，不可謂之父，其可謂之母乎？二者皆不可以名，故聖人更名曰姑。《爾雅》『謂我姑者，吾謂之姪』，蓋姑亦不敢以昆弟之子爲子也。凡母黨之尊者，由母推之，則皆母之屬也，從母是也。至母之昆弟，則不可謂之母，不可謂之母，其可謂之父乎？二者皆不可以名，故聖人更名曰舅。《爾雅》『謂我舅者，吾謂之甥』，蓋舅亦不敢以姊妹之子爲子也。」按此闡明先王制名之意，陳義極精，惟《爾雅》僅有「謂我舅者，吾謂之甥」一語，其「謂我姑者，吾謂之姪」一語，出子夏傳文，汪氏隨筆未檢耳。

又曰：「母之兄弟曰舅，父之姊妹曰姑。舅，母之次也；姑，父之次也。婦人謂夫之父曰舅，謂夫之母曰姑。舅，父之次也；姑，母之次也。故《白虎通》云：『尊如父而非父者，舅也；親如母而非母者，姑也。』至男子謂妻之父曰外舅，母曰外姑，蓋彼以我之父爲舅，我亦從而舅之，懼其同於母黨也，故别曰外舅；彼以我之母爲姑，我從而姑之，懼其同於父黨也，故别曰外姑。」

龔海峯景瀚曰：「婦人以夫爲天者也，天不可以二，故必奪其所性之親，使之一其心志，以專於所事。夫父母兄弟，以天合者也，人情所不能已也。夫之父母，夫之伯叔父母，夫之兄弟妯娌，其初皆不知誰何之人也。乃自既嫁之後，親者從而疏焉，疏者從而親焉。夫使人棄已之父母兄弟而親他人之父母兄弟，聖人豈若是不近人情哉？以爲不若是不足以分内外而定一尊也。婦人之於夫家也，情常患其不及；其於父母家也，常患其太過。節其太過，乃所以引其不及，故於父母在而制爲歸甯之禮，所以畧順其情。然較之事舅姑昏定晨省，固已大相徑庭矣。至於兄弟則絶不爲通，皆所以外之也。夫豈獨婦之外之，即其父母兄弟亦自外之矣。姑姊妹女子在室之服皆期年，出嫁則降，有故大歸，反與在室者同，先王制禮之意可見矣。不特此也，父母之恩一也，父族母族自常情觀之，亦復何殊？而聖人之制外祖父母無服，舅與從母有服，而與伯叔父母相去亦且天淵，何哉？尊有所壓而情不可以分也。使漢、唐而知此意，則必無外戚之禍；使吕、武而知此意，則産、禄必不封，而唐必不易爲周矣。」

服制中有同居繼父、不同居繼父之服，今人多不解其義，惟顧亭林言之最爲簡明，以爲「雖三王之世，不能使天下無孤寡之人，亦不能使天下無再適人之婦。假令婦年尚少，夫死，而有三五歲之子，則本族大功之親自當爲收恤；若無大功之親，而又不許之從其嫁母，則轉於溝壑而已。於是其母所嫁之夫視之如子而撫之，以至於成人。此子之於若人也，名之爲何，不得不稱之爲繼父矣。長而同居，則爲服齊衰期，先同居而後別居，則爲之服齊衰三月，以其撫育之恩次於生我也。爲此制者，所以寓恤孤之仁，而勸天下之不獨子其子也。」

《玉堂叢話》云：「諸大綬修撰滿考，是時生母陳與後母金並在邸，而制不得兼封本生，則疏請貤封。肅宗許之。當庚申春，乞假奉兩淑人歸。陳淑人卒於途，制又不得服本生。而公衰絰疏水，竟三年而後赴闕，則踰假限兩歲矣。當事者矜其情，爲請於上，凡爲人後者，皆得服其本生，著爲令。嗣是廷臣得貤封及服本生者，咸推公錫類云。」

今訃書有「泣血」之稱，原本《朱子家禮》，阮芸臺先生嘗論之。吾聞陰静夫承方亦曰：「泣血之實，身可得而行；泣血之名，口不可引而稱之也。《檀弓》稱『高子臯執親之喪，泣血三年』，疏曰：『凡人涕淚，必因悲聲而出。血出，則不由聲也。今子臯悲無聲，其涕亦出，如血之出，故云泣血。』夫《禮》親始死，哭不絶聲，三日之内，晝夜哭無時，亦烏庸此無聲出涕爲？子臯之事，當在卒哭以後，蓋其至性過人，俯就禮制，亦但哭於朝夕，而平時則無聲而出涕，以至三年不變。吴草廬所謂『默思其親，目亦有淚，如血之出』是也。《易》有『泣血漣如』，《詩》有『鼠思泣血』，皆於喪事無與。且訃書之稱，原所以對弔客。試思受弔之時而果如是，則無哭無踊，於喪禮又何據乎？況泣血則必抆淚，乃相須之事。『孤子唫而抆淚』，《楚辭·悲回風篇》已有成文。今乃槩稱於輕喪，而泣血獨施於重服，所以實相準而名相懸者，果何説以判之耶？」

陰静夫曰：「《荀子》：『平衡曰拜，下衡曰稽首，至地曰稽顙。』《喪服小記》

『爲父母，長子稽顙』，《正義》謂：『重服先稽顙而後拜者也。其餘期以下，先拜而後稽顙者也。』《周禮》有九拜之儀，有稽首，又有吉拜、凶拜。《雜記》：『三年之喪，以其喪拜。』稽顙而後拜，所謂吉拜也。非三年之喪，以吉拜。拜而後稽顙，所謂凶拜也。是稽顙與稽首判然不同。後人謂稽顙即稽首，特易名以別於吉，謬矣。首者，髮以上之名；顙者，髮以下、眉以上之名。字書以眉目之間爲衡。稽首謂以髮上向地，有冠藉之，首未至地；而衡則倒垂於下，《荀子》所謂『下衡』者是。稽顙則以髮下眉上觸地，《荀子》所謂『至地』。」説最明確。

孟瓶庵師曰：「古者賓弔，必於朝夕奠之時，《少儀》『喪俟事不犆弔』是也。今京師士大夫皆擇日開喪，不過三日，至期則賓入弔。獨閩俗以七爲期，數十年前，皆受弔至七七四十九日，前輩某公始易爲三七二十一日。然日久而費繁，人子哀戚之時，往往以無財爲歉，不若北方之以三日爲期爲省費也。」

吕新吾曰：「凡臨喪無不發聲，無所稱，總曰『嗚呼』，多極於十七舉，少亦不減五舉。傷則涕泗交頤，盡哀無數。凡有舉數者，不必皆涕泗，即哀容悼意亦無不可。今人嫌於不傷，遂不舉哀，殊非臨喪之禮。」

梁曜北曰：「《士喪禮》《喪大記》《周禮·夏官·挈壺氏》，皆有代哭之文，此古禮之最可疑者。昔王秀之禁子孫代哭，以爲『喪主不能淳至，故欲多聲相亂，魂如有靈，吾當笑之』。豈先王制禮，教人以僞，所見反不如一王秀之耶？」

《大清通禮》載：「凡喪三年者，百日薙髮；期之喪，二月薙髮；九月、五月者，踰月薙髮；三月者，踰旬薙髮。八旗官在京者，百日後薙髮供職；爲祖父母，兩月後薙髮供職；爲人後者，爲本生父母，爲曾祖父母，爲撫養庶母，爲伯叔父母，爲兄弟爲妻，爲已授室之子，一月後薙髮供職；爲高祖父母，爲庶母，爲伯叔祖，爲從伯叔，爲從兄弟，爲兄弟已授室之子，爲兄之妻，爲子婦，爲已授室之孫，既殯七日後薙髮供職；爲伯叔祖母，爲從伯叔母，爲再從兄弟，爲弟之妻，爲從兄弟之妻，爲兄弟子之妻，爲孫婦，殯後薙髮供職。」是滿漢制雖稍異，而自期以下，各限以薙髮之日則同。今滿洲猶恪守此制，而漢人則服期以降，鮮有講及薙髮者。吾鄉惟孫爲祖父母六旬薙髮，與《通禮》合。此外期功以下服，若不知有此事者，故不得不正告之。

近世有新喪而娶婦者，吾鄉謂之「乘凶」於百日内行之。浙中謂之「荒親」，見郎仁寶《七修類藁》。又謂之「忽親」，亦謂之「拜材頭」。按《晉書·載記》石勒禁國人在喪嫁娶，《舊唐書·張茂宗傳》諫官蔣乂曰「人家有不知禮教者，或女居父母服借吉就親，男子借吉婚娶，從古未聞」，《金史·章宗紀》承安五年，定居祖父母喪婚娶聽離法，《元史·王都中傳》茶陵富民單乙死，無子，惟一小妻及其贅壻，妻誣其壻拜屍成婚，《明會典》弘治二年，令有訐告服内成婚者，如親病已危，從尊長主婚招壻納婦，罪止坐主婚，免離異，若親死未成服輒婚配，仍斷離異。可見此事前代皆干禁令。恭讀雍正年間上諭：「朕聞吉凶異道，不得相干。故娶在三年之外，而聘在三年之内者，《春秋》猶以爲非。三年之喪，創鉅痛深，苟有人心者，宜於此焉變矣！乃愚民不知禮教，起於皂隸編氓之家，有慮服喪之後不得嫁娶，乘父母疾篤及殯斂未終而成婚者。其後商賈中家多有之，士大夫亦間爲之，而八旗效之，朕實憫焉。自今伊始，自齒朝之士，下逮門内有生監者，三年之喪，終喪不得嫁娶，違者奪爵褫服。其極貧皂隸編氓，父母卧疾，呻吟牀褥，必賴子婦以躬菽水、治饔飧者，聽其迎娶盥饋，俟疾愈、喪畢而後成婚。古者禮不下庶人，此之謂歟！其商賈中家不必以士大夫之禮繩之，然人性皆善，朕知其必有觀感興起，而不忍自同於氓隸者矣。」

卷十

家禮二

古人未葬不釋服。今《大清律·禮律》「喪葬」條云：「職官庶民三月而葬，若惑於風水及託故不葬者，杖八十。其從尊長遺言，將屍燒化及棄置水中者，杖一百。」按此律文雖明，而引用者甚少。《晉書·慕容儁載記》：魏晉之制，祖父未殯葬，不聽服官。《五代史》：周太祖廣順二年，詔内外文武臣寮幕職、州縣官舉選人等，有父母、祖父母未葬，其主家之長不得仕進，所由司亦不得申舉解送。今或援斯例，疏請於朝，著爲令甲：凡服除而未經封葬者，生童不准應試，仕宦不准補官，則人自當速葬，或可稍挽頹風歟？

趙甌北曰：「《南史》：兖州刺史滕恬、烏程令顧昌，皆以不葬親而入仕，爲清議所鄙。《唐書》：顔真卿劾奏鄭延祚母死不葬三十年，有詔終身不齒。《宋史》：吴充奏士大夫親没，或藁殯數十年，宜限期使葬，著爲令。《劉昺傳》：昺與弟焕皆侍從而親喪未葬，坐奪職。《王子韶傳》：御史張商英劾子韶不葬父母，而冒轉運使判官之任，乃貶知高郵縣。又《道山清話》：孫莘老入相不及一年，坐父死不葬罷。」可見前代此禁甚嚴，不知何時乃變成寬典耳。

伊川程子曰：「『卜其宅兆』，卜其地之美惡也。地之美則其神靈安，其子孫盛，若培壅其根而枝葉茂，理固然矣。曷謂地之美？土色之光潤，草木之茂盛，乃其驗也。父子祖孫同氣，彼安則此安，彼危則此危，亦其理也。惟五患不得不謹，須使他日不爲道路，不爲城郭，不爲溝池，不爲貴勢所奪，不爲耕犂所及而已。」司馬温公曰：「孝子之心，慮患深遠，恐淺則爲人所抇，深則濕潤速朽，故必求土厚水深之地而葬之，所以不可不擇也。」

孟瓶庵師云：「卜日之説，自古有之，然拘忌過多，啓攢無日，停柩於家，火災疊警，權厝郊外，風雨飄摇，凡爲子孫，何心求福！且星卜之家，吉神百有二十，凶神倍之，動輒窒礙。不知古者葬期，三月五月，皆有定時，曾有定時於數年之外者乎？即如俗云子午向十年方利，則是死者葬期必俟十年，有是理乎？」

孟瓶庵師著有勸葬書，名曰《誠是録》，自序云：「余病夫不葬其親者惑於堪輿家言，然猶未知其禍之烈也。營葬西郊，見停柩者纍纍相望，爲若佃者利也。夫墓非田，安得佃？佃其最無良者也。甲午、戊戌二年冬，城南災，親識家棺多毁者，近聞遠鄉又皆火葬矣。夫一親柩也，而天災之，人禍之，其子若孫又從而殘毁之，於是乎不暇與言葬禮，而但冀其掩之也。《孟子》曰：『掩之誠是也。』録自唐以來諸家言以悚惕之，庶無疑乎其掩之也。」按此録祇一卷，而詳盡痛切，足以動人。余嘗爲梓行，以希家喻而户曉也。

司馬温公曰：「昔者吾諸祖之葬也，金銀珠玉之物未嘗以錙銖入壙中。將葬太尉公，族人皆曰：『葬者家之大事，奈何不詢陰陽？此必不可。』吾兄伯康無如之何，乃曰：『安得良葬師而詢之？』族人曰：『近村有張生者，良師也，數縣皆用之。』兄乃召生，許以錢二萬。張生野夫也，世爲葬師，爲野人葬，所得不過千錢，聞之大喜。兄曰：『汝能用吾言，吾畀爾錢；不用吾言，吾將求他師。』張生曰：『唯命是聽。』於是兄以己意處歲月日時，及壙之深淺廣狹，道路之所從出，皆取便事者，使張生以《葬書》緣飾之，曰大吉，以示族人，皆大悦，無違異者。今吾兄年七十九，以列卿致仕，吾年六十六，參備侍從，宗族之從仕者二十有三人，視他人之謹用《葬書》，未必勝吾家也。後之子孫葬必以時，欲知葬具之不必厚，視吾祖；欲知《葬書》之不足信，視吾家。」

錢文敏維城曰：「天之禍福，不猶君之賞罰乎？鬼神之鑒察，不猶官吏之詳議乎？今使有一彈章曰：『某立身無玷，居官有績，然門徑向凶方營建，犯凶日，罪當謫罰。』所司允乎駁乎？又使有一薦牘曰：『某立身多瑕，居官無狀，然門徑得吉方營建，值吉日，功當遷擢。』所司又允乎駁乎？官吏所必駁，而謂鬼神允之乎？故陽宅之説，余終不謂然也。」此譬至明，以詰形家，亦無可置辨。劉文正公統勳曰：「卜地見書，卜日見禮，苟無吉凶，聖人何卜？但恐非今術士所知耳。」斯則持平之論耳。

吾鄉卜葬擇日者，以山向爲準，有「一年利東西、一年利南北」之説。漳、泉合葬之日尤難，有遲至數年始一遇者。惟奇門之術，以《時憲書》與《協紀辨方》參合用之，隨時隨月，皆有吉日。余於嘉慶辛未，爲先考資政公及先妣王太夫人合葬，越二十四年，又爲亡室鄭夫人祔葬，卜日皆用奇門術。與山向不合，族人頗以爲疑。然兩次皆值苦雨兼旬、道路泥濘之後，屆日天忽放晴，回虞之際，風日晴美，塗潦悉乾，襄事者大悦，則不得謂非吉日良時也。

《檀弓》「卒哭曰成事」，謂居喪至葬，事乃成耳。古者卒哭在既葬三虞之後，無有未葬而先行卒哭者。《政和禮》乃以百日爲卒哭之期，蓋緣後世葬無定期，故遷就爲之。夫親之體魄未有所歸，人子之心豈能一日稍釋？即此變禮，當益怵然於葬之不可遲耳。

朱子答程正思曰：「葬地之訟，想已得直。凡百更宜審處，與其得直於有司，不如兩平於鄉曲之爲愈也。」又云：「遷葬重事，似不宜容易舉動，凡百審細爲佳，若得已不如且已也。」今人動云爲先人事，有不得不訟、不得不遷之勢，曷亦三復斯語哉？

元無極子《洞天祕録》云：「凡擇地葬親者，既得吉地，貴乘初喪急葬，接續生氣。以人之懷胎，十月成胎，故人之告殂，亦十月髓竭。死者陽元已升於天，葬得吉地，反天氣以入地中，如入爐冶。魂魄復聚，須及其骨液未竭，乃可與地脈通流，如接木須剪新枝，若經宿氣泄，豈能活耶？葬法七日内最佳，七七猶可，斷不可過十月。若更遲一年三載，雖有吉壤，從何接氣？必待葬下久遠，枯者漸滋，而後徐徐蔭應耳。若曾於凶地葬過，改遷吉穴，前之敗泄，精魄散盡矣。直俟惡氣全消，吉氣乃入，庸以歲月計哉？」今人緩葬亦有數端：其賢者不忍其親，難於急葬；不賢者又置葬親於度外，或停棺在堂，權厝別地，暴露多年，真同棄屍；又庸師瞽術，拘忌山向，一家百口，年命衝刑，此吉彼凶，終無葬日。試觀古禮，天子七月而葬，諸侯五月，大夫三月，士庶踰月，豈能忍其親者？亦何嘗有山命年月之紛紛如後世者耶？

《喪服小記》云：「久而不葬者，唯主喪者不除，其餘以麻終月數者，除喪則已。」此聖人制禮，責人主喪者當急於送往、不容停殯也。曰「主喪者」，不目其爲何人，凡爲喪主者皆是。既主其喪，則必爲之亟於營葬。曰「其餘」，則自主喪而外有服者皆是。曰「以麻終月數」者，謂未葬無卒哭受服之節也。曰「除喪則已」者，謂屆除喪之期則除之，及葬仍服其服也。此禮廢，而後世之停柩不葬者乃多矣。

古人既葬，有反哭之禮，今人不講久矣。今人葬畢，賓易服拜於墓，主人亦易墨衣，禮畢，奉主而歸，賓迎於郊，入門升堂，主人俯伏不哭，賓皆以吉衣拜主前。夫古人以反哭之弔爲哀之至，而今人乃以爲賀，此其於禮也何居？然揆其故，則古今稍有不同者。孟瓶庵師云：「古者士踰月而葬，是未及今之七七也。大夫三月而葬，是未及今之百日也。葬期近，故衰麻不脱於身，哭泣不絕於口。今鄉俗之葬，斷無在三月五月之内，遲或數十年，或數年，近亦三年或期年，朱子云：『今人卒哭之後，遂墨其衰。』則在宋時已不能行古禮。習俗相沿，奉主到家之日，遂不復以衰麻從事矣。又古必三虞成事，始以吉祭易喪祭。此禮亦久廢不行。今惟存虞祭之禮，在親友以成墳爲喪事之終，在主人當以反亡爲哀痛之至。存其實而稍變其文可也，若欲使世人盡行反哭之弔，恐習俗一時難以驟更耳。」

《朱子家禮》載劉氏璋之論云：「初喪之日，求木爲棺，恐倉卒未得其木，灰漆亦未能堅完，或値暑月，尸難久留。古者國君即位而爲椑，歲一漆之。今人亦有生時自爲壽器者，此猶行古之道，非豫凶事也。其木油杉及柏爲上，毋使高大以爲觀美。棺内外皆用布裹漆，務令堅實。余嘗見前人葬墓，掩壙之後，即以松脂鎔化，灌於棺外，其厚尺餘。後爲人侵掘，松脂歲久，凝結愈堅，斧斤不能加，遂免大患。此法似亦可用也。」

古有「居喪廢業」之説。業即簴業之業，謂樂器也，即三年不爲禮樂而已。若訓爲恒業之業，則士大夫之有恒産者或不必與聞外事，而農工商賈八口之家，資以爲活，或居父喪而母在，或居母喪而父在，或居父母喪而祖父母在，一廢業而仰事俯育何所資乎？君子居喪，惟不與燕會、不作詩歌足矣。昔孟子在齊喪母，歸葬於魯，即反於齊，且不改其欲行道之志，廢業云乎哉？

今人居喪三年不吟詩，是矣，乃或以塡詞代之，又或以四六文代之，引宫刻商，儷紅妃緑，與吟詩何别乎？

《禮》有「斬衰唯而不對，齊衰對而不言」之文。此古語，不必拘也。果爾，則家庭之際，日用之儀，但閉口而相示以意乎？家庭不如是，而對客作此態，不相率而爲僞乎？

《曾子問》載孔子之言曰：「三年之喪而弔哭，不亦虚乎？」解者謂「哀彼則忘吾親哀，在親則弔爲矯僞」，似也。然曾子執母喪而哭子游，又何説焉？若謂哭他人即爲忘己之親，不知親在殯而値妻子之喪，哭乎不哭乎？談禮至此，去天理人情遠矣。故吕新吾疑爲非孔子之言也。

喪燕，非禮也，然亦有不可已者，殺於常燕之席可矣。今有主儉者，以素饌易之，謂託始於前明邱文莊，則轉失之。素食，喪家事也，小功緦麻之親既殯，飲酒食肉，況無服之賓，爲設素食，可乎？

今稱人居喪爲「讀禮」。蓋古者未葬讀《喪禮》，既葬讀《祭禮》，良由二禮繁重，苟非平日從師講肄，復又習於臨時，必不能按其節而合乎度。汪鈍翁嘗譏閻百詩，謂有親在堂，不宜用《喪禮》相往復，疑於《左氏》所云「豫凶事」者。徐健庵亦無以折之，還以詰閻。閻曰：「果如汪言，則孔子命伯魚學禮，凶禮次居第二，未聞舉其二而輟不學也。且嘗徵諸經傳，如《雜記》曾申問於曾子曰：『哭父母有常聲乎？』申即曾子次子也。又《檀弓》『子張死，曾子有母之喪，齊衰而往哭之』，子張没於孔子後，不待言，而是時曾子方有母喪，則孔子在時，曾子母在堂可知也，既在堂，胡忍以喪禮相往復，如《曾子問》所云者乎？果如汪言，則曾氏父子乃聖門逆子，而世俗以爲不祥人矣。」健庵首肯而去。按鄭氏釋「未葬讀《喪禮》」，以爲禮各以其時，則似臨時方習之者，恐非。張子謂：「禮在平日豈不當學，蓋因切於用，故至其時又復講求。又因居喪者觀他書，恐似忘哀，惟《喪》、《祭禮》可讀。」此説最是。如鄭説必以《喪禮》至居喪始讀，豈《祭禮》亦必至既葬始讀，非居喪時竟無須講求乎？

至汪之譏閻，則前人已有之。司馬温公之喪，伊川程子董其事，蘇東坡周視無闕禮，乃曰：「正叔《喪禮》何其熟也？」又曰：「大中康安，何爲讀《喪禮》乎？」正叔不答。鄒志完聞之，曰：「正叔之母先亡，獨不可治《喪禮》乎？」洛、蜀之相攻，與汪、閻之不合，情正相等，不可以爲典要。林樾亭云：「禮有時制、月制、日制之文，固未嘗諱。若臨時始學，人子當悲哀摧割之際，且無暇於讀，而謂能悉依於禮乎？信如其言，毋怪乎顯慶之禮，不存國恤，而今之士子治《禮記》者，四十七篇删其大半，無有能通者矣。」

《晉書·禮志》云：「《喪服》無弟子爲師服之制，新禮弟子爲師齊衰三月。摯虞以爲：『自古無師服之制，故仲尼之喪，門人心喪三年。此則懷三年之哀，而無齊衰之制也。先聖爲禮，必易從而可傳。師徒義誠重，而服制不著，歷代相襲，不以爲缺。且尋師者以彌高爲得，故屢遷而不嫌；修業者以日新爲益，故捨舊而不疑。淺教之師，暫學之徒，不可皆爲之服。義有輕重，服有廢興，則臧否由之而起，是非因之而争。宜定新禮，無服如舊。』詔從之。」據此，知晉時新禮有弟子爲師齊衰三月之服，此實準情當理，可與心喪三年内外並行，於師友一倫所裨匪淺。夫師之所成者大，無論矣，如淺教之師，暫學之徒，受業滿一年者爲之服齊衰三月，斯亦甯厚毋薄之旨也。摯虞所議雖至今行，吾以爲過矣。程子曰：「師不立服，當以情之厚薄、事之大小處之。」按《儀禮》有「朋友麻」三字，朋友且然，況師乎？

今人欲爲祖父撰碑誌，或其時適無顯達有道者足副其所求，又或其力不足以致之，則莫如自爲之爲便。東漢《魯峻碑》爲其子所述見《隸釋》。蔡中郎爲其祖攜碑，見《後漢書》注。張燕公自爲父碑，見《唐書》。顔魯公爲父《顔君廟碑》，見本集。張仲方爲父抗神道碑，見《白香山集》。柳子厚自爲父神道表，柳開爲父監察御史墓誌銘，均見本集。穆員、陳子昂、孫逖、蘇子美皆自爲父志銘，見《金石要例》。田敏自作父墓碑，見《宋史·儒林傳》。劉曾自撰高曾以還之誌，見《宋元憲集》。今人所熟知者，歐陽公《瀧岡阡表》而已。

古人文字有不宜學者，如李習之述其大父事狀，題曰《皇祖實録》，當時不以爲怪，若施之近代，則犯大不韙矣。唐、宋人碑誌，每稱其父曰「皇考」，歐陽公《瀧岡阡表》亦然，南宋以後始禁止之。

錢竹汀大昕曰：「顧亭林以今人述先人行狀，而使他人填諱爲非古。按徐季海墓碑，其子峴書，末題『表姪前河南府參軍張平叔題諱』，又周益公《跋初寮王左丞贈曾祖詩》，末題『通直郎田椽填諱』，則唐宋時已有之。又元至正間，温州路總管陳所學壙誌，其子姓所述，末題『楊維楨填諱』，則今人仿而行之，未爲不合。亭林亦所見未廣耳。」

古人爲人作誌狀，不必求備。如胡文定作楊龜山誌，不載高麗王問龜山先生在何處之言。黄勉齋爲朱文公作行狀，不載金人問朱先生安在之語。豈外夷之尊敬，不足爲重輕哉？又伊川作明道行狀，不言受學於濂溪，豈以乃兄不當在弟子之列耶？

楊君謙循吉曰：「後世之文，壞於銘墓，豈唯壞文，復壞史也。人死，凡有力者便得銘，皆謂之忠臣孝子、慈母烈婦。夫賢者固不若是之多，則文安得不壞？而天下誠忠孝慈烈者，無怪乎人之不信。真僞相亂，史何所徵？故曰僞銘之究能壞史也。今人束一帛以詣人乞銘，無辭者，不知人有當銘有不當銘。當代之鉅公當銘，鄉先生當銘，有行誼、文章、經術當銘，與親戚朋友及其父母當銘，如是而已矣。有其事則書，無則書歲月世系而止，如是而後銘可徵也，文可信也，否則文章家之劫竊蠹害也。」

黄梨洲宗羲曰：「今之爲碑版者，其語多不可信。而不可信先自其子孫始；子孫之不可信，先自其官爵贈謚始。聊舉一事，以例其餘。如某主江西試，以試策犯時忌削籍。有無賴子高守謙，結黨十餘人，恐喝索賂。某不應，遂掠其資以去，某尋死。崇禎初昭雪死事者，竄名其中，得贈侍讀學士。今其子孫乃言：『逆閹竊柄，某抗疏糾參，幾至不測，閣臣爲之救解，已而理刑指揮高守謙等緹騎逮訊，某辨論侃侃，被拷掠而斃。崇禎初贈侍讀學士，謚文忠。』脱空無一事實，不知文忠之謚誰則爲之，且併無賴之高守謙授以僞官，真可笑也！潘汝禎建逆閹祠於西湖，某已卧病不能起，閹敗，遂有言某入祠不拜，爲守祠閹人所梃致死，以之入奏者，今無不信之矣。近見修志有無名之子孫，以其祖父入於《文苑》，艴然不悦，必欲入之《儒林》而止。嗚呼，人心如是，文章一道所宜亟廢矣！」

《金石萃編》載《賀蘭氏墓誌銘》。賀蘭爲唐協律郎斐某之姑女，即嫁於斐，年四十有四卒。誌云：「洎大漸，移寢於濟法寺之方丈，蓋攘衰也。」又云：「還殯於鵶鳴埠，實陪信行禪師之塔，禮也。」「攘衰」二字，不知何所取義？夫以中年宦婦，其夫尚存，而病則移寢於寺，卒則附殯於塔，恬不爲怪，碑猶謂之禮也。風化之漓如此，而王蘭泉先生第斤斤譏其喪禮之廢，何哉？

凡京中大臣之卒於外者，有奉特旨准入城治喪之典，係准其入京門歸殯本宅，此異數也。而内外大小官員，亦有推恩之例。《大清會典》載康熙二十六年定，凡官員卒於官與官員之父母及妻之喪，皆許歸殯於家，城關人役不得阻抑。按今京官由禮部給勘合，外官由藩司給護牌，俾沿途得穿城行走，本籍得入城治喪，此係照例之事，不須題奏。乃近人有并非高官，輒於訃柬及高脚牌中大書「奉旨入城治喪」者，甚可笑也。

古人重家諱，太史公父名談，故改「談」爲「同」，取其聲相近也。司馬温公父諱池，每與韓持國書，改「持」爲「秉」，取其義相近也。然禮不諱嫌名。池，直離切；持，直之切，又非同部，雖不避無妨也。眉山蘇氏諱「序」，故明允文改「序」爲「引」，東坡不爲人作序，或改用「叙」字。

閻百詩曰：「古人叙人家世，皆自曾祖起，無及高祖者，間及高祖，必其人其事足書，若空空名諱，則斷未之及。歷覽韓、歐、王介甫以及宋濳溪皆然。或曰：此本之元人，柳文肅集中亦自曾祖叙起，則元人亦不失此規矩矣。」

古人數世次，有連身、離身二法。連身數之者，如《後漢書·蔡邕傳》稱邕高祖之父勳爲六世祖是也；離身數之者，如顔魯公作《郭揆神道碑》，稱五代祖昶、高祖澄，韓文公作《薛戎墓志銘》稱戎高祖德儒爲四世祖，柳子厚自作其父神道表，稱高祖之父旦爲五代祖是也。黄梨洲以數世離身爲是，然史書中二法並用，可不拘矣。

古人爲合葬誌銘者，篆額只書某官某公，不書暨配某氏，蓋以陽統陰之義。然金石文字中有唐垂拱四年《澤王府主簿梁府君並夫人唐氏墓志銘》，又有大中十二年《滎陽鄭府君夫人博陵崔氏合祔墓志銘》，而前明王遵巖作《陳東莊墓表》，本朝魏叔子作《陽一水墓表》，亦俱書暨配某氏，則是亦可通也。

孟瓶庵師曰：「司馬温公謂令式墳碑、石獸大小多寡，雖各有品數，然後世見此等物，安知其中不多藏金玉？是皆無益於亡者，而反有害。故令式又有『貴得同賤，賤不得同貴』之文。按碑碣之制，五品以上得用碑，龜趺螭首，六品以下用碣，方趺圓首。勒文於墓前爲神道碑，或只書某封某官神道。一品二品得用石人、石虎羊馬、望柱，三品四品無石人，五品無石虎，六品以下無羊馬、望柱。今士大夫之葬，無以金玉寶器殉者，人皆知之，遵用令式，亦不至無益而反有害。但『貴得同賤』者，以可示儉而訓廉，『賤不得同貴』，則體制所繫。鄉俗於墳塋務爲華美，並非縉紳而妄書封贈，以至石獸等物有品官所不得用者，而援例虚銜亦用之，相率效尤，此則所當禁止耳。」

李文貞曰：「畫像之設，程子以爲『少一根鬚便是他人』，其言似太固。胡邦衡《經筵玉音跋》云：『司馬温公不喜後人寶其祖宗之畫像，但喜後人寶其祖宗之字蹟。』按此義亦偏。倘無字蹟之先人，又能捨畫像而不寶乎？近韓文懿菼作《長洲劉龍光墓表》，叙先生尋親石潀事，中一段云：『先生父無懷公避亂倉卒，僅藏其先世畫像篋中自隨。先生將到石潀時，其母管夫人聞篋中颯颯有聲，啓視無有，閉則復然。一日，管夫人見緋衣神一一從篋中出，而先生至。』觀此則祖宗一氣所感，畫像其可忽乎哉！」

梁曜北曰：「《喪大記》：『大夫士既葬，公政入於家，既卒哭，弁經帶，金革之事無避。』《禮運》：『三年之喪，期不使。』此後世奪情所藉口也。東漢遂有斷大臣行三年喪者，吴孫權立制，奔親喪者罪大辟，更屬道薄於當年、風頹於百代矣。」

朱子曰：「『喪，三年不祭』，但古人居喪，衰麻之衣不釋於身，哭泣之聲不絶於口，其出入居處、言語飲食，皆與平日絶異，故宗廟之祭雖廢，而幽明之間兩無憾焉。

今人居喪與古人異，卒哭之後，遂墨其衰，凡出入居處、言語飲食，與平日之所爲皆不廢也，而獨廢此一事，恐亦有所未安。竊謂欲處此義者，但當自省所以居喪之禮，果能始卒一一合於典禮，即廢無可疑。若他時不免墨衰出入，或其他有所未合者尚多，即卒哭之前不得已準禮且廢，卒哭之後可以略倣《左傳》杜注之説，遇四時祭日，以衰服特祀於几筵，用墨衰尚祀於家廟可也。」

吕新吾曰：「祭爲吉禮，故居喪不祭，士大夫之家有同堂期功者代之，無可代，即易墨衰行事可也。若必廢三年之祭，設父母相繼而没，繼之承重而祖没，則廟門可九歲扃而四世不血食矣，故君子權之。」

又曰：「漢以來儒者一件大病痛，只是是古非今。今人見識作爲大都不如古人，至於風會所宜，勢極所變，禮義所起，亦自有精於古人處。二帝者，夏之古也；夏者，殷之古也；殷者，周之古也。其實制度文爲三代，不相祖述，而達者皆以爲是。宋儒泥古，更不考古昔真僞、今世是非。只如祭祀一節，古人席地，不便於飲食，故尚簠簋籩豆，其器皆高。今祭古人用之，從其時也。子孫祭祖考，只宜用祖考常用所宜，而簠簋籩豆是設，可乎？古者墓而不墳，不可識也，故不墓祭。後世父母體魄所藏，巍然邱隴，今欲捨人子所覩記者，而敬數寸之木，可乎？則墓祭似不可已也。諸如此類甚多，皆古人所笑者也。使古人生於今，舉動必不如此。」

墓祭以寒食，始見於開元之詔，其文曰：「寒食上墓，禮經無文，近代相傳，寖以成俗。」故萬季野疑其起於陳、隋之間。今吾鄉歲必兩祭，春以清明，秋以重陽，似更周恊。

今之考古者，輒云古不墓祭。憶《閱微草堂筆記》載益都李文淵述一事云：博山有書生，夜行林莽間，見貴官坐松下，呼與共語，乃其已故表丈某公也。生因問：「古稱體魄藏於野而神依於廟主，丈人有家祠，何爲在此？」某公曰：「子亦泥於古不墓祭之文乎？夫廟祭地也，主祭位也，神之來格，以是爲依歸焉耳。如神常居於廟，常附於主，是人神雜處也。且有廟有主，爲有爵禄者言之耳。今一邑中能建廟者萬家不一二，能立祠者千家不一二，能設主者百家不一二。如神依主而不依墓，是百千億萬貧賤人家，其祖妣皆無依之鬼也。知鬼神之情狀者莫若聖人。明器之禮起於夏后氏，使神在主而不在墓，則明器當設於廟。乃皆瘞之於墓中，是以器供神而置於神所不至之地也。衛人之祔離之，殷禮也；晉人之祔合之，周禮也。孔子善周。使神不在墓，則墓之分合了無所異，有何善不善耶？《禮》曰：『父没而不忍讀父之書，手澤存焉爾；母没而不忍用其桮棬，口澤存焉爾。』一物之微，尚且如此，顧以先人體魄視如無物，而别植數寸之木曰『此吾父吾母之神也』，毋乃不知類耶？」按此論墓祭之義極精，或即出李生潤色歟？

紀文達師曰：「有能視鬼者，言人家繼子，凡異姓者，雖女之子、妻之姪，祭時皆所生來享，所後者不來也。凡同族者，雖五服以外，祭時皆所後來享，所生者雖亦來，而配食於側，弗敢先也。惟於某抱養張某子祭時，乃所後來享，久而知其數世前，本于氏婦懷孕嫁張生，是子之祖也，此何義歟？余曰：銅山西崩，洛鐘東應，不以遠而阻也；琥珀拾芥不引鍼，磁石引鍼不拾芥，不以近而合也。一本者氣相屬，二本者氣不屬耳。觀此使人睦族之心油然而生，追遠之心亦油然而生。一身歧爲四肢，四肢各歧爲五指，是别爲二十歧矣。然二十歧之痛癢，吾皆能覺，一身故也。莫昵近於妻妾，妻妾之痛癢，苟不自言，吾終不覺，兩身而已矣。」

朱子謂：「人秉天地之氣而生，死則散還於天地，無如祭祀之禮制於聖人，遂不得不云子孫一氣相感，復聚而受祭，受祭既畢，仍散入虚無。」不識此氣散還以後，與元氣渾合爲一歟，抑參雜於元氣之内歟？如混合爲一，則如衆水歸海，共爲一水，不能使江淮河漢復各聚一處也，又安能於中分出某某之氣，使各與子孫相通耶？如參雜於元氣之内，則如飛塵四散，不知析爲幾萬億處，如游絲亂飛，不知相去幾萬億里，遇子孫享薦，乃星星點點、條條縷縷，復合爲一，於事理毋乃不近耶？即以能聚而論，此氣如無知，又安能感格？安能歆享？此氣如有知，知於何起？當必有心，心於何附？當必有身，既已有身，則仍一鬼矣。不過釋氏之鬼地下潛藏，儒者之鬼空中旋轉耳，又何以相勝耶？〔一〕

《漢書·張湯傳》「有人盗發孝文園瘞錢」，如淳注：「埋錢於園陵，以送死也。」故《困學紀聞》謂漢以來有瘞錢，後里俗皆以紙寓錢，而不言起自何代。《法苑珠林》謂起於殷長史。洪慶善《杜詩辨證》謂起於齊東昏好鬼神之術，剪紙爲錢，以代束帛。故封演《聞見記》謂紙錢魏、晉以來已有，今自王公至士庶無不用之。《通鑑》載唐王璵爲祠祭使，乃以紙錢用之於祠祭，習禮者羞之。《唐書》范傳正言顔魯公、張司業

〔一〕　按此條採自紀昀《閲微草堂筆記》。

家祭不用紙錢，至宋錢鄧公猶不燒楮鏹。其實律以《檀弓》明器之義，則紙錢固未嘗不可。邵子春秋祭祀，亦焚楮錢，伊川程子怪問之。曰：「脱有益，非孝子順孫之用心乎」？宋思陵神輿就道，諫官以爲不宜用紙錢。孝宗抵其疏於地曰：「邵堯夫何如人，祭先亦用紙錢，豈生人處世能不用一錢乎」！《清異録》載周世宗發引日，金銀錢寶，皆寓以形，楮泉大若盞口，其印文黄曰「泉臺上寶」，白曰「冥遊亞寶」，此又後世黄白紙錢之始。至説部載冥間用紙錢事甚多，大抵生人精神所聚，鬼神亦即向之，相沿已久，深有合於塗車芻靈之義，不可以其類於巫覡祈禱而生疑，遂至不誠無物也。

《隨園詩話》云：「京師故事，凡搢紳陪弔於喪家者，前輩至，則易吉服相見。然有易有不易者，以來客未必皆前輩，陪客未必皆後輩耳。余陪弔於座主杜大司馬家，聞徐蝶園相公來，則滿堂皆吉服，蓋滿朝公卿皆其後輩也。」按京中此儀，至今未改。先大夫之喪，余在京邸受弔，紀文達師至，衆皆易服，此余所親見也。外省則陪弔於搢紳家者，值大吏至，亦然。吾鄉葉毅庵先生、孟瓶庵師家開弔，余亦親見之。近日則並無易服之儀，亦無人知此故事矣。又從前弔喪者冠皆摘纓，近日惟夏月用羽纓笠以代緯帽，冬月則不易冠。此儀良是。蓋喪惟有服者摘纓，搢紳無故摘纓，本非所宜，但易服而不易冠足矣。

吾鄉家塾率多供奉文昌，竊以爲奉文昌不如奉孔子，乃有大書「大成至聖文宣王神位」粘於廳事正中者，此則未考也。按順治二年，祭酒李若琳請易「至聖先師孔子神位」爲「大成至聖文宣先師孔子」。至十四年，給事中張文光奏言：「聖至孔子，贊美難以形容。考之古典，魯哀公誄文曰尼父，未嘗加一字之褒。漢平帝元始元年，始加謚曰『宣尼父』。後魏太和十六年，乃改謚『文』。唐太宗貞觀十一年，尊爲『宣聖尼父』。明皇開元二十一年，始進謚『文宣王』。明初因之，嘉靖九年尊改爲『至聖先師孔子』。以孔子生不爲王，没而王之，於理未安，且以『文宣』之號未足以盡孔子。曰『至聖』則無所不該，曰『先師』則名正而實稱。我朝初定爲『大成至聖文宣先師孔子』，不過因舊謚而不稱王。追王固屬誣聖，即『大成文宣』四字亦豈足以盡孔子？仍請改書爲『至聖先師孔子神位』。」從之。據此，則前朝之舊謚不可稱於今日，而廟中之神位亦不宜用於私家。謹考乾隆二十三年，因致祭闕里，特書「萬世師表」四字懸額廟中。今人有敬書此四字懸於家塾以當供奉神牌者，則庶乎其宜耳。

今吾鄉街巷皆有關帝祠，有但呼爲「老爺」，皆未免近褻。即士大夫無不知敬關帝者，而尚以當時之舊謚爲稱，亦斷不可。恭讀乾隆四十一年七月上諭：「關帝在當時力扶炎漢，志節凛烈，乃史書所謚，并非嘉名。陳壽於蜀漢有嫌，所撰《三國志》多存私見，遂不爲之論定，豈得謂公？從前世祖章皇帝曾降旨，封爲『忠義神武大帝』，以褒揚威烈。朕復於三十二年降旨，加『靈佑』二字，用示尊崇。夫以神之義烈忠誠，海内咸知敬祀，而正史猶存舊謚，隱寓譏評，非所以傳信萬古也。今當鈔録《四庫全書》，不可相沿陋習，所有志内關帝之謚，應改爲『忠義』，著交武英殿將此旨刊載傳末，其官板並内府陳設書籍，並著改刊。欽此。」

今海内皆知尊奉文昌，文人學士尤親敬之，吾鄉家塾中無不奉香火者。而問以神之源流，則多昧昧，不可不分别言之。今道流所傳《文昌化書》，以梓潼神當文昌帝君，謂爲周張仲之後身，所謂十七世爲士大夫身者，謬也。《明史·禮志》禮部尚書周洪謨等議云：「梓潼顯靈於蜀，廟食其地爲宜。文昌六星，與之無涉。京師舊廟，歲以二月三日生辰遣祭，宜敕罷免其祠。在天下學校者，俱宜拆毁。」議上未行。按梓潼神諱惡子，生於越嶲。姚萇至蜀，憩梓潼嶺，神語萇曰：「秦人物無主，康濟其在君乎？宜亟還。」請其氏，曰：「吾張惡子也。」萇既稱帝長安，遂立廟梓潼嶺上。李義山詩亦載神以鐵如意贈萇事。唐僖宗幸蜀，神自廟出，白霧中彷彿見列仗狀，僖宗脱佩劍賜之，王繹、蕭遇咸賦詩刋石，故蜀人至今俎豆不絶。若今所崇祀之文昌，則星象也，古祠屬之天神祠。廟遍天下而列在祀典，則自我朝嘉慶六年始。是年五月初十日，奉上諭：「京城地安門外，舊有明成化年間所建文昌帝君廟宇。久經傾圮，碑記尚存。特命敬謹重修，現已落成，規模聿焕。朕本日虔申展謁，行九叩禮。敬思文昌帝君，主持文運，福國佑民，崇正教，闢邪説。靈跡最著，海内崇奉，與關聖帝君相同，允宜列入祀典，用光文治。著禮部太常寺將每歲春秋致祭之典，及一切儀文，倣照關帝廟定制。欽此。」

今祀文昌者，必兼祀魁星，家塾中亦然。錢竹汀云：「北斗以魁爲首，故有九魁之稱。斗魁戴筐六星曰文昌，魁下六星兩兩相比，曰三台。杜詩『君家最近魁三象』是也。惟顧氏《日知録》謂奎爲文章之府，故立廟祀之，似屬傅會。《天官書》奎爲封豕，爲溝瀆，不云文章之府也」。

古者大夫祭五祀，今人家惟祭竈神。紀文達師嘗疑：「天下一竈神歟？一城一鄉一竈神歟？抑一家一竈神歟？如天下一竈神，如火神之類，必在祀典，今無此祀典也。如一城一鄉一竈神，如城隍社公之類，必有專祠，今未見何地有專祠也。然則一家一竈神耳，又不識天下人家如恒河沙數，天下竈神亦當如恒河沙數，此恒河沙數之竈神何人爲之？何人命之？神不太多耶？人家遷徙不常，興廢亦不常，竈神之閒曠者何所歸？竈神之新增者何自來？日日銓除移改，神不又太煩耶？此誠不可以理解也。」然三代時即有「媚竈」之語，而世所傳竈神，每月晦將人家所行善惡録奏天曹。凡人有過，大則奪紀，小則奪算。此語見《感應篇》，不可不信。故人家於五祀不必遍祭，而惟祀竈爲最虔。我朝自順治八年定制：每歲正月祭司户之神於宫門外道左南向，四月祭司竈之神於大内大庖前中道南向，六月祭中霤之神於文樓前西向，七月祭司門之神於午門前西角樓東向，十月祭司井之神於大内大庖井前南向。中霤、門二祀，太常寺掌之；户、竈、井三祀，内務府掌之。而每歲十二月二十三日上又自於宫中祀竈，以爲常。是此禮實達於上下，蓋自古相傳，皆以是日爲「醉司命」之辰。而或有行於二十四日者，則不典矣。

《敬竈篇》列竈上所忌數事，如敲鍋及焚化字紙，搗切薑椒葱蒜，以雞毛獸骨入竈，穢柴作食，以鞋履衣服烘炙，足踏竈門，以刀斧置竈上，箒把向竈，及對竈歌哭、呪罵、赤身露體等語，皆相傳自古，易於遵守。敬神之道，齊家之宜，不但趨吉避凶而已。

吾鄉多淫祀，凡人家疾病災殃，四出祈禱，率多荒誕不經。惟本里社神及城隍廟神尚爲近理。朱文正師云：「城隍廟祀，始見於吴赤烏二年及《北齊·慕容儼傳》。唐則有張説之祭文，張九齡之於洪州，李德裕之於成都，以及李白、杜牧、韓退之、李商隱、麴信陵諸篇，班班可考。」《春明夢餘録》引《禮記》大蜡之「水庸」，水則隍也，庸則城也。《春秋傳》「鄭災，祈於四鄘」，「宋災，用馬於四鄘」。鄘、庸古字通，此城隍之祭肇於伊耆矣。又案《宋史·蘇緘傳》，緘知邕州，蠻入寇，城陷，其家三十六人自焚。後交人謀寇桂州，行數舍，見大兵從北來，呼曰「蘇城隍領兵來報怨」，懼而引歸。邕人爲緘立祠。此則以人爲城隍神之據也。今各直省城隍皆有新舊替代，聞係以龍虎山張真人文移爲準。凡水旱祈福，輒有響應，此自係聰明正直、保障一方之正神，不可不奉敬者也。

吾鄉水旱，必就城中九仙山觀音殿祈禱，甚則必出城三十里，詣鼓山請觀音下山，猶杭州之詣天竺，皆其應如響。吾鄉人家堂室中，亦無不奉觀音者。女流持齋諷經，尤爲敬信。然或塑或畫，率用女像，而不知此爲觀音之變相也。歐陽通書《道因法師碑》中，述「師將詣洛中，感觀音之靈異，云：杖錫出山，了焉孤邁，恐罹刑憲。時禁僧遊涉。静念觀音，少選之間，有僧欻至，皓然白首，請與俱行。迨至銅街，暨於金地，俯仰之際，莫知所在」，則非女身可知。王蘭泉昶跋云：「夢泉供小山觀音是男像，亦白首老人，與碑所紀合。」六朝唐宋名手寫像，亦無作婦人者，但閨閣崇祀則於女像爲宜。既有變相，隨人所奉可耳。

古夙沙氏初煮海爲鹽，遂爲鹽之神。安邑縣舊有鹽宗廟，即祀是神。「夙」又作「宿」，又作「質」，神農時諸侯大庭氏之末世也。見《吕氏春秋》《淮南子》《説苑》《水經注》《説文》。乃今之業鹽者不聞祀鹽神，何耶？吾鄉業鹽之家，必祀天后。而夙沙氏更在其先，竊謂當增祀夙沙氏，而以管子配饗可矣。

天后廟祀，詳見《元史·祭祀志》。蓋自宋宣和間官爲致祭，廟號順濟，紹興、乾道、淳熙、慶元、開禧、景定間累加封號，第稱夫人。至元中，以護海運有奇應，始封「天妃」。本朝康熙間，以澎湖之役，始敕建祠湄州，加封「天后聖母」。暨乾隆二年、二十二年、五十三年、嘉慶五年、道光六年，累加封號，積至三十二字。祀事遍海内，而神之靈益著。其緣起見宋濳説友《臨安志》，以宋人言宋事，其言必有所承。嗣是何喬遠《閩書》、張燮《東西洋考》、吴任臣《十國春秋》皆因之，雖文有詳畧，而以爲莆田林氏女則無異同。惟近人全祖望、趙翼疑之。趙氏以爲水陰類，其象維女，天妃之名即水神之本號，非實有林氏女其人。全氏則立三怪之論，肆口詆諆。皆似是而非之説，余別有文辨之。

今閨閫中所供張仙打彈軸，相傳爲後蜀孟昶像。花蕊夫人攜入宋宫，念其故主，常懸於壁。一日太祖詰之，詭云「此蜀中張仙神，祀之能令人有子」。於是傳之人間，遂爲祈子之常祀。趙甌北獨闢之，以爲昶之入汴，宋祖親見之，花蕊果攜其像，宋祖豈不能識別，而敢以詭辭對乎？考高青邱有《謝海雪道人贈張仙像詩》云：「余未有子，海雪以此像見贈，蓋蘇老泉嘗禱之而得二子者，因賦詩以謝云。道人念我書無傳，畫軸捲贈成都仙。云昔蘇夫子，建之玉局禱甚虔。乃生五色兩鳳鶵，和鳴上下相聯翩。」然則此像本起蜀中，閨閣祈子，久已成俗，是以花蕊攜以入宫。後人以其來自蜀中，轉疑爲孟昶像耳。按蘇老泉集謂張仙名遠霄，眉山人，五代時遊青城山成道。陸放翁《答宇文使君問張仙事》，自注云：「張四郎常挾彈，視人家有災者，輒以鐵丸擊散之。」又《贈宋道人》詩云：「我來欲訪鐵彈仙，嗟哉一失五百年。」《續通考》云：「張遠霄一日見老人持竹弓一、鐵彈三，來質錢三百千，張無靳色。老人曰：吾彈能辟疫，當寶用之。後老人再來，遂授以度世法。」是蜀中本有是仙，今所畫張弓挾彈，正其生平事實，特未知何以爲祈子之祀，或緣《禮記》「高禖」「弓韣」之語，展轉附會而實以姓名乎？

吾鄉婦女必崇祀臨水陳氏夫人，所傳靈異事蹟，非盡無因。嘗閱《十國春秋》，乃知爲陳守元女弟。守元閩人，即以左道事閩王璘，復勸王昶作三清殿於禁中者也。有女弟名靖姑，常餉守元於山中，遇餒嫗，發簞飯飯之，遂受祕籙符篆，役使鬼物。永福有白蛇爲孽，數害郡縣，或隱跡宮禁，幻爲人形。王璘召靖姑圍驅之，斬蛇爲三，蛇化三女子潰圍而出，飛入古田井中。靖姑圍井三匝，乃就擒。惠宗即王璘。詔曰：「蛇魅行妖術，逆天理，隱淪後宮，誑害百姓。靖姑親率神兵，服其餘孽，以安元元，功莫大焉。其封靖姑爲『順懿夫人』，食古田三百户，以一子爲舍人。」靖姑辭食邑不受，乃賜宮女三十六人爲弟子。後逃居海上，不知所終云云。今廟中有舍人塑像，又有三十六宮位號，蓋本於此。又《建寧府志》載：浦城徐清叟子婦懷孕十七月，舉家憂危。一婦人踵門，自言姓陳，專醫生産，令徐别治有樓之居，樓心鑿一穴，置産婦於樓上，僕持杖伺樓下。既而産一蛇，長丈餘，自穴下，遂撲殺之。舉家相慶，酬以物，俱不受，但需手帕一方，令徐親書「徐清叟贈救産陳氏」數字，且曰：「某居福州古田縣某地。」出門不見。後清叟知福州，遣人尋訪所居，鄰人云：「此間只有陳夫人廟，嘗化身救産。」細視之，則所題手帕懸於像前，乃爲請於朝，加贈封號焉。即靖姑也。

《説文·卜部》：「卟，卜以問疑也。讀與稽同」。徐鍇謂即《書》之「稽疑」，今人變作「乩」字。其實今之扶乩，當作扶箕，因事亦問卜，故借用乩，以附於古之卟卜耳。陸放翁集中有《箕卜》詩云：「孟春百草靈，古俗迎紫姑。厨中取竹箕，冒以婦裙襦。豎子夾扶持，插筆祝其書。俄若有物憑，對答不須臾。豈必考中否，一笑聊相娱。詩書亦間作，酒食隨所須。興闌忽辭去，誰能執其袪。持箕畀竈婢，棄筆卧牆隅。几席亦已徹，狼藉果與蔬。紛紛竟何益，人鬼均一愚。」此與今時扶乩情狀酷肖，而「人鬼均一愚」五字，可以發人深省，不但人愚，鬼亦愚也。而今人往往以此引鬼入屋，亦不智甚矣。

卷十一

家誡

《管子》中有《弟子職》一篇，朱子特爲之注。此小學之大略椎輪，足以補《曲禮》《少儀》之闕，不可不讀。朱子云：「《弟子職》一篇若不在《管子》中，亦亡矣。此或是存得古人底，亦未可知；或是自作，亦未可知。竊疑是作内政時，士之子常爲士，因作此以教之。」又云：「《弟子職》所受是極，謂受業去後，須窮究道理到盡處也。毋驕恃力，如恃氣力欲胡亂打人之類，蓋自少便教之尚德不尚力之事矣。」

陶淵明《責子》詩云：「白髮被兩鬢，肌膚不復實。雖有五男兒，總不好紙筆。阿舒已二八，懶惰故無匹。阿宣行志學，而不愛文術。雍端年十三，不識六與七。通子垂九齡，但覓梨與栗。天運苟如此，且進杯中物。」黄山谷謂：「淵明此詩，想見其人慈祥戲謔可觀也。俗人便謂淵明諸子皆不肖，而淵明愁嘆見於詩。所謂癡人前不得説夢。」按知子莫若父，古名人但有譽兒之癖，必無毁子之言，「不好紙筆」四字，即可概其生平。淵明諸子，此後别無表見，則此詩所述，非盡無因。山谷之言，聊資談柄，未足以示誡後人也。

王僧虔《誡子》一書，最足爲聰明子弟針砭，因節録之。書云：「知汝以吾不見許，欲自悔勵，且慨且慰。但亟聞斯語，未覩其實，聽言觀行，冀不復虚耳。吾自少至今，手不釋卷，尚未敢輕言。汝開《老子》卷頭數行許，未知輔嗣何所道，平叔何所説，而便盛轉麈尾，自呼談士，此最險事。設使（不）［袁］令命汝言《易》，謝中書挑汝言《莊》，張吴興叩汝言《老》，端復可言未嘗看耶？論註百氏，皆言家口實，如客至之有設也。汝未經拂耳瞥目，豈有庖廚不修而欲延大賓者哉？昔張衡思侔造化，郭象言類懸河，不自勞苦，何由至此？汝曹未窺其題目，未辨其指歸，而終日欺人，人不受汝欺也。由吾不學，無以爲訓，然重華無嚴父，放勳無令子，亦由己耳。吾在世雖乏德業，要復推排人間數十許年，故是一舊物，人或以（此）［比］數汝等耳。若自無調度，誰復知汝（等）［事］者？政應各自努力耳。或有身經三公，蔑爾無聞，布衣寒素，卿相屈體。或父子貴賤殊，兄弟聲名異，何也？以讀數百卷書耳。吾今悔已無所及，欲以前車戒後乘也。汝年入立境，方應從官，兼有室累，何處復得下帷如王郎時耶？爾身切己，豈復關吾？鬼惟愛深松［茂］[二]柏，豈知子弟毀譽事！因汝有感，畧叙胸懷。」

柳玭《家訓》云：「凡門第高，可畏而不可恃也。立身行己，一事有失，則得罪重於他人。門高則驕心易生，族盛則爲人所嫉。懿行實才，人未之信，少有疵隙，衆皆指之。故膏粱子弟，學宜加勤，行宜加勵，僅得比他人爾。」

昔周公「一沐三握髮，一飯三吐哺，以接白屋之士，一日所見七十餘人」。《太公金匱》載武王門銘曰：「敬遇賓客，貴賤無二。」《史記》鄭當時戒門下：「客至，無貴賤，無留門者。」顏之推謂：「失教之家，閽寺無禮，或以主君寢食嗔怒，拒客未通，江南深以爲恥。黄門侍郎裴之禮號善待士，有如此輩，對賓杖之。其門生僮僕，

[二] 本節誤字用《南史·王僧虔傳》校改。

接於他人，折旋俯仰，辭色應對，莫不肅敬，與主無别。」嗚呼，此風甚古，今人不講久矣。要當大書特書，使甲第豪門家喻而户曉也。

蕭伯玉曰：「世家子弟須以數百卷書浸灌於胸中，雖悠悠忽忽，土木形骸，而遠神自出。今率膏沐妍皮，牢裹癡骨，何異陶公所云『舉體自貨，迎送恬然』者也。」按此數語形容刻摯，紈袴子弟稍識字者，閲此能無汗顔！

余五十八歲以養疴歸田，日與翰墨爲緣，絶不問營産之事。戚友或以爲言，但笑謝之。偶讀梁徐勉《戒子崧書》，則適如吾意所欲云也。《書》曰：「吾家世清廉，故常居貧素，至於産業之事，所未嘗言，非直不經營而已。薄躬遭逢，遂至今日，尊官厚禄，可謂備矣。每念叨竊若斯，豈由才致，仰藉先代福慶臻此。古人所謂『以清白遺子孫，不亦厚乎』，吾雖不敏，遵奉斯義，不敢（墮）［墜］失。所以顯貴以來，將三十載，門人故舊，（亟）［承］薦便宜，或使創闢田園，或勸興立邸店，又令舳艫運致，亦令貨殖聚斂。若此等事，皆拒不納，非謂拔葵去織，且欲省息紛紜耳。」

《顔氏家訓》所述，連篇累牘，皆切中情事，可作座右銘。余曩輯古格言，但節録簡要之語，而未暢其旨也，今復詳述之，以貽觀者。如云：「人或交天下之士，皆有歡愛，而失敬於兄者，何其能多而不能少也？人或將數萬之師，得其死力，而失恩於弟者，何其能疎而不能親也？兄弟之際，異於他人，望深則易怨，地親則易弭。譬如居室，一穴則塞之，一隙則塗之，則無頹毀之患；如鼠雀之不卹，風雨之不防，壁陷楹淪，無可救矣。僕妾之爲雀鼠，妻子之爲風雨，甚哉！」又云：「兄弟不睦，則子姪不愛；子姪不愛，則羣從疎薄；羣從疎薄，則僮僕爲讐敵矣。如此，則行路者皆得踖其面而蹈其心，誰救之哉！」又云：「全盛之時，貴游子弟多無學術，鮮不薰衣剃面，傅粉施朱，駕長簷車，躡高齒屐，坐棊子方褥，憑班絲隱囊，列器玩於左右，從容出入，望若神仙。明經求第，則僱人答策；三九公讌，則假手賦詩。當爾之時，亦快士也。離亂之後，朝市遷革，銓衡選舉，非復曩者之親；當路秉權，不見昔時之黨。求諸身而無所得，施之世而無所用，披褐而喪珠，失皮而露質，兀若枯木，泊若窮流。當此之時，誠駑材也。有學藝者，觸地而安，自荒亂以來，諸見俘虜。雖百世小人，知讀《論語》《孝經》者，尚爲人師；雖千載冠冕，不曉書記者，莫不耕田養馬。以此觀之，安可不自勉耶？諺曰：『積財百萬，不如薄技在身。』技之易習而可貴者，無過讀書也。」又云：「王子晉言：『佐饔得嘗，佐鬬則傷。』此言爲善則預，爲惡則去，不欲黨人非義之事也。親友之迫危難也，家財己力，當無所吝。若横生謀計，無理請謁，非吾教也。墨翟之徒，世謂熱腸，楊、朱之侶，世謂冷腹。腹不可冷，腸不可熱，當以仁義爲節文爾。」又云：「常以二十口家，奴婢盛多，不可出二十人，良田十頃，堂室纔蔽風雨，車馬僅代杖策，蓄財數萬，以擬吉凶急速。不啻此者，以義散之；不至此者，勿非道求之。」又曰：「『解陰陽者，爲鬼所嫉，坎壈貧窮，多不通泰。』吾觀近古以來，尤精妙者，惟京房、管輅、郭璞耳，皆無官位，或多罹災，此言令人益信。儻値世網嚴密，强負此名，便有詿誤，亦禍源也。」又云：「近世嫁娶，有賣女納財，買婦輸絹，比量父祖，計較錙銖，責多還少，市井無異。或猥壻在門，傲婦擅室，貪榮求利，反招羞恥。可不愼歟！」

瞿宗吉祐《歸田詩話》云：「韓昌黎《示兒》詩云：『始我來京師，止攜一束書。辛勤三十年，乃有此屋廬。此屋豈爲華，於我自有餘。中堂高且新，四時登牢蔬。前榮饌賓親，冠婚之所於。庭内無所有，高樹八九株。西偏屋不多，槐榆翳空虚。松果連南亭，外有瓜芋區。主婦治北堂，饍服適戚疎。恩封高平君，子孫從朝裾。開門問誰來，無非卿大夫。不知官高卑，玉帶懸金魚。問客之所爲，峩冠講唐虞。酒食罷無爲，棋槊以相娱。蹯蹯媚學子，墻屏日有徒。嗟我不修飾，比肩於朝儒。詩以示兒曹，其無迷厥初。』朱文公嘗言：『韓公之學，見於《原道》，其所以自任者不爲不重。而其生平用力深處，終不離乎文字之工。其日用之間，不過飲博過從之樂，所與游者，不過一時之文士，未能卓然有以自拔於流俗。觀此詩所誇，乃《感二鳥》《符讀書》之成效極致，而《上宰相書》所謂行道憂世者，則已不復言矣。』按朱子所責備者，乃向上一等議論。俯而就之，使爲子弟者讀此，亦能感發志意，知所羡慕趨向，有以成立，不陷於卑污苟賤而玷辱其門風矣。厥後公之子昶登長慶四年第。昶生綰及衮，皆成進士，亦可謂能成立矣。詩可以興，此詩有焉。

韓昌黎《符讀書城南》詩云：「木之就規矩，在梓匠輪輿。人之能爲人，由腹有詩書。詩書勤乃有，不勤腹空虚。欲知學之力，賢愚同一初。由其不能學，所入遂異閭。兩家各生子，提孩巧相如。少長聚嬉戲，不殊同隊魚。年至十二三，頭角稍相疎。二十漸乖張，清溝映汙渠。三十骨骼成，乃一龍一豬。飛黄騰達去，不能顧蟾蜍。一爲馬前卒，鞭背生蟲蛆。一爲公與相，潭潭府中居。問之何因爾，學與不學歟。金璧雖重寶，費用難貯儲。學問藏之身，身在則有餘。君子與小人，不繫父母且。不見公與相，起身在犁鋤。不見三公後，寒饑出無驢。文章豈不貴，經訓乃菑畬。潢潦無根源，朝滿夕已除。人不通古今，馬牛而襟裾。行身陷不義，況望邀名譽。時秋積雨霽，新涼入郊墟。燈火稍可親，簡編可卷舒。豈不旦夕念，爲爾惜居諸。恩義有相奪，作詩勸躊躇。」按前人評此詩者，多病其有謀利計功之見。然誘迪子弟，非此不爲功，昌黎亦爲中人以下説法耳。蓋詩之爲教，易於感人，能使人口誦心存，不知不覺，遂成先入之見。余嘗欲輯録古人此等詩，勒成一書，名之曰《可興集》。此書果成，庶於養正亦不爲無裨耳。

世所傳唐人王中書《八反歌》，不知所據何書，王中書亦不知何人，然曲盡俗情，可以警世也。其一云：「幼兒或詈我，我心覺喜懽。父母嗔怒我，我心反不甘。一喜懽，一不甘，待兒待親何心懸？勸君今日逢親怒，也將親作幼兒看。」其二云：「兒曹出千言，君聽常不厭。父母一開口，便道多閒管。非閒管，親挂牽，皓首白頭多諳練。勸君敬奉老人言，莫教乳口争長短。」其三云：「幼兒尿糞穢，君心無厭忌。老親涕唾零，反有憎嫌意。六尺軀，來何處，父精母血成汝體。勸君敬待老來人，壯時爲爾筋骨敝。」其四云：「看君晨入市，買餅又買糕。少聞供父母，多説供兒曹。親未饍，兒先飽，子心不比親心好。勸君多出糕餅錢，供養白頭光陰少。」其五云：「市間賣藥肆，惟有肥兒丸。未有壯親者，何故兩般看。兒亦病，親亦病，醫兒不比醫親症。割股還是親的肉，勸君亟保雙親命。」其六云：「富貴養親易，親常有未安。貧賤養親難，兒不受饑寒。一條心，兩條路，爲兒終不如爲父。勸君養親如養兒，凡事莫推家不富。」其七云：「養親只二人，常與兄弟争。養兒雖十人，君皆獨自任。兒飽煖，親常問，父母饑寒不在心。勸君養親須竭力，當初衣食被君侵。」其八云：「親有十分慈，君不念其恩。兒有一分孝，君就揚其名。待親暗，待兒明，誰識高堂養子心。勸君漫信兒曹孝，兒曹様子在君身。」

王濟之鏊《震澤長語》：「古人多務厚葬，今人自棺槨衣衾之外，雖富貴之家，一物不以殉，此其過古人也。」〔二〕

說部中載：前代費狀元宏，與同年弈棋角勝，批其頰，同年不悦，事聞於封君，即寫書一封，並封竹板一塊，命其踵門領責謝罪。公持父書與竹板登同年之堂，同年

〔二〕此條道光本無，據光緒本補。

不出，公自扑三次。同年詢知其故，急趨出，相抱大哭。公曰：「罪在我，兄何哭焉？」同年曰：「君尚有父督責，我求責我之父，何可得也？」復大慟，相好如初云。憶幼聞先大父之言，凡屬孤子，聞此語而不下淚者，其人必無心肝。

楊文公億曰：「童稚之學，不止課其記誦，必先養其良知、良能。當以先入之言爲主，即日記故事，不拘今古，必先之以孝弟忠信、禮義廉恥等事，如子路負米，叔敖陰德，黄香扇枕，陸績懷橘之類。只如俗説，便曉此理，久久成熟，庶德性若自然耳。」

東漢陳氏太邱長寔，寔子鴻臚紀，紀子司空羣，羣子泰，於漢、魏二朝並有重名，而其德漸漸小減。時人爲之語曰：「公慚卿，卿慚長。」《北史》斛律金命子孫會射，嘆曰：「光、羨金二子名。用弓不如我，諸孫又不及光、羨，世衰矣！」吾鄉葉文忠公向高嘗言：「吾先世爲農夫，本無心貴顯。今貴顯矣，而自顧生平不及父祖遠甚。今子孫又不逮吾，悠悠來世，蓋不可知。」每誦此等語，爲之惕然也。

河間民何大金者，白日遇鬼，曰：「汝勿怖。我，汝之曾祖也。」細詢家事，忽喜忽悲。臨行囑之曰：「鬼自伺放焰口求食外，别無他事，惟子孫念念不能忘，愈久愈切，但苦幽明阻隔，不得音問。或偶聞子孫熾盛，輒躍然以喜者數日，羣鬼皆來賀；偶聞子孫零替，亦悄然以悲者數日，羣鬼皆來唁，較生人之望子孫殆切十倍也。」紀文達師曰：「先姚安公嘗言：『大金蠢然一物，必不能僞造斯語。聞之使人追遠之心油然而動。』」余謂聞斯語者，亦能使人顯揚之志勃然而生，似此等説部之書，實可有益於人。凡教子弟者，類以此等事蹟爲言，人未有不樂聞者，久而灌注於心胸之間，則受益豈淺鮮哉！

陳白沙曰：「人家成立子弟，亦不可無才。里中有以彈絲爲業者，琴瑟，雅樂也，彼以之教人而獲利，既可鄙矣。傳於其子，託琴而衣食，由是琴益微而家益困，展轉歲月，幾不能生理，人賤之，恥與爲伍，遂亡士夫之名。此豈嘗爲元惡大憝而喪其家乎，才不足也。既無高爵厚業以取重於時，其所挾者，率時所不售，而又自賤焉，何得諉之於命哉！」

吕新吾曰：「雨澤過潤，萬物之災也；恩寵過禮，臣妾之災也；情愛過義，子孫之災也。」又云：「家長，一家之君也。上焉者使人歡愛而敬重之，次則使人有所嚴憚，故曰嚴君，下則使人慢，又下則使人陵，最下則使人恨。使人慢未有不亂者，使人陵未有不敗者，使人恨未有不亡者。嗚呼，齊家豈小故哉！」

又曰：「家法所係最重也。儗人以俳優，雖僕隸、乞丐之人未有不艴然怒者，斯天下之辱名也，而俳優之家，世世業之而不知恥。其子孫豈無羞惡之心，亦相安而不知變，斯家法之所囿哉！是故欲子孫善，莫如正家法。家法正而子孫染於氣習，不待教而似之矣。」

又曰：「格親之功，惟和爲妙，非至性純孝者不能。其次莫如敬慎。而今人以涼薄之色，惰慢之身，驕蹇之性，及犯父母之怒，既不能挽回，又倨傲以甚之，此其人在孝弟之外，固不足論。即有平日溫愉之子，當父母不悦而不免愠見，或有生疑遷怒而不避嫌者，或不善避嫌、愈避而愈冒嫌者，積隙成釁，遂至不祥，豈得謂父母之不慈哉！」

王淑士曰：「佛家以人生現前産業爲五家所共。五家者：一曰王，二曰水，三曰火，四曰盜賊，五曰不肖子。凡人辛苦作家，自謂可以長守，不知不覺，常爲此五家負之而趨，故曰共也。夫尋常家業猶不免有共之者，況得之横求者哉！暴富起家者，可以深長思矣。」

胡文定曰：「人家最不要事事足意。嘗有些不足，便是好。人家纔事事足意，便有不好事出來，亦消長之理然也。」

《吉人遺鐸》云：「治家最忌者奢，人皆知之；最忌者鄙嗇，人多不知也。鄙嗇之極，必生奢男。」愚謂奢嗇不妨各隨其性，而興衰則專視承家之人。《尸子發蒙》云《羣書治要》所引：「家人子姓和，臣妾力，則家富，丈人雖厚衣食無傷也。子姓不和，臣妾不力，則家貧，丈人雖薄衣食無益也。」「和」與「力」二字甚有味，即諺所云「兄弟同心土變金」也。

昔賢嘗言：凡置買田宅者，有三不虧，有七不買。何爲三不虧？甯虧富，不虧貧；甯虧明，不虧暗；甯虧人於無事之時，不虧人於急難。何謂七不買？老年之父，孀居之母，有不才子不能管教，或少孤子，或蠢愚子，不識好歹而聽信姦人撥置，所鬻之值十不償一者，不買；已絶之産，未有着落，相持之産，未經倒斷者，不買；宦家子弟覆敗之業，任他人買，惟爲宦家者不買；業師契友之遺産，不買；墳塋中房屋木石、先賢祠廟，不買；與勢相爭，自知不敵，以來投獻者，不買；累世之鄰，非十分輸心欲賣，萬不得已者，不買。而就中惟欺人孤兒寡婦，與侵及泉下者爲尤甚。

凡買産爲子孫長久計者，宜致審於斯。

許魯齋衡言：「爲學者治生最先。苟生理不足，則於爲學之道有所妨。彼旁求妄進及作官嗜利者，殆亦窘於生理之故。諸葛孔明身都將相，死之日廩無餘粟，庫無餘財，其廉至於如此者，以成都樂土，子孫衣食自有餘饒耳。」錢竹汀大昕亦云：「與其不治生産而乞不義之財，毋甯求田問舍而却非禮之饋。」此亦時流之藥石也。

陳履祥光庭曰：「學者漫以治生小事畧過，予以爲此處不理，非經濟實學也。《貨殖傳》吾愛其二言，曰『本富爲上，末富次之』。不自料理而望人周恤，非計也。嘗爲説曰：富貴人如老蠶作繭，貧賤人如乳燕待哺，均爲豪傑所恥。」

《梁谿漫録》載何道夫畊之語曰：「官不必高，但願衣冠不絶而常爲士類；家不必富，但願衣食粗足而可以及人。」粗足衣食，便思及人，此等想頭，便是聖賢根器。

《至正直記》述沈教授圭之言曰：「婦人以不嫁爲節，不若嫁之以全其節；兄弟以不分爲義，不若分之以全其義。」沈云聞諸傳記。雖爲下等人説法，然却是救時名論。

吴康齋弼曰：「韓魏公嘗言：『小人不可求遠，三家村中亦有一家，當求處之之理。知其爲小人，以小人處之，更不可校，如校之，則自小矣。』」然《宋稗（彙）［類］

鈔》載呂文懿公初辭相位，歸故里，有鄉人醉而恚之。呂公不動，語其僕曰：『醉者勿與較也。』閉門謝之。逾年，其人犯死刑入獄，呂始悔之，曰：『使當時稍有計較，送公家責治，可以小懲而大誡，吾當時只欲存心於厚，不謂養成其惡，陷人於大辟也。』按韓公所言，自可遵守，呂公所言，則更深遠一層，即聖人以直報怨之義，而用意更精。然而知此者鮮矣。」

孟瓶庵師曰：「《荀子》云：『人賢而不［敬］，則是禽獸也；人不肖而不敬，則是狎虎也。』《漢書》張霸云：『人生一世當畏敬於人，若不善加己，直爲受之。』此語俱可爲保身遠害之準。」

高忠憲公《家訓》云：「人家有『體面崖岸』之説，大害事！家人惹事，直者置之、曲者治之而已，往往爲體面，立崖岸，曲護其短，力直其事，此乃自傷體面、自毁崖岸也。長小人之志，生不測之變，多由於此。」又云：「捉人打人，最是險事，未必便至於死，但一捉一打，或其人不幸遘病死，或因别事死，便不能脱然無累。保身保家，戒此爲要。極不堪者，自有官法，自有公論，何苦自陷危險乎？家人違犯，必令人扑責，决不可拳打脚踢，暴怒之下有失，戒之戒之！」

顧涇陽曰：「吴康齋每言『君子常常喫虧方做得』，覽之惕然有省，於是思之曰：夫子之道，忠恕而已矣；忠恕之道，喫虧而已矣。顏子之道，不校而已矣；不校之道，喫虧而已矣。孟子之道，自反而已矣，自反之道，喫虧而已矣。」

沈龍江嘗言：「仕宦居家，被人侵侮，固亦常有之事。然畢竟是我好處，若使人望影遠避，無敢拾田中一穗者，雖足快意，爲人可知矣。」

余最愛晚唐詩僧寒山句，云：「我見瞞人漢，如籃盛水走。一氣將歸家，籃裏何曾有。我見被人瞞，一似園中韭。日日被刀傷，天生還自有。」此即喫虧之説也。吾鄉林文安公瀚臨終時，子孫請遺令，公曰：「學喫虧而已。」三代五尚書，家門鼎盛，有以哉！

吕榮公嘗言：「恩怨分明，此非有道者之言。」是也，怨固不可分明，恩上亦不必分明。如人有恩於我，分數到那裏，我報他亦止到那裏，便是無情；如我有恩於人，亦論分數責報，豈不大差？且使有恩於我者，却非好人，我必説出要報他，倘我有權勢，他竟倚以作威虐，將若之何？此皆分明二字之弊也。

薛文清瑄曰：「鄭端簡家法甚嚴，遺訓倡優不許入門，違者以不孝論，屏諸家譜之外。孫簡肅家誡亦嚴，諸子析箸後，每夕各出盤蔬榼酒共飲之，飲罷必分題賦詩，以爲兄弟日親，則妻妾之言不得而間，蓋各具苦心者矣。」

韓澗泉淲《日記》云：「晁子止言：常者處家之道，惟至誠者能之；嚴者治家之法，不溺於愛者能之。若己娼嫉賢能而欲妻不妒，持禄嗜進而欲子不貪，難矣。司馬防諸子，雖冠，不命坐不敢坐，不問不敢言，庶幾乎威如也。曾子不欺其子，懼教之不信，庶幾乎有孚也。」

今世所傳《家訓》，自「黎明即起」至「庶乎近焉」凡五百一十字，語皆質實可守。末段「讀書志在聖賢，爲官心存君國」二語，尤爲簡要。此國初朱用純所作，或誤以爲朱文公，且混入本集者也。用純字致一，崑山人。父集璜，前明貢生，殉節死。用純痛之，取王裒攀柏事，自號「柏廬」。其學以主敬爲程，著有《愧訥集》。臨終顧其徒曰：「學問在性命，事業在忠孝。勉之！」語亦精諦。

居家妙訣，無過一「忍」字，所謂「百忍堂中有太和」也。古人格言，如杜牧之詩「忍過事堪喜」，呂居仁《官箴》引，誤作杜詩。司空表聖詩「忍事敵災星」，皆是渡世慈航。陳白沙有《忍字讚》云：「七情之發，惟怒爲遽。衆逆之加，惟忍爲是。絶情實難，處逆非易。當怒火炎，以忍水制。忍之又忍，愈忍愈勵。過一百忍，爲張公藝。不亂大謀，其乃有濟。如其不忍，傾敗立至。」

《鶴林玉露》云：「居家勤有三益。蓋民生在勤，勤則不匱。一夫不耕，必受其饑，一婦不織，必受其寒，是勤可以免饑寒也。農夫晝則力作，夜則顏然甘寢，故非心淫念，無從而生。文伯之母曰：『瘠土之民，莫不向義，勞也。』是勤可以遠淫辟也。户樞不蠹，流水不腐，是勤可以致壽考也。」

袁君載采《世範》云：「一家中父子兄弟，賢否相半。若頑狠刻薄、不惜家業之人先死，則其家興盛，未易量也；若慈善長厚勤謹之人先死，則其家不可救矣。諺云：『莫言家未成，成家子未生；莫言家未破，破家子未大。』亦此意也。」

侯朝宗方域曰：「有言萬孝子割股愈其母之疾者，或曰是宜旌，或曰否，著在《會典》。按全州孝子唐儼，割其右臂肉啖父，事與此相類。姚太史淶論曰：『昔鄂人之對，謂毀傷滅絶，蠹政妨義，不可以訓後世。夫身體髮膚，不敢毀傷，聖人之訓也。但用非其所，雖拔一毛，猶懼其毀且傷也，如出於至誠，發以忠孝，則肝腦可塗，腰領可斷，而況於一股哉！昔者周公以身祈武王也，兄弟君臣之間，苟可以延武王之命，死且爲之，而況其餘乎？信如周公之願而死也，則滅絶其身，不特毀傷之慘而已，將以滅絶之罪加之乎？推此義也，如唐生者，固君子所許也。』嗚呼，姚氏之論至矣。」

乾隆四十六年十一月，大理寺少卿劉天成上言，請嚴禁浮費，其中一段云：「臣每見民間冠昏喪祭，争相誇鬭，不惜輾轉稱貸，至營造華屋，絢耀衣冠，以及歲時伏臘，觴酒豆肉，並一切器具，務求豐美。更有好爲淫祀，求神賽願，祈福禳災，兼以縱容婦女入寺燒香，設齋拜會。至於大小生日，動輒延賓，三朝彌月，競相趨賀。茶坊酒肆，引類沈酣，古寺荒祠，呼羣聚賭。不經之費，難以枚舉。至京師爲萬國衣冠之會，屬在縉紳，自應章身有度。乃至優人隸卒，僭肆豪華，胥吏工商，妄誇錦繡。園館茶樓，一日動耗數日之需；浪子酒徒，一人每兼數人之用。甚至齊民婦女珠翠盈頭，奴婢綾羅遍體。緞履朝鞾，僅供奔走之物；狐裘貂帽，亦隸愚賤之身。此其種種奢侈，迥出常經。試思造物生財，祇有此數，既不能食時用禮，量入爲出，勢必漸消漸竭，或流入匪徒，作奸犯科，伊於胡底」云云。所言皆切中時弊，竊謂轉移風化，必自士大夫始矣。

董文恪邦達曰：「天道凡事忌太甚，故過奢過儉皆足以致不祥。然歷歷驗之，過奢之罰，則富者輕而貴者重；過儉之罰，則貴者輕而富者重。蓋富而過奢，耗己財而已；貴而過奢，其勢必至於貪婪，權力重則取求易也。貴而過儉，守己財而已，富而過儉，其勢必至於刻薄，計較明而機械多也。士大夫時時深念，知益己者必損人，凡事皆留其有餘，則召福之道矣。」

《史記·貨殖傳》：「博戲，惡業也，而桓發用之富。」今人之嗜博者，豈爲此言所誤乎？若但以爲行樂之事，則讀《抱朴子》之書，亦可以廢然返也。《抱朴子·自叙》云：「此輩末伎，亂意思而妨日月。在位有損政事，儒者則廢講誦，凡民則忘稼穡，商人則失貨財。至於勝負未分，交争都市，心熱於中，顏愁於外，名之爲樂，而實煎悴。喪廉恥之操，興争競之端。」此言博之流弊，可謂深切。《東坡集》記相國寺道人戲語云：「都下有道人坐相國寺，賣諸禁方，緘題其一云『賭錢不輸方』。有博徒以千金得之，歸，發視其方，曰『但止乞頭』。」道人蓋諳本朝典故者。按《宋史·太宗紀》，淳化二年詔：犯蒲博者斬。《元史·世祖紀》至元十二年，禁民間賭博，犯者流之北地。顧亭林謂「刑亂國用重典，固當如此也」。

《清波雜志》載：唐杜暹家藏書，每卷後自題云「清俸買來手自校，子孫讀之知聖道，鬻及借人爲不孝」。按以鬻爲不孝可也，以借爲不孝則褊矣。《蜀志》載許慈與胡潛並爲博士，更相克伐，謗讟忿争，書籍有無，不相通借，遂以矜己妒彼，見譏於世。《南史》載崔慰祖聚書至萬卷，鄰里年少好事來從假借，日數十袠。慰祖親自取與，未嘗爲辭。又載劉峻苦所見不博，聞有異書，必往祈借。《北史》載裴漢借異書，躬自録本。蘇東坡《與秦太虛書》，稱歧亭監酒胡定之載書萬卷隨行，喜借人看。蓋推己之有餘，益人之不足，則借書亦斷不可已之事，而其功似更大於通財，惟在擇其人而借之，不令有污損遺失斯可矣。近吾鄉有藏書家，臨没之前，親封書櫝，各題杜暹語於上，以戒其後人。而其行狀中亦遂盛述此事，若轉以爲美談者，豈非褊乎？《顔氏家訓》曰：「借人典籍，皆須愛護，先有缺壞，就爲補治，亦士大夫百行之一。濟陽江禄讀書未竟，雖有急速，必待卷束整齊，然後得起，故無損敗，人不厭其求假焉。或有狼籍几案，分散部帙，多爲童幼婢妾之所點污，風雨蟲鼠之所毀傷，實爲累德。」此則借書者所宜知也。

錢竹汀曰：「魏華父言：『藏書之盛，鮮有久而弗厄者。孫長（慶）［孺］自唐僖宗時爲榜「書樓」二字，國朝之藏書者莫先焉。三百年間，再燬於火。江元叔合江南吴越之藏，凡數萬卷，爲藏僕竊去，市人裂之以藉物。其入於安陸張氏者，傳之未幾，一篋之富，僅供一炊。王文康、李文正、廬山劉壯輿、南陽井氏，皆以藏書名，未久而失之。宋宣獻兼有畢文簡、楊文莊二家之書，不減中秘，而元符中蕩爲烟埃。晁文元累世所藏，自中原無事時已有火厄，至政和甲午之災，尺素不存。』尤氏遂初堂書，寶慶初亦厄於火。」梁曜北云：「宇文虚中爲人媒孽，指家藏圖書爲反具，罪至族。高士談圖書尤多，亦見殺。士大夫家多藏圖籍，固是美事，然聚書之禍，不可不知。此等故實，凡藏書家皆不可不正告之，庶巧偷豪奪、貪多不已之心亦藉以少戢乎？」

《北史·后妃傳》齊文宣段昭儀，韶妹也。婚夕，韶妻元氏爲俗弄女壻法戲文宣。案馬氏《意林》載《風俗通》：「汝南張妙會杜士，［士］家娶婦，酒後相戲，張妙縛杜（氏）［士］，捶二十，又懸足指，遂致死。」《酉陽雜俎》亦云：「北朝婚禮，以杖打壻爲戲樂，至有大委頓者。」然此猶戲壻也。《抱朴子·疾謬》云：「俗間有戲婦之法，於稠衆之中，親屬之前，問以醜言，責以慢對，其爲鄙黷，不可忍論。」又云：「無賴之子白醉耳熱之後，結黨合羣，攜手連袂，以遨以集，入他堂室，觀人婦女，指玷修短，評論美醜。或有不通主人，便共突前，嚴飾未辦，不復窺聽，犯門折關，踰垝穿隙，有似抄劫。其或妾媵藏避不及，至搜索隱僻，就而引曳。夫君子居室，猶不掩家人之不備，故入門則揚聲，升堂則下視，而唐突他家，將何理乎？」民間行之日久，莫知其非，或清談所不能禁，非峻刑不能止也。

梁曜北曰：「僧尼喫素，宜然也；婦女喫素，無識也；乃士大夫效之，欲作顧歡、周彦倫一流人，真不可解。按佛所居地蔬菜不生，故經言菩薩元制食三淨肉，謂不見爲我殺、不聞爲我殺、不疑爲我殺，復益之以二：自死、鳥殘，號五淨肉。又言淨肉除人、蛇、象、馬、驢、駒、獅子、狐、猪、獮猴十種。是佛亦未嘗喫素也。昔東魏檄蕭梁文有曰：『毒螯滿懷，妄敦戒業；躁競盈胸，謬治清淨』。正中今人喫素之病。吾輩惟不恣殺生、隨時撙節可矣。」憶亡友鄭六亭兼才言：「戒殺放生，惟出家無父母宗廟者行之，吾儒則有『遠庖廚，無故不殺』七字可守。」可謂切實至當之言。

謝在杭肇淛曰：「人平日能不殺生，亦是佳事。一切果報姑置勿論，但生動游戲，一旦斃之鼎俎，自所不忍。今人愛惜花草者，偶被摧折，猶懊惱竟日，況血氣之倫乎？但處世許多交際，力未能斷，且食肉已久，性有不堪，惟當禁其大者。如牛所不必言，羊、豕、雞、鴨之屬，因祭祀宴饗，市之可也，自奉則疾病之外，不復特殺，亦惜福之一端耳。」

紀文達師嘗言：戴遂堂見一巨公，四月八日在佛寺禮懺放生，遇一游僧合掌曰：「公至此何事？」曰：「作好事。」問：「何爲今日作好事？」曰：「佛誕日也。」問：「佛誕日乃作好事，餘三百五十九日皆不作好事乎？公今日放生，是眼見功德，不知歲歲庖廚之所殺足當此數乎？」巨公猝不知對。知客僧叱之曰：「貴人护法，三寶增光，窮和尚何敢妄語！」游僧且行且笑曰：「紫衣和尚不語，故窮和尚不得不語也。」掉臂竟出。一老僧竊嘆曰：「此闍黎大不曉事，然在我法中，自是突聞獅子吼矣。」昔五臺僧明玉曰：「心心念佛則惡意不生，非日念數聲即爲功德也。日日持齋則殺業永除，非月持數日即爲功德也。燔炙肥甘，晨昏饜飫，而月限某日某日不食肉，謂之善人，然則苞苴公行，簠簋不飭，而月限某日某日不受錢謂之廉吏乎？」與此游僧之言若相印合。李杏浦總憲則曰：「此爲彼教言之耳。士大夫終身茹素，勢必不行。得數日持齋，則此數日可減殺；得數人持齋，則此數人可減殺，不愈於全不持乎？」是則見智見仁，各明一義矣。

家訓比不得講學，若日以董子「正誼不謀利，明道不計功」之説喧聒不休，未有不格格難入者。且須與之提醒格言，且須與之暢談因果。紀文達師嘗言：潁州有老儒林生，偶與客談因果事。林生曰：「聖賢之爲善，皆無所爲而爲者也。有所爲而爲，其事雖合天理，其心已純乎人欲矣。故佛氏福田之説，君子弗道也。」客曰：「先生之言，粹然儒者之言也。然用以律己則可，用以律人則不可；用以律君子猶可，用以律天下人則斷不可。聖人之立教，欲人爲善而已，其不能爲者，則誘掖以成之，不肯爲者，則驅策以迫之，於是乎刑賞生焉。能因慕賞而爲善，聖人但與其善，必不責其爲求賞而然也；能因畏刑而爲善，聖人亦與其善，必不責其爲避刑而然也。苟以刑賞使之循天理，而又責慕賞畏刑之爲人欲，是不激勸於刑賞謂之不善，激勸於刑賞又謂之不善，人且無所措手足矣。況慕賞避刑既謂之人欲，而又激勸以刑賞，人且謂聖人實以人欲導民矣。蓋天下上智少而凡民多，故聖人之刑賞爲中人以下設教，佛氏之因果亦爲中人以下説法。儒釋之宗旨雖殊，至其教人爲善則意歸一轍。先生執董子『謀利計功』之説，以駁佛氏之因果，將併聖人之刑賞而駁之乎？先生徒見緇流誘人布施，謂之行善，謂可得福，見愚民持齋燒香，謂之行善，謂可得福，不如是者謂之不行善，謂必獲罪，遂謂佛氏因果適以惑衆，而不知佛氏所謂善惡與儒無異，所謂善惡之報亦與儒無異也。」林生意不謂然，而無以折之。又曰：族祖雷陽公言：有遇冥吏者，問曰：「命皆前定乎？」曰：「然。然特窮通壽夭之數，若唐小説所稱預知食料，乃術士射覆法耳。如人人瑣記此等事，雖大地爲架，不能庋此簿籍矣。」又問：「定數可移乎？」曰：「可。大善則移，大惡則移。」問：「孰定之？孰移之？」曰：「其人自定自移，鬼神無權也。」問：「果報何有驗有不驗？」曰：「人世善惡論一生，禍福亦論一生。冥司則善惡兼前生，禍福兼後生，故若或爽也。」問：「果報何以不同？」曰：「此皆各因其本命。以人事譬之，同一遷官，尚書遷一級則宰相，典史遷一級不過主簿耳。同一鐫秩，有加級者抵，無加級則竟鐫矣，故事同而報或異。」問：「何不使人先知？」曰：「勢不可也。先知之則人事息，諸葛武侯爲多事，唐六臣爲知命矣。」問：「何以又使人偶知？」曰：「不偶示之，則恃無鬼神而人心肆，曖昧難知之處將無不爲矣。」先姚安公嘗曰：「此或雷陽所論，託諸冥吏也。然揆之以理，不過如斯。」

周櫟園《書影》中載：其先代坦然先生《觀宅吉祥相》四十則，防嫌於微，杜禍於漸，外施家政，内端女範，長幼式訓，上下咸宜，自謂有益於世道人心，不虛也。今備録於左云：案頭無淫書。昔人謂黄魯直作艶詞，以邪言蕩人心，其罪非止墮惡道。近日作小説人，豈止艶詞？非常報應，人人親見之。案頭如有片紙隻字，當盡數焚却。壞心術，喪行止，皆此等書引誘。人家兒女豈無識字者，畧一回想，豈不可懼？架上無齊整書。本本精良，一一完善，手且未觸，目於何有？但觀架上，便知腹中。座上有二三十年前老友。堂中有七八十年前古桌椅。門下有祖父遺留龐眉皓首老僕。如此方稱得世家，如此方免得（漆）［俗］氣。婦女不垂簾觀劇。粉氣髮香，依依簾中，羅襪弓鞋，隱隱屏下。甚至品評坐客，擊節歌聲，無所不至。優人之目，直透其中，坐客之心，迴光其後，可恥孰甚！婦女不識字。《列女》《閨範》諸書，近日罕見，淫詞艶語，觸目而是。故甯可使人稱其無才，不可使人稱其無德。至世家大族，一二詩章，不幸流傳，必列於釋子之後、娼妓之前，豈不可恥！老妾孀婦不變作尼姑。其醜倍於改適。不呼優人同坐。宴客用優人，但當呼之別院登場，賜坐或尚在通融，呼之同坐角飲，則褻甚矣。今人敬優兒如師友，殊令人訝。即不與之坐，不過曰「不在行」而已。天下事被「在行」二字誤却多少。不在席上接優人曲，不以筋并足代爲擊板。擊板接曲，去優人幾希。外無狡童，内無老婢。無狡童不惟省己防閑，抑且免人疑議。至禁錮老婢，二十以外尚不爲之擇配，尤傷陰騭。不教婢子演劇。此亦好人家兒女也，安忍其出醜裝牌榜！防閑尤難，作奸殊易。紙牌不入手中。近日馬弔盛行，士大夫儼然爲之不恥。予曰：宜輿儓，宜革匠，宜不識字人，宜四達衢中凡桌上。即令此中有千變萬化，神妙不測，然一思手持者何物，豈不愧殺！總之人不耐獨坐，不肯習静，弈碁變爲馬弔，風日下矣。與其馬弔，寧弈。不解新令，不爲酒糾。士人相聚，頗有可談，何至效青布商傭，吩呶盈坐？寧受百罰，毋淪惡趣。予眼見以此嫌疑者不少。肯習醫卜。但能究心，心自入細。其子弟能留心於此，便知他日不淪於下流饑寒。席上不勸人第二日補齋。即此一事，便是與人爲善。持齋總是戒殺，我不持齋，彼能信心，何苦必破其戒？然專靠持齋免禍祈福，亦謬。僕從不與主人同坐者並坐。即貧友疎親，亦與主人同列，何至與奴僕爲伍？此風倡自篋片，主人得意時，承奉奴僕，惟恐少失其意。迨失勢之後，飲恨報復，無所不至。敗家受禍，往往由此。凌晨客至，僕從已拱立候命，主人已盥沐相迎。乘朝氣則不夜飲可知，不夜飲則奴僕無姦盜詐譌可知。甚矣夜飲之害事也。僕從各隨其姓。即自幼僕子，亦當令各姓其姓，使人不昧其宗祖，即後亦不致亂吾支派。防微杜漸，古人有深意存其間。門前僕從見士人過，毋論識與不識，皆起身直立，遇諸途皆側立讓行。此雖細事，然主人忠厚不忠厚，奴僕生事不生事，皆由此而定。不奴隸疎族窮親。疎族窮親無所歸，代爲贍養，亦盛德事。視同奴隸，令供奔走，大傷元氣。不學蘇意。輕嘴薄舌，不離幫閒，喫茶燒香，總屬狡獪耳。口角無閨門事。言之鑿鑿，如曾目覩，鬼神在旁，何不説得畧活動些子。口中無刻薄尖酸議論。先輩云：一語而傷天地之和，一言而折終身之福。切須念之。先輩格言常在壁上口頭。存之於心，則能體而行之矣。目中口頭，已有二三分受用處。凡夢俱可告人。夢中所做所爲，常有不能告人者。充至於凡夢皆可以告人，去道不遠矣。古人驗心於夢，又云晝觀之妻子，夜驗諸夢寐，有以哉。十二歲以上小童不入内户，女童不出内户。不可以小而忽之也。肯爲人宛轉寄家信。不浮沈已屬盛德，更能宛轉以期必達，尤陰騭事。以此類推，凡事肯爲人方便可知矣。能明佛理，却不爲邪説所誘。白蓮、無爲等教，其初皆信心從佛者。先儒云：精者不越吾儒。此語尚可議。若誕者吾不信，則確不可易矣。不明佛理，與老嫗瞎磕頭、盲燒香者何異！肯周濟貧親戚，或助人婚嫁，或代完官贖，却不做佛事，不修建庵觀。總此一佛，寺宇已多，何必更建？近日私建私度甚多，將來必有一僧難存、是庵皆毀之慮，留心佛法者不可不知。肯爲人説眼前報應，肯聽人説報應諸事。眼前事報應顯明易見，不必説活閻王、過陰人諸事，反增人不信心。即不能奉行《感應篇》《功過格》，每日能體認所行善惡。肯看《感應篇》，肯畧畧體認《功過格》，不必數黄豆黑豆，其人已有幾分好處。書館中小學生有讀《四書》小註聲。前輩無不讀小註，近日反目讀者爲迂矣。子弟到老不明書旨，皆由不明小註始。讀小註子弟，到後來上者無離經叛道之虞，次亦免場中出醜，東問西問。不以病試醫，肯將已驗醫方或鈔或刻施人。不告醫者以得病之由，令其暗中摸索，取死之道也。施方固勝施藥，然能製數種藥，常常施人，尤善。躬送破衣親友出門外。在坐者問有，躬送門外則以爲恥矣。待失意人，不難有恩而難有禮。此語須體驗。此等事最傷人心，亦令人容易勘破你勢利心腸。受人賀分，即一箑一絲，無微不答。富貴受貧賤人禮，以爲當然，此大折福處，亦大斂怨處。須知其從當賣而來。不磨祖父圖章，刻作己名。以此類推，凡事無改可知。有贈祖父詩文者，能舉其姓字，習其篇章。亦孝子，亦韻人，如此則能爲祖父報德可知。不戲謔父執貧友。既知其爲父執，又輕之爲貧人，且有戲謔之不如已友者，孝子慈孫，必不如是。内聲不聞於外。言勿論矣。坐定不問新聞。省却無限葛藤。司閽人回卑幼貧賤親串，惟恐傷其意。司閽人能如此，不知費主人如許苦心矣。

卷十二

攝生

昔邢和叔恕嘗言：「吾曹須愛養精力，精力稍不足則倦，所臨事皆勉强而無誠意，接賓客語言尚不可，況臨大事乎！」然則以修己治人爲務者，不可不先講尊生矣。

養生家言，以《素問·上古養真篇》〔一〕爲最古，所論「上古之知道者法於陰陽，和於術數，食飲有節，起居有常，不妄作勞，故能形與神俱而終其天年，度百年乃去。今人以酒爲漿，以妄爲常，醉以入房，以慾竭其精，以耗散其真，不知持滿，不時御

〔一〕即《上古天真論篇》。

神，務快其心，逆其生樂，起居無節，故半百而衰」云云。可見縱欲戕生，古今同慨。蓋禀氣之厚薄，命數之延促，造物者主之，雖父子不能相假也。而疾疢之或消或長，體氣之或榮或衰，則存乎其人。譬之樹藝，鹵莽滅裂與辛苦灌溉者，各自食其報耳，於造物何與焉！

養生自以絶欲爲第一義。然少壯之年，誠難言之。且不求嗣續，即講閉房，亦不可爲訓。吾儒平實之方，在節欲而已。昔董子言：「治身者以積精爲寶，身以心爲本，精積於其本，則血氣相承受，而形體無所苦。故君子甚愛氣而謹遊於房，新壯者十日而一遊於房，中年者倍新壯，始衰者倍中年，中衰者倍始衰，大衰者之月當新壯之日，而上與天地同節矣。」

王充《論衡》〔二〕所言養生之事甚詳，如云：「唾不及遠，行不疾步，耳不極聽，目不久視，坐不至久，臥不及疲。先寒而衣，先熱而解。不欲極饑而食，食不過飽；不欲極渴而飲，飲不過多。凡食過則成積聚，飲過則成痰癖。不欲甚勞甚逸，不欲起

〔二〕按以下所引見於《抱朴子·内篇·極言》，梁氏誤記爲《論衡》。

晚，不欲汗流，不欲多睡，不欲奔車走馬，不欲極目遠望，不欲多啖生冷，不欲飲酒當風，不欲數數沐浴，不欲廣志遠願，不欲規造（意）［異］巧。冬不欲極寒，夏不欲窮涼。不露卧星下，不眠中見肩。大寒、大熱、大風、大霧皆不欲冒之。」又云：「欲得長生，腹中當清；欲得不死，腹中無滓。」此《雜應篇》述道書之言，《意林》引作「欲得長生腹中清，欲得不死腹無屎」，皆平易切實之談。

人但知過怒過哀足以害性，而不知過喜過樂亦足以傷生。《淮南子·原道訓》曰：「大怒破陰，大喜墜陽。」《漢書·東方朔傳》曰：「樂太盛則陽溢，哀太盛則陰損，陰陽變則心氣動，心氣動則精神散而邪氣及。」故《論衡》〔二〕教人「忍怒以全陰氣，抑喜以養陽氣」，《顔氏家訓》〔三〕亦云「大喜蕩心，微抑則定。甚怒煩性，稍忍即歇」，語尤切實可守也。

《吕氏春秋·盡數》云：「流水不腐，户樞不螻，《意林》引螻作蠹。動也。形氣亦

〔二〕下引亦見《抱朴子·内篇·極言》。
〔三〕下引見於顔延年《庭誥》，梁氏誤記爲《家訓》。

然。」《關尹子·四符》亦云：「人勤於禮者，神不外馳，可以集神；人勤於智者，精不外移，可以攝精。」其義尤粹。而《莊子·在宥》引廣成子語云「無勞汝形，無搖汝精，乃可以長生」，似與《呂覽》之言相左，不知户樞之動也不移，流水之動也不雜，皆以專爲功者。無勞、無搖，正所謂其静也專，無異理也。若借户樞爲他楔，入流水於汙潦，鮮有不螻不腐者矣。呂新吾言「在簏香韞，在几香損，在爐香燼」，則可與《莊子》之旨互相發明矣。

《素問·四氣調神大論》云：「春三月，夜卧早起，廣步於庭。夏三月，夜卧早起，無厭於日。秋三月，早卧早起，與雞俱興。冬三月，早卧晚起，必待日光。」按此即《天真篇》所謂「居起有常」也。「無厭於日」，舊説謂無厭於長日，氣不宜惰也。愚謂「厭」字似當讀入聲，言不當在日出之後，以冬三月「必待日光」之語證之，其義自明矣。

唐柳公度，年八十九，有强力。人問其術，曰：「吾平生未嘗以脾胃熟生物、煖冷物，以元氣佐喜怒。」按第一語所謂養其外也，第二語則並養其中，其義益精矣。

劉元城安世自言：「尋常未嘗服藥，昔年遷謫時年四十有七，先妣必欲與俱。百端愨罷，不許。安世念不幸使老親入於炎瘴之地，已是不孝，若非義固不敢爲。父母惟其疾之憂，如何得無疾，祇有絶欲一事。遂舉意絶之，自是逮今，未嘗有一日之疾，亦無宵寐之變。」

《列仙傳》載彭籛之言曰：「上士别牀，中士異被。服藥百裹，不如獨卧。」按俗以素女術出於籛，可據此語以闢其妄。籛以存真葆衛爲先務，所謂四十九妻、五十四子者，特形容八百歲之久耳，非紀實之言也。

鄭處誨《明皇雜録》云：「開元中名醫紀明者，吴人，觀人顔色談笑，便知疾淺深，不待診候。」劉貢父《贈潘既秀才序》云：「潘君相有病於未病，治已病於無病。色喻於目，脉喻於指，聲喻於耳，三者參用。」按今之醫者焉能有此術？然養生家則不可不知此理，《素問》所謂「治未病」也。

《抱朴子·雜應》云：「余撰《玉函方》百卷，分别病名，以類相屬，約而易檢。籬陌之間，顧盼皆藥，衆急之病，無不畢備，家有此方，可不用醫。」惜今不傳。

「有病不治，常得中醫」，此古諺也，見《漢書·藝文志》。今人言不服藥爲中醫，即本此。謝梅莊濟世曰：「醫良則相，庸則匠。不窺二經之奥旨，合四家之異同，徹五運六氣之理，審七表八裏九道之形，葠苓毒於硝礦，刀圭利於斧鉞。是故學醫者須秉上智，患病者甯得中醫。」

養生家言，散見於諸書中，有愈淺而愈適於用者。如《素問》云：「聖人不治已病治未病。」又云：「虚邪賊風，避之有時；恬淡虚無，真氣從之。精神内守，病安從來？」《吕氏春秋》云：「雖富貴不以養傷身，雖貧賤不以利累形。」《列仙傳》引封衡語云：「體欲常勞，食欲常少。勞勿過極，少勿過虛。」《博物志》云：「所食愈少心愈開，年愈益；所食愈多心愈塞，年愈損。」應璩詩云：「上叟前致辭，室内姬麤醜。中叟前致辭，量腹節所受。下叟前致辭，夜臥不覆首。」《清異録》云：「梳頭洗脚長生事，臨臥之時小太平。」《千金方》云：「口中言小，心中事少，腹中食少，自然睡少。依此四少，神仙訣了。」又云：「寢臥不得多言笑，譬五臟如鐘磬，不懸則不可發聲。」《達生録》云：「怒後不可便食，食後不可發怒。」《黄庭内經》云：「髮宜多梳，齒宜多叩，液宜常嚥，氣宜常鍊，手宜在面。此五者，所謂子欲不死修崑崙也。」

《史記·倉公傳》云：「趙章病，倉公診其脉曰：『法五日死，而後十日乃死。

所以過期者，其人嗜粥，故中藏實，中藏實故過期。』」按費補之衮《梁溪漫志》載《張文潛粥記贈潘邠老》云：「張安道每晨起，食粥一大盌，空腹胃虛，穀氣便作，所補不細。又極柔膩，與臟腑相得，最爲飲食之良妙。齊和尚說：山中僧每將旦一粥，甚繫利害，如或不食，則終日覺臟腑燥渴，蓋能暢胃氣、生津液也。今勸人每日食粥，以爲養生之要，必大笑。大抵養性命，求安樂，亦無深遠難知之事，正在寢食之間耳。後又見東坡一帖，云：『夜坐饑甚，吴子野勸食白粥，云能推陳致新，利膈養胃，僧家五更食粥，良有以也。粥既快美，粥後一覺，尤不可說，尤不可說！』」乃今人有以不食粥爲高者，甚可笑也。

《魏志·王朗傳》云：「少小常苦被褥泰温，泰温則不能便柔膚弱體，是以難可回護，而易用感慨。若常令少小之縕袍，不至於甚厚，則必咸保金石，而比壽南山矣。」按今諺有「若要小兒安，常帶三分饑與寒」，即此意也。

黄陶庵曰：「伊川先生謂張繹曰：『吾受氣甚薄，三十而寖盛，四十、五十而後完。今生七十二年矣，較其筋骨於盛年無損也。』又曰：『人待老而後保生，是猶貧而後蓄積，雖勤亦無補矣。』繹曰：『先生豈以受氣之薄，而後爲保生耶？』先生默然曰：『吾以忘身狥欲爲深恥。』」他日歸自涪州，氣貌容色鬚髮皆勝平昔。門人問何以得此，先生曰：『學之力也。大凡學者，學處患難貧賤，若富貴榮達，即（以）不須學也。』觀先生語，則知學道養生，本是一串事。但學道者，雖養生亦爲學道；養［生］者，雖學道亦爲養生耳。余嘗十日九疾，生産作業之事既不能自力，而讀書作文亦皆苦不能精思，祇坐氣薄耳。自今於喜怒哀樂上理會，即病即藥，不須外求也。」

又曰：「宋李畋《九河公語録》載：畋苦痁，既瘳，請謁。公曰：『子於病中曾會得移心法否？』畋曰：『未也。』公曰：『人能於病中移其心，如對君父，慎之靜之，自愈。』《金史》楊雲翼常患風痺，得稍愈，哀宗問愈之之方。對曰：『但治心耳。心和則邪氣不干，治國亦然。』余謂此真刀圭之最良者也。未病時得此可以不病，已病時得此可以愈病。余昔在雲間大病，四體如炙，此心頗覺忙亂，因而自問曰：如果此病不起，只索委順，忙亂無益也。遂一念不動，至晚汗下如雨，病竟痊。」

張文端英曰：「五六年來得一法：一身五官百骸，聽其與憂喜煩惱相纏，獨守方寸靈府之地，製爲一城，堅閉四門，不許憂喜、榮辱、進退、升沈、勞苦、生死、得失一切之念闌入。其中或稍疎虞，打入片刻，即忙驅逐，仍前堅守。此外之聲音笑貌，惟有聽其波委雲屬，與憂喜相浮沉而已。更有安心一法，非理事決不做，費力挽回事決不做，敗壞生平、不可告人事決不做。衙門中事，一切因物付物。一事當前，只往穩處想，不將迎於事前，不留滯於事後。所以每臥輒酣，每食輒飽，視斗室如千巖萬壑，燭下濁酒一杯，以解饑劬，清琴一曲，以調心氣。此則一二年來又進一境，較之昔時急於求退，以致形神交困者，則差勝也。」

張文貞玉書性淡泊，從不肉食，日粗糲一盂，或山藥少許。爲《明史》總裁時，其父湘曉先生九徵貽書戒之曰：「此非養身之道。『食不厭精』，汝未讀《鄉黨》耶？退直後宜静坐片刻，養身節勞，勿以膏自焚也。古樂府『殺君馬者路旁兒』，謂竭馬之力以娱道旁耳目，吾慮汝之馬力竭矣。」文貞聞命悚然，加一餐焉。憶《北窗炙輠》載：姚進道在學中，每夜必市兩蒸餅，未嘗食，明日輒以飼齋僕。同舍怪問之，進道曰：「某來時老母戒某曰：『學中夜間饑，則無所得食，宜以蒸餅爲備。』某雖未嘗饑，然不敢違老母之戒也，市之如初。」按合此古今二事觀之，令人慈孝之心油然而生，而尊生之方亦即此可以充其類矣。

韓桂舲尚書葑家居時，年逾七十矣。每消寒會食，必以四字爲準，曰早，曰爛，曰熱，曰少，曾屬余與吴棣華廉訪賦詩紀之。憶郎仁寶《七修類稿》云：「食爛則易於咀嚼，熱則不失香味，潔則動其食興，少則不致厭飫。老年人飲食尤應講此。」乃知韓語亦有所本也。

朱子釋《鄉黨》謂：「食精則能養人，膾粗則能害人。」蓋日食不須珍品，只能精，則自然有益於人。余所見近人之精於飲食者，如孫寄圃節相、黄左田尚書鉞，皆年登上壽，神明不衰。左田尚書工治饌，素食尤精，嘗謂人曰：「晚年調攝之宜，不能盡禁常物使不入，而必當堅守寶物使不出。」寄圃節相最喜其幕客獻壽句，云「日午清齋忘客共，夜深半臂倩誰披」，以爲不言壽而壽之理已具，則皆探本之論也。

孟瓶庵師曰：「近世顯宦多服硫黄，或晚而無子，冀叶熊徵，或内寵既多，罔顧鴆毒。甚至聰明蓋世之人，亦爲之覆轍相尋，可爲永鑒。」諸曁余尚書常服硫黄，爲閩臬日，吾友鄭孝廉洛英誤從之，下體潰爛，乞死不得。余座主故尚書無錫秦公，自服硫黄後，治事著書可通夕不睡，朝士大夫以爲龍馬精神。嘗於酒間語余曰：「吾五十以前苦臂痛，自服食後精神百倍。」此庚辰年事也。後於壬午疾發，痛楚不減昌黎所言歸工部苦趣者。猶憶八月初旬爲公壽，座中皆門生，是日演《長生殿》劇。公素精音律，別設一席坐，僮奴摩手足者五六人，云：「少歇則痛不可忍。」日惟飲白馬乳數碗。洎疾亟假歸，至天津，遂以殞命。近聞陳繩庵鴻臚亦服此藥，躁急異常。予於前年見之，已面非人色矣。己丑年，予按試敘州畢，郡守楊君天文以仙茅二斤見貽，余不敢服。楊君亦以二斤遺王君日杏，王君喜甚，取以浸酒。初服甚有效，洎辛卯，予在成都，王君參定邊副將軍幕，來則腦鼻及手足心俱發惡瘡矣。昔之服食者冀得長生，而乃速死；今之服食者冀得取樂，而乃受苦。噫，可以返矣！

今人氣體遠不及古人，陰常有餘，陽常不足，亦消長之運然也。故養生家必以補陽爲先務，即使陰陽俱虧，亦必以補陽爲急。蓋陽能生陰，陰不能生陽，其理亦復如是。宋太醫竇材《扁鵲心書》云：「道家以消盡陰翳，鍊就純陽，方得轉凡成聖，霞舉飛升。故云陽精若壯千年壽，陰氣如强必斃傷。爲醫者要知保扶陽氣爲本。」今人動云我有火病，難服熱藥，所延之醫半皆趨承附和，不言上焦有火，即云中下積熱。有畧啟扶陽之論者，不覺彼此搖頭，左右顧盼，不待書方而已有不服之意矣。夫四百八病，大約熱者居多，人身之火多，亦是自然之理。天之六氣，火居其二，今之庸醫執壯火食氣之説，溺於滋陰苦寒之劑，不知邪之中人，元氣盛則能當之，乃以涼藥冰脱，反泄元氣，是助賊害主也。凡人飲熱湯及炙焫之物，從齠至髦，斷無損人之理。故燧人立法，食必用火。熱之養人，時刻不可闕。俗醫多用涼劑，譬之飲人冷水，陰害黎民，良可慨矣。

石藏用嘗言：「今人稟賦怯薄，故按古方用藥，多不能愈病。非獨人也，金石草木之藥，其力亦薄於古，非倍用之不能取效。」其說甚有理。今人亦有「有真方，無真藥」之論。即如人參、肉桂兩種，人人倶倚爲救命之金丹，而不知真參真桂渺不可得。余嘗扈從遼瀋，宣撫粵西，皆親至其地，求一中等合用之參與桂不可得，無論他處矣。或問既無真參，何以參價轉貴？余曰：「食之者衆，其價焉得不貴？價愈貴則作僞者愈多，其力焉得不薄乎？」憶讀趙甌北《詩鈔自序》云：「曩閱國史，國初以參貿高麗，定價一兩一觔。麗人詭稱明朝不售，以九折給價。而我國捕獲偷掘參者皆明人，以是知麗人之詐，起兵征服之。迨定鼎中原，因售者多，其價稍貴。然考查悔餘壬辰、甲午兩歲倶有《謝揆愷功惠參》詩，一云『一兩黄參直五千』，一云『十金直一兩』，皆康熙五十年後事也。乾隆十五年應京兆試，恐精力不支，以白金一兩六錢，易參一錢。二十八年，因病服參，高者三十二換，次亦僅二十五換，時已苦難買，今更增十餘倍矣。」詩中所云「中人十家產，不滿一杯味」，又云「乃因價不訾，翻若天勢利。

但許活富人，貧者莫可冀」，豈不重可嘆哉！

《閱微草堂筆記》云：「有扶乩乞種子方者，判云：『種子有方，併能神效。然有方與無方同，神效亦與不效同。夫精血化生，中含慾火，尚毒發爲痘，十中必損其一二。况助以熱藥，摶結成胎，其蘊毒必加數倍。故每逢生痘，百不一全。人徒於夭折之時惜其不壽，而不知未生之日已先伏必死之機，生如不生，何貴乎種？此理甚明，世多不悟。山人志存濟物，不忍以此術欺人也。』」又嘗與劉季箴先生論補劑曰：「『君補虛好用參。夫虛證種種不同，而參之性則專有所主。以藏府而論，參惟至上焦、中焦，而下焦不至焉。以榮衛而論，參惟至氣分，而血分不至焉。肝腎虛與陰虛而補以參，庸有濟乎？豈但無濟，亢陽不更煎鑠乎？且古方有生參熟參之分，今採參者，得即蒸之，何處得有生參乎？古者參出於上黨，秉中央土氣，故其性温厚，先入中宫。今上黨氣竭，惟用遼參，秉東方春氣，故其性發生上升。即以藥論，亦各有運用之權。君其審之。』季箴不以爲然。余不知醫，録之待精此事者論定焉。」

余撫粤西，知好多以慎避瘴爲言，桂林僚屬亦皆以「晚起待日光」爲勸。然省會人烟稠密，有瘴亦輕。白香山詩所謂「桂林無瘴氣」，杜少陵詩所謂「宜人獨桂林」

是也。聞粵中舊有「急脱急著，勝於服藥」之諺。憶鄺湛若露《赤雅》載祛瘴之訣云：「避色如避難，冷暖隨時換。少飲卯時酒，莫喫申時飯。」近阮芸臺先生《過還江瘴鄉》詩亦云：「非霧非烟山氣，半晴半雨雲光。風勢或凝或散，天時乍暖乍涼。行過沙路石路，間有草香藥香。莫少莫多茶飯，勿單勿厚衣裳。」蓋避瘴之法，不過如此。大約早行以畧飲火酒爲宜。阮先生不能飲，故獨未及此事耳。按臨桂龍隱巖之風洞，有宋時梅公儀摯《五瘴説》石刻，云：「仕有五瘴：急征暴斂，剝下奉上，此租賦之瘴也；深文以逞，良惡不白，此刑獄之瘴也；昏晨醉宴，弛廢王事，此飲食之瘴也；侵牟民利，以實私儲，此貨財之瘴也；盛揀姬妾，以娱聲色，此帷薄之瘴也。有一於此，神怨民怒，安者必病，病者必殞，雖在轂下，亦不可免，何但南方。而已仕者或不自知，乃歸咎於土瘴，不亦繆乎！」此覺世之真言，視養生家又進一解矣。

蘇文忠《仇池筆記》云：「余病目昏，以熱水洗之。張文潛謂：『目忌點洗。目有病當存之，齒有病當勞之，不可同也。治目當如治民，治齒當如治兵。治民當如曹參之治齊，治齒當如商鞅之治秦。』言頗有理。」按文潛謂目忌點洗者，就目眶以內言之也。目固不可點，若不洗其內而洗其外，又何傷？坡公之用熱水洗，正是古法，可於每日晨起行之。平時則左右轉睛最好。凡轉睛畢，須大開眼眶，以散其火。凡洗眼後，須避風片刻，以待其乾。至治齒，亦惟有叩齒之法最便，即所謂勞之也。但叩齒畢，亦須張口以出火氣耳。

《蘇沈良方》中有治諸目疾法，云：「盛熱湯滿器，銅器尤佳，以手掬熨眼，眼緊閉勿開，亦勿以手揉眼，但掬湯沃，湯冷即已。若有疾，一日可三四爲之。此法最治赤眼及瞼眥赤。予自十八歲因夜書小字病目，楚痛凡三十年，用此法遂永瘥。樞密邵興宗苦目昏，用此法，踰年後遂能燈下觀細字。大約血得温則榮，目全要血養，若衝風冒冷，歸即沃之，極有益也。」

王漁洋叢書中有《清寤齋心賞編》一種，載「擦兩腧穴」及「摩湧穴」兩條，簡易可行。其一條云：「陳書林謂：余司藥市倉部，輪差諸軍請米受籌，鄉人張成之爲司農丞監史，同坐。余一二刻間兩起便溺，張問曰：『何頻數若此？』余答曰：『天寒自應如是。』張云：『某不問冬夏早晚兩次。』余諗之曰：『有術乎？』曰：『然。』余曰：『旦夕當北面。』因暇叩請，荷其口授曰：『某先爲李文定公家婿，妻弟少年遇人，有所得，遂教小訣：臨臥時坐於牀，垂足，解衣，閉氣，舌拄上腭，目視頂，提縮穀道，手摩兩腎、腧穴各一百二十次，以多爲妙，畢即臥。』如是三十年極得力。歸槀老人，老人行之旬日，云真是奇妙。亦與親舊中篤信者言之，皆得效。」又一條云：「湧泉穴在足心之上，濕氣皆從此入。日夕間常將兩足更番摩擦，一手握指，一手摩數百遍，覺足心熱，即將脚指略略動轉，倦則少歇。或令人擦亦得，終不若自擦爲佳。陳書林云：先公每夜常自擦至數千，是以晚年步履輕便。僕性懶，每臥時只令人擦至睡熟即止，亦覺得力。鄭彦和爲江東倉曹，足弱不能陛辭，樞莞黄繼道教以此法，踰月即能拜跪。丁邵州致遠病足，半年不能下牀，一道人授此法而愈。」

又云：「蘇文忠公言：揚州武官侍真官二廣十餘年，終不染瘴，面色紅膩，腰足輕快。初不服藥，惟每日五更起坐，兩足相向，熱摩湧泉穴無數，以汗出爲度。又歐陽文忠公平生不信仙佛，笑人行氣。晚年足瘡，一點痛不可忍。有人傳一法：垂足坐，閉目握固，縮穀道，摇颭兩足如氣毬狀，氣極即休，氣平復摇，日七八度，行之三日，足疾失去。」

沈明遠作喆《寓簡》云：「養生家言：人晨興索衣，侍者誤反衣以進，慎勿出聲，便接收服之，必有大喜。讀此者往往信之而不知其旨矣。清晨榮衛流行，法當省節言語，葆惜和氣。人多急性，方著衣欲起而顛倒反覆，必將躁怒叱罵，則所傷多矣，故爲有喜之説以誘之人心，幸其有喜，必隱忍而息怒，則所全多矣，非實有喜也。」

高濂《遵生八牋》中所載逐月調攝之法，語多瑣碎，惟云「秋月宜凍足凍腦，冬月宜温足凍腦」，此二語必有所授，養生家不可不知也。

陳啟見字文明，祖籍排山，以醫起家。順治初，王師征兩粵，貝勒某自衡陽得痢疾，過祁陽，屬縣令訪名醫。令舉文明，投劑立愈，遂偕赴粵，月餘贈五百金以歸。其文明遇異人傳瘧痢二方，療治如神。每歲製藥盈斗，隨症施與，今其後嗣猶承之。其瘧方用密陀僧一塊，炭火煅紅，浸童便中，凡七次，研末細篩。壯年人八分，六十以上、十五以下六七分，嬰兒二三分。以陳倉米煮稀粥調藥，於瘧將發先半時服之，立愈。其痢方用黄丹六兩，飛過晒乾，黄蠟六兩，煮過去渣，杏仁二十枚，巴豆二十枚，去油搗爛，入鍋内同煮，和攪取出，爲丸梧子大。每服用三丸。紅痢薑湯下，白痢甘草湯下，紅白薑甘草湯下，噤口烏梅下。婦女皆可服，但不得自拈，須男子手哺入口。其修合此藥，宜於僻静處，焚香息慮，以五月五日製之更佳。按此方乃方書所不載，《本草》所未及，陳氏傳之已數世矣。余偶閲《祁陽縣志》得之，亟爲録出，以諗知醫者。

卷十三

知兵

昔杜樊川之言曰：「大儒在位，未有不知兵者。」顧兵家者流，大抵以權謀相尚；儒家者流，又往往持論迂闊，諱言軍旅。不知軍禮爲五禮之一，古人學禮，不聞捨其一不學也。兵家成書具在，師心自用者非，泥古不化者亦非，惟在讀者知所取捨，而神明於其間而已。

古陣法，惟諸葛武侯八陣、李衛公五花陣爲有根。五花原於鄉遂之兵，八陣原於都鄙之兵。鄉遂之兵以十爲數，起於五。都鄙之兵以八爲數，起於井田之八家。世所傳《握奇經》，即因武侯八陣之法推演爲圖，託之風后。唐獨孤及有《八陣圖記》

曰：「黄帝順煞氣以作兵法，文昌以命將，風后握機制勝，作爲陣圖。故八其陣，所以定位也。衡抗於外，軸布於内，風雲附其四維，所以備物也。虎張翼以進，蛇向敵而蟠，飛龍翔鳥上下其旁，所以致用也。至若疑兵以固其餘地，游軍以案其後列，門具將發，然後合戰。弛張則二廣迭舉，犄角則四奇皆出」云云。所説皆與《握奇經》合。疑後人即因獨孤及此記衍爲此經。高似孫《子畧》曰：馬隆本作《幄機序》曰：「幄者張也，大將所居，言其事不可妄示人，故云幄機。蓋因握、幄字近而附會其文。今本題曰『握奇』，則又因經中有『四爲正，四爲奇，餘奇爲握奇』之語改易其號。其實《漢志》兵家并無此名也。」

今所傳《六韜》六卷亦僞書，《六韜》以文、武、龍、虎、豹、犬爲次，與《莊子經典釋文》所云文、武、虎、豹、龍、犬之次不合。其《龍韜·陰符篇》所言陰符，「克敵之符長一尺，破軍之符長九寸，失利之符長三寸」云云，蓋不知陰符之義，而誤以爲符節之符，尤爲鄙陋。胡應麟謂其《文伐》《陰書》等篇爲孫、吴、尉繚所不屑道，不知宋代何以與孫、吴諸書同頒之武學也。

宋元豐時，以《六韜》《孫子》《吴子》《司馬法》及《黄石公三畧》《尉繚子》

《李衛公問對》爲《武經七書》，列在學官。然今所傳《六韜》因《莊子》「金版六弢」之語附會成書。今所載《三畧》，文義不古，斷非圯橋授受之舊。《李衛公問對》則前人以爲阮逸所僞撰。《尉繚子》言雖近正，然《漢志》列之兵家者，實三十一篇，今所傳本止二十四篇，似亦非完書。我朝康熙年間，太原總兵馬見伯疏言：「《武經七書》注解互異，請選定一部頒行。」經部議駁。李文貞又奏請，令習武者專讀《左傳》。上云：「《左傳》浮夸，昔人曾議之。」四十八年，諭大學士等曰：「《武經七書》，朕俱閲過，其書甚雜，未必皆合於正。所言火攻水戰，皆是虚文，若依其言行之，斷無勝理。且有符咒、占驗、風雲等説，適足啟小人邪心。昔平三逆，取臺灣，定蒙古，朕料理軍務甚多，亦曾親身征討，深知用兵之道。七書之言，豈可全用？《孟子》云：『仁者無敵。』又云：『天時不如地利，地利不如人和。』此是王道。與其用權謀詐僞無稽之言，不若行王道，則不戰而敵兵自敗矣。『王道』二字，即是極妙兵法，從古窮兵黷武，皆非美事。善戰者皆時至事迫，不得已而後用兵也。若吴三桂反時，江南徽州府屬叛去一縣，將軍額楚往征之。有人獻策於賊云：『滿洲兵不能步戰，若令人誘至稻田中，即可勝之矣。』豈知滿洲兵强勇争先，未及稻田，已將誘者盡殺之，此獻策之人亦爲我兵所殺。用《武經七書》之人皆是此類。今於《武經七書》作何分别出題，及《論語》《孟子》一並出題之處，著九卿定議。」尋議七書惟《孫子》《吴子》《司馬法》議論近正，嗣後每考試，用論二篇，一出《論語》《孟子》，一出《孫子》《吴子》《司馬法》。從之。

《孫子》一書，爲百代談兵之祖。葉水心以其人不見於《左傳》，疑其書爲戰國初山林處士之所爲。然《史記》載闔閭謂孫武曰：「子之十三篇，吾盡觀之矣。」是十三篇確爲武所自著。其杜牧所稱孫武書數十萬言者，皆出於後人附益也。此書注本極夥，以魏武注爲最古。若應武舉者所誦習之講章，則鄙俚淺陋，一無足取。魏武本知兵，其注《謀攻篇》「十則圍之」，謂「操所以倍兵圍下邳而生禽吕布」；注《九變篇》「城有所不攻」，謂「操所以置華費而深入徐州，得十四縣」云云，皆不覺自露所得，亦可見其深於是書矣。

《吴（氏）〔子〕》六篇，與晁氏《讀書志》合，《漢志》言四十八篇者，殆亦知《孫子》之八十二篇出於後人附益也。吴起殺妻求將，齧臂盟母，爲人殊不足取。然嘗受學於曾子，持論頗不詭於正。如對魏武侯言「在德不在險」，論制國治軍曰「教之以禮，勵之以義」，論爲將之道「一曰理，二曰備，三曰果，四曰戒，五曰約」，皆尚有先王節制之遺，故終不能廢其書焉。

《司馬法》一卷，舊題齊司馬穰苴撰。證以《史記》，蓋齊威王諸臣追論古者司馬兵法，附穰苴於其中，實非穰苴作也。《漢志》序兵權謀十三家，形勢十一家，陰陽十六家，技巧十三家，獨以此書入禮類。蓋其時去古未遠，所言多與《周官》相出入，足當五禮之一，與一切權謀、術數自別矣。

《漢志》兵形勢家内有《尉繚子》三十一篇，與今所傳五卷二十四篇者數不相合，然實一書，後來又有所亡佚也。其大指在於分本末，別賓主，明賞罰，所言尚爲近正。如所云「兵不攻無過之城，不殺無罪之人」，又云「兵者所以誅暴亂、禁不義也，兵之所加者，農不離其田業，賈不離其田宅，士大夫不離其官府，故兵不血刃而天下親」。余嘗笑今之統兵者，先馳示諭：「凡兵所過之地，居民務皆閉門不出」云云。使尉公有知，當於空中大笑。晁氏《讀書志》有張載注《尉繚子》一卷，是講學家亦取其書。紀文達師云：「《兵令》一篇，於誅逃之法言之極詳，則又非漫無節制、高談仁義者矣。」

紀文達師曰：「黄石公事見《史記》，《三畧》之名見《隋志》，云下邳神人撰。相傳出於太公，即圯上老人以授張良者。自漢以來言兵法者，多以黄石公爲名。史志所載，有《黄石公記》三卷，《黄石公注》三卷，《黄石公陰謀乘斗魁剛行軍秘》一卷，《黄石公神光輔星秘訣》一卷，又《兵法》一卷，《三鑑圖》一卷，《兵書統要》一卷，大抵皆附會黄老之旨，務在沈幾觀變，先立於不敗，以求敵之可勝，操術頗巧。惟鄭瑗《井觀瑣言》稱其剽竊老氏遺意，不適於用，其『知足戒貪』等語，蓋因子房之明哲而爲之辭，非子房受自圯橋之書明甚。然光武詔書引黄石公『柔能制剛，剛能制柔』之語，實出書中所載《軍讖》之文。其爲漢詔援據此書，或爲此書剽竊漢詔，則無可考。至世又傳《黄石公素書》一卷，則的爲作注之張商英所僞撰。其後序稱『盜發子房塚，於玉枕中得之，始傳人間』，又稱『上有秘戒』云云，皆道家鄙誕之談，不足與辨矣。」

世所傳《李衛公問對》三卷，或以爲阮逸僞撰，蘇老泉曾見其草本，或以爲唐末宋初村儒俚學所掇拾。按衛公所著兵法，世無完書，惟《通典》中畧見大概。此或遂因杜氏所有者而附益之，於兵家微意，時有所得。《井觀瑣言》謂必出於有學識謀畧者之手，是也。

《太白陰經》見《唐書》、《宋史》二志。《神仙感遇傳》言唐李筌有將畧，作《太白陰符》十卷，即此書。惟今本止有八卷。筌官終一郡，其術亦未有所試，不比孫、吳、穰苴、李衛公諸人能有所表見於後世。然杜氏《通典》取通論二家，一爲《李衛公兵法》，一即此書，宜爲談兵家所寶貴也。

宋一代朝廷修講武備之書，今惟存《武經總要》四十卷。晁氏《讀書後志》稱：「康定中，朝廷恐羣帥昧古今之學，命曾公亮、丁度等採古兵法及本朝計謀方畧，凡五年，書成奏御。」然仁宗爲守成令主，武事非其所長，公亮等亦但襄佐太平，未嫻將畧，存此一書，姑與史志相參云爾。

明代知兵者頗不乏人。唐荆川順之之《武編》，《前集》臚陳指要，自將士行陣至器用、火藥、軍需、雜術凡五十四門，《後集》徵述古事，自料敵、撫士，至堅壁、摧標凡九十七門。史稱荆川於學無所不窺，凡兵法弧矢、壬奇禽乙，皆能究極原委，故言之俱有本末。何惟聖良臣之《陣紀》，第一卷曰《募選》《束伍》《教練》《致用》《賞罰》《節制》，第二卷曰《奇正》《虛實》《衆寡》《(卒伍)［率然］》《技用》，第三卷曰《陣宜》《戰令》《戰機》，第四卷曰《摧陷》《因勢》《車戰》《騎戰》《步戰》《水戰》《夜戰》《山林谷澤之戰》《風雨雪霧之戰》凡二十三類，在明代兵家中亦爲切實近理者。此外則以戚元敬繼光之《練兵實紀》及《紀效新書》爲最善，至今談兵者遵用之。《練兵實紀》作於薊鎮，史稱薊鎮十七年中易大將十人，率以罪去，獨南塘在鎮十六年，邊備修整，薊門晏然。繼之者踵其成法，又數十年得無事。今以《練兵實紀》所言證其所行，無不符合，知非泛摭韜畧常談者比。至《紀效新書》，則作於浙東，亦皆閱歷有得之言，其詞率如口語，不復潤飾。南塘嘗曰：「教兵之法，美觀則不實用，實用則不美觀。」又曰：「開大陣，對大敵，比場中較藝、擒捕小賊不同。千百人列陣而前，勇者不得先，怯者不得後，只是一齊擁進，轉手皆難，焉能容得左右動跳？一人回頭，大衆同疑，焉能容得或進或退？」可謂深明形勢，非僅帷幄陳言。至其諭兵之語曰：「若犯軍令，便是親子姪也要依法施行。」厥後竟以臨陣回顧，斬其長子，不食其言，宜其所向有功矣。

戚元敬曰：「智者師古，貴師其意而不泥跡。如霍去病、張巡、岳武穆，不用古法，然霍所將常選敢深入，正兵法所謂『霆擊』也。張使兵識將意，將識士心，正兵法所謂『上下同欲者勝』也。武穆仁智勇嚴，於《孫子·始計》若合符，而『用兵在先定謀』一語，可括百八十二家。三君如九方甄相馬，得其精而忘其粗，在其内而忘其外，進於法矣，豈真不習法哉！」又曰：「與敵夾水而陣，或使人堰水上流，佯退誘敵，半渡決水淹之。唐王破黑闥以此。」又曰：「戰乘順風，避逆風，然或賊謂我不能逆風以戰，便當出其不意擊之。魏王破赫連昌，張彦澤破契丹，皆逆風也。」又曰：「索貌類賊帥者縛而匿之，戰酣，牽過陣前，噪呼已獲賊帥，賊必驚亂。宋（屠）〔廚〕人濮以此敗華登，王世充以此敗李密，亦一奇也。」又曰：「賊騎持久必饑，令軍士以竹筩藏煮豆，入陣割棄竹筩，狼籍其豆，賊馬必低頭戀食，爲竹筩所滚，立脚不得。劉錡、畢再遇俱以此破敵。」又曰：「賊喜糧草，可詐爲糧車誘之，内伏壯士，以羸兵挽之，伏精兵於後。賊來掠車，壯士突出，精兵繼至，可以盡殲。此法亦可用於舟師，賀若敦僞裝餉船以誘侯瑱是也。」又曰：「賊喜劫寨，可示瑕以誘之，積金帛糧米寨内，守以老弱，伏精兵於旁。交戰佯北，賊入寨掠貨，其衆必亂，伏兵殲之。昔魏濟陰王多爲毒酒，棄營以誘庫莫奚，皆妙於用餌也。」又曰：「我軍遇賊葭葦中，賊上風縱火，我令軍中亦縱火自救，蓋自燒營旁草，則賊火自不能及。李陵禦虜大澤中用此法。」又曰：「兵以鼓進，以鉦止，臨敵，令軍中聞鉦聲則嚴陣而陽却，聲止即前馳突，乘敵不戒，可以得志。狄青破虜，張弘範誤宋師，皆用此法。」

戚元敬又曰：「凡兩軍交戰之際，前軍得勝，止許尾追奔逐，隨敵掩殺，其有賊棄輜重牲畜，以及洞寨之中倉庫米料、財貨子女之類，一概不許瞻顧。一恐縱敵遠颺，收拾散卒，仍成勍敵；尤恐彼此錯亂隊伍，賊或反戈。但只管追殺，另差餘兵沿途檢獲，俟營立定後，分上中下功分賞得物。隱匿者按軍法重處，有出首者，其物即賞此人。」

呂新吾曰：「兵，以死使人者也，用衆怒，用義怒，用恩怒。衆怒者，讐在萬姓也，湯武之師是已；義怒者，以直攻曲也，三軍縞素是已；恩怒者，感激思奮也，李牧犒三軍、吴起同甘苦是已。此三者用人之心，可以死人之身，非是，皆强驅之也。猛虎在前，利刃在後，以死驅死，不戰安之？然而取勝者幸也，敗與潰者蓋十九矣。」

又曰：「寓兵於農，三代聖王行之甚好。家家知耕，人人知戰，無論即戎，亦可弭盜。且説用兵，亦纔用農十分之一耳，天下所以享兵農未分之利。春秋以後，諸侯日尋干戈，農胥變而爲兵，捨穡不事，則吾國貧，因糧於敵，則他國貧。與其農胥變而爲兵也，則又不如兵農分矣。」

古今著名幾部兵書，將兵者尚不能盡讀，何況其餘？然兵書之外，亦有片語單詞，實可括韜鈐之要者，則儒將所宜知也。如《逸周書·大明武解》云：「我師之窮，靡人不剛。」此即背水陣所由昉也。又《文傳解》云：「土廣無守可襲伐，土狹無食可圍竭。」又《武稱解》云：「窮寇不格。」《老子·元用篇》云：「禍莫大於輕敵，故抗兵相加，哀者勝矣。」又《配天篇》云：「善戰者不怒，善勝敵者不争，善用人者爲之下。」又云：「兵者不祥之器，不得已而用之，恬惔爲上。」謂不貪土地，利人財寶。《吕氏春秋·論威篇》亦云：「兵，天下之凶器也；勇，天下之凶德也。舉凶器行凶德，猶不得已也。舉凶器必殺，殺所以生之也；行凶德必威，威所以懾之也。」又云：「凡兵，欲急疾捷（威）［先］，欲急疾捷（威）［先］之道，在於知緩徐遲後。」《國語·周語》云：「先王耀德不觀兵。夫兵戢而時動，動則威；觀則玩，玩則無震。」《戰國策·楚策》云：「兵不如者勿與挑戰，粟不如者勿與持久。」《管子·七法篇》云：「勝一而服百，則天下畏之；立少而觀多，則天下懷之」。謂興亡國雖少，天下共觀之，齊桓救邢、衛是也。又云：「數戰則士罷，數勝則君驕。以驕君使罷民，則國安得無危？故至善不戰，其次一之。」謂雖勝不勝。又《制分篇》云：「兵不呼傲，不苟聚，不妄行，不强進。呼傲則敵人戒，苟聚則衆不用，謂若周幽之僞烽。妄行則羣卒困，强進則鋭士挫。」《韓非子·難篇》云：「兵陣之間，不厭詐僞。」此與《孫子·始計篇》所云「兵者詭道也」意同。《荀子·議兵篇》云：「凡慮事欲熟，而用財欲泰。」又云：「戰如守，行如戰，有功如幸。」《淮南子·兵畧訓》云：「用兵之道，示之以弱，而乘之以强；爲之以歙，而應之以張；將欲西而示之以東；忤而後合；前冥而後明。若鬼之無迹，若水之無創，故所鄉非所云也，所見非所謀也。」《史記·項羽紀》云：「先即制人，後即爲人所制。」《三國志·夏侯惇傳》云：「爲將當有怯弱時，不可但恃勇也。」又《辛毗傳》云：「軍旅之間，可以濟者，其惟仁恕乎？」《唐書·狄仁傑》傳云：「堅壁清野，寇無所得，自然深入（則）［有］顛躓之患，淺入無虜獲之益。」《員半千傳》云：「師以義出，沛若時雨，得天之時，爲天陣。足食約費，且耕且戰，得地之宜，爲地陣。舉三軍士，如子弟從父兄，得人之和，爲人陣。」《唐書》高宗問：「兵家有三陣，何謂耶？」員半千曰：「臣聞古者星宿孤虛，天陣也，山川向背，地陣也，偏伍彌縫，人陣也。臣不謂然云云」。韓愈《與柳中丞書》云：「召募土人，必得豪勇，與賊相熟，無望風之驚，愛護鄉里，勇於自戰。徵兵滿萬，不如召募數千。」

新安程元初嘗言：「諸葛武侯以一隅抗衡曹魏，曾築讀書臺，藉多士之力。考《華陽國志》，木牛流馬亦一士人所獻，武侯採而用之。」余嘗聞楊時齋宮保遇春言：「軍營中無人不可用，即如聾者，宜給左右使唤，可免洩漏軍情。啞者宜令送遞密信，可免添造詞語。跛者宜令守放礮座，可免輕率却走。瞽者宜令伏地聽遠，瞽於目者必聰於耳。」然則廢人尚宜用之矣，況士人乎？昔岳忠武河北之捷，兀朮將北走，聽一士人馬首之言而止。使此士人早爲岳家軍所收用，則痛飲黄龍府真不難矣。

王伯厚曰：「李光弼與韋陟論戰守，曰：『辨朝廷之禮，我不如公；若夫軍旅，則君不如我。』陟無以應。然古者治軍有軍禮，楚得臣以無禮敗，晉文公以有禮勝。禮莫大於君臣之分，光弼命召不至，愧恨以没，蓋以禮與軍旅爲二物矣。」

郭汾陽純忠無私，然才具畧短，不得臨淮相助，恐不能成功。郭、李素不相睦，及郭爲帥，李乃自縛請罪。郭謝之曰：「王室多難，豈修私怨！」遂兩相交契。此等處實高人數等，所以能立大功也。

紀文達師嘗言：「明陳禹謨撰《左氏兵畧》，取《左氏》之兵事，以次排纂，又雜引子史證明之，謂之『捫蝨談』，蓋借《左傳》以談兵而已。考《五代史·敬翔傳》曰：梁太祖問翔曰：『聞子讀《春秋》，《春秋》所紀何事？』翔曰：『諸侯戰争之事。』梁祖曰：『其用兵之法可爲吾用乎？』翔曰：『兵者，應變出奇以取勝，《春秋》古法不可用於今』云云。是《左氏》兵法至五代已不可用，而陳禹謨疏進其書，乃請敕下該部，將副本梓行，俾九邊將領人手一編，是與北向誦《孝經》何異乎？按古來名將，實多精通《左氏傳》者。《江表傳》稱關公好《左氏傳》，諷誦略能上口。權德輿作《渾瑊神道碑》，謂雅好《左氏春秋》。《宋史·狄青傳》云：范仲淹以《左氏春秋》授之曰：『將不知古今，匹夫勇耳。』《范傳》云：熟此可以斷大事。青折節讀書，通秦漢以來將帥兵法。《儒林·何涉傳》：涉在軍中，亦常爲諸將講《左氏春秋》，狄青之徒皆横經以聽。《岳忠武傳》云：家貧力學，尤好《左氏春秋》。然則《左傳》誠可通於兵法，特須平時講習，而後能神明其意耳。」

吾鄉李文貞，爲我朝太平宰相，而《語録》中所載論軍旅事，亦能深切而著明。蓋少經兵燹，中更患難，得之閱歷，佐以學問，非徒紙上談兵者比也。如云：「《孫武子書》總是説詐，如『虚者實之，實者虚之』之類。終以火攻，實大不仁之事，火攻無一存者。吾儒兵法，入以事其父兄，出以事其長上，可使制梃以撻秦楚之堅甲利兵矣，故善戰者服上刑。至於人算計我，却不可以無備，須要事事周到。漢將自當以趙充國爲第一，看他幾篇奏疏，無一句不靠實，立於不敗之地。魏相論驕兵、貪兵、忿兵幾句，亦得兵要。內有魏相，外有［充］國，所以相濟成功也。」又云：「韓文公論招募鄉兵，大妙。客兵便一戰而潰。施將軍平海，若不用福建人，如何能成事？王輔臣反，亦是西兵平之。此却是用兵扼要處。鄉兵之妙，《孟子》所謂『出入相友，守望相助』，《管子》所謂『夜戰聲相聞，晝戰目相識』也。」又云：「用兵如下棋，然低棋貪殺，又要多殺。國手只要自己不敗，到贏人一著亦是贏，何須多？管仲用兵，何曾殺一人，而天下畏之。武侯節制之師，不曾多殺人，司馬懿畏之如虎。趙充國金城之役，何曾與賊打仗？都是國手。」又云：「凡用兵，敗後再進，鮮不勝者。王姚江初遇伏而敗，夜復整兵而往，便破贛州。用此者多勝。」又云：「王陽明才氣好，事起倉卒，驅市人而戰，若使當風塵時，正未可測。只是殺遲仲容降賊三百人於宴席，却是忍心害理。降賊即慮反覆，殲却渠魁足矣。某嘗問施靖海以處置降兵之法，渠謂有老板成法，任他多少，編入吾軍伍中可也。」又云：「後世用兵都不能出孫、吳之外，惟武侯脱去此窠臼。管仲伐楚，不問僭王之罪，而尋摘至小不可考校之事，朱子謂是不忍殘民之意。樂毅威力本可下齊，其不進，或亦有此意，故文中子許夏侯泰初善發其蘊。武侯自比管、樂，必當有見。武侯節制之師，法令嚴明，其兵與渭濱之民雜處而居，不知是何等調度。」

王陽明撫贛命下，季明德聞之，知其必立功業。人問之，曰：「某觸之不動。」孫北海承澤極惡陽明學術，嘗對李文貞舉陽明與學徒講論，其夫人忽鬨出，掀其几案，拋其書帙，曰：「諸君毋信此老厮誑！」因枚舉其平居奸私事。門人竊窺陽明，顔色和霽，如不聞者。久之，夫人入，陽明徐整書案，復理前論，若無中間一段事者，以爲非人情。李文貞曰：「恐即此已足以擒宸濠矣。」北海爲失笑。

魏叔子曰：「軍政擅殺之罪重於焚，予謂焚之害重於殺。殺一人則止一人，焚一屋則連千百屋。人可走徙以避殺，不能戴屋而避焚。有屋則流亡之民一招可集，若輕肆焚毁，民非數歲不得復土矣。故焚、殺之罪處斬則均，而焚尤當行連坐之法。」

選將之法，與選士不同，智勇固在所先，而漢仗亦須兼顧。恭讀雍正十一年諭曰：「從來將備之選，務須精幹之材。雖目不識丁，而膽畧豈關文采；縱貌非出衆，而義勇無礙粗疎。蓋整肅部伍，委寄干城，矢奔走於疆埸，甘勤勞於行列，類非薄具聰明小有材幹者之所能爲。而勁健渾樸、氣盛力充之裨弁，所當畧短取長，加意造就，以儲將才，以重武備者也。近見各省保舉引見之大小弁員，除軍功勞績外，大率以明白勤敏、才堪辦事注考。朕親加簡閱，並逐一詢問，奏對便給者有之，才具明晰者有之，而人材雄偉、技勇超軼者曾不數見。豈明白勤敏即可爲將才，而才堪辦事即可爲武備耶？嗣後督提等凡保舉將弁，務重弓馬，兼選漢仗。全材難得，實效須收。如仍有以軟弱而謬稱熟練，以機巧而謬稱通達，濫行保題者，是重違朕訓，膜視封疆矣。」恭繹聖謨，知古人選將，必擇奇龐福艾者，非無因矣。

古人以田獵、習武雖一派軍容，依然是耀德不覯兵氣象。《車攻》之詩曰「蕭蕭馬鳴，悠悠旆旌」，又曰「之子於征，有聞無聲」，盡之矣。「有聞無聲」四字最説得肅静。聞遠而聲近，聞次第而聲囂張，聞小而聲大，聞安和而聲疾急。凡法令之整齊，人心之歸向，無不曲曲傳出。行兵得此意，方爲王者之師。其實有聞無聲，萬事皆宜如是矣。

今世所傳《洴澼百金方》十四卷，皆兵家言，作者自隱其名曰「惠麓酒民」，或曰是無錫袁宫桂所著。宫桂以老諸生終，隱於酒，故自號酒民。其《凡例》自言得明人書二種删併成之。凡分十有四門：曰預備，曰積貯，曰選練，曰制器，曰清野，曰險要，曰方畧，曰號令，曰禁約，曰設防，曰拒禦，曰營陣，曰水戰，曰制勝。每門之中，又各列其次第條目甚詳。王惕甫謂此書平實簡要，坐而言可起而行。余獨愛其《訓兵》六章，字字激切動人，有用之文，亟別録於左：《訓忠愛》云：「論爾衆兵，第一要忠愛。如何叫做忠愛？忠是忠君，愛是愛國。凡大小人家供奉，必曰天地君親，可見君與天地覆載一般，父母生身一般，若不忠君，與不敬天地、不孝父母何異？蜂蟻尚知君臣，何況人類？就是天地生人，多有啼饑號寒的，父母生身，亦多有賣男鬻女的，你們日食月糧，安享豢養，比天地父母恩更大。你再看世間人畊田的完糧，做工商的納税，就是游手游食的也當丁差，都是那忠愛的道理。朝廷將百姓點點膏血，都破費在汝們身上，這是爲何？就髮膚盡捐，尚不能圖報萬一，奈何口食糧餉，只做自己買賣，貪懶偷閒，全無報効念頭？説起操練，便道辛苦，一旦有事，又只顧身子，不顧國家。若此忘恩背義的人，鬼神也不容。況國家有事，連你身子，置在何處？試清夜捫心，渾身汗下。你們都是有血性漢子，只是不提不醒，誠時刻提醒一副忠愛心腸，精神自然振發，筋骨自然抖擻，遇有警報，就是切身痛癢，便赴湯蹈火，怎肯退轉！你看從來忠臣義士，烈烈千古，誰人不景慕？亦誰人做不來？岳忠武王從軍士起家，背刺『精忠報國』四字，你們須切切記著。」○《訓敢戰》云：「諭爾衆兵：你們既發了忠愛念頭，切實要敢戰。如何叫做敢戰？只是不怕他便是敢。這一敢字，若去做不好事，便是亂臣賊子，若是殺賊，便是忠臣義士。如何不怕賊？只要拚得性命。今日汝們安安穩穩受享口糧，原説我是拚命殺賊的好漢，及至上陣，却便畏縮。究其病根，只是一個保性命的念頭，不覺手忙脚亂，被他一刀砍來，反斷送了性命。豈但斷送了一人性命，衆人見了不覺慌張，連衆人性命被汝斷送了。就走得脱時，軍法臨陣退縮者斬，那個饒得汝過？豈不是要性命反失了性命？況性命是閻王注定的，若是命該死，一場傷寒便死了人。自古真正好漢，從百萬軍中揮戈策馬，只是一點不怕死的心腸奮激出來。班超三十六人横行鄯善諸國，謝玄八千破苻堅八十萬，這是何等氣魄！切須聽著。」○《訓守法》云：「諭爾衆兵：你們既要敢戰，又要不敢犯法。這部律例，係朝廷苦心要保全人性命身家做出來的。假如没有這法，殺死人的不償命，你這性命留得麽？搶奪人的不問罪，你這衣服留得麽？況在軍中，衆軍士性命所關，如一人退縮不斬，人人效尤，被賊趕上，豈不送了全軍性命？如一人犯令不斬，人人效尤，一遇交鋒，豈不把全軍性命交付與敵人？古大將有軍士取民一菜，立斬以狥者，這菜值得多少，正怕人人效尤，既取得菜，復取得别樣物件，搶奪成風，地方不怕賊而怕他，反思順賊，做賊細作，豈不害了全軍性命？昔吕蒙麾下士取民一簦笠，泣而斬之。這麾下士是吕蒙同鄉，蒙爲軍法，便没奈何，且莫説同鄉。齊有穰苴，請莊賈監軍，賈失期，苴立斬之。這莊賈是齊君幸臣，苴爲軍法，便没奈何，且莫説幸臣。漢蕭何薦韓信，築壇拜將，蕭何闖轅門，韓信立斬其馬。這蕭何是韓信恩主，只爲軍法，便没奈何，且莫説恩主。漢文帝夜至周亞夫營，守門者曰：『只聞將軍令，不聞天子詔。』及天明入營，文帝要馳馬，主令者曰：『軍中不馳。』文帝只得按轡徐行。可見這軍令，憑他恁人犯不得的。我今日與汝們便是父子一般，到犯法時節，便是親兒子也顧不得了。只爲上陣時節，單看這法來保全汝們性命。思之慎之，切須記著。」〇《訓勤習》云：「諭爾衆兵：前教你們敢戰，只是不怕，須有實實落落不怕人的手段。這手段那有天生成的，須是要勤習，古人云『習慣成自然』，如何不習？又云『三日不彈，手生荆棘』，殺得賊時，有無限好處。

古人如岳王，原從小卒做起，可見這武藝不是答應官府的公事，是保性命、立功名、取富貴的勾當，須是著實勤習。又須勤習那臨陣時實實落落殺賊的武藝，不要習那花法欺瞞官府，臨陣却用不著。如射箭須學大架射，搭箭要快，眼專視賊，前手立定，後手加力，前手把弓如月，出箭穩疾如鳥。銃手須要眼看兩照星，銃去時不動手，不轉頭，纔會中。圓牌又要遮得身過，低頭前進，只斫馬脚人脚，步步防槍，牌向槍遮，刀向人砍，方妙。又如長槍用短法，短刀用長法，諸如此類，總要認定這是保性命、立功名、取富貴的勾當，決然虛應故事不得。官府操演，猶有限期，須時時刻刻如敵在前，眼思夢想，定要一日高似一日，憑他恁賊，怕不殺盡他。從來兵法有目習、耳習、心習、手習、足習。韓蘄王寔背嵬軍五百人，朝夕操練，一可當百，順昌之捷，金兀朮望見旗幟便走。岳王每休舍，即令軍士穿重甲學跳濠法，所向無敵。你們聽著。」〇《訓敦睦》云：「諭爾衆兵：如今你衆人相聚在此，最是要敦睦。如何叫做敦睦？敦是敦厚，睦是和睦。世間有等刻薄的人，談人之短，利人之災，凡事只知有己，不知有人，人人怨他恨他。又有一等乖戾的人，動輒使性，一言不合，怒氣相加，如此天空地闊世界，没一處安頓得他。人生在世，何苦如此。你們今日聚在一處，便是前世緣分，主將就是父親一般，你們長者爲兄，幼者爲弟，要如親生一般。汝不見那中舉、中進士的，東西南北各處人，一時同榜，便叫年兄、年弟。你們同做營兵，與他總是一樣。今日各行各坐，各衣各食，你不顧我，我不靠你，便不敦睦，似覺無妨。到那上陣厮殺時節，性命只争呼吸，那時得個人來一臂相助，不但保全性命，更可殺賊立功。如此關係甚大，不是平日相好，安得有此？所以勸你們敦厚和睦，有無相通，患難相救，衣食相照顧，疾病相扶持，小便宜莫討，小口舌莫争，有酒同飲，有肉同吃。手段高似我的敬他、學他，莫妒忌他；手段不如我的愛他、教他，莫非笑他。口口相約，心心相念，只是回顧那上陣時一著，我性命須索汝救，汝性命須索我救，安得不如膠似漆？況這良心何人不有？汝敬他，他還敬汝，汝愛他，他還愛汝。這狠心亦何人不有？汝駡他，他還駡汝，汝打他，他還打汝。所以做好人只好了自家，做惡人只害了自家。平日一團和氣，上陣時自然我救汝，汝救我，守則同固，戰則同强。試看劉、關、張，以異姓三人，桃園結義，便做出許多事業，至今關帝英靈，人人敬仰。你們聽著。」○《訓信義》云：「諭爾衆兵：你們與人既要敦睦，自己做人又要信義。天地間只有信義二字是立身根本。如何叫做信？心裡念的如此，口裡説的如此；今日説出這句話，終身守著這句話；不指東説西，不將無作有，不一見利害便改頭换面，便人人都信得汝過，這纔是信。如何叫做義？守自己道理，盡自己職業，視君上如父母，視同輩如兄弟，視國家的事如自己的事；一切負心忘恩的事斷不肯爲，一切犯名分、壞綱常的事斷不肯做，這纔是義，這樣人平日人都敬服他，上官也愛重他。遇有事時，心腹可相託，緩急可相依，朝廷也仗賴他，自然名成功立。人若無信，變詐欺罔，就是父母妻子也把做個騙子看待。人若不義，轉眼負心，就是至親骨肉也把做個没行止的看待。試看古人，如晉解揚，晉君使傳命於宋，楚人拿住他，賂以重貨，決不改口，何等有信！又如靈輒，感趙盾一飯之德，遇難竭力捍禦，得免其死，何等有義！至今名揚千古。你們聽著。」

李小有《金湯十二籌》中所言，皆切實可守。其論「軍中以和衆志爲第一義」，云：「吐谷渾阿柴有子二十人，命諸子獻箭，取一而折之，取十九不能折，諭之曰：『孤則易折，衆則難摧，戮力同心，可以安家保國。』至敵强寇逼，同舟遇風，誰爲局外者乎？凡同城之人，願相和如兄弟，相諭如臂指。若有暴横奸私、執拗敗羣之人，衆共罰之。然後申明必行之法，設處必需之材，料理必用之器。言期必行，行必神速。

事苟有益，不必功自己出也；言苟可用，不必議自我發也。首事之人公虛敏斷，盡之矣。」○又論「擇賢能」云：「有十人之能者統十人，有百人之能者統百人，有千萬人之能者統千萬人，先要擇十人、百人、千萬人之所服者而推之，是得一人即得十百千萬人，失一人即失十百千萬人也。柔懦者不爲長，昏愚者不爲長，暴横者不爲長，執拗者不爲長，奸私者不爲長，志不奮發、力不强健不爲長。蓋一面稍疎，三面雖嚴，何救於一面之失？一城數萬人之命，係於守城之人；守城數千人之命，付之十餘守者。何等關係，可不擇人！」○又論「選鋒彈壓」云：「軍無選鋒曰北。主將宜簡驍勇絶倫之士數千，一一皆力扼虎、射命中者，以爲腹心，以防他賊乘機竊發。從來一方有急，必借援兵，人止知援兵之益，更不知援兵之害。如唐郭晞守邠州，軍士白晝横行，有不嗛輒擊傷市人，莫敢誰何，此援兵之害中於百姓者也。淖齒將楚兵數萬救齊，擢湣王之筋，懸之梁上，竟滅齊國，此援兵之害中於主帥者也。所以然者，客過强，主過弱，故生死利害反爲客操縱耳。强主之道，莫先於選鋒。凡智可定國、力足超羣者，簡而别之，禮而重之，聯爲腹心，張爲羽翼。主將親自統領，内以鎮撫地方，外以剿滅盜寇。明以震主帥之威，潛以杜援兵之害，不至客兵勝於主兵。若厓而胄、丐而甲者，譬如羵羊，見豕而悦，見豺而慄，雖有百萬，何濟於用哉！」〇又論「屯兵外拒」云：「凡遇敵警，須於各城外要害處，只相去十數里，屯兵分營，拒守截殺，與城中相爲犄角，與城下牛馬墻内遊兵相應救。要知此兵之屯，在於牽綴賊勢，使其左顧右慮，不敢併力攻城，而勝算在我矣。故堅守爲上策，輕出爲下策，畏避不敢出爲無策。」

李小有曰：「令者，令民知所遵而易從也。必上無疑令，斯下無二事。徙木之威，賢於反汗多矣。故信之一字，與智、仁、勇、嚴並爲軍中之要務。」所開緊要七款如左，與吕新吾《救命書》語相出入，皆守城者所不可不知也。〇一，守城要心齊。一城四面，防守之人無分上下貴賤，均以性命爲急，各爲自家守，非爲他人效力也。要齊心一體，勿懷慳心，我飽而人饑；勿懷懶心，人勞而我逸；勿争利而趨，勿懼害而避；勿因小嫌而彼此賭氣，勿懷小忿而彼此相争；違者綑打一百。至於一垜有急，一伍協力；一賊上城，五夫下手。敢有觀望退縮、躲避不前者，一伍之人俱斬示衆。〇一，守城要膽壯。賊之性命，與我一般，彼不必皆勇，我不必皆怯；彼不必皆巧，我不必皆拙；彼以捨命成功，我以貪生取敗耳。彼在城下仰攻，有十倍之難，我在城上下打，有十倍之易。人見賊扒城，便爾膽顫，見賊上城，便欲驚逃，不思一人驚走，千人皆散，一散之間，賊俱入城，父母妻子，個個殺死。若放開膽力，站住不動，與賊敵鬭，賊安得上？是站住者滿城得活，走散者大家同死。但有見賊退走一步者，登時斬首示衆。○一，守城要氣定。凡百餘步外，賊吶喊衝城，或先鋒前哨聲言要攻者，必不可動，切忌妄發矢石火器，既不中（敗）〔敵〕，又損實用。嘗曰「守里不如守丈，守丈不如守尺」，愈遠徒勞，愈近得力。若氣不先定，便自慌忙亂放鎗礮矢石，器械已盡，氣力已乏，心膽已亂，待賊近城，何以敵之？此守城第一大戒也。賊離城數十步，方齊力攻打。賊退後，各人急須嚴守自己垜口，聽上人頒賞均分，不許争功争賞，致失守誤事。違者以軍法重處。○一，守城要脚定。每垜各有信地，東西南北不得過五尺。假如賊欲攻西，先在東面熱混，撒哄人護東門，則西面必鬆，他却一枝兵乘機一擁，自西登城，謂之聲東擊西。聲南擊北，聲晝擊夜，聲晴擊雨，總是「出其不意，攻其不備」八個字耳。兵法擅離信地一步者斬。如賊攻東，雖十分緊要，三面之人安定不移，自有遊兵火速向緊急之方齊力防護。惟許垜長巡視往來，若過他人一垜，斬首示衆。○一，守城要目專。目力不精，則緩急失候。守垜之人，遠望近視，頭不敢回顧，眼不敢轉睛。放銃發箭，則端相賊身；下石投木，則端相賊腦；下鈎刺鎗，則端相賊心；使鎊斧大棒，則端相賊頸。見手則斷其手，見頭則斷其頭。手眼萬分留心，不可遲緩一刻。毫髮之間，生死所係，任他千轟萬亂，吶喊摇旗，只要眼力觀看，不可一毫動心。凡垛長、城長、雉長巡視，困倦者輪流歇息，但有現班打盹怠惰者，穿耳示衆。〇一，守城要聲静。城上喧譁，則號令不聞，心志不一，警戒不肅，目力不專，此敗道也。故城上招呼各以手勢，説話各以喉聲。夜間尤要安静無聲，聽賊消息。四城門俱有更鼓，每交點放礟一聲，高聲人大叫一聲，云「大家小心」，城上衆人齊喊一聲，餘時俱不許有一些聲息，使賊不得掩彼形聲、探我消息也。城上白日屏去鈴柝，不豎旗號，不許一人喧嚷。城上不譁，城外有警，方可傳報，以便策應。如攻打被傷，亦不得大言震喊、高叫驚走。但有隔垛閒話者，割耳示衆。〇一，守城要志堅。兵貴如山，千搖不動，百震不驚，庶乎賊志自窮，我守可固。昔曹成攻賀州，日久不下，忽有一人登城大呼曰：「賊登城矣！」守城之人都滚下城，賊遂登城。此曹成之計，一人訛言，萬人驚走。以後守城首嚴此令，但有一人謡言惑亂人心者，守城之人寸步休移，抵死莫動，將謠言之人與先動之人當即斬首，懸高竿示衆。

乾隆四十九年諭軍機大臣會同兵部頒發行軍簡明紀律，載在《皇朝通典》中，凡十條，實能簡切明白，可使兵丁人人知曉者。謹録如左，凡有領兵之責者，皆當念兹在兹也。〇一，兵丁隨征剿賊，俱應奮勇直前，其見賊退走者，不過各惜身命，心懷畏怯。試思臨陣退走，律應斬首示衆，若能殺賊立功，必蒙陞賞，即或陣亡，國家自有卹典，子孫俱得邀恩。兵丁等與其臨陣畏葸，難逃國法，何如争先殺賊，奮不顧身？况勇往向前，未必即死，一經退後，斷不得生，此理甚明。該管將備等，平時將此諄切告誡，務令兵丁等咸知大義，臨陣時自必勇氣百倍，可期殺賊立功。〇一，鳥鎗弓箭最爲行軍利器，若兵丁等臨陣時，尚未見賊，遠將鎗箭施放，及至交戰，火藥箭枝俱已用完，無以禦敵，即同束手待斃，關係甚重。凡領兵將備，平日務須時加講習，令兵丁於臨陣遇賊鎗箭可及之處，不先不後，一齊施放，庶鎗箭隨聲應手，皆獲實用。〇一，行軍攜帶軍裝火藥，俱應在帳房收貯，毋令潮濕。即或途中遇雨，亦須嚴密遮護，庶遇賊緩急可用。凡帶兵將備等，須嚴加曉諭，毋致潮濕，或須烘烤，以致臨時貽誤。至弓箭槍刀等項，平時尤須修整堅利，不得廢弛。〇一，臨陣對敵，倘遇將領受傷，隨從兵丁更當奮勇直前，竭力救護。若兵（丁）不顧將，各惜身命，觀望退阻，最爲惡習。亟應申明軍紀，俾衆知悉，凡有將領受傷，兵丁不即時救護，竟至潰散脱逃者，立即查明，按名處斬。其能奮勇保護者，立即議功優賞，以示鼓勵。該將備等平日尤當愛恤士卒，臨時賞罰公平，庶兵將同心合力，所向無敵。○一，兵丁對敵，乘勝追趕，刻不容遲。若兵丁等有貪搶賊人遺棄財物，以致賊衆逃遁，貽誤不小。該將備等於領兵臨陣時，務須通行曉諭，違者立即依律治罪，庶兵丁等各知儆畏。○一，營卡最關緊要。凡領兵將備等，務須嚴飭坐卡兵丁，輪班防守，留心偵探，毋得怠惰偷安。即探察有事，只須選派明幹一二人，密行飛禀，餘仍嚴整坐守，毋許輕動。無事時不許高聲叫喊，致亂營規，違者俱照軍法處治。○一，兵丁遇有調撥，自當恪守軍令，即時遄行。如敢騷擾地方，欺壓良民，蹂躪田禾，搶掠財物等事，即應按律從重治罪。該管將備等平日教誡，臨時又當嚴行約束，無許違犯。○一，兵丁奮勇殺賊，應予獎賞，但恐兵丁等希圖冒功，任意朦混，不可不預爲防範。凡軍法將他人戰功冒爲己功，及謊稱實在効力，將無作有，以輕報重者，斬。該管將備等應隨時曉諭，親自稽查，俾立功者得賞，冒功者治罪，以期核實。○一，行軍馬駝，最宜愛惜。凡兵丁等牧防須揀擇水草，弔膔須按照時候。遇有疲乏，加意調養。夜間尤宜小心看守，偶有遺失，須立時尋獲。至所挖井泉，不許污穢。飲馬各挨次序，毋許争先，以致壅塞。如有違犯，立即重懲不貸。〇一，劄營後巡邏防守，毋得疎懈。夜間不許無故行走，帳房内更要小心火燭。遇有警報，静聽將令，不得輕舉妄動。若奉有密令，須各自遵守，毋得私相漏洩。該領兵將備等尤宜申明號令，隨時曉諭，不得疎懈。

卷十四

讀經一

治經者不拘漢學、宋學，總以有益身心、有裨實用爲主，否則無論漢學無益，即宋學亦屬空談。說經者亦期於古聖賢立言之旨，愈闡而愈明，方於學者有益。乃今之墨守漢學者，往往愈引而愈晦，抱殘守闕，遠證冥搜，每一編成，幾於秦延君之釋「堯典」二字二十萬言，漢博士之書驢券，三紙尚未見驢字。吾友謝退谷所謂「誦記雖得，探討雖勤，而一遇事全無識見，一舉念只想要錢」，不亦重可歎哉！

紀文達師曰：「漢儒說經，以訓詁專門；宋儒說經，以義理相尚。似漢學粗而宋學精，然不明訓詁，義理何自而知？概用詆排，視猶土苴，未免既成大輅，追斥椎輪；得濟迷川，遽焚寶筏。於是攻宋儒者又紛紛而起，故余撰《四庫全書詩部總叙》，有曰：宋儒之攻漢儒，非爲説經起見也，特求勝於漢儒而已。後人之攻宋儒，亦非爲説經起見也，特不平宋儒之詆漢儒而已。韋蘇州詩曰：『水性自云静，石中亦無聲。如何兩相激，雷轉空山驚。』此之謂矣。平心而論，王弼始變舊説，爲宋學之萌芽。宋儒不攻《孝經》詞義明顯，宋儒所争祇今文古文字句，亦無關宏旨，均姑置弗議。至《尚書》、三《禮》、三《傳》、《毛詩》、《爾雅》諸註疏，皆根據古義，斷非宋儒所能。《論語》《孟子》，宋儒積一生精力，字斟句酌，亦斷非漢儒所及。蓋漢儒重師傳，淵源有自；宋儒尚心悟，研索易深。漢儒過於信傳，宋儒勇於改經，計其得失，亦復相當。惟漢儒之學，非讀書稽古不能下一語，宋儒之學，則人人皆可以空談，誠有不盡饜人心者，是嗤點之所自來也。」

鄭康成之説經也，曰《易》《詩》《書》《禮》《樂》《春秋》，策皆四尺四寸，《孝經》謙半之，《論語》八寸策者三分居一，又謙焉。班孟堅之志《藝文》也，曰：「《酒誥》脱簡一，《召誥》脱簡二，率簡二十五字者，脱亦二十五字。簡二十二字者，脱亦二十二字。」古人於簡編之式不憚詳識如此，讀經者可以鹵莽從事哉？

程伊川先生教人學《易》先看王弼注，今人先橫「高談理數、祖尚虛無」八字於胸中，遂刱爲王輔嗣以老莊注《易》之說。不知輔嗣注《易》，又注《老子》，義不相蒙，未嘗以老莊解《易》也。橫渠張子之《易說》，開卷詮乾四德，即引「（近）［迎］之不見其首，隨之不見其後」二語。中間如「谷神」、「芻狗」、「三十輻爲一轂」，「高以下爲基」，皆《老子》之言也。宋大儒且如此矣，而范甯乃獨詆輔嗣爲「罪深桀紂」，豈不過哉！

《易》有鄭康成注，梁、陳間本與王輔嗣注同列於國學。至隋代王注盛行，而鄭學始微。然《新唐書》著録尚有十卷，故李資州鼎祚《集解》多引之。至《崇文總目》惟載一卷，則散佚於南北宋之間矣。鄭氏初從第五元［先］受《京氏易》，又從馬融受《費氏易》，其學出入於兩家，而費義居多，實爲傳《易》之正脉。齊陸澄與王儉書曰：「王弼注《易》，玄學之所宗，今若崇儒，鄭注不可廢。」可謂篤論。平心而斷，漢《易》之弊，在於推測機祥，至其象數之學，則去古未遠，授受具有端緒。故王輔嗣不取漢《易》，而解「七日來復」，不能不仍用六日七分之說。朱子亦不取漢《易》，而解「羝羊觸藩」，亦不能不仍用互兑之義。自王伯厚搜輯成書，近時惠定宇棟又加考訂，而漢《易》之一綫藉以僅存，不可謂無功於經學矣。

今之讀《易》者，但先就程、朱《傳》、《義》上，字字用心體會，再參以李資州《集解》足矣。蘇齋師嘗云：「予於治《易》，頗不勸人言漢學，更不喜人專治荀、虞之學，而獨以李氏《集解》爲足寶。李氏所集三十餘家，自孟喜以下，大抵多漢學，即荀、虞亦在其中也。然有並存而無偏阿，足資後學之詳擇而已。」紀文達師亦云：「李氏《集解》自序謂：『刊輔嗣之野文，補康成之逸象。』蓋王學既盛，漢學遂亡，千百年後學者，得考見畫卦之本旨者，惟賴此書之存而已。」

《易》是爲百姓日用而作，非爲一二上智密傳微妙也。是爲明是非、決疑惑而作，非爲讖緯機祥，欲使民前知也。一一皆切於事，即一一皆可推以理。果能順性命之理，即可通神明之德。故朱子《本義》象數宗邵，道理遵程，不復自立說。惟斷爲占筮而作，提出此意，覺一部《易經》字字活動。此朱子所以亦自得意，以爲天牖其衷也。

程子《易傳》用王輔嗣本，而《本義》則用吕東萊所定古本。自宋董楷作《周易傳義附録》，始合程、朱《傳》、《義》爲一書，而採二子之遺説附録其下，意在理數兼通。惟以程子在前，遂割裂朱子之書，散附程傳之後。明永樂中纂《周易大全》，亦仍其誤，鄉塾之士至不復知有古經。故《御纂周易折中》，經傳分編，一從古本。

紀文達師云：「《易》之大旨，在即陰陽、往來、剛柔、進退，明治亂之倚伏，君子小人之消長，以示人事之宜。非但占驗機祥，漸失其本，即推奇偶者言天而不言人，闡義理者言心而不言事，聖人豈爲是無用之空言乎？自説《易》者門户交争，務求相勝，主數者使魏伯陽、陳摶之説竄而相雜，而《易》入於道家；主理者使王宗傳、楊簡之説溢而旁出，而《易》入於釋氏。且易道廣大，無所不包，旁及爐火、導引、樂律、星曆，以及六壬、禽遁、風角之屬，皆可援《易》以爲説，即皆可援之以入《易》，故易説愈繁。夫六十四卦大象，皆有『君子』字，而三百八十四爻，亦皆以吉凶悔吝爲言，聖人之情，見乎詞矣。其餘皆《易》之一端，《易》之别傳，而非《易》之本旨也。」

《周易》經文不多，而孔子至於韋編三絶，後人多不得其解。惟李文貞以爲改削《十翼》，最爲近理。蓋古人用刀筆，須改者則以刀削之，孔子蓋有所見而筆之於策矣，移時而削之。筆削既多，歲月如此，則韋帶侵削磨損，故至三絶。今人著書，一筆寫成，更無改訂，不知於聖人何如也。

宋晁以道嘗令子弟門人，學《易》先治李鼎祚《集解》。或以語楊中立，楊問其故，其人曰：「以其集衆説。」楊笑曰：「是集衆説不好者。」按此二説皆有偏，要以先看王氏注及朱子《本義》爲正，則李氏《集解》亦未嘗不好也。

紀文達師曰：「世傳《河圖》、《洛書》出於北宋，唐以前所未見也。《河圖》作黑白圈五十五，《洛書》作黑白圈四十五。考孔安國《論語注》、何晏《集解》所引。稱《河圖》即八卦，是孔氏之門本無此五十五點之圖矣，陳摶何自而得之？至《洛書》，既謂之『書』，當有文字，乃亦四十五圈，與《河圖》相同，是宜稱『洛圖』，不得稱『書』，又何以別之曰『書』乎？劉向、劉歆、班固並稱《洛書》有文，孔穎達《尚書正義》並詳載其字數，足見由漢至唐，並無黑白點之僞圖。今術家所用《洛書》，乃太乙行九宫法，出於《易緯乾鑿度》，即《漢志》所謂太乙家，當時亦不稱爲《洛書》也。」

《虎坊雜記》云：「邵子方圓諸圖，《易》外別傳，以之詁《易》，非也。其方圓自太極兩儀，遞加至六十四卦，按之《易》文不合。《繫傳》曰『是故《易》有太極，是生兩儀，兩儀生四象，四象生八卦』而止，不言生六十四卦也。蓋聖人畫卦之初，有會乎渾然一氣者，太極也。然一氣之運，仍二氣之分，於是畫爲奇偶，是太極生兩儀也。夫天地間不過一奇一偶而已，由此生之，皆奇偶之積耳。於是以奇偶互加而生四象，再加而成八卦矣。不言六十四卦者，此是因而重之，非由遞加也。然則此節言聖人畫八卦之次序如此，非以太極兩儀泛指天地也。若泛指天地，是天地生天地，陰陽生陰陽矣。且如方圖，逐爻遞加至六十四，是又大奇偶生小奇偶矣。卦畫有奇偶而無大小，何至如是之破碎乎！」

又曰：「嘗與崔崧樓論《易》，謂先天、後天之説可删也。既以先天屬伏羲，後天屬文王，若斯大義，孔子胡不一言之？崔大悟。或疑『天地定位』、『帝出乎震』二節作何解。曰：此言八卦相錯，八卦之方位耳，非言先後天也。然則邵子之圖皆非乎？曰：其源出於《易》，離之則兩美，合之則兩傷也。」以上《易》。

説《尚書》者，如劉子政記《酒誥》、《召誥》脱簡僅三，而後儒乃動稱數十。班孟堅牽《洪範》於《洛書》，而後儒乃併及《河圖》，已屬轇轕支離，然尚未有敢於删定經文者。自今古文之辨興，後儒之言愈繁，其氣亦愈悍。惟朱竹垞謂《古文尚書》久頒於學官，雖多綴輯逸經成文，而大義無乖，遺言足取，似可以無攻。李文貞謂：

「古文道理精確處，聖人不能易，若漢儒能爲此，即謂之經可也。近人掎摭一二可疑之端，輒肆談議，至虞廷十六字亦闢之，所謂信道不篤也。」紀文達師亦曰：「古文行世已久，其旨不悖於聖人，斷無可廢之理。」近蘇齋師又曰：「古文諸篇，皆聖賢之言，有裨於國家，有資於學者。且如《大戴記》之有漢昭冠辭，《小戴記》之言魯未弑君，不聞有力攻《戴記》之非經者。況如六府三事、九功九敘之政要，危微精一之心傳，此而敢妄議之，即其人自外於生成也必矣，自列於小人之尤也審矣。」阮芸臺先生曰：「《古文尚書》，東晉後漸爲世所誦習，故宇文周主視太學，太傅于謹爲三老，帝北面訪道，謹曰：『木受繩則正，后從諫則聖。』帝再拜受言。唐太宗見太子息於木下，誨之曰：『木受繩則正，后從諫則聖。』今書作「從繩」，此兩引皆作「受繩」，當是別本，陸氏《釋文》未載。唐太宗自謂兼將相之事，給事中張行成上書，以爲『禹不矜伐，而天下莫與之爭』，上甚善之。唐總章元年，太子上表曰：『《書》曰：與其殺不辜，甯失不經。伏願逃亡之家免其配役。』從之。凡此君臣父子之間，皆得陳善納言之益。唐宋以後，引經言事，得挽回之力、受講筵之益者，更不可枚舉矣。」合數先生之言斷之，世之必删去古文而專用今文者，果心安而理得乎？

《大禹謨》之文最賅洽者，無如「六府三事」一節，最精深者，無如「危微精一」一節。而疑古文者，必謂其襲用《春秋》文七年《傳》引《夏書》語及《荀子·解蔽篇》者，此即前人所謂以枝葉爲根本者也。蔡《傳》釋「危微精一」語，皆本朱子《中庸序》。朱子固疑古文者，而於此十六字獨闡發深至。不但朱子也，蘇氏《書傳》於此節推衍至三百餘言，皆與朱子同，則在北宋時矣。又不但蘇氏也，楊倞注《荀子·解蔽篇》云：「今《虞書》有此語，而云道經，蓋有道之經也。」則唐人之語矣。夫荀子，周人也，豈知後世有以道教之經目爲道經者哉！

《古文尚書》自晉後諸儒以迄北宋，皆無異説。自吴才老作《書裨傳》，始稍加掊擊。《朱子語録》亦疑其僞，然言性、言心、言學，宋人據以立教者，其端皆發自《古文》，故亦無肯輕議者。其考定今文、古文，自陳振孫《尚書説》始。其分編今文、古文，自趙孟頫《書古文今文集注》始。其專釋今文，則自吴澄《書纂言》始。雖其自序謂晉世晚出之書，别見於後，其實全書四卷以外，並無釋古文一字，朱竹垞以爲「權詞」者是也。此後則陸奎勳之《今文尚書説》，王心敬之《尚書質疑》，以逮近人如王西莊鳴盛、孫淵如星衍等，亦復陳陳相因，竟似繼尼山删定而起者，則吴草廬實階之厲耳。

《尚書蔡傳》自序稱朱子屬作《書傳》，又稱經朱子點定，是其淵源本正。惟書出未久，而張葆舒、黄景昌、程直方、余芑舒等已紛紛交攻其誤，陳櫟、董鼎、金履祥皆篤信朱子之學者，而陳氏之《書傳折衷》，董氏之《書傳纂注》，金氏之《尚書表注》又斷斷有辭。明洪武中，至特修《書傳會選》以刊正之，則其書實不無可議。惟其疏通證明之處，較爲簡易，大體自醇。故元代與古注疏並立學官，而人舍注疏肄此書。明初與夏僎《解》並立學官，而人亦置夏《解》肄此書。自胡廣修《書傳大全》，遂專主蔡《傳》，著之功令。我朝康熙間欽定《書經傳説彙纂》，仍以蔡《傳》居前，而以衆説參稽其得失，至爲平允矣。

《尚書》一經，漢以來所聚訟者，《洪範》之五行；宋以來所聚訟者，《禹貢》之山川。《洪範》以五事配庶徵，本經文所有，伏生《大傳》以下逮京房、劉向諸人，遽以陰陽災異附合其文，至宋儒又流爲象數之學，嘵嘵然圖書同異之是辨，而經義愈不能明。惟北宋胡瑗《洪範口義》所發明最爲篤實。至我朝胡朏明渭之《洪範正論》，大旨以禹之治水本於九疇，《洪範》爲體，《禹貢》爲用，互相推闡，其義益彰，而於漢儒附會之談，宋儒變亂之論，實能一掃而廓清之。若吾鄉黄忠端道周之《洪範明義》，以八政配卦爻，以圖書配歷數，徒沿《皇極經世》之餘波，曼衍而不可究詰，非解經之正軌也。

宋以來注《禹貢》者，言人人殊。大抵禹跡在中原，而論者率在南渡之後，宜多牴牾不合。毛晃之《禹貢指南》，程大昌之《禹貢論》，傅寅之《禹貢説斷》，原書皆已久佚，今從《永樂大典》中僅得綴輯成編。至本朝朱長孺鶴齡撰《禹貢長箋》，薈萃古説，而以己意折衷之，實遠勝宋元諸家注本，而精核典贍，尚不及胡朏明之《禹貢錐指》。蓋説《禹貢》者棼如亂絲，胡書出而摧陷廓除，始有條理可案。厥後徐位山文靖又撰《禹貢會箋》，蓋位山生朏明之後，因朏明所已言，而更推尋所未至，故較《錐指》益爲精密，亦繼事者易爲功耳。

魏叔子云：「《禹貢》記治水，而治水本爲敷土，故首句曰『禹敷土』，言治水之本意；次句『隨山刊木』，言治水之功用；三句『奠高山大川』，言治水之成效。一節只三句，包絡通篇，而語簡意明，又並不出一『水』字。中段忽著『祗台德先』二句，是禹克勤克儉、不矜不伐之德，爲能治水而有成之本。此後成服制貢，錫土建官，安内攘外，皆天子之事。至於『聲教訖四海』，此時竟不覺上有舜在，乃終之曰『告厥成功』。可見以前大事，一一皆禀命於舜，舜知人之明，任人之專，禹無成代終不敢專制之義，盡見於此矣。」

朱竹垞云：「謂《書序》作於孔子者，劉歆、班固、馬融、鄭康成、王肅、魏徵及程明道諸儒也。謂歷代史官轉相受授者，林光朝、馬廷鸞也。謂齊魯諸儒次第附會而作者，金履祥也。至朱子謂决非夫子之言、孔門之舊，蔡《傳》因從而去之。按古者《書序》自爲一篇，列於全書之後，故陸德明稱『馬、鄭之徒百篇之序總爲一卷』。至孔安國之《傳》出，始以小序分冠各篇之首，後人遂謂伏生《今文》無序，序與孔氏《傳》並出。不知漢孝武時即有之，故司馬公據以作殷、周《本紀》。而馬氏於《書小序》有注，見於陸氏《釋文》。又鄭氏注《周官》引《書序》以證保傅，故許謙云鄭氏不見《古文》，而見百篇之序。是孔《傳》未上之時，百篇之序先著於漢代，初不與安國之書同時而出也，殆即《周官》外史之職所謂「達書名於四方」者歟？《尚書大傳》舊題「漢伏勝撰，鄭康成注」。據鄭序文，則爲伏生之遺説，而張生、歐陽生等録成之者。其文或説《尚書》，或不説《尚書》，大抵如《易乾鑿度》、

《春秋繁露》，與《尚書》本義在離合之間。而因經屬旨，其文辭爾雅深厚，最近大、小《戴記》、七十子之徒所説，古訓舊典，往往而在，則亦讀經者所當研究之書矣。《直齋書録解題》言此書印板刓闕，是在宋世已無完本。近人編輯有孫晴川之騄、孔叢伯廣林、盧雅雨見曾。孫、盧二本皆多舛誤，孔本稍善。近陳恭甫壽祺始撰成定本八卷，較之孫、盧、孔三本獨爲完備。以上《書》。

《詩》有四家，毛氏獨傳。《漢書·藝文志》《毛詩》二十九卷，《毛詩故訓傳》三十卷，但稱毛公，而不著其名。《後漢書·儒林傳》始云趙人毛長傳《詩》，是爲《毛詩》。長字不從草。《隋書·經籍志》始稱毛萇傳。然鄭康成《詩譜》：「魯人大毛公爲訓詁，傳於其家，河間獻王得而獻之，以小毛公爲博士。」陸璣《毛詩草木蟲魚疏》亦云：「魯國毛亨作《訓詁傳》，以授趙國毛萇。時人以亨爲大毛公，萇爲小毛公。」然則作傳者乃毛亨，非毛萇。鄭氏後漢人，陸氏三國吴人，淵源既近，所言自可據依。《隋志》殊誤，而流俗沿襲，莫之能更。朱竹垞《經義考》乃以《毛詩》二十九卷題毛亨撰，注曰「佚」，《毛詩訓故傳》三十卷題毛萇撰，注曰「存」，意主調停，尤爲於古無據矣。

《十三經注疏》，以《詩》毛傳、鄭箋、孔疏爲冠，包羅古義，融貫羣言，他部莫能及也。鄭氏發明毛義，自命曰箋者，《六藝論》云：此論久佚，今據《正義》所引。「注《詩》宗毛爲主，毛義若隱畧，則更表明，如有不同，即下己意，使可識别。」蓋如今人之籤記，積而成帙，故謂之箋。自鄭箋行，齊、魯、韓三家遂廢。然毛、鄭義亦時有異同。當時王肅、王基、孫毓、陳統之徒，或申毛以難鄭，或又申鄭以駁毛，袒分左右，垂數十百年。唐貞觀中，因鄭箋爲《正義》，乃論歸一定，終唐之世，無復歧趨。至宋，鄭漁仲恃其才辨，始發難端。南渡諸儒，遂以掊擊毛、鄭爲能事。明胡廣等竊劉瑾之書作《詩經大全》，著之令典，於是專宗朱《傳》，漢學遂亡。然朱子從鄭漁仲之説，不過不用《小序》耳。至於《詩》中訓詁，用毛、鄭者居多。後儒不考古書，不知《小序》自《小序》，傳箋自傳箋，紛然佐鬭，遂併毛、鄭而棄之，則非惟不知毛、鄭爲何語，殆併朱子之《傳》亦不辨爲何語矣。

朱子作《詩集傳》，曾兩易稿。凡吕東萊《讀詩記》所稱「朱氏曰」，皆其初稿，其説全宗《小序》，後乃改從鄭漁仲説。今本卷首自序作於淳熙四年中者，尚無一語斥《小序》。其注《孟子》，以《柏舟》爲仁人不遇；作《白鹿洞賦》，以《子衿》爲刺學校之廢，皆仍用《小序》。後因東萊太尊《小序》，遂激而盡變其說。自是以後，說《詩》者攻序、宗序，遂兩家角立而不能偏廢。自《欽定詩經傳說彙纂》，以朱《傳》居先而仍附録序說，允爲持千古之平，使朱子復生，亦當心折也。

《詩序》之作，自元、明以至今日，爲說經家第一争訴之端。以《大序》爲子夏作，《小序》子夏、毛公合作者，鄭康成《詩譜》也。以子夏所序《詩》即今《毛詩序》者，王肅《家語》注也。以爲衛宏受學謝曼卿作《詩序》者，《後漢書·儒林傳》也。以爲子夏所創，毛公及衛宏又加潤益者，《隋書·經籍志》也。以爲子夏惟裁初句，以下出於毛公者，唐成伯璵之《毛詩指說》也。以爲《毛傳》初行尚未有序，其後門人互相傳授，各記其師說者，曹粹中之《放齋詩說》也。以爲詩人所自製者，王安石也。以《小序》爲國史舊文，《大序》爲孔子作者，明道程子也。以首句即爲孔子所題者，王得臣也。以爲村野妄人所作，昌言排擊而不顧者，則倡之者鄭樵、王質，和之者朱子也。然鄭樵所作《詩辨妄》出，周孚即摘其四十二事攻之；質所作《詩總聞》亦不甚行於世。朱子同時如吕祖謙、陳傅良、葉適，皆以同志之交，各持異議。黄震篤信朱子，而所作《日鈔》亦申序說。馬端臨作《經籍考》，於他書無所考辨，惟於《詩序》反覆攻詰，至數千言。平心而論，必以爲作自子夏，則所引高子、孟仲子乃戰國時人，不應預入子夏口中；以爲作自毛公，則《鄭風・出其東門》説本邱光庭。《召南・羔羊》《曹風・鳲鳩》《衛風・君子偕老》傳意、序意皆不相符，不應毛公自相違戾其説；以爲作自衛宏，則《毛詩》出於西漢，《詩》必有序而後可授受，韓、魯二家皆有序，《毛詩》豈宜無序，而必俟至東漢之世出之衛宏之手乎？陳啟源《毛詩稽古篇》謂司馬相如《難蜀父老》「始於憂勤，終於逸樂」用《魚麗序》，班固《東都賦》「德廣所及」用《漢廣序》。此尚是漢人文字，若《孟子》「答咸邱蒙」語全用《北山序》「勞於從事而不得養其父母」云云，似可爲《詩序》在孟子前之確證，然又安知非作《詩序》者採用《孟子》之語乎？故惟《四庫提要》定首二語爲毛萇以前經師所傳，以下續申之詞爲毛萇以後弟子所附録，最爲精當也。

孔子刪《詩》之説，起於司馬子長，斷不足信。孔穎達謂經傳所引諸詩，見在者多，亡失者少，不容孔子十去其九。朱子亦謂當時史官編次散失，故孔子重新整理一番，未見得刪與不刪。葉適亦謂《論語》稱「詩三百」，本謂古人已具之詩，不應指其自刪者言之。近朱竹垞之論尤詳，如謂「行以肆夏，趨以采齊」，同爲樂師所教之樂儀，何以必删之，使堂上有儀而門外無儀？射以《騶虞》《貍首》《採蘩》《採蘋》爲節，何以必删《貍首》，使大夫士有節、諸侯無節？《燕禮》「升歌《鹿鳴》，下管《新宫》」，《大射儀》亦「歌《鹿鳴》，管《新宫》」，何以必删《新宫》，使歌有詩而管無詩？《商頌》十二篇爲先世所校，以祀其先祖者，何以必删其七而止存其五？《祈招》之詩，以止王心，《詩》之合禮義者莫過於此，何以既善其義而復删其詞？且謂歐陽子「篇删其章，章删其句，句删其字」之言，亦不足信。蓋詩之逸也，非孔子删之，一則秦火之後，竹帛無存，口誦者偶有遺忘也；一則作者章句長短不一，而後之爲章句之學者或比而齊之也；一則樂師矇叟，只記其音節而亡其辭，如竇公之於樂惟記《周官·大司樂》而其餘不知，制氏則僅記其鏗鏘鼓舞而不能言其義也。《王制》「變禮易樂者爲不從」，今以太師之所陳，大司樂之所掌，輒取其篇章字句而删去之，非變禮易樂而何？衰周之際，禮壞樂亡，孔子方考求之不遑，而甘自取不從之罪哉？

近代注《毛詩》者，以乾隆間常熟顧鎮之《虞東學詩》十二卷爲最善。大抵以講學諸家尊朱《傳》而抑《小序》，博古諸家又申《小序》而疑朱《傳》，故調停兩家之説，以解其紛。所徵引凡數十家，而歐陽公及蘇子由、吕東萊、嚴坦叔四家之説爲多。其某義本之某人，必於句下注其所出。又朱《傳》多闡明義理，而是編於名物、訓詁、聲音之學亦一一考證詳明，蓋能持漢學、宋學之平，書雖晚出，於讀《詩》者不爲無裨。惜坊間未見刻本，所當急謀重梓以廣其傳者也。

吾鄉何元子楷撰《毛詩世本古義》，依時代爲次，始於夏少康之世，以《公劉》、《七月》、《大田》、《甫田》諸篇爲首，終於周敬王之世，以《曹風·下泉》之詩殿焉。《四庫提要》譏其大惑不解，又稱其典據精確，非宋以來諸儒所可及，譬諸蒐羅七寶造一不中規矩之巨器，雖百無所用，而毁以取材，則火齊、木難，片片皆爲珍物。故百餘年來，人人嗤點其書，而究不能廢其書。同時永福黄文煥作《詩經考》八卷，分爲六門，一世系，二畿甸，三人物，四天時，五兵農禮樂，六動植，仍以經文篇第爲序。包孕繁富，旁涉曼衍，其意欲與何元子抗衡一時，而分量未之逮也。何書原刻板久燬，藏書家以爲奇貨。近則吾鄉及浙中皆有重刊本，不難家有其書矣。

《韓詩外傳》雜引古事古語，而證以詩句，實後世詩話之權輿，惟與經義不相比附，故曰「外傳」。别有《内傳》四卷，見《漢志》，則其亡久矣。書中所採，多與周秦諸子相出入。班孟堅稱三家之《詩》，或取《春秋》，採雜説，咸非其本義，殆即指此。然繭絲卵雛之喻，董江都取之爲《繁露》，君羣王往之訓，班孟堅取之爲《白虎通》，精理名言，未始非六經之羽翼。惟今本非唐宋之舊，書中未引詩詞者凡二十八處。又《文選注》所引孔子升泰山觀易姓而王者七十餘家，及漢臯二女事，《漢書·王吉傳》注引曾子喪妻事，又曾慥《類説》卷三十八引東郭先生知宋將亡事，又閔子騫「母在一子寒，母去三子單」語，又顔回望見一疋練事，又孔子謂君子有三憂語，又「出則爲宗族患，入則爲鄉里憂，小人之行也」云云，凡五條，皆今本所無，則闕文脱簡，均所不免。汲古閣本尤多所竄改。近新安周霽原廷寀有校注本，多所訂正，可讀也。以上《詩》。

三《禮》之書，浩如烟海，承學者未必一一皆能儲藏，更未必一一皆能涉獵。而欲求擇精語詳之一書，則當恭讀《欽定三禮義疏》。《義疏》採掇羣言，分爲七例：一曰正義，直詁經義確然無疑者也；二曰辨正，後儒駁正至當不易者也；三曰通論，以本節本句參證他篇，比類以測義，或引他經互相發明者也；四曰餘論，雖非正解，而依附經義，於事物之理有所推闡者也；五曰存疑，各持一説，義亦可通，或已經駁論而持此者多，未敢偏廢者也；六曰存義，名物象數，久遠無傳，難得其真，或創立一説，雖未即愜人心，而不得不存之以資考辨者也；七曰總論，本節之義已經訓解，又合數節而論之，合一職而論之者也。三《禮》皆同此例，包羅繁富，選擇精嚴，千百年來，禮學悉貫其中矣。

朱子因王安石廢罷《儀禮》，獨存《禮記》，以爲棄經任傳，遺本宗末，特撰《儀禮經傳通解》，以存先聖之遺制。其書未完而没，喪、祭二門，黄勉齋榦及楊信齋復續成之，編纂不出一手，分合移易之處，尚未能一一貫通。至我朝江慎修永仿其例撰《禮經綱目》一書，參考羣經，洞悉條理，實足終朱子未竟之緒，視胡文炳輩但博篤信朱子之名，不問其已定未定之説無不曲爲袒護者，其識趣相去遠矣。

金匱秦文恭公，因崑山徐氏《讀禮通考》惟詳喪葬一門，《周官·大宗伯》所列五禮之目，古經散亡，鮮能尋端竟委，乃仿徐氏體例，網羅衆説，成《五禮通考》一書。元元本本，歷朝之制皆備焉，亦學禮者所不可少之書矣。

吾鄉林樾亭先生撰《三禮陳數求義》三十卷，曰天時，曰地域，曰田賦，曰財用，曰職官，曰學校，曰明堂，曰廟祧，曰祭序，曰祭儀，曰郊社，曰羣祀，曰巡狩，曰師田，曰朝覲，曰饗燕，曰飲射，曰冠昏，曰宗法，曰喪服，凡四卷。曰喪紀，凡四卷。

曰宫室，曰冕服。自序謂「專取三《禮》本文，反復尋繹，以彼此前後相參證。其三《禮》所無，乃取證於諸經；諸經所無，乃取證於秦漢間人言之近古者，於是疑者釋而窒者通。輒抒所見，著爲論辨，雖於儒先舊訓多所違異，不敢避也。」按是書初脱稿時，余已粗讀一過，融會諸説，歸於以經解經，實有涣然冰釋、怡然理解之趣。今梓行已久而世鮮稱之者。同里陳恭甫乃深不滿是書，阮芸臺先生輯刻《皇清經解》遂置之不録，殆因其多駮馬、鄭，與漢學不相入，亦門户之見耳。平心而論，此書實有心得，非陳恭甫輩所能爲也。

紀文達師曰：「古稱議禮如聚訟。然《儀禮》難讀，儒者罕通，雖欲聚訟而不能。《禮記》則輯自漢儒，某增某減，具有主名，亦無所庸其聚訟。所辨論求勝者，《周禮》一書而已。《周禮》上自河間獻王，於諸經之中其出最晚，故真僞之辨紛如。惟張横渠《語録》云：『《周禮》是的當之書，然其間必有末世增入者。』鄭漁仲《通志》引（周）［孫］處之言曰：『周公之《周禮》，亦猶唐之《顯慶》《開元禮》，預爲之，以待他日之用，其實未嘗行也。惟其未經行，故僅述大畧，俟其臨事而損益之。故建都之制不與《召誥》《洛誥》合；封國之制不與《武成》《孟子》合；設官之制不與《周官》合；九畿之制不與《禹貢》合。」其説（義）［差］近而未盡也。夫周事之可考者，不過春秋以後，其東遷以前三百餘年，沿革損益，不知凡幾，其人不必皆周公也，於是以後世之法竄入之，其書遂雜。此亦如後世律令條格，率數年而一修，修則必有所附益，特世近者可考，年遠者無徵，其增删之迹無可稽尋，遂統以爲周公之舊耳。使以爲劉歆僞作，則何必闕其一官以待千金之購？且歆宗《左傳》，而《左傳》所云禮經皆不見於《周禮》。《儀禮》本《七畧》所收，《禮記》亦劉向所録，而《儀禮·聘禮》所載，與『掌客』之文不同；《大射禮》侯數、侯制，與『司射』之文不同；《禮記·雜記》子男執圭，與『典瑞』之文不同；《禮器》天子諸侯席數，與『司几筵』之文不同。使《周禮》果出歆手，又何難牽合其文使相證驗乎？」

河間獻王以《考工記》補《冬官》，葉秀發時遂以爲《周禮》之累，且謂漢武不信《周禮》，由此一篇。按《考工記》稱「鄭之刀」，又稱「秦無廬」，鄭封於宣王時，其非周公之舊典已無疑義。然《南齊書》載雍州盜發楚王冢，得竹簡書，王僧虔識爲科斗書《考工記》，則其爲秦以前書亦灼然可知。百工爲九經之一，共工爲九官之一，先王原以制器爲大事，存之亦可窺見古制。自鄭、賈以外，唐之杜牧之，宋之王荆公、陳用之祥道、林綱山亦之、林鬳齋希逸皆有注解，惟我朝江慎修所釋核，蓋融會鄭注，參以新説，實有神解，能傳古人制度之精，非僅供初學之省覽而已。

自臨川俞庭椿作《周禮復古編》，謂「《冬官》實不曾亡，五官所屬皆六十，不應有羨，其羨者皆取以補《冬官》」，未免鑿空臆斷。厥後葉秀發、邱釣磯葵、王次點與之、吴草廬澄、陳君復友仁、柯喬可尚遷皆沿其謬。至庭椿謂《天官》世婦與《春官》世婦、《夏官》環人與《秋官》環人爲一官複出，當省并之，其謬尤甚。二世婦、二環人職掌各殊，《天官》世婦爲王之後宫，故與九嬪、八十一御女皆無官屬。至於《春官》世婦，爲王之宫官，故每宫卿一人，下大夫四人，中士八人，女府二人，女史二人，奚十六人，鄭注以大長秋、詹事、中少府、太僕爲證。庭椿乃合而一之，是誤以《春官》之世婦爲婦人也。司馬之環人與《秋官》之環人所屬之中（下）士及史、胥、徒，爲數亦迥殊。庭椿束書不觀，而漫爲此説，欺人乎，抑自欺乎？

説《周禮》者，以鄭注、賈疏爲專門，有宋周、張、程、朱諸儒，自度徵實之學必不能出漢唐上，故雖盛稱《周禮》，而皆無箋注之專書。明王平仲志長作《周禮注疏刪翼》，於鄭、賈之繁文多所刊削，故謂之「刪」，又雜引諸家之説以明其義，故謂之

「翼」，可爲鄉塾之讀本。然多採宋以後説，浮文妨要，蓋所不免，故惠定宇有「村師」之譏。吾鄉李耜卿光坡之《周禮述注》頗與相仿，若方靈皐之《周官集注》、惠半農士奇之《禮説》，皆簡而能該，詳而有要，尤爲有裨初學也。

漢武帝謂《周禮》是戰國黷亂不經之書，其後尊信《周禮》數人皆敗事，所以人益不信。唐太宗欲行《周禮》，魏鄭公云：「非君不能行，顧臣無素業耳。」此自是實話。此書實可治天下，然非講求有素，如何施行？非魏鄭公不肯爲此語，若王安石則未免勇於自信矣。安石之意，本以宋當積弱之後，欲濟之以富强，又懼富强之説必爲儒者所排擊，於是附會經義，以鉗人口。迨其後用之不得其人，行之不得其道，百弊叢生，而宋以大壞，則非真緣《周體》之誤。宋羅大經詠安石放魚詩云「錯認蒼姬六典書，中原從此變蕭疎」，是猶爲安石所紿，而未究其假借六藝之本懷也。今塾師教人讀《周禮》，每不讀叙官。不知叙官乃經文綱領，其繁簡皆精義所關，何得删去？宋王昭禹作《周禮詳解》，五官皆不載叙官。厥後朱申作《周禮句解》，亦沿其例，因陋就簡，不可爲訓。乃坊間又有《周禮節要》之刻，不盈一帙，更所謂壞種流傳，當付之一炬者也。以上《周禮》。

卷十五

讀經 二

《儀禮》出殘闕之餘，漢代所傳凡有三本。一曰戴德本，以《冠禮》第一，《婚禮》第二，《相見》第三，《士喪》第四，《既夕》第五，《士虞》第六，《特牲》第七，《少牢》第八，《有司徹》第九，《鄉飲酒》第十，《鄉射》第十一，《燕禮》第十二，《大射》第十三，《聘禮》第十四，《公食》第十五，《覲禮》第十六，《喪服》第十七。一曰戴聖本，亦以《冠禮》第一，《婚禮》第二，《相見》第三，其下則《鄉飲》第四，《鄉射》第五，《燕禮》第六，《大射》第七，《士虞》第八，《喪服》第九，《特牲》第十，《少牢》第十一，《有司徹》第十二，《士喪》第十三，《既夕》第十四，《聘禮》第十五，《公食》第十六，《覲禮》第十七。一曰劉向《别録》本，即鄭氏所注。賈公彦謂《别録》尊卑吉凶次第倫序，故鄭用之，二戴尊卑吉凶雜亂，故鄭不從之也。

敖繼公《儀禮集説序》云：「周公此書乃爲侯國作，王朝之禮不與焉。何以知其然也？書中十七篇《冠》《婚》《相見》《鄉飲》《鄉射》《士喪》《既夕》《士虞》《特牲》《饋食》凡九篇，皆言侯國之士禮；《少牢》《饋食》上下二篇皆言侯國之大夫禮；《聘》《食》《燕》《大射》四篇皆言諸侯之禮，惟《覲禮》一篇則言諸侯朝天子之禮，然主於諸侯而言也。《喪服篇》中言諸侯及公子大夫士之服，其間雖有諸侯與諸侯之大夫爲天子之服，然亦皆主諸侯與其大夫而言。」閻百詩云：「此書決爲侯國之書，但恐其本數不止於此。經之言士禮特詳，其於大夫則但見其祭禮，而婚禮、喪禮無聞焉。《公食》大夫禮云『設洗如饗』，謂如其公饗大夫之禮也，而今之經乃無是禮焉。又諸侯之有覲禮，但用之於王朝耳，若其邦交，亦當有相朝、相饗、相食之禮，又諸侯亦當有喪禮、祭禮，而今皆無聞焉。知此外之亡逸者多，而是經之篇數本不止於十七，亦可見矣。」

三《禮》之學，至宋而微，至明殆絶。《儀禮》文古義奥，傳習尤少，注釋者亦代不數人。鄭氏以前無注本，其後有王肅注，見於《隋志》，唐初已佚。爲之義疏者有沈重，見於《北史》；又有無名氏二家，見於《隋志》，亦皆不傳。故賈公彦僅據齊黄慶、隋李孟悊二家之疏，定爲今本。朱子《語録》謂《儀禮》人所罕讀，難得善本，鄭、賈之外，先儒舊説多不復見，陸氏《釋文》亦甚疎畧。近世永嘉張忠甫校定印本，號爲精密，較他本爲勝，亦不能無舛謬」云云。朱氏《經義考》以張本爲已佚，今惟四庫館所輯《永樂大典》本三卷僅存大旨，株守《釋文》，往往以俗字轉改六書正體，殆即朱子所譏舛謬者。然古經漢注之譌文脱句藉以考識，舊槧諸本之不傳於今者，亦藉以得見崖畧，其有功於《儀禮》非淺小矣。

昔顧亭林以唐石經校明監本，惟《儀禮》譌脱尤甚。經文且然，況注疏乎？賈疏冗蔓轇轕，不及孔氏《五經正義》之條暢，傳寫者不得其意，脱文誤句，往往有之。宋代注疏各爲一書，疏自咸平校勘以後，更無别本，誤謬相沿，今已無從一一釐正。朱子作《通解》，於疏之文義未安者多爲删潤。在朱子自成一家之書則可，而明人刻注疏者，一切惟《通解》之從，遂盡失賈氏之舊矣。今惟阮芸臺先生校勘本，稍存唐宋舊觀也。

李如圭《儀禮集解》，朱氏《經義考》亦以爲未見。今從《永樂大典》排纂成書者，尚得其十之九。宋自熙寧中廢罷《儀禮》，學者鮮治是經，如圭乃全録鄭注，而旁徵博引，以爲之釋，多能發賈疏所未備。又以讀《儀禮》者必先明古人宫室之制，别爲《儀禮釋宫》一卷，條分臚序，參考證明，尤足爲治《儀禮》者之圭臬。惟《朱子大全集》中亦載其文，大畧相同。考宋《中興藝文志》《文獻通考》所引。稱朱子嘗與李如圭校定禮書，疑朱子嘗録如圭是篇，而集朱子之文者遂誤取以入集。觀《儀禮經傳通解》於《鄉飲酒》「薦出自左房」、《聘禮》「負右房」皆但存賈疏，與是篇所言不同，是亦不出朱子之一證矣。

《儀禮》不特經難讀，即注疏亦難讀。鄭注簡約，又多古語，賈疏繁贍而傷於蕪蔓，端緒亦不易尋。朱子《語録》且苦其不甚分明，何況餘子？蓋《周禮》猶可談王談覇，《禮記》猶可言敬言誠，《儀禮》則全爲度數節文，非空辭所可敷演，故講學者避而不道，淺學者又欲言而不能。今欲爬梳剔抉，使條理秩然，不復以辭義轇轕爲病，方於後學有功。則宋魏了翁之《儀禮要義》，元敖繼公之《儀禮集説》，我朝張爾岐之《儀禮鄭注句讀》、吴廷華之《儀禮章句》皆可稱善本。

劉次白鴻翶曰：「《周官》之爲人口實者，論者謂新室之所增益也。若《儀禮》，乃周公之遺，孔子所嘆爲郁郁者，在聖人當時未嘗不起以義，而在後世亦未必盡順乎情。善哉郝敬之言曰：「《儀禮》有不宜於今日者，如士冠禮不論有爵無爵，輒用命服，今可乎？士婚禮女子既許嫁，笄矣，出教於宗室三月，今可乎？士相見，賓五請始得主人一出，又不升堂，止於大門外一拜，今可乎？臣侍食於君，不待君命先飯，遍嘗飲食，今可乎？古人無紙筆，故書必刀，文必篆，册必竹簡、木板。古人無棹椅，席地而坐，故食必用俎、用豆、用鼎。祭祀之孫爲祖尸，父拜其子也。喪紀之父在母喪，與妻同服也。庶子後父，爲其母緦也。此皆禮之難用者也。夫堯、舜、禹、湯、文、武之盛，固非後世所及。然即聖人復生，古禮之宜於今者，聖人復之；其爲衆之所不安者，聖人亦必不盡復也。今禮之爲有道君子所病者，聖人去之，其乖於人情而或大害於義者，聖人去之，其適於人情而無大害於義者，聖人亦必不去也。」

歷代喪服之書，大抵以《儀禮》爲根柢，而以徐健庵尚書之《讀禮通考》爲完備。其大端有八：一曰喪期，二曰喪服，三曰喪儀節，四曰葬考，五曰喪具，六曰變禮，七曰喪制，八曰廟制。於歷代喪期異同則有表，喪服暨儀節、喪具則有圖，縷晰條分，至爲詳備，蓋歷十餘年，三易稿而後成也。

朱子《乞修三禮劄子》云：「《周官》一書，固爲禮之綱領，至於儀法度數，則《儀禮》乃其本經，而《禮記》『郊特牲』『冠義』等篇乃其義説耳。前此猶有三禮、通禮、學究諸科，禮雖不行，士猶得以誦習其説。熙寧以來，王安石變亂舊制，廢罷《儀禮》，棄經任傳，遺本宗末，其失已甚。」又作《謝監嶽文集序》云：「謝綽中，建之政和人。先君子尉政和，行田間，聞讀書聲，入而視之，《儀禮》也。以時方專治王氏學，而獨能爾，異之。」然則爲《儀禮》者，在宋已成空谷之足音矣。以上《儀禮》。

《禮記疏》引鄭氏《六藝論》云「戴德傳《記》八十五篇」，則《大戴禮》是也；「戴聖傳《禮》四十九篇」，則此《禮記》是也。則今四十九篇，實戴聖之原書。而《隋書·經籍志》乃謂戴聖删大戴之書爲四十六篇，謂之《小戴記》，馬融又益《月令》一篇，《明堂位》一篇，《樂記》一篇，合四十九篇。此説不知所本，證以《後漢書·橋玄傳》所云「七世祖仁著《禮記章句》四十九篇，號曰橋君學」，仁即班固所謂小戴授梁人橋季卿者，其時已稱四十九篇，無四十六篇之說，則《隋志》所言誤也。

元延祐中行科舉法，定《禮記》用鄭注，故元儒説禮，率有根據。自明永樂中敕修《禮記大全》，始廢鄭注，改用陳澔《集説》，禮學遂荒。爲之疏義者，唐初僅存皇侃、熊安生二家。孔冲遠修《正義》，即以二家爲本。其書務伸鄭注，亦未免有附會之處，然採摭舊文，詞富理博。説禮之家，鑽研莫盡，即衛湜之《集説》，自言「日編月削，閱三十餘載而後成書」，尚不能窺其涯涘，陳澔之流益自鄶無譏矣。

衛湜《禮記集説》一百六十卷，採摭最爲賅博，去取復能精審，自鄭注以下，所取凡一百四十四家，其他書之涉於《禮記》者不在此數。今自鄭注、孔疏外，原書無一存者。朱氏《經義考》蒐輯繁富，而不知其書與不知其人者，凡四十九家，皆賴此書以傳，亦可云禮家之淵海矣。其後序自云：「他人著書，惟恐不出於己，予此編惟恐不出於人。」可想見其用心之概。近吾友林鈍村一桂手纂《周禮長編》百册，陳恭甫以爲衛書之比，恐未易言也。

陳澔之《雲莊禮記集説》，胡廣修《五經大全》始專用之。蓋説《禮記》者，漢、唐莫善於鄭、孔，而注疏奥博，不似澔注之淺明。宋代莫善於衛湜，而卷帙繁重，亦不似澔注之簡便。又澔之父大猷師饒魯，魯師黄幹，幹爲朱子之壻，遂藉考亭之餘蔭，其書得獨列學官。其實澔書在當時即不爲儒者所稱。朱竹垞至以「兔園册子」譏之，李文貞亦以「前忘後、後忘前」短之。特其疏解簡明，門徑顯淺，於初學不爲無益，是以我朝定制，亦姑仍舊貫，以便童蒙。而《欽定禮記義疏》，乃退澔説於諸家之中，與《易》《詩》《書》三經異例，承學之徒亦可以知所取捨矣。

《禮記》一書，爲大小戴所遞删，本與《易》《詩》《書》《春秋》經聖人手定者有異。故劉向《别録》有以《内則》屬子法，《文王世子》屬世子法，《曲禮》《少儀》《王制》《禮器》《玉藻》《深衣》屬制度之説，今孔疏篇目猶備載之。其後孫炎亦有改易，唐魏徵又因孫炎所修更加整比，書皆不行。惟元吴澄《禮記纂言》分爲三十六篇，其次第亦以類相從，至今尚存。近又有任釣臺啟運《禮記章句》十卷，定爲四十二篇，則以《大學》《中庸》冠首，明倫、敬身、立政次之，五禮又次之，樂又次之，通論又次之。又有王心敬之《禮記彙編》八卷，分爲三編。上編載孔子論禮之言，次以《大學》《中庸》及曾子、諸子之遺言；中編括《記》中禮之大體；下編列《記》中瑣節末事。與吴澄之書又有不同，而其爲移掇經文則一。數書中惟任氏《章句》鎔鑄剪裁，能一一薈其精要，足爲後學之津梁，餘則粗知其大概可也。

《大戴禮記》，宋時列爲十四經，見史繩祖《學齋佔畢》。然其書古不立博士，今不列學官，故肄業之者鮮。其實二戴同源，皆先聖人微言舊制，不可不讀。如《夏小正》爲夏時書，所言天象與《堯典》合。《公冠》《諸侯遷廟》《釁廟》《朝事》等篇足補《儀禮》之遺。《盛德》明堂之制，爲《考工記》所未備。《孔子三朝記》可與《論語》相輔而行。《曾子》十篇，儒言純粹，在《孟子》之上。《投壺》儀節較《小戴》爲詳。《哀公問》字句亦較《小戴》爲確。惟自漢至今，衹有北周盧僕射一注，未能精備，遂至章句混淆，文字多舛。今坊本實不便讀者，應以《四庫》所校爲讀本，而以孔巽軒廣森所輯《補注》參互考訂之。以上《禮記》。

李文貞嘗言：「《春秋》最是難讀，全無一點文采，不過幾个字換來換去，用得的確微而顯、顯而微，便使萬世之大經大法粲然具備，而爲人生不可須臾離之書。説《春秋》者但當就此意闡發，若必説到夫子竟操二百四十年南面之權，是非褒貶怎生峻厲，則全是隔膜語。夫子不過就現成魯史爲之筆削，該稱君，該稱臣，還他个本分，不肯一毫苟且假借，則《魯論》『必也正名』一言蔽之矣。」

紀文達師云：「説經家之有門户，自《春秋》三《傳》始。其間諸儒之論，中唐以前，則《左氏》勝，啖助、趙匡以逮北宋，則《公羊》《穀梁》勝。孫復、劉敞之流，名爲棄《傳》從《經》，所棄者特《左氏》事蹟、《公》《穀》日月例耳。其推闡譏貶，少可多否，實陰本《公》《穀》之法。夫删除事蹟，何由知其是非？無案而斷，是《春秋》爲藏鈎射覆矣。聖人禁人爲非，亦予人爲善，經典所述，不乏褒詞，而操筆臨文，乃無人不加誅絶，是《春秋》爲吉網羅鉗矣！至於用夏時則改正朔，削尊號則貶天王，《春秋》又何僭以亂也？沿波不返，歧派愈多。」要之《左氏》親見國史，古人之始末具存，故據事而言，即其識有不逮者，亦不至大有所出入。《公羊》《穀梁》則前後經師遞相附益，推尋於字句之間，故徇其意見所偏，每多憑心而斷。然則徵實迹者其失小，騁虚論者其失大。後來諸家之是非，均持此斷之可矣。

言《左傳》者孔奇、孔嘉之説久佚，賈逵、服虔之説亦僅偶見他書，今世所傳，惟杜注、孔疏爲最古。杜注多强《經》以就《傳》，孔疏亦多左杜而右劉，劉炫作《規過》以攻杜，孔疏皆以爲非。是皆篤信專門之過。然有注疏而後《左氏》之義明，二百四十年善惡之跡，一一有徵。後儒妄作聰明，以私臆談褒貶者，猶得據傳文以知其謬。則漢、晉以來，藉《左氏》以知經義，宋以後，更藉《左氏》以杜臆説，《傳》與注疏均謂大有功於《春秋》可矣。

左氏身爲國史，旁羅百二十國寶書，殫見洽聞，實同倚相之能讀墳典邱索。故蔡墨説《乾》、《姤》、《同人》，子服惠伯説「黄裳元吉」，可以證《易》。史克言十六相、四凶，魏絳言有窮后羿，伍員言少康，可以補《尚書》。楚莊言「武有七德」，成鱄言文有「九德」，可以説《詩》。北宫文子、太叔之辨禮，季札之觀樂，可以考禮訂樂。則不但有功《春秋》，直謂之有功六經可矣。

朱子《語録》深駮胡安國「夏時冠周月」之説，張文憲洽作《春秋集注》，遂以春爲建子之月，與《左傳》「王周正月」義合，足破支離轇轕之陋。明初此書與胡《傳》並立學官，迨胡廣等剽襲汪克寬《纂疏》爲《大全》，專主胡《傳》，而洽書遂不行，其實不可廢也。昔朱子自謂「此生不敢問《春秋》，開頭一句『春王正月』便不明白」。近李文貞亦言：「《春秋》明白得『春王正月』，便都明白了。」梁曜北云：「《左氏》開卷便明著之曰『元年春，王周正月』，有何不可據？」朱竹垞詩：「魯史王正月，羣疑積至今。邱明一周字，直可抵千金。」豈先儒皆未見及此耶？

杜元凱《春秋釋例》，本書久佚，今四庫館從《永樂大典》録出，尚有十五卷。其大旨以《經》之條貫必出於《傳》，《傳》之義例歸總於凡。《左傳》稱「凡」者五十，皆史書之舊章，經孔子之筆削，遂成精義。杜氏因比事以求屬詞之旨，更以己意申之，與《公》《穀》之例迥異。其《世族譜》、《土地名》、《長歷》尤爲精核。論者謂《春秋》以《左傳》爲根本，《左傳》以杜注爲門逕，杜注又以是書爲羽翼，信不虚也。

自唐陸淳述其師啖助、其友趙匡之説，作《春秋集傳纂例》及《春秋微旨》、《春秋集傳辨疑》，掊擊三《傳》者自此發源。然大旨陰主《公》《穀》，故稱《左氏》序事雖多，釋經殊寡，猶不如《公》《穀》之於經爲密。其論皆未免一偏，歐陽公及晁公武諸人皆不滿之。惟程子則稱其絶出諸家，有攘異端、開正途之功。蓋宋人捨《傳》求《經》之派，實唐三家導之矣。

《公羊》之學，據注疏引戴宏序，爲子夏傳與公羊高，高傳其子平，平傳其子地，地傳其子敢，敢傳其子壽，壽乃與胡母子都著於竹帛，則今之《公羊》傳爲壽所撰，舊本題爲公羊高者，誤也。其初與經别行，故何氏《解詁》但釋《傳》而不釋《經》。今本以《傳》附《經》，蓋徐彦作疏時所合。壽距子夏凡六傳，皆口相授受，經師附益，失聖人之意者有之，而大義相傳，終有所授。何氏邃於陰陽五行之學，多以讖緯釋《傳》，惟「黜周王魯」，傳無明文，晉王接以爲乖硋大體，不爲過矣。

《公羊》自宋以後，益少專門之學。近孔巽軒以爲：「《（孔）〔左〕氏》馳騁於文辨，《穀梁》圈囿於詞例，於聖人制作之精意未有言焉，知《春秋》者，其惟《公羊》乎？」於是殫精研思，作爲《公羊通義》，自序謂「因原注，存其精粹，删其支離，破其拘牽，增其隱漏」，皆非虚言，誠千百年來之絶業也。

《穀梁傳》爲穀梁俶一名赤。所述。俶親受經於子夏，據鄭氏《起廢疾》，以穀梁爲近孔子，公羊爲六國時人，又云「《傳》有先後，則《穀梁》實先於《公羊》」。惟據《公羊疏》，則《傳》亦是傳其學者所作，非出俶手，且非僅出一人之手。如隱五年、桓六年並引《尸子》説者，謂即尸佼，則時世在後，何得預爲徵引？至其傳義之精，《公羊》或弗能及，范氏《集解》矜慎亦勝於何氏之《解詁》。楊士勛疏與徐彦相埒，雖不及孔穎達書之該洽，然自唐以後，言《左傳》者多，言《公》《穀》者少，既乏憑藉之資，復鮮佐助之力，詳畧殊觀，固其宜矣。

宋孫明復復《春秋尊王發微》，其説亦陰主《公》《穀》而加以深刻，上祖陸淳，下開胡安國有貶無褒之説，二百四十年中幾無一善類矣。蓋以申、韓之學説《春秋》者，自是人始。同時劉原父敞所著《春秋權衡》，多評論三《傳》之得失。蓋原父深於禮學，故進退諸説，往往依經立義，不盡從《傳》，亦不盡廢《傳》，較孫明復之意爲斷制者實遠勝之。

胡氏《傳》初出時，張南軒栻已有異議。朱子編《南軒集》存而不删，蓋亦以張説爲然。元延祐中復科舉法，始懸爲功令，而有明一代因之。故元吴草廬作《俞皐春秋集傳序》，稱兼列胡氏，以從時尚。明馮夢龍作《春秋大全凡例》，稱諸儒議論，儘有勝胡《傳》者，然業以胡《傳》爲宗，自難並收，以亂耳目。豈非限於科律，明知其誤而從之者歟？

乾隆五十七年十一月，紀文達師奏言：「向來試《春秋》者用胡安國《傳》，而胡《傳》中多有《經》無《傳》，可以出題之處不過數十節。如本年鄉試，竟有一題而五省同出者。且安國作是書以諷高宗而斥秦檜，與孔子之意不相比附。恭讀《欽定春秋傳説彙纂》中駮胡《傳》者數百條，御製文亦屢闢其説，而科場所用，以重複相同之題，習偏謬失當之論，殊覺無謂。請嗣後《春秋》題俱以《左傳》本事爲主，參用《公羊》《穀梁》之説，庶足以勸經學而裨文風。」得旨允行。經學昌明之會，復得大儒如吾師者主持其間，當爲《春秋》幸，並爲天下萬世讀《春秋》者幸也。

余曾問一塾師：「塾中所授《春秋》爲何本？」應曰：「杜林。」問以「何爲杜林」，則曰：「殆謂杜注所薈萃耳。」憶余曾聞一人自誇其幼學，曰「我曾讀過《左繡》」。「杜林」與「左繡」正可爲對。按朱竹垞《經義考》載宋林堯叟《春秋左傳句解》四十卷，崇禎中杭州書坊取其書合杜注行之。又《左傳杜林合注》五十卷，天啟中杭州王道焜、趙如源同編，即今村塾通行之本，惟又削去道焜、如源之名，凡例中竟題爲林堯叟所述，而中引永樂《春秋大全》，殆可噴飯。杜注精密，林實非其匹，特因林之明顯以求杜之深奥，於初學亦不爲無裨。至近人所最稱者爲顧復初棟高之《春秋大事表》，條理詳明，考證典核，其辨論諸篇多發前人所未發，尤足爲科舉文字所取資，故其書盛行於世。惟事事立表，未免繁碎，至參以七言歌括，亦乖著書之體。且宋程公説之《春秋分紀》，其體例往往與此書互相出入，復初亦未免爲屋下之屋矣。

《春秋繁露》發揮《春秋》之旨，多主《公羊》，而往往及陰陽五行。《崇文總目》頗疑其僞，程大昌攻之尤力。然中多根極理要之言，非後人所能依託也。是書宋代已有四本，多寡不同，今坊本尤訛脱不可枚舉。幸《四庫》以《永樂大典》所載詳爲勘訂，凡補一千一百二十一字，删一百二十一字，改定一千八百二十字，勒爲十七卷，漸復舊觀。蓋雖習見之書，實則絶無僅有之本也。以上《春秋》三《傳》。

《孝經》其來已古，蔡邕《明堂論》引魏文侯《孝經傳》，《呂氏春秋·審微篇》引《孝經·諸侯章》，此所引乃今文，七國人所見如是，何後來更有古文乎？則其爲三代之書無疑。惟授受無緒，故後儒多疑其僞。自孔、鄭兩本互相勝負，古文、今文門户遂分。唐開元御注用今文，遵制者固應從鄭；朱子《刊誤》用古文，講學者又轉而從孔。其實所争者不過字句之間。惟宋黄氏震《日鈔》有云：「《孝經》一爾，古文、今文特所傳微有不同。如首章今文云『仲尼居，曾子侍』，古文則云『仲尼閒居，曾子侍坐』；今文云『子曰先王有至德要道』，古文則曰『子曰參先王有至德要道』；今文云『夫孝德之本也，教之所由生也』，古文則曰『夫孝德之本，教之所由生』。文之或增或減，不過如此，於大義固無不同。至於分章之多寡，今文《三才章》『其政不嚴而治』與『先王見教之可以化民』通爲一章，古文則分爲二章。今文《聖治章第九》『其所因者本也』與『父子之道天性』通爲一章，古文則分爲二章，『不愛其親而愛他人者』，古人又分爲一章。章句之分合不過如此，於大義亦無不同。古文又云『閨門之内，具禮矣乎，嚴父嚴兄，妻子臣妾，猶百姓徒役也』，此二十二字，今文全無之，古文自爲一章，與前之分章者三，共增爲二十二。所異者又不過如此，非今文與古文各爲一書也。」其言至爲明晰，六百年來，彼此相持，要皆逐末遺本，雖朱子亦不免賢者之過矣。

日本國有《古文孝經孔氏傳》，山井鼎編入《七經孟子考文》中，知不足齋曾刻之。其傳文證以《論衡》、《經典釋文》、《唐會要》所引，亦頗相符，然淺陋冗漫，不類漢儒釋經之體，並不類唐宋以前人語，彼國山井鼎已疑其僞。今《四庫》録冠「孝經部」之首，不過以海外秘文，人所樂覩，使不實見其書，轉爲好古者之所惜，故特録而存之，使人知所謂《古文孝經孔傳》者不過如此，而真僞自分矣。以上《孝經》。

自《明史·藝文志》始立「四書」一門，前史無是例也。《論語》《孟子》舊各爲書，《大學》《中庸》則《禮記》中之二篇，其合編爲《四書》，自宋淳熙始。其懸之功令，自元延祐復科舉始，古來亦無是名也。然《論語》《孟子》，漢時皆立博士，《中庸説》見《漢書·藝文志》，《中庸傳》《中庸講疏》見《隋書·經籍志》；惟《大學》自唐以前無别行之本，而《書録解題》載司馬温公有《大學》《中庸廣義》各一卷，則表章之功不自洛閩諸儒始。特論説之詳，肇自二程，《四書》之名，著自朱子耳。

朱子《四書》原本，首《大學》，次《論語》，次《孟子》，次《中庸》。書肆刊本以《大學》《中庸》篇頁無多，併爲一册，遂移《中庸》於《論語》之前。明代科舉命題，又以作者先後，移《中庸》於《孟子》前。然非宏旨所關，此不必定復其舊者也。《大學》古本爲一篇，朱子則分别經傳，顛倒其舊次，補綴其闕文。《中庸》亦不從鄭注分節，故均謂之《章句》。《論語》《孟子》融會諸家之説，故謂之《集注》，猶何晏注《論語》，裒八家之説，稱《集解》也。《大學章句》，諸儒頗有異議，然所謂「誠其意」者以下並用舊文，所特創者不過補傳一章，要非增於八條目之外，於理無害，此亦不必紛紛攻辨者也。《中庸》不從鄭注，而實較鄭注爲精。況鄭注之善者，如「戒慎乎其所不睹」四句，未嘗不採用其意，「雖有其位」一節又未嘗不全襲其文，觀其去取，具有鑒裁，此尤不必執古義以相争者也。《論》《孟》亦頗取古注，如《論語》「瑚璉」注與《明堂位》不合，《孟子》「曹交」注與《春秋傳》不合，論者或以爲疑，不知「瑚璉」用包咸注，「曹交」用趙岐注，非朱子杜撰也。又如「夫子之墻數仞」注「七尺曰仞」，「掘井九仞」注「八尺曰仞」，論者尤以爲矛盾，不知「七尺」亦包咸注，「八尺」亦趙岐注也。是知鎔鑄羣言，固未可概以師心目之。大抵朱子平生精力殫於《四書》，其剖晰疑似，辨别毫釐，遠在《易本義》《詩集傳》上。後來攻朱子者，務摭其名物度數之疎，尊朱子者又併此末節而回護之，烏識朱子著書之義乎！

朱子别有《四書或問》三十九卷，其説與《章句》《集注》頗有牴牾。蓋《章句》《集注》朱子畢生修改未已，《或問》則成書在先。《年譜》稱《或問》一書未嘗出以示人，書肆有竊刊行者，亟請於縣官，追索其版。又《晦庵集》中有《與潘端叔書》曰：「《論語或問》，此書久無工夫修得，只集中屢更不定，却與《或問》前後不相應」云云，可見異同之迹，朱子已不諱言矣。

自朱子之《四書》行，而讀注疏者漸少。趙岐、何晏所撰，究是古籍，朱子皆嘗採用，惟《論》《孟》之疏皆不如注，皇侃疏久佚而復出，即邢疏之藍本，而韓文公之《論語筆解》亦寥寥僅存，唐以前説《四書》之書，不過此數部而已。

宋以後釋《四書》與朱子合者，惟真西山之《四書集編》，皆採朱子文集《語録》之説，以與《章句》《集注》相發明。趙順孫之《四書纂疏》，又採朱子門人所記録之微言奥旨，以爲《章句》《集注》之羽翼。若金仁山之《論語集注考證》《孟子集注考證》，則於朱子之旨已不無異同。鄭汝諧之《論語意原》，張南軒之《論語解》，陳天祥之《四書辨疑》，高拱之《問辨録》，皆顯與朱子牴牾，至我朝毛西河之《論語稽求篇》而極。不知朱子之學，皆明聖道之正傳，區區訓詁徵引之出入，固不必爲之諱。元張存中作《四書通證》，詹道傳作《四書纂箋》，皆於《章句》《集注》引經數典者，悉一一注其所本，《纂箋》則並所引之成語亦各證其原頭。然《通證》考核未精，《纂箋》亦多疎漏。余久欲博稽載籍，仿爲此書，以《章句》《集注》爲本，先採古義以箋之，次採同於朱子之説以證之，次録異於朱子之説而辨之，以人事鮮暇，藏書無多，不知何日始酬此願也。

應舉家看《四書》，多專治王已山步青之《滙參》。然吾爲學者惜日力計，則與其治《滙參》，不如博覽任釣臺之《四書約旨》、張惕庵甄陶之《四書翼注論文》、翟晴江之《四書考異》、程是庵大中之《四書逸箋》、閻百詩之《四書釋地》、江慎修之《鄉黨圖考》，於研經、應舉均有所裨也。

朱子之《章句》《集注》，積平生之力爲之，垂没之日，猶改定《大學·誠意章》注，凡以明聖學也。元延祐中用以取士，而闡明理道之書，遂漸爲弋取功名之路。至《大全》出而捷徑開，八比盛而俗學熾。馴至高頭講章行，非惟孔、曾、思、孟之本旨亡，併朱子之《四書》亦亡矣。謝退谷云：「國家以制藝取士，必於《四書》命題。蓋以人通是書，則其人必賢，其才必可用也。」然則讀《四書》者，當思其所以讀之故，爲制藝者當思其所以爲之故。《四書》之旨非身體力行，則其説必不能精。此又文行一本之道耳。

謝梅莊曰：「《論語》一書，實可以治天下，而如宋趙普者，則薛敬軒譏其好爲大言，詢不誣也。趙普所行，往往與《論語》相反。其誑宋太宗曰：『臣有《論語》一部，以半部佐太祖定天下，以半部佐陛下定太平。』當時太宗若轉詰之曰：『卿佐太祖定天下之半部，與佐朕致太平之半部，可得析言之、詳言之歟？』恐普必無詞以對也。若李文靖言『吾備位宰相，《論語》中「敬事而信」兩句尚未能行也』，斯可與讀《論語》也已。」

《孟子》舊注存於今者，惟趙岐一家。趙岐之學，稍遜於馬、鄭、許、服諸儒，而此注指事類情，實能闡發七篇之微言大義。且章別爲指，令學者可分章尋求，於漢儒傳注別開一例，功亦勤矣。唐之張鎰、丁公著始爲之音，宋孫奭採二家之説，補其闕遺，成《音義》二卷，本未嘗作《正義》也。今本乃擬他經衍爲《正義》十四卷，署曰「孫奭疏」。朱子謂邵武一士人爲之。自此本行，疏固悠謬，而經注之舛訛闕逸亦莫可枚舉。賴吴寬、毛扆、何焯、余蕭客、戴震等先後校勘，孔繼涵、韓岱雲爲之鋟板以行，而《孟子注疏》始有善本矣。以上《四書》。

《大戴禮·孔子三朝記》稱孔子教魯哀公學《爾雅》，則《爾雅》之由來遠矣。或以爲周公所作，或以爲孔子所增，或以爲子夏所益，或以爲叔孫通所補，或以爲沛郡梁文所考，並見張揖所上《廣雅表》。要之爲秦、漢以前之書，後人間有附益則無可疑。鄭康成《駁五經異義》有云：「《爾雅》者，孔子門人所作，以釋六藝之言。」康成大儒，所言蓋尤爲可據耳。

《爾雅》雖不盡釋經，而釋經者爲多，故得與「十三經」之數。後人欲讀古書，先求古義，捨此無由入也。郭注去漢未遠，詞約而義博，事覈而旨遠，蓋舊時諸注未能或勝，後來補正亦終不出其範圍。其自序謂所見之注有十餘家，今考陸氏《經典序録》所載，犍爲文學及劉歆、樊光、李巡、孫炎之外，益以鄭康成爲六家，其餘未之詳。今六家之注亦並闕佚不可考。此後則梁有沈旋，唐有裴瑜，其書亦皆無傳。鄭漁仲注雖存，而偏僻疎畧，均所不免。近惟邵二雲晉涵作《爾雅正義》二十卷，仍以郭注爲主，而博採諸書分疏之。此書出而邢疏可廢，讀《爾雅》者可不必別問津途矣。

讀《爾雅》者，不可不兼讀《廣雅》。段懋堂玉裁云：「小學有形、有音、有義。形書以《説文》爲首，《玉篇》以下次之。音書以《廣韻》爲首，《集韻》以下次之。義書以《爾雅》爲首，《方言》《釋名》《廣雅》以下次之。」按魏張稚讓揖因《爾雅》舊目，博採漢儒箋注及《三蒼》《説文》諸書，以增廣之。明人取其書與《爾雅》《小爾雅》《廣雅》《埤雅》合刻，名曰《五雅》。近得王懷祖念孫殫精極慮，撰成《廣雅疏證》二十卷，蓋雅訓之淵海，小學之鈐鍵，空前絶後之書，又不但爲讀《廣雅》者之善本而已。以上《爾雅》。

唐陸元朗德明《經典釋文》三十卷，闢經訓之菑畬，導後人以途徑，洗專己守殘之陋，滙博學詳説之資。先儒之精藴賴以留，俗本之訛文賴以正，實讀經者不可無之書。惟列《老子》《莊子》於《爾雅》之前，而不列《孟子》，未免乖舛。蓋宋熙寧以前，《孟子》本不列爲經，《老子》《莊子》則六朝之所競尚，唐天寶間皆賜號「真經」，元朗亦沿積習耳。此書雕板行於海内者，止徐氏《通志堂經解》中有之。藏書家間有影鈔宋本，而譌脱之處，反不如徐本校勘之精。近盧抱經始有重雕本，又各卷附以考證，遂爲陸氏書之最善本。

朱竹垞撰《經義考》三百卷，統考歷代經義之目。以諸經分類，每書各先注其或存、或闕、或佚、或未見，次載原序跋及諸家論斷，及己所考證，而附以毖緯、擬經、承師、刊石、書壁、鏤板、著録、通説八門，網羅宏富，綜覈賅貫，誠經訓之淵藪，讀經者所當家有其書也。自《四庫》開，羣籍續出者愈多，此書間有漏畧訛舛之處，要無傷其大體。近蘇齋師與丁小疋杰、王實齋聘珍作《經義考補正》十二卷，拾遺辨誤，無義不搜，然於是書之補苴，則不過百一矣。

許氏《説文》，推究六書之義，分部類從，至爲精密，而訓詁簡質，猝不易通。又音韻改移，古今異讀，諧聲諸字，亦每難明，故傳本往往譌異。宋雍熙三年，詔徐鉉、葛湍、王惟恭、句中正等重加刊定，凡字爲《説文》注義序例所載，而諸部不見者，悉爲補録。又有經典相承、時俗要用而《説文》不載者，亦皆增加，别題之曰「新附字」。其本有正體，而俗書譌變者，則辨於注中。其違戾六書者則别列卷末。或注義未備，更爲補釋，亦題「臣鉉等案」以别之。音切則以孫愐《唐韻》爲定。以篇帙繁重，每卷各分上下，即今所行汲古閣本是也。近本則以金壇段懋堂玉裁爲最精，所撰《説文解字注》三十卷，王懷祖以爲千七百年來無此作。

《説文》所引《五經》文字，與今本多不相同，乃有同引一經而自相違異者。如《易》「以往吝」又作「以往遴」，「爲的顙」又作「爲駒顙」，「重門擊柝」又作「重門擊㯳」；《書》「鳥獸毨毛」又作「鳥獸褎毛」，「方鳩僝功」又作「旁逑孱功」，「濬く巜距川」又作「睿畎澮距川」，「若顛木之有甹櫱」又作「若顛木之有甹枿」；《詩》「桃之枖枖」又作「桃之枖枖」，「江之永矣」又作「江之羕矣」，「江有汜」又作「江有洍」，「静女其姝」又作「静女其㚮」，「擊鼓其鏜」又作「擊鼓其鼞」，「是褻絆也」又作「是泄絆也」，「衣錦褧衣」又作「衣錦檾衣」，「薈兮蔚兮」又作「嬒兮蔚兮」，「赤舄掔掔」又作「赤舄己己」，「驒驒駱馬」又作「痑痑駱馬」，「不敢不蹐」又作「不敢不趚」，「瓶之罄矣」又作「瓶之窒矣」，「無然詍詍」又作「無然呭呭」，「憬彼淮夷」又作「穬彼淮夷」；《春秋傳》「忨歲而潵日」又作「翫歲而愒日」；《論語》「色孛如也」又作「色艴如也」。蓋《說文序》雖稱《易孟氏》《書孔氏》《詩毛氏》《春秋左氏》，然一家之學而支派既別，文字亦不無異同。好奇者或據以改經，則謬矣。又如引《易》「地可觀者莫可觀於木」，引《虞書》「仁閔覆下，謂之昊天」，又引「怨匹曰逑」，皆漢儒傳授經說，非經正文。嗜博者或據以補經，則益謬矣。

徐鍇作《說文繫傳》，在徐鉉校刊《說文》之前，故鉉書多引其說，而殘缺之餘，又多用鉉書竄入之。如舊缺之二十五卷、三十卷及各部闕文，今皆完具者，皆是。至其編末文亦似未完，則以無可採補而竟闕之矣。然鉉書「禜」字下引《禮記》，「禂」字下引《詩》之類，此作「臣鍇案《禮記》曰」「臣鍇案《詩》曰」，知鍇書所引而鉉書淆入許氏者甚多。又如「睯」字下云「闕」，此作「家本無注，臣鍇案：疑許慎子許沖所言也」。知鉉書直删去「家本無注」四字，改作一「闕」字，其憑臆删改，使非鍇書尚存，何以證之？則雖不完之書，亦可寶矣。

錢竹汀云：「許氏《說文》，唐以前本不傳，今所見者惟二徐本。而大徐本宋槧猶存，凡五百四十部，部首一字解義，即承正文之下，但以篆隸别之，蓋古本如此，大徐存以見例。小徐本并部首解義亦改爲分注，非其舊矣。許君因文解義，或當叠正文者，即承上篆文連讀，如『味爽旦明也』『肸蠁布也』『湫隘下也』『脜嘉善肉也』『逢燧候表也』『詁訓故言也』『顡癡聰不明也』『參商星也』『離黄倉庚也』『巂周燕也』。諸山水名云山在某郡，水出某郡，皆當連上篆讀。《草部》蔽、藍、蔨、蘇諸字，但云『草也』，亦承上爲句，謂蔽即蔽草，藍即藍草耳，非『艸』之通稱也。芺、葵、葙、蘮、薇、藋諸字，但云『菜也』，亦承上讀，謂芺即芺菜，葵即葵菜也。今本『莧』字下云『莧菜也』，此校書者所添，非許意。」按此讀《說文》之法，乃錢氏之剏解，古人未有見及者。以顧亭林之精博，猶譏許氏「參爲商星」，以爲昧於天象，則猶不知以此法讀《說文》也。

五經緯著録《隋志》者八十一篇，今所存者，惟《乾鑿度》《乾坤鑿度》二書。《四庫》就《永樂大典》中復搜得《易緯稽覽圖》《通卦驗》《坤靈圖》《是類謀》

《辨終備》《乾元序制記》六書，爲數百年通儒所未見。朱竹垞《經義考》有《毖緯》五卷，所載諸緯遺文不及十之一二。唐瞿曇悉達《開元占經》中所引，如《河圖聖洽符》《雒書兵鈐勢》《詩雅度覽》《春秋周天七衡（八）［六］間》，又有《赫連圖》不知何經之緯，朱氏並缺其目。近亡友趙文叔在翰仿前明孫子雙瑴《古微書》輯《七緯》，視孫、朱二家所録，不啻倍蓰，然尚未見《開元占經》。夫近人束經不觀，何況於緯！然如王輔嗣注《易》「七日來復」用六日七分之説，朱子《本義》仍之，實《易稽覽圖》之文。邵子之《洛書》四十五點，其法乃出於太乙九宫，實《易乾鑿度》之文。蔡《傳》之「周天三百六十五度四分度之一」，實《尚書考靈曜》《洛書甄耀度》之文，「黑道二去黄道北，赤道二去黄道南，白道二去黄道西，青道二去黄道東」，實《河圖帝覽嬉》之文。朱子注《楚詞》「崑崙者，地之中也，地下有八柱互相牽制，名山大川，孔穴相通」，實《河圖括地象》之文，「三足烏，陽精也」，實《春秋元命包》之文。是唐、宋諸儒皆未能盡廢其言，説經者所應研究矣。

卷十六

讀史

讀書須循序漸進，四部宜以次相及。昔《朱子語録》謂：「吕東萊聰明，看文理却不仔細，緣他先讀史，所以看粗了眼耳。」愚謂讀史亦須各循其序，如欲考典章，察人物，則應先讀《史記》《漢書》，由古以逮今。如欲知世變，究時務，則須先讀宋明各史，由近以溯遠。其實《史記》、兩《漢書》爲史學根柢，不可不急讀也。

《史記》凡一百三十篇，缺其十篇爲褚少孫所補。然《漢志》不云有缺，蓋當時已與少孫書合而爲一矣。裴駰、司馬貞、張守節三家注本，其初各自爲部帙，至北宋始合爲一編。前明兩監本，雖有刊除點竄，頗失舊觀，然彙合羣説，檢尋較易。其析疑辨訛，則梁曜北所撰《史記志疑》盡之矣。

《史記》於各紀傳後有太史公論斷一段，班書仿之，亦於各紀傳後變爲詩體，號之曰「述」，即史公之論也。乃范書於論後又有讚，亦用韻語，自謂體大思精，無一字虛設，以示獨闢，實則仍倣《史記》《漢書》末卷之敘述，而分散於各紀傳之下，以掩其沿襲之迹耳。不知《史》《漢》之敘述，每篇各有引詞，所以自明作某紀某傳之本意。班書因之，又謙而改爲述，皆系之於卷末，不嫌複也。若范書之讚，則但於既論之後，又將論詞排比作韻語耳。劉子玄《史通》譏之，以爲「固之總述合在一篇，使其條貫有序，蔚宗《後書》乃各附本事書於卷末，篇目相雜，斷絶失序。夫每卷立論，其煩已多，而嗣論以讚，爲黷彌甚」云云，蓋深中其失也。

史之有表，經緯相牽，或連或斷，可以考證，而不可以誦讀，學者往往不觀，故劉知幾《史通》有廢表之論。其實表之爲用，與紀、傳相爲表裏。凡王侯將相公卿，其功名表著者既爲立傳，此外無積勞又無顯過，傳之不可勝書，而姓名爵里存没盛衰之跡，要不容以遽泯，則於表乎載之。又其功罪事實，傳中有未能悉備者，亦於表乎載之。年經月緯，一覽了然，作史體裁，莫大於是。《史記》創爲十表，班書年表則加詳，惟范書闕如，使二百年用人行政之節目無由考鏡。其失始於陳氏《三國志》，而范書踵之。厥後姚思廉梁、陳二《書》，李百藥《北齊書》、令狐德棻《周書》、李延壽《南》、《北史》亦皆無表。不知作史不立表，則列傳不得不多，傳愈多，文愈繁，而事蹟或反遺漏。惟歐陽公《唐書》有《宰相表》，有《方鎮表》，有《宗室世系表》《宰相世系表》，始復馬、班之舊云。

《漢書》創於班叔皮，成於其子孟堅，至八表、《天文志》未竟而卒，其妹班昭續成之。是書初出，有懲賄鬻筆之譏，《文心雕龍》辨之；又有竊據父書之謗，顏師古注亦辨之。其原書次第，備見於《叙傳》之中。而《南史·劉之遴傳》别有「漢唐真本」之説，顛倒其篇目，竄亂其字句，實爲謬妄。

宋許觀《東齋記事》云：「劉歆、顏游春二人皆有功於《漢書》。葛洪云：『洪家世有劉子駿《漢書》百卷。歆欲撰《漢書》，編録漢事，未得締構而亡，故書無完本止雜記而已。試以此考校班固所作，殆是全取劉書，有小異同耳，固所不取者，不過二萬許言也。』顏游春，師古之叔也，嘗撰《漢書決疑》二十卷，時稱爲「大顏」。後師古爲太子承乾注班書，多資取其義。是二公實有功於《漢書》，今人但知孟堅、師古而已。游春又有《唐史畧》，載於《師古傳》末，其詳則見於《顔魯公集》中。」

《後漢書》本紀十卷，列傳八十卷。其志三十卷，則晉司馬彪《續漢書》之文，梁劉昭注之。唐以前猶各自爲書，至宋乾興中國子監校刊，乃取以補范書之亡。自是諸家徵引，多稱「後漢書某志」，皆誤也。范書無表，最爲後人所譏。宋熊方《補後漢書年表》十卷，經緯周密，當與范書相輔而行。

翟晴江曰：陳壽《三國志》紀魏而傳蜀，習鑿齒《漢晉春秋》繼漢而越魏，非其識有高下也，時也。陳撰志於晉武受禪之初，晉受魏禪，魏之見廢，蜀已破亡，安得不尊魏？習著《春秋》於元帝中興之後，蜀以宗室而存漢緒，猶元帝以藩庶而復晉統，安得不尊蜀？司馬公《通鑑》作於北宋受周禪時，安得不以魏爲正統？朱子《綱目》作於南渡偏安之後，安得不以蜀爲正統？陳與習，司馬與朱子，易地則皆然。

裴松之注《三國志》，網羅繁富，凡六朝舊籍今所不傳者，尚可見其厓畧。又所引多首尾完具，不似酈道元《水經注》、李善《文選注》，皆剪裁割裂之文。故考證之家取材不竭，轉相引據者，反多於承祚之本書焉。

貞觀中詔：前後《晉史》十八家，未能盡善，敕史官更加纂撰。自是言晉史者，皆棄舊本而從新編。然唐人如李善注《文選》，徐堅編《初學記》，白居易編《六帖》，於王隱、虞預、朱鳳、何法盛、謝靈運、臧榮緒、沈約之《書》，與夫徐廣、干寶、鄧粲、王韶、曹嘉之、劉謙之之《紀》，孫盛之《晉陽秋》，習鑿齒之《漢晉陽秋》，檀道鸞之《續晉陽秋》，並見徵引，是舊本實未嘗棄，毋乃書成之日，即有不愜於衆論者乎？紀文達師云：「《晉書》中惟陸機、王羲之兩傳論爲太宗御撰。夫典午一朝，政事之得失，人材之良楛，不知凡幾，而宣王言以彰特筆者，僅一工文之陸，一工書之王，則全書宗旨大概可知。」正史之中，惟此書及《宋史》後人紛紛改撰，其亦有由矣。

沈約《進宋書表》稱，紀、傳合表志爲七十卷。今本一百卷，有紀、志、傳而無表。考《史通》所述與今本同，則表之佚已久。志序稱損益前史諸志爲八門，曰律歷，曰禮，曰樂，曰天文，曰五行，曰符瑞，曰州郡，曰百官。今則律、歷分爲二門，蓋卷帙編目又經後人分割矣。八志之中，以《符瑞》爲最贅。《州郡》於併省分析多不詳其年月，亦失之疎。至於《禮志》，合郊祀、祭祀、朝會、輿服總爲一門，以省支節；《樂志》詳述八音衆器及鼓吹、鐃歌諸樂章，以存義訓，則皆勝於他史。惟各傳文實有過繁之處，趙甌北《陔餘叢考》已詳列之。

蕭子顯《南齊書》本六十卷，今存五十九卷，蓋唐時已佚其《敍傳》。至宋人併其表佚之。《文學傳》無敍，殆亦宋以後所殘闕。《州郡志》及《桂陽王傳》中均有闕文，皆無從考正。蓋自《南》《北史》行而八書俱微，誦習者尠，故愈久而闕佚愈甚。紀文達師云：「是書雖多冗雜，然如紀建元創業諸事，載沈攸之書於《張敬兒傳》，述顔靈寶語於《王敬則傳》，直書無隱，尚不失是非之公。《高十二王傳》引陳思之表，曹冏之論，感懷宗國，有史家言外之意焉，未嘗無可節取也。」

姚思廉因其父察遺稿，成《梁書》五十六卷。《四庫提要》摘其《簡文紀》載「大寶二年四月丙子，侯景襲郢州，執刺史蕭方諸」，《元帝紀》作「閏四月丙子」，爲兩卷之内月日參差。《侯景傳》上云「張彪起義」，下云「彪寇錢唐」，爲數行之間書法乖舛。趙與時《賓退録》議其於《江革傳》中稱何敬容「掌選序用，多非其人」，於《敬容傳》中稱其「銓序明審，號爲稱職」，尤爲是非矛盾。惟持論尚多平允，排整次第，猶具漢晉以來相傳之史法，異乎取成衆手、編次失倫者矣。

《陳書》亦因父稿而成，然姚察所撰僅二卷，餘皆出思廉手，故列傳體例，秩然畫一，不似《梁書》之參差。《史通》謂貞觀初思廉奉詔撰二史，彌歷九載，方始畢功。而曾鞏校上序謂：「姚察録梁、陳之事，其書未就，屬子思廉繼其業。武德五年，思廉受詔爲《陳書》。貞觀三年，論撰於秘書内省。十年正月壬子始上。」然則思廉編輯之功，固不止於九載也。

魏收《魏書》經劉恕等校定，稱其亡佚不完者二十九篇。陳振孫稱《太宗紀》補以魏澹書，《天文志》補以張太素書。今本又缺卷十二《孝静帝紀》、卷十三《皇后傳》，不知以何書補亡也。紀文達師云：「收恃才輕薄，有『驚蛺蝶』之稱。是書尤爲世所詬厲，號稱『穢史』。其實不然。如云收受爾朱榮子金故減其惡，然榮之凶悖，實未嘗不書於册。論中所謂『若修德義之風，則韓、彭、伊、霍，夫何足數』，反言見意，正史家之微詞。又云楊愔、高德正勢傾朝野，收遂爲其家作傳；其預修國史得陽休之之助，因爲休之父固作佳傳。案愔先世如楊椿、楊津皆孝友亮節，德正先世如高允之名德，高祐之好學，實皆魏代聞人，詎能以其門祚方昌，引嫌不録？《北史·陽固傳》稱固以譏切聚斂爲王顯所嫉，免官，從征硤石，李平奇固勇敢，軍中大事悉與之謀。李延壽書作於唐代，豈亦媚陽休之乎？又云盧同位至儀同，功業顯著，不爲立傳；崔綽位止功曹，本無事蹟，乃爲首傳。夫盧同希元乂之旨，多所誅戮，後以乂黨罷官，不得云功業顯著。綽以卑秩見重於高允，稱其道德，固當爲傳獨行者所不遺。觀盧文訴辭，徒以父位儀同，綽僅功曹，較量官秩之崇卑，争專傳、附傳之榮辱，是亦未足服收也。蓋收才望本不足以服衆，又魏、齊世近，著名史籍者並有子孫，孰不欲顯榮其祖父？既不能一一如志，遂譁然羣起而攻。至李延壽修《北史》，每以收書爲據。其爲《收傳論》云『勒成魏籍，婉而有章；繁而不蕪，志存實録』，其必有所見矣。今魏澹等之書俱佚，而收書終列於正史，殆亦恩怨併盡而後是非乃明歟！」

李百藥承其父德林之業，纂成《北齊書》五十卷，亦猶姚思廉之繼姚察耳。其書自北宋以來，已就散佚，故晁氏《讀書志》稱其殘闕不完。今所行本，蓋後人取《北史》以補亡。列傳中無論讚者十九卷，有讚無論者一卷，有論無讚者五卷，傳文中補綴形跡亦顯然可指。然世無別本，不能不存之，聊備一朝之紀載而已。

唐貞觀中修梁、陳、周、齊、隋五《書》；其議自令狐德棻發之。而德棻專領《周書》，與岑文本、崔仁師、陳叔達、唐儉同修。據晁氏《讀書志》，北宋以前，尚不云有所散佚。今考其書，則殘缺殊甚，取《北史》以補亡，又多所竄亂，而不著所移撰者何卷，所削改者何篇，令狐之原本遂不可辨。大抵二十五卷、二十六卷、三十二卷、三十三卷，剽取正史，痕跡顯然。其他遺文脱簡，不可枚舉。然德棻旁徵簡牘，意在摭實。《元偉傳》後於元氏戚屬事迹湮没者，猶考其名位，連綴附書，固不可概斥爲疎畧。《庾信傳論》仿《宋書·謝靈運傳》之體，推論六藝源流，於信獨致微辭，良以當時儷偶相高，故有意於矯時之弊，亦可見其不專尚虚辭矣。

紀文達師曰：「《隋書》成於衆手，其十志最爲後人所推，而或疑其失於限斷。考《史通·古今正史篇》稱太宗以梁、陳及齊、周、隋氏並未有書，乃命學士分修，仍以秘書監魏徵總之。其務始於貞觀三年，至十八年方就，合爲《五代紀傳》，併目録凡二百五十二卷。書成，下於史閣。惟有十志斷爲三十卷，尋擬續奏，未有其文。刊勒始成，其篇第編入《隋》，五代史别行，俗呼爲《五代史志》」[一]云云。是當時梁、陳、齊、周、隋五代史本連爲一書，十志即爲五史而作，故亦通括五代。其編入《隋

[一]「刊勒始成」以下一段多有訛誤，據紀昀《四庫總目提要》原文改正如下：「太宗崩後，刊勒始成，其篇第編入《隋書》，其實别行，俗呼爲《五代史志》。」

書》，特以隋於五史居末，非專屬隋也。後來五史各行，十志遂專稱《隋志》，實非其舊。乃議其兼載前代，是全不核始末矣。惟《經籍志》編次無法，述經學源流，每多舛誤，如以《尚書》二十八篇爲伏生口傳，而不知伏生自有書，教齊魯間；以《詩序》爲衛宏所潤益，而不知傳自毛亨；以《小戴記》有《月令》、《明堂位》、《樂記》三篇爲馬融所增益，而不知劉向《别録》《禮記》已載此三篇，在十志中爲最下。然漢以後之藝文，惟籍是以考見源流，辨别真僞，亦不以小疵爲病矣。」

李延壽撰《南》《北史》。《南史》先成，就正於令狐德棻，宋人稱爲近世佳史。然延壽當日專致力於《北史》，《南史》不過因舊史之文，稍爲删潤，補缺者少，削繁者多。惟自《宋畧》《齊春秋》《梁典》諸書盡亡，其備宋、齊、梁、陳四史之參校者，獨賴此書之存，則亦未可盡廢也。

李延壽與修《隋書》十志，又世居北土，見聞較近，參覈同異，於《北史》用力獨深。如周則補《文苑傳》，齊則補《列女傳》，皆不似《南史》之缺畧。出酈道元於《酷吏》，附陸法和於《藝術》，亦不似《南史》之因仍。所可議者，《南》《北史》雖曰二書，實出一手，故於《裴藴傳》云「祖之平、父忌，《南史》有傳」，《王頒傳》

云「父僧辨，《南史》有傳」，可見其互相貫通。乃《南史》既有《晉熙王昶傳》，《北史》復有《劉昶傳》，《南史》既有《鄱陽王寶寅傳》，《北史》復有《蕭寶夤傳》，《南史》既有《豫章王綜樂良王大圜傳》，《北史》復有《蕭綜蕭大圜傳》，此殆專意《北史》，無暇追刪《南史》，致有此誤。惟自宋以後《魏書》《北齊書》《周書》皆殘闕不全，徵北朝之故實者，終以是書爲依據。故雖八書具列，而二史仍並行焉。

《文獻通考》載陳正敏之言曰：「《南》《北史》粗得作史之體。故《唐書》本傳亦謂其删畧穢詞，過本書遠甚。然好述妖異、兆祥、謠讖，特爲繁猥。」又引司馬溫公之言，亦譏其於禨祥、詼嘲小事無所不載。蓋自沈約《宋書》以下競標藻采，務摭異同，詞每涉乎儷裁，事或取諸小說。《南》《北史》因仍舊習，卷中字句鮮華、事跡新異者，尤層見疊出。前明周詩雅有《南北史鈔》，吾師林暢園先生茂春有《南北史碎金》，皆摘録新奇纖佻之事，以爲談助。惟沈名蓀、朱昆田之《南北史識小録》，著録《四庫》，實仿兩漢博聞之例，雖與史體無關，而賦手取材，詩人隸事，樵蘇漁獵，捃拾靡窮矣。

劉昫等所撰《舊唐書》，實承吴兢之舊。《崇文總目》載吴兢撰《唐史》，自剏業訖於開元，凡一百一十卷。韋述更加筆削，爲紀、志、列傳一百十二卷。至德、乾元以後，史官于休烈又增《肅宗紀》二卷，史官令狐峘等復隨篇增輯，而不加卷帙，爲《唐書》一百三十卷。是《唐書》舊稿，本出吴兢，雖衆手續增，規模未改。昫等用爲藍本，具有典型。觀《順宗紀論》題史臣韓愈，《憲宗紀論》題史臣蔣係，此因仍前史之明證也。至長慶以後，史失其官，無復善本，昫等乃自採雜説傳記成之，動乖體例，職此之由。歐、宋《新書》出，而此書遂廢。然其本流傳不絕，表昫等之長，以攻歐、宋之短者，亦不絕。仰承睿鑒，使二書並列正史，相輔而行，則至公之論矣。

歐陽修、宋祁同撰《新唐書》，本以補正劉書之舛漏，惟自稱「事增於前，文省於舊」，則正是《新書》之失。紀文達師云：「史官紀録，具載《舊書》，今必欲廣所未備，勢必蒐及小説而至於猥雜。唐代詞章，體皆詳贍，今必欲減其文句，勢必變爲澀體而至於詰屈。至於吕夏卿私撰《兵志》，宋祁又別撰紀志，則同局且私心不滿，故書甫出而吴縝《糾謬》即踵之而來。惟有唐詔令，率多駢體長篇，本紀勢難（書）［盡］載，《新書》一例刊除，事非得已。以此過相訾議，則非矣。」

薛居正等所撰《舊五代史》，多據累朝《實録》及范質《五代通録》爲稿本。自歐公《新五代史》出，是書遂微，傳本亦漸就湮没。幸《四庫》從《永樂大典》中甄録排纂，竟得依原本卷數，勒成一編。考宋時論二史即互有所主，司馬公作《通鑑》，胡三省作注，皆專據薛史，而不取歐史。沈存中、洪容齋、王伯厚輩爲一代博洽之士，其所著述皆兼採歐、薛二史，而未嘗有所軒輊。蓋二書繁簡各有體裁，不容偏廢也。

歐陽公《新五代史》本名《五代史記》，世傳《五代史》者，省其文也。唐以後所修諸史，惟是書爲私撰，故當時未上於朝。公没之後，始詔取其書開雕，至今列爲正史。歐公文章冠冕有宋，此書筆削，尤具深心。譬之三《傳》，薛史近《左氏》而歐史近《公》《穀》，不必執此廢彼，亦不必執彼廢此。惟八書、十志，遷、固相因，作者沿波，遞相撰述，使政刑禮樂，沿革分明，所謂國之大紀也。歐公是書僅司天、職方二《考》，餘概從删，雖曰世衰世短，文獻無徵，然王溥《五代會要》蒐輯遺編，尚得三十卷，何以此書全付闕如？殆由信《史通》廢表、志之謬談，成兹偏見。此書之失，此爲最大，實不能爲之諱也。

《舊唐書》尚有傳本，外間已不可多得，《舊五代史》則惟有武英殿刊本，合二十四史爲一部，購獲尤難。近沈東甫炳震有新、舊《唐書》合刻本，劉金門鳳誥有新、舊

《五代史》合刻本，便於尋覽，可寶也。

托克托《宋史》，大旨在於表章道學，其餘姑以備數，故疎舛蕪蔓，僕數難窮。柯維騏以下屢有改修，然才謝三長，亦終無以相勝。其後沈世泊撰《宋史就正編》，所攻駁皆切中其失。其實前後複沓牴牾處尚多，世泊亦不能悉舉也。

阮芸臺先生先由封圻改官，重入東觀，儒林重望，都人士翕然宗之。時史館方議立八傳，先生擬撰《儒林傳》，序云：「昔周公制禮，太宰九兩繫邦國，三曰師，四曰儒。復於司徒本俗聯以師、儒，師以德行教民，儒以六藝教民，分合同異，周初已然。司馬、班、范皆以儒林立傳，敘述經師家法，而於《周禮》師教，未盡克兼。宋初名臣，皆敦道誼，濂洛以後，遂啟紫陽，闡發心性，分晰道理。故《宋史》以道學、儒林分爲二傳，此即《周禮》師、儒之異，後人創分，而暗合周道也。自明以後，學案百出，經訓家法，寂然無聞。揆之《周禮》，有師無儒。然臺閣風厲，持正扶危，學士名流，知能激發，衡以正道，實拯世心。是故兩漢名教得儒經之功，宋明講學得師道之益，皆於周、孔之道得其分合，未可偏譏而互誚耳。」按《宋史》道學、儒林之分，近儒皆有違言，惟此論最爲平允。吾閩舊省志中仿立理學一傳，陳恭甫詆斥不遺餘力。近因續修省志，欲遂删之，都人士皆不謂然。余謂道學莫盛於宋，濂、洛、關、閩之統，實朱子集其大成。海濱鄒魯之風，自前代即無異議。故他史可不傳道學，而《宋史》則應有；他省通志可不傳道學，而閩志不可無。恭甫墨守漢學，其排擠宋儒，是其故智，而不知門户之見非可施諸官書。阮先生亦主漢學者，其言如此，恭甫爲先生高弟，乃背其師説，又何心哉？

錢竹汀曰：「《宋史》述南渡七朝事，叢冗無法，不如前九朝之完善。寧宗以後四朝，又不如高、孝三朝之詳明。蓋由史臣迫於期限，草草收局，未及討論潤色之故。如《錢端禮傳》末云『孫象祖，自有傳』，《王安節傳》云『節度使堅之子』，《吕文信傳》云『文德之弟』，是錢象祖、王堅、吕文德三人本擬立傳，而今皆無之。史彌遠威燄甚於京、檜，且有廢立大罪，而不預姦臣之列。鄭清之亦預廢立之謀，又首議出師汴洛，妄啟邊釁，遂失西蜀，宋之亡實肇於此，本傳中畧不一言。至於趙范襄陽僨事，趙葵洛京覆師，傳亦諱而不書。王堅守合州，蒙古傾國來攻，圍數月不能克，宋季武臣無出其右者，而史家又不爲立傳。至於程師孟已見列傳第九十卷，而《循吏傳》又有程師孟，兩篇無一字之異。又《李光傳》末附其子孟傳事百十五言，而又别爲孟傳立傳。李熙静已見列傳第百十六，而第二百《忠義附傳》又有《李熙靖傳》，實即一人。然此猶不過偶爾重複，若夫鄭穀、仇悆、高登、婁寅亮、宋汝爲，皆高宗時人，而次於光、寧朝臣之後。梁汝嘉亦高宗時人，而與胡紘、何澹諸人同傳，且殿之卷末。權邦彦，紹興初執政也，而與趙雄、程松同卷。林勳、劉才邵，高、孝時人也，而與梁成大、陳仲微、李知孝諸人同卷。皆任意編次，全無義例，不唯年代不同，抑亦賢否莫辨矣。

梁曜北曰：「前輩言：湯若士有《宋史》改本，朱墨塗乙，某傳當削，某傳當補，某人宜合某傳，某人宜附某傳，皆注目録之下。《分甘餘話》謂此舊本在吴興潘昭度家，恨無從購之。許周生宗彦曰：潘中丞昭度曾欲重修《宋史》，先爲《宋史抄》，採摭極富，楊鳳苞曾見其殘稿十餘册，今亦不可見矣。」

遼制書禁甚嚴，凡國人著述，惟聽刊行於境内，有傳於鄰境者罪至死，蓋國之虚實不以示敵，用意至深。然亦緣此不能流傳及遠，迨五京兵燹，遂蕩然無存，並吾鄉蘇魏公頌之《華戎魯衛信録》二百五十卷，見《宋史》本傳，亦渺不可考。托克托修史之時，僅據耶律儼、陳大任二家之書，又蕆功於一載之内，宜其潦草疎畧也。近厲樊樹鶚作《遼史拾遺》，採摭羣書至三百餘種，自比於裴注《三國志》，殆不誣矣。

金源一代，典制修明，文獻亦備，又有元好問、劉祁諸人私相綴輯，故《金史》有所依據，較《遼史》爲詳賅。又托克托進書表稱：「張柔歸《金史》於其前，王鶚輯金事於其後，是以纂修之命，見諸敷遺之謀，延祐申舉而未遑，天曆推行而弗竟。」是元人於此書經營已久，與宋、遼二《史》取辦倉卒者不同，宜其首尾完密，條例整齊，在三史之中爲最善也。

趙甌北曰：「《金史》文筆簡潔，然有過於率畧者。《衛紹王本紀贊》云：『衛紹王被弑後，記注亡失。元中統三年，王鶚采當時詔令。又金有令史竇祥，年九十餘，詢之得二十餘條。又禮部尚書楊雲翼日録四十餘條，陳老日録二十餘條。又有金女官所紀資明夫人（授）［援］璽事。因此數種編成。』是《衛紹王紀》本屬事後追述，宜其疎畧。其他則各有原文，應可詳備，乃《本紀》天會（二）［三］年，宋徽宗内禪，欽宗即位；七年，宋高宗爲苗、劉所廢，傳立太子，改元明受，此皆鄰國大事，而《金史》竟不書。十年，劉豫徙居於汴京，此又本國之大事；十一月宋潘致堯南還，言金欲遣重臣以取信，宋乃命韓肖胄等使金，此爲兩國議和之始，亦皆不書。天會十二年，金、齊合兵入宋，韓世忠擊敗之於大儀鎮，此舉爲宋中興武功第一，《金史》亦不書。十五年，王倫還宋，言金許還梓宫及太后，天眷四年，王倫受地於金，得東、西、南三京及陝西、京西之地，此亦金國大事，徒以不逾時即悔前議，拘執王倫，遂并此事亦不書，則王倫又何爲被執乎？歸地之後，復興兵取故地，命兀朮趨汴，撒离喝趨陝，據《宋史》則有劉錡順昌之捷，岳飛郾城、蔡州、潁昌、朱仙鎮之捷，韓世忠淮陽軍之捷，王德宿州之捷，吴璘、李師顔等扶風之捷，王德青谿之捷，而《金史》皆不書，但云『秋七月，宗弼遣使奏河南、陝西捷』。其明年，兀朮復興兵，則有楊沂中、劉錡等柘皋之捷，王德昭關之捷，李顯忠舒城之捷，《金史》亦皆不書，但云『兀朮遣使奏捷。秋，和議成，兀朮以便宜畫淮爲界』。其時所定歲奉銀絹之數，亦國中大事，而皆不書。慶山奴即承立，乃傳中忽云慶山奴，忽云承立，竟似兩人。張覺既列於《逆臣傳》，其子張僅言，在世宗朝終始一節，恩禮兼至，何妨別傳，乃次於覺傳之後，竟似逆黨附入者。韓慶民盡節於遼，其妻又盡節於慶民，則應編入《遼史》，乃反載入《金史》，此編次之失檢者也。又按《宋史》岳飛、劉錡、吴玠等傳，兀朮用兵皆與韓常俱；富平之敗，韓常拔兀朮於重圍中；仙人關之戰，兀朮陳於東，韓常陳於西，順昌之敗，韓常以大將亦被枷責；柘皋之戰，王德先敗韓常軍於昭關，則韓常固金朝一大將，自應專立一傳，乃《金史》并無其人！此又編輯之疏漏也。惟於敘金元交涉事尚有直筆，則猶存古法耳。」

宋景濂等撰《元史》，二月開局，八月書成，而順帝一朝史猶未備。至明年二月重開局，閱六月書成。急於成書，故多舛駁。《解縉集》中有《與吏部董倫書》，稱《元史》舛誤，承命改修云云。其事在洪武末年，豈非太祖亦覺其未善，故有是命？然改修事竟未成，故今仍以是書列爲正史耳。

趙甌北曰：「《元史》成書迫促，疎誤最多。列傳中第八卷速不台，即第九卷之雪不台；第十八卷完者都，即第二十卷之完者拔都；三十七卷石抹也先，即三十九卷之石抹阿辛，顧亭林已詳言之。然不特此也，《直脱兒傳》既詳載其從子忽刺出，乃後又有《忽刺出傳》；《杭忽思傳》既詳敘其子阿塔赤，乃後又有《阿塔赤傳》。又如木華黎、博爾木、博爾忽、赤老温四人，當時號爲掇里班曲律，華言四傑也。其後子孫爲四怯薛，世領宿衛，則四人之勳勤相等可知。乃木華黎等三人皆有傳，而赤老溫獨無。孟（洪）［珙］《蒙韃備録》謂：『先有蒙古斯國，雄於北邊，後絶衰滅。成吉思起事，慕蒙古斯爲雄國，乃改稱大蒙古國。』此可見建國號之由，而《本紀》不載。至如太陽可汗又作太歇可汗，博爾忽又作博羅渾，班珠尼河又作班朮居河，篤列河作禿剌河，亦何其不畫一也？詔令有用蒙古字者，當時譯以漢字，固不免近俗，然既以入史，自宜稍加改訂。乃泰定帝登極一詔，最爲村俗，獨不可稍加潤色乎，抑有意存之，以見當時鄙俚乎？」

《四庫提要》云：「遼、金、元三史《國語解》，乾隆四十六年奉敕撰。譯語對音，自古已然，《公羊傳》所稱『他物從中國，邑人名從主人』是也。譯語兼釋其名義，亦自古已然，《左傳》所稱『楚人謂乳穀，謂虎於菟』，《穀梁傳》所稱『吴謂善伊，（爲）［謂］稻緩，號從中國，名從主人』是也。間有音同字異者，如天竺之爲捐毒、身毒、印度，烏桓之爲烏丸，正如中國文字偶然假借，如歐陽漢碑作歐羊，包胥《戰國策》作勃蘇耳，初非以字之美惡分别愛憎也。自《魏書》改柔然爲蠕蠕，比諸蠕動，已爲不經。《唐書》謂回紇改稱回鶻，取輕健如鶻之意，更爲附會。至宋人武備不修，鄰敵交侮，力不能報，乃區區修隙於文字之間，又不通譯語，竟以中國之言求外邦之義。如趙元昊自稱兀卒，轉爲吾祖，遂謂吾祖爲我翁。蕭鷓巴本屬蕃名，乃以與曾淳甫作對，以鶡巴、鶉脯爲惡謔。積習相沿，不一而足。元托克托等宋、遼、金三史多襲舊文，不加刊正。宋濂等修《元史》，譯語更非所諳。我皇上特命館臣，詳加釐定，以索倫語正《遼史》，以滿洲語正《金史》，以蒙古語正《元史》，一一著其名義，詳其字音。自此書出，而他書之人名、地名、宦名涉於三朝者，均得援以改正，使音訓皆得其真矣。」嘉慶二十三年有旨，令方畧館諸臣將遼、金、元三史中人名、地名、官名，悉遵《欽定國語解》改正，仍於所改名下註明「原作某」，以存其舊。章鉅曾珥筆其間，至道光三年書始成。

康熙間，王鴻緒撰《明史稿》三百十卷，惟帝紀未成，餘皆排比粗就，較諸家爲詳贍。後張廷玉等奉敕修《明史》，即因其本而增損成書。《四庫提要》云：「《明史》諸志一從舊例，而稍變其例者二：《曆志》增以圖，以曆生於數，數生算。算法之勾股面線，今密於古，非圖則分刌不明。《藝文志》惟載明人著述，而前史著録者不載，其例始於宋孝王《關中風俗傳》，劉知幾《史通》又反覆申明，於義爲允，唐以來弗能用，今用之也。表從舊例者四，曰諸王，曰功臣，曰外戚，曰宰輔，剏新例者一，曰七卿。蓋明廢左右丞相，分其政於六部，而都察院糾核百司，爲任亦重，故合而七也。列傳從舊例者十三，剏新例者三，曰閹黨，曰流賊，曰土司。蓋貂璫之禍，雖漢、唐以下皆有，而士大夫趨勢附羶，則惟明人爲最夥，其流毒天下亦至酷，别爲一傳，所以著亂亡之源，不但示斧鉞之誅。闖、獻二寇，至於亡明，剿撫之失，足爲炯鑒，非他小醜之比，亦非割據羣雄之比，故别立之。至於土司，古所謂羈縻州也，大抵多建置於元，而滋蔓於明，控馭之道，與牧民殊，與禦敵國又殊，故自爲一類焉。」

趙甌北曰：「《明史》事多而文省，最爲簡密。其法之尤善者，莫如附書之例。如忠義、文苑等傳，一傳之内，牽連書者輒數十人，蓋人各一傳則不勝立，而傳此捨彼，又嫌掛漏。故各從其類，一一附書，既不没其人，又不傷於冗，此史家剪裁法也。如《陳友定傳》後附以元末死事諸臣，凡《元史》所不載者皆具焉。而明初南昌死事之十四人，康郎山死事之三十五人，則類敘於《趙普勝傳》後。正統中死土木之難者，惟張輔等另有專傳外，其他則類敘於曹鼐等傳後。正德中諫南巡被杖者百餘人，則類敘於舒芬、夏良勝、何遵等傳後。嘉靖中議大禮被杖之數百人，則類敘於何孟春等傳後。李福達之獄坐罪者四十餘人，則類敘於《馬録傳》後。皆此法也。又建文從亡諸臣，如台州樵夫、樂清樵夫、河西傭、補鍋匠、馬二子、雲門僧、若耶僧、玉山樵、雲庵和尚之類，皆據《從亡録》、《致身録》、史仲彬撰。《革除録》、宋瑞儀撰。《忠賢奇秘録》王詡撰。諸書採入，此等野史，其真僞不可知，然皆附於殉節諸賢傳後，亦所謂與過而去，寧過而存之意云爾。」

史家紀事仿《尚書》，編年仿《春秋》。有歷代之編年，《竹書紀年》之類是也。有一代之編年，荀悦《漢紀》之類是也。自司馬温公《通鑑》、朱子《綱目》二書出，遂集編年之大成。惟二書自爲起訖，宗旨亦不無異同。前明李文正東陽合修爲《通鑑纂要》，此後遂有《綱鑑》之名，舛漏牴牾，訖無善本。乾隆中《御批通鑑輯覽》成，凡書法褒貶，一禀聖裁，其向來聚訟不決者，並詳加論定，微言大義，炳若日星。不特金履祥、陳桱、王宗沐、薛應旂之書可盡束之高閣，即紫陽、涑水亦當俯就權衡，誠如聖訓：「此非一時之書，而萬世之書也。」

司馬温公《資治通鑑》二百九十四卷，世稱絶作。不知其費十九年之工力，先採合事迹，粘爲《長編》，所採正史之外雜史至三百二十二種。復參校異同，爲《考異》三十卷。又恐全書浩博，端緒難尋，撮録書中要語，爲《目録》三十卷。高似孫《緯畧》載其《與宋敏求書》，稱「到洛八年，始了晉、宋、梁、齊、陳、隋六代草卷，以四丈爲一卷，計不減六七百卷」。李巽巖燾亦稱洛陽有《資治通鑑》草稿盈兩屋。又助其事者，《史記》、《前漢書》屬劉奉世，三國、南北朝屬劉道原，唐、五代屬范淳父，皆通儒碩學，非空談性命之流。故其書網羅宏富，體大思精。朱子欲修《綱目》以掩之，迄不能掩。胡三省之注，亦宏通博洽，後人偶拾其舛漏，要無傷其大體也。

《通鑑目録》、《考異》之外，又有《歷年圖》及《百官表》。《歷年圖》仍起三晉，終顯德，《百官表》止著宋代。乃復删繁就簡，上溯伏羲，下訖英宗治平之末，約爲《稽古録》二十卷。而諸論則仍《歷年圖》之舊。《朱子語録》嘗言：「《稽古録》一書可備講筵宫僚進讀。小兒讀六經了，令讀之亦可。末後一表，其言如蓍龜，一一皆驗。」今觀其諸論，於歷代興衰治亂之故反復開陳，靡不洞中得失，洵有國有家之炯鑒也。

昔人謂「孔子作《春秋》，録毫末之善；温公作《通鑑》，掩日月之光」，譏其不録屈原也。李因篤問顧亭林：「《通鑑》何以不載文人，並與日月争光之屈子亦不得書？」顧答之云：「此書本以資治，何暇録及文人？昔唐文宗面授丁居晦御史中丞，謂宰臣曰：『朕曾以時諺謂杜甫、李白輩爲四絶，問居晦，居晦曰：此非君上要知之事。嘗以此記得居晦。』如子言，其識見出唐文宗下矣。」按《通鑑》中此等誠不可解，若説文人，則何以獨載杜子美？若論「資治」，又何以不載「隆中對」乎？

李巽巖《續資治通鑑長編》五百二十卷，原本殘缺。《四庫》從《永樂大典》校補，僅佚徽、欽兩朝。今江南常熟縣有活字板本，亦巨觀也。巽巖不敢自居爲《續通鑑》，故以所採北宋一祖八宗事迹，編年條載，仿司馬公「草本」之名，謂之《長編》。每條之下，亦仿司馬公《考異》之例，參校諸説，定其真妄。考北宋遺聞者，當以此書爲淵海矣。

朱子約司馬公《資治通鑑》以作《綱目》，筆削上擬《春秋》。然惟「凡例」一卷出於手定，其綱皆門人依凡例而修，其目則全以付趙師淵。後疏通其義旨者，有尹起莘之《發明》，劉友益之《書法》。箋釋其名物者，有王幼學之《集覽》，徐昭文之《考證》，陳濟之《集覽正誤》，馮智舒之《質實》。辨正其傳寫差互者，有汪克寬之《考異》。黄仲昭取諸家之書，散入各條之下，是爲今本。大抵循文敷衍，莫敢異同。明末張自勳作《綱目續麟》，始以《春秋》舊法糾義例之謬。芮長恤作《綱目拾遺》，又以《通鑑》原文辨删節之失。各執所見，屹立相争。自康熙中《御批通鑑綱目》出，蓋因陳仁錫刊本加之評定，權衡至當，衮鉞斯昭，乃至金履祥、商輅之著述並與別裁，使讀紫陽書者得所折衷，足以定千古是非之準矣。

李文貞曰：「近看《續綱目》，令人悶絶。《續綱目》三字就不妥，何不云《續春秋》？《綱目》之有《發明》，後人爲之。商素庵輩自作而自發明之，又讚曰『《續綱目》作而亂臣賊子懼』，豈不令人破口？況其議論刺謬，尤不可言。陳洪進獻漳、泉二州地，正與錢鏐同，而尤之曰『《春秋》重死守社稷，故貶之』。春秋諸國受之天子，傳之先君，洪進之地誰予之？誰傳之耶？此例一開，是必欲使爲賊者雖已四海清平，尚負固拒命，殺人盈城盈野，力窮勢盡而後就縛，始爲合《春秋》之義耶？」

紀事、編年二體之外，又有所謂「紀事本末」者，實亦仿於《尚書》之每事爲編。自袁樞作《通鑑紀事本末》，同時又有章冲之《春秋左氏傳事類始末》，二人孰先孰後，孰剏孰因，不可考矣。此後如陳邦瞻之《宋史紀事本末》、《元史紀事本末》，谷應泰之《明史紀事本末》，高士奇之《左傳紀事本末》，踵事日增，遂成不可磨滅之一體。蓋紀傳或一事而複見數篇，賓主莫辨；編年或一事而隔越數卷，首尾難稽；此體出乃使經緯明晰，節目詳具，前後始末，一覽了然。雖史家之支流，實深有裨於學者也。

讀史者不可不讀《三通》，雲間陳卧子嘗言「人而不讀《三通》，安得謂之通」是也。自唐杜君卿佑因劉秩《政典》而廣之爲《通典》二百卷，分食貨、選舉、職官、禮樂、兵刑、州郡、邊防八門，博取經史及漢魏六朝人文集奏疏之有裨得失者，每事以類相從，凡歷代沿革，悉爲紀載，元元本本，皆爲有用之實學，非徒資記問者可比。馬貴與端臨又從而析之爲《文獻通考》三百四十八卷，以《通典》八門析爲一十有九，而增以經籍、帝系、封建、象緯、物異五門，共爲二十四門。自序謂「引古經史謂之文，參以唐宋以來諸臣之奏疏、諸儒之議論，謂之獻」。雖稍遜《通典》之簡嚴，而詳贍實過之。若鄭漁仲樵之《通志》，則仿通史之例，自爲一書。凡紀、傳一百四十五卷，譜四卷，畧五十一卷。紀、傳及譜皆勦襲舊史，稍爲删潤，殊無可觀，其精華惟在「二十畧」。其氏族、六書、七音、都邑、草木、昆蟲五畧，爲舊史之所無，以矜奇炫博，泛濫及之，故世有《通志畧》單行之本。各畧中穿鑿掛漏，均所不免，實未能與《通典》、《通考》鼎立爲三。特其網羅繁富，才辨縱横，遂與杜、馬兩家聯鑣藝苑，今亦莫得而廢之焉。

《通典》上溯黄、虞，下逮唐之天寶。《通考》則上承《通典》，下逮南宋寧宗。至乾隆年間《欽定續三通》書成，而上下千餘年之事迹始備。《續通典》自唐天寶以後取材於《通志》《通考》，宋嘉定以後取材於《欽定續通考》。惟《通典》以兵附刑，今《續通典》析爲二，而篇第則仍相次。宋白之《續通典》二百卷，久無其書，而此書則繁簡得中，卷數更少，且將突過杜氏原書，何論宋白乎？《續通考》則輯宋、遼、金、元、明五朝事迹，初議於馬氏二十四門之外增朔閏、河渠、六書、氏族四門，後因修《續通志》，以無庸複見，遂輟此四門，仍從馬氏之原目。典核精實，纖悉不遺，可以廢王圻之舊本。《續通志》則門目體裁，亦一仍鄭氏之舊。惟紀、傳折衷沿革，有異名而歸一者，有未備而增修者，較鄭氏之因襲舊文，特爲嚴整。二十畧亦蒐羅詳博，考證精核，迥非鄭氏書所能及也。

知古必兼知今，讀《三通》《續三通》而不知讀《皇朝三通》，則虛生於明備之朝矣。乾隆中敕撰《皇朝通典》一百卷，八門隸事，一如杜氏之舊。惟如《食貨典》之榷酤、算緡，《禮典》之封禪，前朝弊法，一例從刪。《地理典》以《大清一統志》爲斷，亦不更以《禹貢》州域紊昭代之黄圖。蓋或革或因，具有精義，而典章賅備，非前代所能相提並論，則亦非前籍所可等量齊觀。又《皇朝文獻通考》二百五十二卷，初亦用二十四門舊目，嗣以《宗廟考》中附載諸祀，於義未安，詔增立《羣廟考》一門，爲二十五門。其中子目如「田賦」增八旗田制，「錢幣」增銀色、銀直及回部普兒，「户口」增八旗壯丁，「土貢」增外藩，「學校」增八旗官學，「宗廟」增崇奉聖容，「封建」增蒙古王公，皆以今制所有而加。「市糴」删均輸、和買、和糴，「選舉」删童子科，「兵考」删車戰，皆以今制所無而省，此其小異者。又《皇朝通志》二百卷，則删去鄭氏紀、傳，而仍原書二十略之目。惟「六書」則備西域，「七音」則增三合，「天文」殫歐邏巴之微，「地理」括伊犂河之外，「禮」本乎官繪之圖，「樂」本乎御定之律，「藝文」、「圖繪」稽中禁之秘藏，「草木蟲魚」羅遐方之珍産，實皆鄭氏所未及聞也。至《三通》原書，各述其本朝掌故，與歷代共爲一書，分綴篇終，故文多簡畧。今《皇朝三通》則專勒一篇，式昭國典。當法制修明之代，鴻猷善政，史不勝書，故卷目比原書有增無減。且《三通》原書不過掇拾舊文，裒合成帙，而《皇朝》則載籍明備，端委詳明，禮有《大清通禮》《皇朝禮器圖式》，樂有御製《律吕正義》，兵有《中樞政考》，刑有《大清律例》，地理有《皇輿表》《大清一統志》《滿洲源流考》《西域圖志》，又有《會典》及《則例》總其綱，八旗及六部《則例》具其條目，故編輯者事半功倍，易成一代之巨觀也。

卷十七

讀子一

子書真僞相雜，醇疵互見，然凡能自名一家者，必有一節之足以自立，即有出入於聖人者，存之亦可爲鑒誡。大抵周、秦諸家近古之書，毋論真僞醇疵，均當博收而慎取之。兩漢以還，皆未免屋下之屋，分别瀏覽可矣。

唐皮日休上書云：「今有司除茂才、明經外，有熟《莊》《列子》者亦登於科。請去《莊》《列》，以《孟子》爲主。」事不果行。《宋史·哲宗紀》元祐二年，詔舉人程試，毋得於《老》《莊》《列子》書命題。《金史·選舉志》又載章宗時，《老子》《荀》《楊》與經史並出題考試。知宋以前諸子皆與經史並重，明以後始漸微耳。

梁庾仲容取周、秦以來諸家雜記，摘其要語爲書，名曰《子鈔》，所録一百七家，惜其書宋後失傳。唐馬總就庾書之例增損之，名曰《意林》，凡七十一家。今觀所採諸子，多今人所未見，惟賴此書之存。《容齋隨筆》載總所引書尚有《蔣子》、《譙子》、《鍾子》、張儼《默記》、《裴氏新書》、袁淮《正書》、《袁子正論》、《蘇子》、張顯《析言》、《于子》、《顧子》、《諸葛子》、《陳子要言》、《符子》諸書，今本皆不載，則亦非馬氏原書也。

鄭蘇年師曰：「著述以解經爲要，次則論史，此皆有軌轍可尋，淺者見淺，深者見深，可隨其詣力歲時之所至而止若。近人恃其心思筆力，動欲自成一子，絶迹飛行，則談何容易。」郝蘭皋懿行亦曰：「子於古又别爲流。儒者子思、孟子、荀子，道者鬻熊、老聃、關尹、莊周，陰陽者子韋、鄒衍、桑丘、南父，名者宋鈃、尹文、惠施、公孫（捷）［龍］，法者慎到、李悝、韓非、商鞅，墨者尹佚、墨翟、禽滑、胡非，縱横者鬬子、龐煖、蘇秦、張儀，雜者孔甲、尉繚、尸佼、淮南，農者神農、野老、宰民、氾勝，各得旨趣，遞相傳述，惟儒與道獨隆。然隋唐以後，爲之者失其本矣。是豈僅時代爲之限歟？古之子書，皆竭一生之精力爲之，而其傳也不過數卷。秦漢以前之書具在，可覆按也。今人聰明才力可用不過二三十年，顧此失彼，理有同然；況有富貴引於前，貧賤迫於後，父母兄弟妻子師長朋友束而縛之，介而馳之，使不得踰尺寸；而遽欲憑一生之精力，成數卷飛行絶迹之書，以期必傳於後，傳不傳未可知，吾謂其成書之先不易矣。」

韓公屢以孟、荀並舉，其推尊揚雄，亦過其實。司馬温公及邵子又謂揚雄過於孟子。曾南豐、王荆公至推之爲箕子。後來一被程子黜落，人遂翕然信之。然韓公二十餘歲時數傳道多一揚雄，三十餘歲《送文暢序》所述又少一孟子，蓋彼時識見尚未定。到四十歲作《原道》，便斬釘截鐵云「孟之死不得其傳」。至晚年與《孟尚書書》，復專提出孟子，以爲功不在禹下，而於荀、揚遂半字不提起。蓋學識與年俱進如此。然則不待程子，而荀、揚早有定論矣。

今所傳《孔子家語》十卷，題王肅注者，即王肅所僞撰也。孫頤谷志祖作《疏證》，抉摘殆無餘藴。惟所引顔子之言，未盡獲出處。案《韓子·顯學》云「自孔子之死也，有顔氏之儒」，則《顔子》固有書矣。宋石經後有書目一碑，中列《顔子》，豈史志所不載，而世間别有傳本乎？胡應麟《甲乙剩言》載，明初朝鮮國曾以《顔子》獻，朝議以僞書却之。惜無由考其所以僞，而此書在彼國亦不再見耳。

《孔叢子》亦僞書，其言頗雜，並有猥褻之語。如子魚諫陳王以陽由近事爲喻，鄙俗之至，斷非孔氏遺言。朱子亦以文氣軟弱疑之。後附《連叢子》亦依託。惟自《隋志》著録，其來已久，所綴合者究多聖門緒論，故相沿莫之廢焉。

諸子之書，多與《孟子》語相出入，蓋當時有此成言，羣相引用，非《孟子》採諸子，亦非諸子襲《孟子》也。《管子·法法篇》曰：「規矩，方圜之正也。（何）［巧］者不能廢規矩而正方圜。」又内言《戒篇》曰：「先王之游也，春出，原農事之不本者，謂之游；秋出，補人之不足者，謂之夕。夫師行而糧食其民者，謂之亡。從樂而不反者，謂之荒。先王有游夕之業於民，無荒亡之行於身。」《老子》下篇曰：「鄰國相望，雞犬之聲相聞。」《文子·精誠篇》曰：「憂民之憂者，民亦憂其憂；樂民之樂者，民亦樂其樂。故樂以天下，憂以天下，然而不王者，未之有也。」又《上德篇》曰：「水之勢勝火，一酌不能救一車之薪。」《墨子·兼愛下篇》曰：「挈泰山以超江河，自古之及今，生民以來，未嘗有也。」《非攻中篇》曰：「攻三里之城，七里之郭。」又《非命上篇》曰：「文王封於岐周，絶長繼短，方地百里。」《荀子·議兵篇》曰：「仁人之兵，所存者神，所過者化。」又《法行篇》曰：「夫子之門，欲來者不拒，欲去者不止。」《尉繚子·武議篇》曰：「天時不如地利，地利不如人和。」《鶡冠子·能天篇》曰：「詖辭知其所離，淫辭知其所合，詐辭知其所飾，遁辭知其所極。」

《曾子》一書，著録《漢志》者十八篇，《隋志》則稱二卷，連目録爲三卷，其篇數異同不可考。惟晁氏《讀書志》所録二卷十篇，與《大戴禮》合。然其書不知亡於何時，自宋王晫後，各有採輯之本，實非《曾子》原文。《四庫》所録即王晫本，分篇標目，皆未免自我作古。近阮芸臺先生以爲從事孔氏之學者，當自《曾子》始，據《大戴記》十篇爲定本，並以盧辯舊注爲宗，而博考羣書衆説，爲之注釋，不但遠勝晫書，實子部儒家之冠也。王晫又有編輯《子思子》一卷，亦著録《四庫》，蓋亦未見晁氏《讀書志》七卷之本，故別作是書。其割裂古經，强立篇名，與所輯《曾子》相等。《子思子》古無注本，其説皆已分見各經籍中，實不賴晫本以傳耳。

諸子書以《鬻子》爲最古，然其書有二。《漢書·藝文志》道家《鬻子説》二十二篇，又小説家《鬻子説》十九篇。《列子》所引《鬻子》凡三條，皆黄老清静之説，與今本不類，疑即道家二十二篇之文。賈誼《新書》所引凡六條，與今本所載文格畧同，疑即小說家之《鬻子說》也。然今本雖著録《四庫》，而《提要》直疑其僞，姑以流傳既久，存備一家耳。

《管子》之文，厚重奥峭，在諸子中别自一格。然多後人羼入者。如《小稱篇》「毛嬙、西施，天下之美人」，《小開篇》「百里傒、秦國之飯牛者，穆公舉而相之」，《輕重甲篇》稱梁、趙，《戊篇》稱代、趙，皆非其真。然諸子率多寓言，往往時代隔越不相應，《莊》《列》爲尤甚。如仲尼與孫叔敖、市南宜僚言，孔子與柳下季爲友，晏平仲問養生於管夷吾，楊朱遇老子，湯臣夏革稱師曠，師襄稱鄒衍，《管子》尚不至此。南宋韓無咎疑《管子》爲戰國游士所述者，近之。

「禮義廉恥，謂之四維」，《管子》之言也，賈生亟稱之。獨柳子厚著《四維論》，謂廉恥即義，不當列爲四。此非知道之言也。《詩》言「人有土田，汝反有之」，是不廉也；「巧言如簧，顔之厚矣」，是無恥也，與《管子》之言不謀而合矣。《鐵圍山叢談》載蘇子瞻與子由同入省試，有一題子瞻不得其出處，子由以筆一卓，而以口吹之，子瞻因悟出《管子》，則宋時《管子》亦命題試士矣。

惲子居敬曰：「《晏子春秋》，《七畧》録之儒家。柳子厚以爲墨子之徒爲之，宜入墨家。」《四庫提要》著録史部。《崇文總目》曰：「《晏子春秋》八篇，今無其書，今書後人所採掇。」其言是也。如梁邱據、高子、孔子皆譏晏子三心；路寢之葬，一以爲逢於何，一以爲盆成适，蓋由採掇所就，故書中歧誤重複若此。而最陋者，孔子之齊，而晏子譏其窮於陳蔡是也。魯昭公二十九年，孔子之齊，至哀公三年孔子過宋，桓魋欲殺之，明年扼於陳蔡絶糧，皆在定公十年晏子卒之後，今乃於之齊時逆以譏孔子，豈理也哉？

唐玄宗御注《道德經》，分《老子》「道經卷上」、「德經卷下」。陸放翁題跋云：「晁以道謂王輔嗣本《老子》曰：《道德經》不析乎道、德，而上下之，猶近於古。今此本已久離析。」然則在宋時已失輔嗣定本矣。按賈公彦《周禮·師氏疏》引《老子道經》云「道可道非常道」，邢昺《論語疏》引《老子德經》云「天網恢恢，疎而不失」，顔師古《漢書注·魏豹傳》引《老子道經》云「國家昏亂有忠臣」，《田横傳》引《老子德經》云「貴以賤爲本，高以下爲基，是以王侯自謂孤、寡、不穀」，《楚元王傳》引《老子德經》云「知足不辱」，《西域傳》注引《老子德經》云「天下有道，却走馬以糞」；又《嚴助傳》「老子所謂師之所處，荆棘生之者也」，《酷吏傳》「老氏稱上德不德，是以有德，下德不失德，是以無德，法令滋章，盜賊多有」，又云「下士聞道大笑之」，師古注皆以爲《老子道經》之言。章懷太子《後漢書注·翟酺傳》引《老子道經》云「魚不可以脱於泉」。是古人引《老子》，皆以道、德分篇，蓋晉、宋舊本如是，玄宗分題，不爲無據耳。

《老子》一書，著録《漢志》而不言其有注，《隋志》以下，注者乃繁。焦弱侯《老子翼》作於明萬曆中，所採尚六十四家，而弱侯所未見者不知凡幾，以後注者又不知凡幾。紀文達師謂：「儒書如培補榮衛之藥，其性中和，可以常餌。《老子》如清解煩熱之劑，其性偏勝，當其對證，亦復有功，與他子書之偏駮悠謬者迥殊，故論述者不絶。」大約以王輔嗣注爲最古。輔嗣説《易》，論者互有異同，至於解《老子》，則正用其所長，故詞義簡遠，妙得微契。次則焦氏之書，亦具有別裁。若他家各以私見揣摩，或參以神怪之談，或傳以虛無之理，或歧而解以丹法，或引而參諸兵謀，皆可置之不論也。

《老子》之書有最不可爲訓者，如云「古之善爲道者，非以明民，將以愚之。民之難治，以其智多。故以智治國，國之賊；不以智治國，國之福」。自此論興，而商鞅遂教秦燔《詩》《書》而明法令，韓非亦以誦書爲亂當世之治，其《五蠹篇》云「明主之國，無書簡之文，以法爲教；無先王之語，以吏爲師」。迄於李斯，竟緣此以亡秦，則老子實階之厲也。

《莊子·天地篇》引「《記》曰」。《釋文》：「記，書名也，老子所作。」《史索》[一]於《封禪書》據樂彦引老子《戒經》，《韓子·喻老》、《解老》二篇及文子書所述老子語，皆今《老子》所無。《唐志》又有《老子西昇》、《入室》、《神策》等經十種，然則老子之書，不止《道德》五千言乎？

《關尹子》九篇，舊本題周尹喜撰，著録《漢志》，而隋、唐《志》皆不載，知原書久佚。今本蓋唐以後人所僞託，然頗有理致，有文采，猶解文章之方士所爲也。

荀子生孟子之後，最爲戰國時老師。故太史公作傳，論次諸子，獨以孟、荀相提並論。其書大旨在崇禮而勸學，惟其中有尤爲後人訴厲者，莫過於《非十二子》及

[一]《史索》指《史記索隱》。

《性惡》兩篇。王伯厚謂《韓詩外傳》所引止云十子，而無子思、孟子，以今本爲其徒韓非、李斯之流，托其師説，以毁聖賢者。其實子思、孟子後來論定爲聖賢耳，在當時固與荀爲曹偶，是猶朱、陸之相非，不足訝也。「性惡」之語，宋儒尤交口攻之，不知孟子言性善，蓋勉人以爲善，荀子言性惡，蓋疾人之爲惡，特恐人恃性善之説任自然而廢學，故力言性之不可恃，當勉力於先王之教，則其大旨仍不謬於聖人。其實謂性惡則無上智，謂性善則無下愚，繩以孔子相近之説，則皆爲偏至之論。特孟子偏於善，據其上游；荀子偏於惡，趨乎下風。由憤時疾俗之甚，不覺其言之也偏耳。

紀文達師曰：「《荀子》言：『凡性者，天之所就也。不可學，不可事。禮義者，聖人之所生也，人之所學而能、所事而成者也。不可學、不可事而在人者謂之性，可學而能、可事而成之在人者謂之僞。是性、僞之分也。』其别白僞字甚明。楊倞注亦曰：『僞，爲也，凡非天性而人作爲之者，皆謂之僞。故僞字人旁加爲。』後人昧於訓詁，誤以爲真僞之僞，遂譁然掊擊，謂荀卿滅視禮義，如《老》《莊》之所言。是非惟未觀其全書，即《性惡》一篇，自篇首二句以外，亦未竟讀矣。」

謝東墅墉曰：「《荀子·議兵篇》對李斯之問，其言仁義與孔孟同符，而責李斯以不探其本而索其末，切中暴秦之弊。乃蘇氏譏之，以爲『其父殺人，其子必且行劫』。然則陳相之從許行，亦陳良之咎歟？此所謂欲加之罪也。荀子在戰國時恥爲游説縱横之習，故《國策》載諫春申事，大旨勸其擇賢而立長，若早見及於李園棘門之禍，而爲『厲人憐王』之詞，則先幾之哲，固異於朱英策士之所爲，故不見用於春申，而以蘭陵令終。則其人品之高，又豈在孟子下哉！」

楊倞《注荀子序》稱「其立言指事，根極理要，敷陳往古，掎挈當世，撥亂興治，易於反掌，真名世之士、王者之師。又其書亦所以羽翼六經，增光孔氏，非徒諸子之言」云云。今考《荀子》所著，載在二《戴記》者尚多，而本書或反多缺佚。如《小戴》所傳《三年問》，全出《禮論篇》，《樂記》《鄉飲酒義》所引俱出《樂論篇》，《聘義》「貴玉賤珉」語，亦與《德行篇》大同。《大戴》所傳《禮三本篇》亦出《禮論篇》，《勸學篇》即《荀子》首篇，而以《宥坐篇》末見大水一則附之，《哀公問五義》出《哀公篇》之首。則楊氏所謂羽翼六經者非虛語矣。楊注多存古義，而舛誤亦所不免。舊有元刻纂圖互注本，未能是正，近謝東墅、盧抱經合爲輯校，刊本以行，則荀書之最善本也。

《墨子》舊題宋墨翟撰，《漢志》《隋志》皆同。今考書中多稱「子墨子」，則門人之言，非所自著也。紀文達師曰：「佛氏之教，其清淨取諸老，其慈悲則取諸墨。韓公《送文暢序》稱儒名墨行、墨名儒行，以佛爲墨，蓋得其真。而《讀墨子》一篇乃稱墨必用孔，孔必用墨，開後人三教歸一之說，未爲篤論。特在彼法之中能自嗇其身，而時時利濟於物，亦有足以自立者。故其教得列於九流，而其書亦至今不泯耳。」

偶閱近人雜著中，丹徒法氏。有極詆墨、荀二子者，雖刻深而其理則正，讀《墨》《荀》二書者亦不可不知也。其言曰：「《墨子·薄葬》一篇，雖足以矯當時之弊，而獨謂愛無差等、施由親始，則是視父母如陌路，汩倫没序，莫此爲甚，遵此立教，流害何窮。《荀子·性惡》一篇，亦大悖於理，即謂所論者氣質之性，原與孟子所論天命之性不同，而其篇中並未剖論明白，且儼然與孟子爲敵，則是其於源流處本未通徹，守此偏僻，流弊將不可勝言，亦何必待李斯之敗而後定其學術之不正哉！吾人今日讀此二書，或取其詞義之精，或取其制用之備，如《墨子·城守》等篇是。其次採擷英華，詮釋古奧，同《莊》《列》《穆天子傳》等書存之，以資博覽。正如彝鼎圭璧，瑕瑜原不必相掩，剝蝕紫翠，彼此亦無足相妨也。乃先達之士，必欲曲爲之說，言荀子所論氣質之性，雖謂性惡無礙，謝金圃學使刻《荀子》有此語。言墨子所用者夏制，其道得之於禹，實爲賢於後儒，孫淵如太史校《墨子》有此説。不知荀子根本未清，墨子汩没天秩，此皆不可翻之案。誠恐當世鄙生，後世瞽儒，震而驚之，推而廣之，以爲某氏曾有此説，其教將復充塞，涓涓不絶，遂成江河，故不可以不辨也。」

梁曜北曰：「楊朱之書不著《漢録》。案《列子》有《楊朱篇》，此必朱所作，誤合於《列子》爾。劉向言『此篇惟貴放逸，與《力命篇》乖背，不似一家書。』斯正誤合之驗，而其書恐不止此。《淮南·氾論》云：『兼愛，尚賢，右鬼，非命，墨子之所立也，而楊子非之。全性保真，不以物累形，楊子之所立也，而孟子非之。』以墨書《兼愛》《尚賢》諸篇例之，疑『全性』『保真』是楊朱篇名，且疑楊有『非墨』之篇，猶墨之有《非儒》矣。《莊子·天下篇》稱墨子爲經，楊子無是稱也。呂不韋載墨家授受特詳，則當時墨尤横於楊，故其書特傳耳。」

《呂氏春秋》，舊本題秦呂不韋撰。考《史記·文信侯列傳》，實其賓客之所集也。不韋人不足道，而是書裒合羣言，據儒書者十之八九，參以道家、墨家之近理者十之一二，故較諸子爲近醇。其書或稱《呂覽》者，《史記·十二諸侯年表》言呂不韋上觀尚古，删拾《春秋》，集六國時事，以爲八覽、六論、十二紀，爲《吕氏春秋》，故《太史公自序》云：「不韋遷蜀，世傳《吕覽》，蓋舉其居首者名之。然今本實以十二紀、八覽、六論爲序，十二紀各以月令爲首篇，此《春秋》之所由名。故《漢志》但稱《吕氏春秋》二十六篇，不稱《吕覽》。鄭康成注《禮記·禮運篇》亦云「吕氏説《月令》而謂之《春秋》，事類相近焉」。據此，則漢以來皆以《吕氏春秋》爲正名，至於行文之便，則容有不拘耳。高誘注訓詁簡質，於本書亦多所糾正。但如「共伯得乎共首」及張毅、單豹事，均出《莊子》，乃於共伯事則曰不知出於何書，於張毅、單豹事則引班孟堅《幽通賦》，豈竟未見漆園之書耶？近畢秋帆尚書有校正本，蓋薈萃盧抱經、錢竹汀、孫詒穀、段懋堂、孫淵如、洪穉存、梁曜北諸家之説而參訂審正之。《吕氏春秋》爲學者所必讀之書，畢氏此書，允爲讀吕氏書之善本，舉從前各舊本皆可聽其覆瓿矣。

畢秋帆曰：「六經以後，九流競興，雖醇疵有間，要皆有爲而作。其著一書，專覬世名，又不成於一人，不能名一家者，實始於吕不韋，而《淮南》内外篇次之。然淮南王後不韋幾二百年，其採用諸書，能詳所自出者十尚四五。不韋書在秦火以前，故其採綴原書類亡，不能悉尋其所本。如《至味》一篇皆述伊尹之言，今《藝文志》道家《伊尹》五十一篇，不韋所本當在是。又《上農》《任地》《辨土》等篇述后稷之言，與《亢倉子》所載畧同，則亦周秦農家者流，相傳爲后稷之説無疑。他如採《老子》《文子》之説，亦不一而足。是以其書沈博絶麗，彙名法之旨，合儒墨之源，古今帝王、天地名物之故，悉萃篇中，後人所由探索而靡盡歟！」

《淮南子》，《漢志》列之雜家，作《淮南》《内》二十一篇，《外》三十三篇。顔注云：「《内篇》論道，《外篇》雜説。今所存者二十一篇，則《内篇》也。《西京雜記》言淮南王安著《鴻烈》二十一篇。鴻，大也；烈，明也，言大明禮教。鴻烈之義，一見於本書《要畧訓》，而高誘敘中亦言「講論道德，總敘仁義，而著此書，號曰《鴻烈》」，故《内篇》亦有稱《淮南鴻烈解》者。誘又曰：「光禄大夫劉向校定撰具，名之《淮南》。」《藝文志》亦向、歆所述，是當時品題《淮南》，不必稱「子」，直至《隋志》始題《淮南子》也。本有許慎、高誘二家注，今許注散佚，高注僅存，又多爲後人所妄改。此書舊無善本，近武進莊逵吉始從道藏本校刊，自敘謂與錢别駕坫、程文學敦、孫編修星衍參互考訂而成，世頗稱之。然王懷祖别有校本，則謂

「莊氏所刊藏本實非其舊，有藏本是而各本非者，多改從各本，其藏本與各本同誤者，一概不能釐正，更有未曉文義而輒行删改及妄生異説者，竊恐學者誤以爲藏本而從之，則新刻行而舊本愈微，故不得不辨」云云。今當取王氏校本與莊本互勘，則莊本罅漏自出，而王本研究之精亦自見耳。

《淮南》一書，以《天文訓》爲最奥博，後世陰陽五行之説多祖述於此。高誘未諳術數，故於此篇注尤簡略。近嘉定錢溉亭塘有《補注》，其世父竹汀謂「可上窺渾、蓋、宣夜之原，旁究堪輿、叢辰之應」，蓋亦讀《淮南書》者之一助矣。

《莊子·繕性篇》云：「繕性於俗學，以求復其初；滑欲於俗思，以求致其明，謂之蒙蔽之民。」《莊子》所謂「俗學」，即孔門之博學；所謂「俗思」，即孔門之慎思。然則所謂「復初」，其非吾儒之復初審矣。故又曰：「附之以文，益之以博，文滅質，博溺心，然後民始惑亂，無以反其性情而復其初」。此説行，於是禪家有面壁之功，儒者亦衍爲良知之派，内莊而外孔，又由莊而入禪，徒取便於後世才力淺弱、不能文、不能博之人，而孔門之旨愈晦矣。

《莊子》之書，離道似遠而實近。朱子言：「莊子才高如老子，其《天下篇》言

『《詩》以道志，《書》以道事，《禮》以道行，《樂》以道和，《易》以道陰陽，《春秋》以道名分』。若見不分明，焉敢如此道？」胡五峯宏謂：「莊子之書，世人狹隘執泥者讀之，不爲無益，若篤行君子句句而求，字字而論，則其中無真實妙義，不可推而行也。」此論最爲平允，亦可爲讀《莊子》之法。若如王坦之著《廢莊論》，而其論即多用莊語，豈不自相刺謬乎？

列子先於莊子，而書獨後出。書中有列禦寇以後事，故柳子厚《列子辨》謂其經後人增竄，高似孫《子畧》遂以爲莊子寓言，并無其人。據《爾雅疏》引《尸子·廣澤篇》，知當日實有列子其人，特其書爲門人所追記耳。此書又名《冲虚至德真經》者，天寶初詔號《莊子》爲《南華真經》，《列子》爲《冲虚真經》，《文子》爲《通玄真經》，《亢倉子》爲《洞靈真經》，見《唐書·藝文志》。宋景德中加「至德」二字，見晁氏《讀書志》，故後人合以爲號耳。

《列子·天瑞篇》：「林類曰：『死之與生，一往一反。故死於是者，安知不生於彼？』」輪廻之説，蓋出於此。又《仲尼篇》言「西方有聖者」，又言「西極之國有化人」，尊佛之言，蓋始於此。

《文子》，《漢志》亦列之道家，注云「老子弟子」。或以爲計然者，誤也。柳子厚稱其多竊取他書爲之。要是唐以前古本，故唐代與《老》、《莊》、《列》並重。今《四庫》有林道堅所撰《文子纘義》，宣通疑滯，勝舊本多矣。

《愼子》之學，近乎釋氏，而《漢志》列之法家。今考其書，大旨欲因物理之當然，各定一法以守之，不求於法之外，亦不寛於法之中，則上下相安，可以清淨爲治，然法有不行，勢不能不以刑齊之。黄老之爲申韓，此其轉關乎？

《公孫龍子》，《漢志》列之名家。原書十四篇，今只存六篇。大旨欲綜覈名實，而務恢詭其説，堅白異同之辨，實足以聳動一時。故莊子謂惠子曰：「儒、墨、楊、秉四，與夫子爲五。」秉即龍也。《孔叢子》謂其詞勝於理，誠有之，而陳振孫以淺陋迂僻擯之，則非矣。

《鬼谷子》，《漢志》不著録，《隋志》列之縱横家。舊本皆題周鬼谷子撰，《唐志》則以爲蘇秦撰。按《道藏目録》，鬼谷子姓王名詡，晉平公時人。而《史記·蘇秦列傳》言蘇秦師事鬼谷先生，又有「簡練以爲揣摩」、「期年揣摩成」二語，而《鬼谷子》適有《揣摩》一篇，遂附會其説，實無所據也。原書十四篇，今只存十篇。高似孫《子畧》稱其「一闔一闢，爲《易》之神，一翕一張，爲《老氏》之幾，出於戰國諸人之表」，誠爲過譽。宋濳溪則詆爲蛇鼠之智，且謂其文淺近，不類戰國時人，又抑之太甚。惟柳子厚以爲言益奇則道益陋，差得其真。近秦敦夫恩復謂蘇秦得其緒餘，即掉舌爲從約長，真縱横家之祖。蓋術既奇變，文復詭偉，要非後人所能託。秦敦夫曾從《道藏》中録出陶弘景注本，梓行之，其書益顯矣。

《尸子》原書二十篇，《漢志》列之雜家，所謂「十九篇陳道德仁義之紀，一篇言九州險阻、水泉所起」也。今書久佚，孫淵如有輯本二卷，謂可與經傳相發明。

《鶡冠子》，《漢志》注云：「楚人，居深山，以鶡爲冠。」翟晴江《涉獵隨筆》云：「《後漢書·續輿服志》：『鶡者，勇雉，爲武冠。』處士山林談道，無端而效武夫之服，且即以爲名，亦何義哉？此『鶡』字恐『鷸』字之誤。《漢書·五行志》注引《逸周書》云：『知天文者，冠鷸冠，以鷸鳥能知天晴雨也。』禮家謂之術士冠，鄭子臧好聚鷸冠見殺，必以其聚術士，恐謀不軌也。」今《鶡冠子》書皆述三才變通，其篇目有《天則》《天權》《能天》，以及《環流》《王鈇》《泰鴻》《泰録》等篇，率多談天之語，則以鶡、鷸爲字形相似而譌者近之。其書見稱於劉仲和勰，以爲「《鶡冠》綿綿，亟發深言」，又見稱於韓文公，謂「其言施於國家，功德豈少」，獨柳子厚詆爲鄙淺。然自六朝至唐，劉仲和最號知文，韓文公最號知道，二子稱之，則他家之論不足爲典要矣。

《亢倉子》，即莊周所謂庚桑楚，其書九篇，則唐宜城人王士元所撰。《七修類稿》作士源，誤。士元作《孟浩然集序》，嘗自言之。舊本竟題「周庚桑楚撰」者，妄也。書凡九篇，蓋亦雜綴古書爲之，故中多奇字，惟稱「荆君熊圉欲拜亢倉子爲亞尹」，楚官之「亞尹」有無不可考，而自春秋至戰國，楚君實無名熊圉者，不知其何所據而云然也。

《子華子》，不見前録。馬氏《通考》引朱子及晁氏、周氏、陳氏，皆極論其僞。按《吕氏春秋·貴生》《先己》《誣徒》《明理》《知度》各篇，俱有引《子華子》語，今分見於各篇中，知秦以前原有其人，著書久佚，此本乃後來僞託耳。其書雖稍涉蔓衍，而理致文采，尚有可觀。故《四庫提要》謂「辨其贋則可，以其贋而廢之則不可」。至子華子之名，高誘注但以爲古體道人，或云魏人，而作僞者乃嫁名於程本，則不知所據矣。

《尹文子》一卷，《漢志》列諸名家。其大旨在指陳治道，欲自處於虛静，而萬事萬物則一一綜核其實，故立説在黄老、申韓之間。

《鄧析子》一卷，凡《無厚》《轉詞》二篇，與《漢志》所載合。《列子》言子産作竹刑，鄧析數難之，子産執而誅之。而劉歆奏上其書，則曰：「昭公二十年，子産卒，子太叔嗣爲政。定公八年，太叔卒，駟顓嗣爲政，明年乃殺鄧析而用其竹刑。」則《列子》誤矣。其書大旨亦在黄老、申韓之間，而以勢統於尊、事覈於實爲主，於法家爲近，故竹刑爲鄭所用也。

《商子》本二十九篇，著録《漢志》，至宋佚其三篇，今有録無書者又二篇。其開卷第一篇即稱秦孝公之謚，則顯非鞅所手著，殆法家者流掇拾鞅之緒論以成是編耳。

《韓非子》二十卷五十五篇，與《漢志》及阮孝緒《七録》相合。據《史記》本傳，則韓非著書當在未入秦之前，而《史記·自敘》乃有「韓非囚秦，《説難》《孤憤》」之語，未免兩歧。史家駁文，不足爲據。其詞峻厲刻深，與《商子》相埒，遂爲法家之祖。

近人多以《文中子》爲僞書，遂並疑爲無其人。蓋因隋唐史不爲立傳，且稱述之者鮮也。案《唐書·王勃傳》云：「勃尤喜著書。初，祖通，隋末居白牛溪，教授門人甚衆。嘗起漢、魏盡晉，作書百二十篇，以續古《尚書》，後亡其序，有録無書者十篇，勃補完缺逸，定著二十五篇。」又《王績傳》云：「績字無功，絳州龍門人。性簡傲，不喜拜揖。兄通，隋末大儒也。聚徒河汾間，倣古作六經，又爲《中説》以擬《論語》，不爲諸儒稱道，故書不顯，惟《中説》獨傳。通知績誕縱，不嬰以家事。」《唐書》兩傳所言如是，豈非一大證據？又《李習之集》有《讀文中子》，皮襲（之）[美]、司空表聖皆有《文中子碑》，惟韓文公推尊荀、楊，偶不及仲淹耳，又焉得以爲全無稱述之者乎？朱子於《文中子》推許甚至，謂：「不特荀、楊不足比，即韓公尚不如他懇惻有條理。今世人將他與揚雄並斥，爲其擬經耳。」

紀文達師曰：「《中説》非王通撰，蓋其子福郊、福畤所依託。其中字字句句刻畫《論語》，師弟亦互相標榜，自比孔、顏。蓋後來聚徒講學之風，亦自是始也。」

謝梅莊曰：「或問：先儒疑《文中子》，謂隋殿無太極之名，通與關子明、李德林、薛道衡無相見之理，房、杜、李、魏諸公非及門之人，然乎？曰：己不足而借重於人，其咎小，學不正而貽禍於世，其咎大。孔攻異端，孟距楊墨，《中説》則祖護二氏，合三教而一之，是孔孟之罪人也，其他又何辨焉。」

子書雜家最多，而有數部不可磨滅之書，必須專讀者，如班固之《白虎通義》，顔之推之《家訓》，王應麟之《困學紀聞》，顧炎武之《日知録》，皆當家有其書。《白虎通義》本考訂經義之書，而其説不免兼涉讖緯。《顔氏家訓》實爲世道人心起見，而《歸心》等篇深明佛法，非專以儒理立言，故《四庫》皆不列之儒家，而入之雜家。《困學紀聞》包羅宏富，證據精博，宋以來説部莫之或先。閻百詩、何義門皆有評本，近刻愈多，而以翁方伯元圻之《集注》爲最詳備。《日知録》則積三十年之功，始定三十二卷之稿，於經史之疑義，政事之得失，皆能擇精而語詳。鄭蘇年師最服膺此書，謂「坐而言可起而行」，誠非過譽。今人以閻百詩之《潛邱劄記》相提並論，然閻書精博有餘，而條理不足，似是未成之稿本。《潛邱劄記》有二本，閻之孫學林所刊者最糅雜無端緒，山陽吴玉搢所編次者眉目稍清。較之顧書，瞠乎後矣。

王充《論衡》，《四庫》亦列之雜家。紀文達師謂「充生當漢季，憤世嫉俗，作此書以勸善黜邪，訂譌砭惑，大旨不爲不正。然激而過當，至於問孔、刺孟，無所畏忌，轉至於不可以訓。瑕瑜不掩，當分別觀之」。按昔人以《論衡》爲枕中秘，名流頗重其書，惟其議論支離，文筆冗漫，實不類漢人所爲，故余每竊疑其贗作。近閲杭大宗世駿集中有《論王充》一篇，直指其自譽而毁祖父爲不孝，又引陳際泰《誡子書》，至以村學究刻畫所生，其端實自王充發之云云，則所論尤爲嚴正，又不在區區文字之間矣。

古時無類書，故研《京》鍊《都》，必多歷年所而後成，而一出遂至於紙貴。今人有大製作，皆有類書可憑。惟作者轉相稗販，陳陳相因，不可不擇善本而用之。類書亦子部之一門。今以唐歐陽詢之《藝文類聚》、虞世南之《北堂書鈔》、徐堅之《初學記》三書爲最古。惟虞書多摘録字句，而不盡注所出，然所引究多古書。歐、徐二家則援據既博，體例復精，均可爲類書之祖本。繼此作者，則以宋李昉等之《太平御覽》，王欽若等之《册府元龜》，祝穆之《事文類聚》，王應麟之《玉海》爲巨觀。今村塾通行之本，惟知有《事類賦》、《廣事類賦》兩書。然徐淑之書，檃括簡要，尚爲近古，華希閔之書雖曰廣淑所未備，而精博則遠遜之。至我朝康熙間《御定淵鑒類函》、《分類字錦》、《子史精華》、《佩文韻府》、《駢字類編》五書出，而一切類書悉已包括無遺矣。

卷十八

讀 子 二

《四庫》書於子部分門别派，最爲謹嚴平允。自周、秦諸部以下至北宋司馬温公之《家範》、范淳父祖禹之《帝範》，王景山開祖之《儒志編》凡二十一種，皆在濂洛未出之前。其學在於修己治人，無所謂理氣心性之微妙也。其説不過誦法聖人，未嘗别尊一先生號召天下也。中惟《文中子》有師弟標榜之習，而尚無門户攻擊之風。自是以後，乃有道學之名而嘖嘖多故矣。

李文貞曰：「今人讀宋諸子書，於其道理精純處毫不理會，至於地名、人名、制度偶有疏舛，便當作天來大事，狂呼大叫，累幅不休，雖説得是，亦令人厭。」按此言最切中時弊，今之名下士大半如此。

《易·上繫》云：「《易》有太極，是生兩儀。」是有易而後有太極，非太極在天地之先也。韓康伯謂「有必生於无，故太極生兩儀」。「有生於无」語出《老子》，康伯之意，蓋即以无釋太極，其義已簡而明。乃周子忽言「無極而太極」，又言「太極」本「無極」，蓋用康伯之意而又過一層，其義紛而轉晦。不知「无極」二字亦非周子創出，《逸周書·命訓解》云：「正人莫如有極，道天莫如無極。」《老子·反樸篇》亦云：「復歸於無極。」《列子·湯問篇》亦云：「無則無極。」又云：「無極之外，復無無極。」凡此皆宋儒之嚆矢，而不知其爲六經所無也。故陸子静疑《太極圖説》非濂溪作，又謂「極」訓中，不訓至，合於漢儒古義矣。

紀文達師曰：「聖人立教，使天下知所持循而已，未有辨也。孟子始辨性善，亦闡明四端而已，未争諸性以前也。至宋儒因性而言理氣，因理氣而言天，因天而言及天之先，輾轉相推，而太極、無極之辨生焉。夫性善、性惡，關乎民彝天理，此不得不辨者也。若夫言太極不言無極，於陽變陰合之妙、修吉悖凶之理，未有害也。言太極兼言無極，於陽變陰合之妙、修吉悖凶之理，亦未有害也。顧捨人事而争天，又捨共覩共聞之天，而争耳目不及之天，其所争者，毫無與人事之得失，而曰『吾以衛道』。學問之醇疵，心術人品之邪正，天下國家之治亂，果繫於此二字乎？惟朱子作爲有理無形以解之，然附和朱子者其説亦不可究詰。譬如醫家之論三焦也，或曰『有名而無形』，或曰『上焦如霧，中焦如漚，下焦如瀆』，實有名而有形。轇轕喧鬨，動盈卷帙，及問其虛實之診，則有形與無形一也；問其補瀉之方，則有形與無形亦一也。然則非争病之生死，特争説之勝負耳。太極、無極之辨，何以異於是哉！」

李文貞教人以「周子《太極圖説》、張子《西銘》、明道程子《定性書》、伊川程子《好學論》，四篇相連看去。《太極圖》最下兩圈與太極一様圓滿，此理未曾暢發，却得《西銘》一滚説出。《西銘》説事天功夫，實際即是《定性書》『大公』、『順應』二義，然必細分知行始密。又得《好學論》發之，四篇相足，聖學備矣。」

邵子之《先天圖》，朱子亦重之，云「此自是有傳授，至所説《易》，却是教外别傳」。晁以道嘗以書問邵子之學於伊川，伊川答云：「某與堯夫同里巷居三十餘年，世間事無所不問，惟未嘗一字及數。」明道爲堯夫志墓，稱其「闊步長趨，凌高厲空，探幽索隱，曲貫旁通」，又云「先生之道，就所至而論之，可謂安且成矣」，蓋未肯以聖賢許之也。至稱其傳述所自，則云「先生得之李挺之，挺之得之穆伯長」，絶不及陳希夷，亦絶不及《先天圖》一字。朱子亦以《皇極經世》爲推步之書。有問《擊壤集》於朱子者，云：「比他《皇極經世》好些。」王湜作《易學自序》，又謂《皇極經世》一書不盡出於邵子。惟李文貞謂邵子「生平不敢有外道語，儒者到底不能推他出去」。紀文達師亦云：「邵子言學，以人事爲大。又言『治生於亂，亂生於治，聖人貴未然之防，是謂易之大綱』，則固粹然儒者之言，非術數家所能及，斯所以得列於周、程、張、朱間歟？」

張子之書，見於《宋志》者有《易説》三卷，《正蒙》十卷，《經學理窟》十卷，《文集》十卷。今所傳《張子全書》，則止有《西銘》一卷，《正蒙》二卷，《經學理窟》五卷，《易説》三卷，《語録鈔》、《文集鈔》及《拾遺附録》各一卷。而《正蒙》爲張子精心結構之書，義博詞奥，讀者多不得其涯涘。又章句既繁，不免偶有出入，或與程朱之説相牴牾，後學多不敢置議。惟李文貞注解二卷，疏通證明，多所闡發，於先儒異同之處，尤能一一别白是非，實遠出高攀龍、徐必達、李文炤諸家之上。

二程子著述存於今者，《二程遺書》二十五卷，《二程外書》十二卷，皆經朱子手定。此外又有高攀龍之《二程節録》，陳龍正之《程子詳本》，張伯行之《二程語録》，程湛之《程書》，皆不免删取失宜，異同互見。朱子嘗謂：「明道之言，發明極致，善開發人。伊川之言，即事明理，尤耐咀嚼。」然當時記録既多，卷帙浩繁，讀者不能驟窺其要。又記者意爲增損，尤不免牴牾龐雜，朱子嘗欲删訂爲節本而未就。世傳張南軒所編《伊川粹言》二卷，又出依（記）［託］。惟吾閩楊龜山先生所輯《二程粹言》二卷最爲善本。龜山始以師禮見明道於潁昌，相得甚歡。明道没，又見伊川於洛陽。南渡以後，朱子及張南軒等皆誦説程氏，屹然自開一門户，其源委脉絡，實出於龜山。是書采掇編次，具有體裁，程氏一家之學，觀是書而思過半矣。

李文貞曰：「明道程子，生平無著作，專在日用言行間著力，以單讀書爲玩物喪志。孔子却删定讚修，事事不放過。後來朱子恰是孔子家法，生平亦事事不見他放過。即如做古文，官爵、地名必書現在，詩用故事，於古名號講究甚悉，即字法亦有幾年工夫，而孔、孟、周、程之書皆賴之以明。其居官，凡大小事毫不厭煩，都有區處。雖幾句文稿，亦覺得理足。周、程、張、邵不得他，恐不能如此烜赫也。」

又曰：「朱子生於尤溪，故小字沈郎，其字從水從尤，讀如由或作沈者，誤也。

早年學仙，又師謙開善。後記韋齋曾稱李延平，乃往事之，始暫將舊學擱起，虛心請教。延平只引他向低處去，久之漸見得那邊疎漏，又久之大見其破敗，遂改師延平。從前韋齋本託孤於劉屏山子翬、劉草堂勉之、胡籍溪憲三人，其後草堂以女妻朱子，屏山養朱子以至登第，後來朱子溯淵源，却單認李延平。滄洲精舍祀七人，周、張、邵、二程、司馬，而終之以延平，意可見矣。延平受學於羅仲素從彥，仲素受學於楊龜山。朱子於楊、羅皆有微辭，獨延平無間然也。」

又曰：「明道廿二歲作《定性書》，伊川十八歲作《好學論》，已到至處，真天授也。孔子、朱子又不如此。孔子自志學至不踰矩，逐旋精進。朱子少時遍參佛老，廿餘歲始見延平，三十外已爲人師，尚無卓見，至四十外始通達，五十外始議論不錯，六十歲自嘆所學始透，至六十五六歲又復自云不徹。可見其疑而悟，悟後復疑，黑一陣復明一陣，明一陣又黑一陣，乃是自强不息，日進無疆。」

又曰：「宋初有一等猖狂議論，如李泰伯之毁孟子，東坡之呰武王。就是周、程議論，亦似有過高處。張子尤高邵子，竟落數學。惟朱子出，將過當者一概駁落，其高遠精微者，一裁之以平實。又氣象生得好，某少時只見得朱子好處在零星處，却不知其大處之妙。如今見得他大處之妙，轉見得他小處有錯。可見知其小處，便不能窺其大，知道大處，便小處都識得。」

朱子與呂東萊讀周子、二程子、張子之書，歎其廣大宏博，若無津涯，而懼夫初學者不知所入也。因共掇取其關於大體而切於日用者，成《近思録》十四卷。今人但題爲朱子《近思録》，非其實也。是書實爲後來性理諸書之祖。朱子題詞云：「窮鄉晚進，有志於學，誠得此而玩心焉，亦足以得其門而入。然後求諸四君子之全書，以致其博，而反諸約，庶乎其有以盡得之。若憚煩勞，安簡便，以爲取足於此而止，則非纂集此書之意。」東萊題詞，論首列陰陽性命之故曰：「後出晚進，於義理之本原雖未容驟語，苟茫然不識其梗概，則亦何所底？列之篇端，特使知其名義有所向往而已。至餘卷所載講學之方，日用躬行之實，自有科級，循是而進，自卑升高，自近及遠，庶不失纂集之旨。若乃厭卑近而騖高遠，躐等凌節，流於空虛，無所依據，則豈所謂近思者耶？」是書大旨已具於此。當時有葉仲圭采，建安人。《集解》，自序謂閲三十年而後成，然詞義淺率，有解所不必解者，而稍費擬議者則又闕如。我朝茅星來《集注》，始爲參校諸本，多所訂正，又雜採諸説，疏通其義，於名物訓詁頗詳。其後序云：「自《宋史》分道學、儒林爲二，而言程、朱之學，但求之身心性命之間，不復以通經學古爲事。竊謂馬、鄭、賈、孔之説，譬如百貨所聚，周、程、張、朱之學如權度。然微權度則百貨之輕重長短不見，而非百貨所聚則雖有權度亦無所用之。故欲求程、朱之學者，必自馬、鄭諸傳疏始。愚於是編備著漢唐諸家之説，以見程、朱諸先生學之有本，俾空疎寡學者無得以藉口」云云，則至公之論也。

今所傳《小學》六篇，證以《朱子文集·與劉子澄書》，實子澄之所類次。今人但題爲朱子，亦未考也。《内篇》四：曰《立教》，曰《明倫》，曰《敬身》，曰《稽古》。《外篇》二：曰《嘉言》，曰《懿行》。蔡文勤所謂《内篇》萃十三經之精華，《外篇》採十七史之領要也。其初有文章一門，後乃定爲六篇。是書義取啟蒙，功歸養正。陳選《集注》，隨文衍義，已足以裨初學。我朝黄庭問澄，莆田人。《集解》又爲旁推交通，於是書益無遺義矣。

雷翠庭曰：「小學者，大學之基也。其大綱不外明倫敬身，内而心術之微，外而威儀之著，衣服飲食之節，是即誠正修之地也。五倫之親，義序别信，則齊治平之道已在是矣。格此謂之格物，知此謂之致知，入大學之門，豈能捨此而他求哉？顧空談心性者，既視爲粗迹，獵取才華者，又視爲拘迂。朱子嘗嘆「異端虛無寂滅之教，其高過於大學而無實；俗儒記誦詞章之學，其功倍於小學而無用」。學術之支離決裂，兩言盡之。欣逢我朝興學造士，將小學著之令甲，以試童子，承學者幸無視爲小試之具文，庶幾小子有造，成人有德，取諸此而已足哉！

周、程諸子外，便當數到上蔡謝文肅良佐。文肅嘗受業於程子，惟其學頗雜禪，故曾恬、胡安國所輯《上蔡語録》，朱子復嚴爲删薙，然爲文肅作祠記，稱其「以生意論仁，以實理論誠，以常惺惺論敬，以求是論窮理，命意皆精當」，又稱其「以窮理居敬爲入德之門，得明道教人綱領」。伊川嘗問以所造，對曰：「天下何思何慮？」公曰：「固有此理，但賢發得太早。」於是文肅孜孜於省克甚力，伊川終以「切問近思」許之。蓋其早年所學醇疵參半，晚乃一軌於正也。

今人但知讀真西山之《大學衍義》，而不知邱瓊山之《大學衍義補》更有實際。真書首以「爲治之要」、「爲學之本」分爲二篇，次分四大綱，曰格致，曰誠正，曰修身，曰齊家，又分四十四子目。雖云爲治之要，而大旨在正本清源，於治平之道實未暇及。必得丘書補之，其體用始備。邱書分十二目，亦博採羣言而附以己見，其人雖忮，其書則有用也。

永樂中之《性理大全》，掊摭成書，非能於道學源流真有鑒別也。康熙間，李文貞等奉敕纂《性理精義》，卷數僅及《性理大全》七分之一，而刪繁舉要，條理精密。考宋學者得此階梯，真事半功倍矣。

林艾軒光朝云：「日用是根株，文字是注脚。」此爲無實而好著書者言之，其語本無病也。陸子静九淵云「六經皆我注脚」，又云「六經注我，我注六經」，則誕而妄矣。仲尼大聖，猶云「好古敏求」，子静何人，乃云「六經注我」乎？尊心而廢學，其弊必至於此。

雷翠庭曰：「世目陸象山爲禪學，以象山教人閉目静坐不讀書者，非也。《象山語録》多近禪，然未嘗言不讀書。惟詹阜民所記象山云『學者能常閉目亦佳』，然其文集中并『静坐』二字無之。其《與劉深甫書》云：『開卷讀書時，整冠肅容，平心定氣，訓詁章句苟能從容不迫而諷詠之，其理當自有彰彰者。』《與傅聖謨》云：『已知者力行以終之，未知者學問思辨以求之。』此與朱子教人何以異乎？」

《世説新語》載愍度道人欲過江，與一傖道人爲侶，謀曰：「用舊義往江東，恐不辨得食。」便共立心無義。既而此道人不成渡，愍度果講義積年。後有傖人來，先道人寄語云：「爲我致意愍度，心無義那可立？治此權救饑爾。」按明儒多用此術，陽明之「致良知」其一也。大抵各立一義，以動天下，其才力不及者，亦必於師説少變焉。夫言致則不得爲良，言良則不得爲致。孟子兼良能言之，愛敬即能也；陽明去良能言之，則并良知之義亦不可立矣。是孟子之言本無弊，而假孟子以自立其義者，其滋弊遂不可究詰也。

嘉定錢民字子仁，嘗從陸清獻公講學，語多不合。公怪問其所由，曰：「公從朱子入，民從孔子入耳。」其與友人書曰：「先聖之學，貴乎本末兼盡，始終有序。即物窮理，其病在於無本；六經注我，其誤在於無末。」此破的之論，辨朱、陸之異同者何嘗見及此哉！

袁簡齋《答雷翠庭書》云：「來書言『由周公而上，道統在上，由孔、孟以至程、朱，道統在下』。是説也，蒙不謂然。夫道若大路然，無所謂統也。後儒必沾沾於道外增一統字，交付若有形，收藏若有物，道甚公而忽私之，道甚廣而忽狹之，陋矣。昔者秦燒《詩》《書》，漢談黄老，非有伏生、申公、瑕邱之徒負經而藏，則經不傳，非有鄭玄、趙岐、杜子春之屬瑣瑣箋釋，則經雖傳不甚明。千百年後，雖有程、朱，奚能爲？程、朱生宋代，賴諸儒説經都有成迹，方能參己見，成集解，安得一切抹摋，而謂程、朱直接孔、孟也？夫以孔子視天下，才如登泰山察邱陵耳，然於子産、晏嬰、甯武子等無不稱許。至孟子於管、晏，則薄之已甚，此孟子之不如孔子也。孟子雖學孔子，然於伯夷、伊尹、柳下惠均稱爲聖，至朱子則詆三代下無完人，此朱子之不如孟子也。王通稱孔明能興禮樂，邵伯温作論駮之，康節怒曰：『爾烏知孔明之不能興禮樂乎？』此伯温之不如邵子也。夫堯、舜、禹、湯、文、武、周、孔之道所以可貴者，以易知易行，不可須臾離也。必如修真煉藥之説，以爲丹不易得，訣不易傳，鍾離而後，惟有吕祖，愈珍秘、愈矜嚴而道愈病矣。來書又斥陸、王爲異端，亦似太過。《周易》言『仁者見仁，智者見智』，孔子言『仁者樂山，智者樂水』。夫道一而已，何以因所見而異，因所樂而異哉？然仁者之樂山，固不指智者之樂水爲異端也。顔淵問仁，曰克復；仲弓問仁，曰敬恕；樊遲問仁，曰愛人，隨其人各爲導引。使生後世，則仲弓必以顔淵爲異端，樊遲又必以仲弓爲異端矣。大抵古之人以行勝，後之人以言勝。聖人知其如此，故諄諄戒之曰『先行其言』，曰『訥於言，敏於行』，曰『君子無所争』。宋儒之語録，皆言也，所駁辨，皆争也，非聖人意也。士幸生宋儒争定之後，宜集長戒短，各抒心得，不必助一家攻一家。今有赴長安者，或曰舟行，或曰騎行，其主人之心不過皆欲至長安耳，蒼頭僕夫各尊其主，遂至戟手嚷詈，及問其路之曲折，而皆不知也。今之排陸、王者，亦此類也。」

《漢志》所録道家三十七部，神仙家十部，本截然兩途。黄冠者流，惡清静之不足聳聽，而以丹方符籙炫其神怪，則名爲道家，實皆神仙家。此亦如黄、老之學，漢代並稱，後世言道德者稱老子，言靈異者稱黄帝，名爲述説老子，實皆依託黄帝也。其恍惚怪誕處，爲儒者所不屑道，而歷代史志皆著於録，則梗概亦不可不知。竊謂道家之源委，白雲霽之《道藏目録詳注》盡之；《道藏》之菁英，張君房之《雲笈七籤》盡之。特以詢之世俗道流，恐皆茫然無應也。

紀文達師曰：「後世神怪之迹，多附於道家，道家亦自矜其異，如《神仙傳》《道（家）［教］靈驗記》是也。要其本始，則主於清淨無爲，而濟以堅忍之力，以柔制剛，以退爲進。故申子、韓子流爲刑名之學，而《陰符經》可通於兵。其後長生之説與神仙家合爲一，而服餌導引入之，房中一家近於神仙者亦入之。《鴻寶》有書，燒煉入之。張魯立教，符籙入之。北魏寇謙之等，又以齋醮章呪入之。世所傳述，大抵多後附之文，非其本旨，即彼教亦自不能別也。」

李文貞謂：「道家從漢便分兩路，魏伯陽修心性，張道陵講符法。佛教亦兼此二種。大約釋、道二教，其初亦是隱居修道之人，因他枯槁清寂，巖居穴處，恐招異物之害，故學些法術以禦之。及其苗裔，欲爲表章，遂説玄説怪，張皇附會，無所不有，却失了他本來面目矣。」

歐陽公《删定黄庭經序》，自稱爲無仙子，曰：「自號爲無仙子者，以警世人之學仙者也。自古有道無仙，而後世之人知有道而不得其道，不知無仙而妄求仙，此我之所哀也。」朱子《感興詩》云：「飄飄學仙侣，遺世在雲山。盜啟元命秘，竊當生死關。金鼎蟠龍虎，三年養神丹。刀圭一入口，白日生羽翰。我欲往從之，脱屣非所難。但恐違天道，偷生詎能安。」此亦闢仙之詩，但歐公直以爲無，朱子猶以爲有耳。

范文正公嘗言：「士不愛名，則聖人之權去矣。」近儒顧亭林亦云：「昔人之言曰名教，曰名節，曰功名。不能使天下之人以義爲利，而使之以名爲利，雖非純王之風，亦可以救積污之俗。」惟道家以無爲宗，故曰「聖人無名」，又曰「無智名，無勇功」，又以「伯夷死名」與「盜跖死利」並論。此悖道傷義之言，儒者所弗道也。荀子乃儒家，而亦云「盜名不如盜貨，田仲、史鰌不如盜也」。儒而未醇，即流爲老莊之徒矣。

王元美世貞《劄記·内篇》云：「今之談道者，吾惑焉。有鮮於學而逃者，有拙於辭而逃者，有敗於政而逃者，有騖於名而趨者，有縻於爵而趨者，是陋儒之粉飾而貪夫之淵藪也。」此切中情事之論。

今世所傳《太上感應篇》，乃《道藏》之書，即《抱朴子》所述漢世道戒，皆君子持己立身之學，證諸經傳，無不契合，勸善之書，此爲最古。故惠定宇爲之箋注，博引舊籍，疏通證明，極爲簡粹，直可與古笈並傳也。

《陰符經》，舊題黄帝所撰。自黄山谷始定爲僞書，朱子《語録》亦以爲然，而以其時有精語，非深於道者不能作，故爲之考定其文。《語録》載問邱次孟論《陰符經》「自然之道静」數語，雖六經之言無以加。近李文貞以爲《陰符》之書，妙在虚説，隨人所用，用他修道亦可，用他行兵亦可，用他治國亦可，其大旨以陰爲符，得陰則可以招呼羣有，指揮如意，即陽亦爲用矣。殺機正其所取，猶吾儒之言克己。今人解作殺機不好，大失作者之旨矣。文貞又曰：「《陰符》説『絶利一源，用師十倍』，絶利是將諸般利慾都斷絶了，只在源頭上專一用工，便如用師十倍。『三反晝夜，用師萬倍』，是説工夫不斷，刻刻相續，便如用師萬倍。絶利一源，吾儒之持敬也；三反晝夜，吾儒之集義也。」

《參同契》，《唐書·藝文志》列於五行類，固是失當。朱竹垞《經義考》列之易類，則又不倫。惟葛稚川謂「其説似［解］《周易》，其實假借爻象以論作丹之意。儒者不知神丹之事，多作陰陽注之，殊失其旨」云云。蓋丹經以此書爲最古，詞韻多古奥難通，故朱子有《考異》之作。其自署空同道士鄒訢者，鄒本邾國，其後去邑而爲朱，故以廣姓，《禮記》鄭注，訢與熹通，故以寓名，殆以究心丹訣非儒者之本務歟？

李文貞曰：「《參同契》所言，其警發於吾身心者甚切。大約先黑方白、方黄而終於紅，是之謂丹。日之出也，先紅而白、而黄而黑，人與草本之生亦然。而道家工夫反之，所謂順則爲人，逆則成仙也。他的黑是收視反聽不説話，將耳目口三寶閉塞了，使形如槁木，心如死灰。久之黑中生明，便是白，所謂空虚生白。到得魂守魄，魄拘魂，魂不游而魄不昧，便是黄。後來一團純陽真火，陰邪之氣都燒化了，所謂童顔是也，這便是紅，紅則丹成矣。吾儒工夫亦然。戒懼，黑也；慎獨，白也；致中和，黄也；天地位，萬物育，紅也。明儒説三教源頭本同，但工夫各别，却反説了。工夫却同，只是源頭不同。蓋吾儒是大公的，從天地萬物道理上起見；道家只爲一己，只要神氣常存，即佛家，只要此心光明，照徹乾坤，亦是爲一己。蓋源頭不同，以後便一齊差却耳。」

唐初傅奕有詆浮屠疏，云：「五帝三王，未有佛法，君明臣忠，年祚長久。至漢明帝始立胡祠，然惟西域桑門自傳其教。西晉以上，不許中國髠髮事胡。至石、苻亂華，乃弛厥禁，主庸臣佞，政虐祚短，事佛致然。梁武、齊襄，尤足爲戒。」按此即韓公《論佛骨表》之藍本。然傅奕偏信老子，至戒其子孫，猶以道教當從與聖人之書當讀並舉。不知佛教即脱胎於道教，故韓公《原道》及《新唐書·李蔚傳贊》皆從老子説起。凡古今闢佛幾篇名文，如范蔚宗《西域傳贊》，傅奕疏，韓公表及《原道》《與孟簡書》，宋景文《李蔚傳贊》，朱子《釋氏論》，彙作一處讀之，佛教無所逃匿矣。

阮芸臺先生曰：「世言佛教始於後漢，而不知西漢即有其事。其初有休屠之稱，後始稱曰浮屠，或稱佛圖、佛陀，皆一音之轉，而二字必相連成文，在華音爲疊韻，未嘗但割上一字單（清）［謂］爲『佛』也。《説文》『佛』字訓爲『見不審』。《毛詩》《論語》《曲禮》《學記》《荀子》之『佛』字，皆絶無西域神人之説。《漢書・霍去病傳》曰『收休屠祭天金人』，顔注『（金）［今］佛像是也。』《漢武故事》曰：『昆邪王殺休屠王，以其衆來降，得其金人之神，置之甘泉宫。金人皆長丈餘，其祭不用牛羊，惟燒香禮拜。上使依其國俗祀之。』魚豢《魏畧・西夷傳》曰：『哀帝元壽元年，博士弟子景盧受大月氏王使伊存口傳休屠經。』即今之佛經也。《後漢書・楚王英傳》曰：『喜黄老學，爲浮屠齋戒。』《桓帝紀》曰：『設華蓋以祠浮屠、老子。』皆稱浮屠不稱佛。至《後漢書・西域傳》始云：『明帝夢見金人，羣臣或曰西方神，名曰佛。』然此一節未可深據。魏收《魏書》以此爲傅毅所對，而《傅毅傳》無此事。蔚宗爲宋人，蓋宋時始有佛之稱，蔚宗以後來之恒言改漢之舊語耳。《魏書・釋老志》亦云：『張騫還，始聞天竺有浮屠之教。哀帝時，博士弟子口授浮屠經。明帝寫浮屠遺範。』又云：『襄楷言佛佗、黄老以諫。』魏明帝又云浮屠正號曰佛佗。皆西方言，其來本爲二音，華言譯之則爲淨覺也。何字爲淨，何字爲覺，或必相連，或可倒轉，皆未可知。今乃但割其上一字單稱爲佛，訓爲覺。是浮屠爲教，本兼二義，而今但傳一義，豈其本來宗旨哉？』《魏書》中沙門即桑門，「桑門」二字，切音爲「僧」，僧字亦非古也。

李文貞曰：「唐時佛教盛行，不得韓公大聲疾呼，再過幾年，竟將等於正教矣。韓公膽氣最大。當時老子是朝廷祖宗，和尚是國師，韓公一無顧忌，唾罵無所不至，其氣竟壓得他下。歐陽公亦闢佛，氣便弱。韓公闢佛雖不若程、朱之精，然是先鋒驅除，到程、朱便據有城池矣。」

紀文達師曰：「嘗聞五臺僧明玉之言云：闢佛之説，宋儒深而昌黎淺，宋儒精而昌黎粗。然披緇之徒畏昌黎不畏宋儒，銜昌黎不銜宋儒也。蓋昌黎所闢，檀施供養之佛，爲愚夫婦言之也。宋儒所闢，明心見性之佛，爲士大夫言之也。天下士大夫少而愚夫婦多，僧徒所取給，亦資於士大夫者少，資於愚夫婦者多。使昌黎之説勝，則香積無烟，祇園無地，雖有大善知識，能率恒河沙衆枵腹露宿而説法哉？此如用兵者先斷糧道，不攻而自潰也。故畏昌黎甚，銜昌黎亦甚。使宋儒之説勝，不過爾儒理如是，儒法如是，爾亦不必從我；我佛理如是，佛法如是，我亦不必從爾。各尊所聞，各行所知，兩相枝拄，未有害也。故不畏宋儒，亦不甚銜宋儒。然則唐以前之儒，語語有實用，宋以後之儒，事事皆空談。講學家之闢佛，於釋氏毫無加損，徒喧鬧耳。」

錢竹汀云：「佛書初入中國，曰經，曰律，曰語，無所謂『語録』也。釋子之語録始於唐，儒家之語録始於宋。儒其行而釋其言，非所以垂教也。『君子之出辭氣，必遠鄙倍。』語録行而儒家有鄙倍之詞矣。有德者必有言，語録行則有有德而不必有言者矣。」

佛書最善譬喻，然以明鏡譬心性，便不是。鏡能物來畢照，又能隨物成形，然其中空空，一無所有，其質冷冰冰全無生意，心之體豈如此？惟程子「心如穀種」之喻最妙。蓋穀種内根荄、枝葉、花實無所不全，而其中一點生理，則仁也。心屬火，仁屬木，是滚熱發生，與金之寒冷迥乎不同。佛家以鏡喻心性，宜其斷絶身累，齊向空滅矣。

李文貞嘗言：「釋氏之發大願力，是吾儒之立志；要常惺惺，是吾儒之主敬；遍參歷扣，是吾儒之致知；戒律精嚴，是吾儒之力行。而其實與吾儒絶不相似。凡吾儒之所宜有事者，他都以爲戒。如不認父母是斷愛根，是揀極難處一刀兩斷。他以爲人之愛都是生於習染，即愛父母亦是私心，不過貪其乳哺鞠養之惠而已。假如自幼無知時養於他姓，受其鞠育，亦便愛他，可見都是有縁之愛，不若從無我中發大慈悲，普度人天，方是無根之愛。吾儒却説，世上豈有無根的人，即應從根上愛起。吾儒與釋氏不同處本易見，不知前輩何以都説不透，見得不分明。佛家以佛爲轉輪王，蓋以心轉宇宙，實有此理，猶孟子言『塞乎天地之間』，能塞即能轉矣。其言輪廻，亦即循環始終之理，生死如晝夜，晝夜如轉輪。心之起滅無時，其起者即其滅者，如春夏之發生，即是冬間閉藏之氣，非有二物二事也。至謂人有惡變爲禽獸，禽獸有善又變爲人，亦是有此理便有此事。但看人一日之間，念慮起伏，幾番爲人，幾番爲禽獸矣。輪迴之説，即可以此理參之。」

有人問李文貞云：「《離騷》言『叩帝閽』之類，想古時便有與神鬼相通之術。」文貞曰：「觀《尚書》『乃命重黎絶地天通』，可見堯、舜之前，地天相通，至堯、舜絶之，乃不相通。佛家説許多荒唐話，亦怪他不得，他那裡原相通，非全掉謊也。」

朱子深詆佛法之非，有人曰：「信有之。」朱子曰：「君見否？」其人曰：「曾聞有鬼爲祟，但聞寺鍾一叩，則鬼一伏。」朱子曰：「大抵鬼亦公輩所爲，生時如此信向，死後焉得不爾？」此雖戲言，實有名理。今使有一異僧，便傾城往觀，施捨駢雜。若這些人死了，魂魄不散，自然還是如此。高一邊人説世並無鬼，低一邊人説到處皆鬼者，皆失之。昔韓文懿公菼病困時，李文貞往候之。公曰：「正有一事，欲仗大筆傳信。病中見得幽冥之故，灼然不爽。吾初疾原非大症，止因衆祟遶榻，徹夜叫讙，連旬不能合眼，以致病勢日臻。其日諸鬼忽相約於西河沿赴席，甫晡，相率而去，吾竟得安寢。及旦，使人訪問，則西河沿人果於是夜普度施食。自是後諸鬼復還，吾亦遂不寐，以至於困。」李曰：「今者諸鬼在何處？」曰：「見君在坐，退處榻後矣。此事向不以爲信，今將紀録示後，病不能執筆，故以相囑。」後文貞將此事載之《語録》。大抵僧家之普度，即先王祭厲之義，於理所有者，即不當斷以爲無，但亦不宜如僧家説得全是鬼物爲政耳。

宋儒教人學聖賢，先自不妄語始。此是切實法門。昔人有云：「佛言平等，而乘獅坐象，平何有焉？道言戒殺，而烹麟炮鳳，殺更甚焉。此儒教之所以無弊也。」《居易録》云：「《阿含經》言人壽八萬歲時，毘婆尸佛出世；人壽七萬歲時，尸棄佛出世；下至賢劫，第三尊迦葉佛出世，人壽亦二萬歲。其次第四尊即釋迦牟尼佛，當周昭王時，年三十成道，住世四十九年，年止七十九耳。去第三尊世尚未遠，何以壽遽不滿百乎？《内經·素問》載岐伯對黄帝云：『上古之人，法於陰陽，和於術數，故能形與神俱，而盡其天年，度百歲乃去。今人不然，故半百而衰。』則五帝之前年壽與末世無異，以此證《阿含經》敘七佛，誕妄較然。乃小司馬補《三皇本紀》又云：『天皇兄弟十二人，立各一萬八千歲；地皇十一人，亦各一萬八千歲。』其誕妄與《阿含經》又何異哉！」

乾隆庚子歲，二藏活佛來朝，供帳極一時之盛，所過境内有司，奔走恐後，儲偫惟恐不周，老弱男婦，環擁蹶趨而頂禮者，如恒河沙數。佛軀幹豐偉，方口重頤，兩耳及肩，笑容可掬，儼世所塑布袋和尚狀。時方盛夏，所乘輿上有片雲覆之而行，每風來塵土漲天，衆咸叩頭請雨。譯者代白，輒見其一手叠訣，口喃喃作咒。倏爾雲色油油，雨絲飄颺，旋即晴霽，灑塵而已，不能久也。或億兆環繞，道遏不行，忽如大笑，聲如洪濤歕欲，大衆不覺一時頓首伏地，道乃劃然中分，輿去如飛。愚婦子旋即飛行追尾，俄復圍合，不能禁也。至京居雍和宫，來謁者日以千計，跪而趨前，自摘其帽。佛俯身摩其頂，有摩而笑者，有摩而閉目掩口者，有摩而側首旁睨者，各示區别，受者無不歡喜作禮而去。京城内外僧衆，無遠近，無老幼，咸來參謁，五體投地。佛乃高坐跏趺，無少動也。有淮陽僧號達天者，飲酒食肉如常人，獨不往。或怪之，曰：「彼夷僧，我天朝法侶也。若且伏我，我豈爲若屈哉！」或不信，於是偏袒杖錫往，及門，語門者云：「可傳語大師，某來，速出迎。」語入，佛竟出。僧曰：「若識我乎？」譯者轉告，曰：「識得。」曰：「既識何弗拜也？」佛遽拜之。僧乃以錫卓地，大言曰：「若本不合來，而竟來。吾恐隻履歸時，未必肉身而西也！」譯者具以告佛，竟投地不起。僧乃杖錫出，未幾，佛竟以出痘死。有好事撰一對云：「杳杳三魂，活佛竟成死鬼；迢迢萬里，東來不見西歸。」時傳爲笑柄。按宋元祐間，高麗王棄家爲僧，號義天，航海至，上疏乞遍歷叢林。詔朝奉郎楊傑爲館伴使。至吴中，諸刹皆飲餞如王臣禮，獨金山僧了元高坐禪床，受其展謁。楊驚問，了元曰：「若亦異國僧耳。叢林規矩如是，不可易。」如達天者，古今人何必不相及哉！

卷十九

學文

古言儒行，必曰「近文章」。今之自命爲儒者，乃不以無文爲耻，甚可怪也。魏文帝《典論》云：「文章經國之大業，不朽之盛事。年壽有時而盡，榮樂止於其身。二者必至之常期，未若文章之無窮。而今人多不强力，貧賤則懾於饑寒，富貴則流於逸樂，遂營目前之務，而遺千載之功。日月逝於上，體貌衰於下，忽與萬物遷化，斯志士之大痛也。」此段文字至爲沉痛，足以動人，後學當書之座右，以資警省。

選文但宜以秦、漢爲斷，近選輒把《檀弓》《考工記》《左》《國》壓卷，實乖體裁。而論文則必泝源於經傳，以端其本。古之善論文者莫如柳子厚，然所云「本之

《詩》以求其恒，本之《禮》以求其宜，本之《易》以求其動，參之《穀梁》以厲其氣，參之《孟》《荀》以暢其支，參之《國語》以博其趣」，此數語分貼處實，未能深切著明。今欲指引初學，祇須淺淺言之，如要典重則學《書》，要婉麗則學《詩》，要古質則學《易》，要謹嚴則學《春秋》，要通達則學《戴記》，要博辨則學《左》《國》。各就其性之所近，期於畧得其意，微會其通，自然不同於世俗之爲文矣。

作文之法，有已標舉於經傳之中者，如《易》言「修辭立誠」，《書》言「辭尚體要」，《詩》言「穆如清風」，《戴禮》言「達而勿多」，《左氏》言「辭之無文，行之不遠」。合而觀之，作文之本末備舉，後人千言萬語，恐不能出其範圍。閻百詩云：「《論語》『爲命』一章，其示人以作文之法乎？『小子』一章，其示人以作詩之法乎？」

作文自然以道理經書爲主，而取材不可不富，辨體不可不精。《史記》《漢書》兩家乃文章不祧之祖，不可不熟讀。其次則莫如蕭《選》，熟此三部，然後再讀徐、庾各集及唐初四傑，燕、許諸公，而以韓、柳作歸宿。彭文勤公元瑞嘗言：「蕭《選》行而無奇不偶，韓集出而有橫皆縱。」蓋古今文體，此兩語足以該之，亦陰陽對待之理，不能偏廢也。今之耳食者鄙薄蕭《選》，而復不敢輕議《史》《漢》。不知蕭《選》中半皆《史》《漢》之文，且有《史》《漢》以前之文。隨聲附和，不值與辨。昔唐李德裕家不置《文選》，謂其不根藝實，蓋自古有此耳食之徒矣。

吾友謝退谷嘗與余論文，多篤實心得之語。一日謂余曰：「文有三理：善言德行者，道理足也；達於時務者，事理足也；筆墨變化者，文理足也。三者俱無，則《昭明文選》之文而已。」余初聞之，即覺其言之過，已而退谷筆之書矣，此則不可不辨者也。姑無論諸葛武侯之《出師表》，李令伯之《陳情表》，東廣微之《補南陔白華詩》，爲千古言忠孝者之職志，卜子夏之《毛詩序》，杜元凱之《左氏傳序》，劉子駿之《移太常博士書》，開後來論經學者之津途，即陸士衡之《文賦》，古今之言文章者，亦豈能外之？且如屈子之《離騷》，李少卿、司馬子長之書，可謂之文理不足而筆墨不變化乎？司馬長卿之《諫獵》《難蜀父老》，枚叔之《諫吴王》，班叔皮之《王命論》，可謂之事理不足而不達於時務乎？崔子玉之《座右銘》，韋宏嗣之《博弈論》，張茂先之《勵志詩》《女史箴》，可謂之道理不足而不善言德行者乎？大抵退谷喜講心性之學，所最服膺者，真文忠公之《文章正宗》，其於《文選》，并未嘗全部繙讀，故不自覺其失言。退谷所選《教諭語》，余最喜以拈示後學，若此條議論，則所當首删者也。

阮芸臺先生曰：「昭明所選，名曰《文選》，蓋必文而後選，非文則不選也。凡以言語著之簡策，不必以文爲本者，皆經也，子也，史也，皆不可專名之爲文。專名曰文者，自孔子《易·文言》始，實爲萬世文章之祖。此篇奇偶相生，音韻相和，如青白之成文，如《咸》《韶》之合節，非清言質説者比也，非振筆縱書者比也，非佶屈澀語者比也。是故昭明以爲經也、子也、史也，非可專名之爲文也，專名爲文，必沈思翰藻而後可也。自齊梁以後，溺於聲律，彦和《雕龍》漸開四六之體，至唐而四六更卑。然文體不可謂之不卑，而文統不得謂之不正。自唐宋韓、蘇諸大家以奇偶相生之文爲八代之衰而矯之，於是昭明所不選者，反皆爲諸家所取。故其所著者非經即子，非子即史，求其合於《昭明文選序》所謂文者，鮮矣，合於班孟堅《兩都賦序》所謂文章者，更鮮矣。其不合之處，蓋分於奇偶之間。經、史、子多奇而少偶，故唐宋八家不尚偶。《文選》多偶而少奇，故昭明不尚奇。如必以比偶非古而卑之，則孔子自名其言曰文者，一篇之中偶句凡四十有八，韻語凡三十有五，豈可以爲非文之正體而卑之乎？況班孟堅《兩都賦序》及諸漢文，其體皆奇偶相生者乎？《兩都賦序》

『白麟』『神雀』二比，『言語』『公卿』二比，即開明人八比之先路。明人號唐宋八家爲古文者，爲其别於《四書》文也，爲其别於駢偶文也。然《四書》之體皆以比偶成文，《明史·選舉志》曰：「四子書命題代古人語氣，體用排偶，謂之八股。」不比不行，是明人終日在偶中而不自覺也，是四書排偶之文，真乃上接唐宋四六爲一脈，爲文之正統也。然則今人所作之古文當名之爲何？曰：凡説經講學，皆經派也；傳志記事，皆史派也；立意爲宗，皆子派也；惟沉思翰藻，乃可名之爲文。非文者尚不可名爲文，況名之曰古文乎？」

又曰：「古人無筆硯紙墨之便，往往鑄金刻石，以期傳之久遠。其著之簡策，亦有漆書刀削之勞，非如今人下筆千言，言事甚易也。許氏《説文》：『直言曰言，論難曰語。』《左傳》曰：『言之無文，行之不遠。』此何也？古人以簡策傳事者少，以口舌傳事者多，以目治事者少，以口耳治事者多，故同爲一言也，轉相告語，必有愆誤。《説文》「言」从口从辛。辛，愆也。是必寡其詞，協其音，使人易於記誦，無能增改，且無方言俗語雜於其間，始能達意而行遠。此孔子於《易》所以著《文言》，此千古文章之祖也。《爾雅·釋訓》主於訓蒙，而『子子孫孫』以下用韻者三十二條，亦此道也。爲文章者，不務協音以成韻，修詞以達遠，使人易誦易記，而惟以單行之語縱橫恣肆，動輒千言萬字，不以爲煩，不知此乃古人所謂直言之言，論難之語，非言之有文者也，非孔子之所謂文也。《文言》數百字幾於句句用韻，孔子於此發明乾坤之藴，詮釋四德之名，幾費修詞之意，冀達意外之言。《説文》曰：「詞，意内［而］（外）言［外］也。」蓋詞亦言也，非文也。《文言》曰「修辭立其誠」，《説文》曰「修，飾也。」詞之飾者乃得爲文，不得以詞即文也。要使遠近易誦，古今易傳，公卿學士皆能記誦，以通天地萬物，以警國家身心，不但多用韻，抑且多用偶。即如樂行、憂違，偶也；長人、合禮，偶也；和義、幹事，偶也；庸言、庸行，偶也；閑邪、善世，偶也；進德、修業，偶也；知至、知終，偶也；上位、下位，偶也；同聲、同氣。偶也；水濕、火燥，偶也；雲龍、風虎，偶也；本天、本地，偶也；无位、无民，偶也；勿用、在田，偶也；潛藏、文明，偶也；道革、位德，偶也；偕極、天則，偶也；隱見、行成，偶也；學聚、問辨，偶也；寬居、仁行，偶也；合德、合明、合序、合吉凶，偶也；先天、後天，偶也；存亡、得喪，偶也；餘慶、餘殃，偶也；直内、方外，偶也；通理、居體，偶也。凡偶皆文也。於物兩色相偶而交錯之，乃得名曰文，文即象其形也。《考工記》曰：「青與白謂之文，赤與白謂之章。」《説文》曰：「文錯畫也，象交也。」然則千古之文，莫大於孔子之言《易》。孔子方以用韻比偶之法錯綜其言，而自名曰文，何後人熟視而無覩乎？」

王廣堂之雋曰：「余與同年張符驤良御、關上進凌雲談藝，關於時藝極工，可接先輩。張詰之曰：『君文誠佳，但多排句，如點題用散亦可。』關良久曰：『吾見《四書》多排句耳。』余因腹誦《學》《庸》《語》《孟》，洵然，且悟不但排句，亦多叠句也。」

古文選本，以前明茅鹿門坤所列「八家」爲最著。《明史·文苑傳》稱坤善古文，最心折唐順之。順之所著《文編》，自韓、柳、歐、三蘇、曾、王外無取焉，故坤選爲《八家文鈔》。其實明初朱右已採録韓、柳、歐陽、曾、王、三蘇之作，爲《八先生文集》，實遠在坤前，特右書不傳耳。本朝儲同人欣益以李習之翺、孫可之樵合爲十家，其書皆頗行於世。至乾隆初，純廟以茅、儲二家去取尚未盡協，評論亦未盡允，乃指授儒臣，定爲《唐宋文醇》五十八卷。其書先以列聖御評恭列篇首，後人評跋有發明考證者分綴篇末，品題考辨，疏通證明，無不抉摘精微，研窮窔奥。學者但熟讀此本，則其他選本及各專集，俱在可緩之列矣。

《四庫提要》云：「唐之文體變於韓愈，而柳宗元以下和之。宋之文體變於歐陽修，而蘇洵以下和之。愈《與崔立之書》，深病場屋之作。修知貢舉，亦黜劉幾等，以挽回風氣。則八家之所論著，其不爲程試計可知也。茅坤所録，大抵以八比法説之。儲欣雖以便於舉業譏坤，而核其所論，亦相去不能分寸。夫能爲八比者，其源必出於古文。自明以來，歷歷可數。坤與欣即古文以講八比，未始非探本之論。然論八比而沿溯古文，爲八比之正脉；論古文而專爲八比設，則非古文之正脉。此如場屋策論，以能根柢經史者爲上，操文柄者亦必以能根柢經史與否，定其甲乙，至講經評史而專備策論之用，則其經不足爲經學，其史不足爲史學。茅坤、儲欣之評諸家，適類於是。自御選《唐宋文醇》出，去取謹嚴，考證典核，其精者足以明理載道、經世致用，其次者亦有關法戒，不爲空言；其上者矩矱六籍，其次者波瀾意度，亦出入於周、秦、兩漢諸家。茅坤等管蠡之見，烏足以語此哉！

繼《文選》而作者爲《文苑英華》，然《文選》自周、秦以迄梁初，不過三十卷，而《文苑英華》自梁末以迄唐季，乃至一千卷，其富而不精宜也。後經姚鉉詮擇，約爲《唐文粹》一百卷，而其中尚有《文苑英華》所未收者。所録詩文祇收古體，蓋於歐、梅未出以前，能毅然矯五代之弊，而與穆修、柳開相應者，實自鉉此書始。讀唐文者，捨此無善本矣。

吕東萊之《宋文鑑》，在當時頗爲人所訾議，惟朱子謂「此書編次，篇篇有意。其所載奏議，亦係當時政治大節。祖宗二百年規模，與後來中變之意，盡在其間」云云，自是定論。東萊又有《古文關鍵》二卷，取韓、柳、歐、曾、二蘇及張耒之文，凡六十餘篇，各標其命意布局之處，卷首又冠以總論看文作文之法。二書當相輔而行，皆後學所當從事也。

王遵巖慎中曰：「或言總是學人，與其學歐、曾不如學馬遷、班固。此言非也。學馬遷莫如歐，學班固莫如曾。今人何曾學馬、班，只是每篇抄得三五句《史》《漢》，其餘文字皆舉子對策與寫柬寒温之套。如是而謂之學馬、班，亦可笑也。」

真西山《文章正宗》，大意主於論理而不論文，遂與古來選本宗旨迥異，雖所持之理甚正，而其説終不可行。故自宋以來，罕有誦習之者。後人宗其意而成編者，惟吾鄉蔡文勤公之《古文雅正》，然以理爲根柢，而體雜語録者不登，以詞爲羽翼，而語傷浮艷者不録。其意主於文質相輔，而不廢修詞之工，故謂之《雅正》，又與真氏之書各别。

南渡以後文字，自以朱子爲一大宗。李文貞公嘗言：「記得某人説學古文須從朱子起，此言却好。朱子之文何能上比馬、班、韓、柳，但理足便顛撲不破。朱子初學曾南豐，到後來却不似。其少作有古文氣調，朱子正不欲其似古文也。又是一句有一句事理，即叠下數語，皆有叠下數語著落，一字不肯落空。入手作文，須得如此。」

金人詩文並工者，衹一元遺山。古文繩尺嚴密，根柢盤深，雖未能與歐、曾、蘇、黄並提，使與尤、楊、范、陸旗鼓中原，正未知勝負所在，毋論王拙軒、趙滏水、金滹南諸人也。

蘇天爵所編《元文類》七十卷，自元初迄延祐，正元文極盛之日。而天爵又妙解文章，精於鑒别，故所選具有體要。論者謂可與《唐文粹》《宋文鑑》鼎立而三。厥後程敏政之《明文衡》雖極力追之，終莫能及也。

勝國古文家，初年衹一宋文憲濂。蓋元代文章，以吴萊、柳貫、黄溍爲一朝後勁。文憲初學於吴，後學於柳與黄，其文醇深演迤，不動聲色，而二百餘年之中，殫力翻新者終莫能與之方駕。論者以劉誠意可與文憲並爲一代宗匠，而方正學可稱文憲入室弟子。然平心而論，終當讓金華出一頭地。蓋劉講經世之畧，所學不及宋之醇；方自命太高，意氣太盛，所養不及宋之粹也。中葉則李文正東陽，末季則唐荆川順之、歸震川有光、王遵巖慎中。此數家必須讀其全集，餘則就選本中觀之可矣。

明文自宣德、正統以後，盛行臺閣體，始於楊文貞士奇、楊文敏榮，主持風氣者數十年。其末流至於膚廓庸沓，萬口一音，遂爲藝林口實。中間導源唐宋、具有典型者，惟一李文正。自李空同夢陽、何大復景明唱爲復古之説，而明之文體一變。厥後摹擬剽賊，日就窠臼，風會遞轉，門户愈分。追原本始，惟李、何實職其咎。程敏政《明文衡》所録在成化以前，終有典型，尚無七子僞體。黄宗羲《明文海》則兼及嘉、隆以後，何、李盛行之餘，意在掃除摹擬，空所倚傍，以情至爲宗，又欲使一代典章人物俱藉以考見大凡，故採擇頗嚴，蒐羅極富。二書亦當相輔而行也。

明文之衰，膚濫於七子，纖佻於三袁，至啟、禎而極敝。我朝風氣還淳，學者始復講唐宋以來之矩矱。當時以汪鈍翁、魏叔子、侯朝宗三家爲最工。宋牧仲嘗合爲《三家文鈔》，梓行於世。然叔子才雜縱橫，未歸於純粹；朝宗體兼華藻，稍涉於浮夸。惟鈍翁學術既深，軌轍復正，所言大抵原本六經，與二家迥別。其氣體浩瀚，疏通暢達，頗近南宋諸家，歐、曾未易言，以之接跡唐、歸，殆無愧色。此外如朱竹垞之淵雅，毛西河之縱橫，方靈皋之嚴潔，皆當涉獵及之。

李文貞曰：「學古文須先學作論，蓋判斷事理，如審官司，必四面八方都折倒地，方可定案。如此則周周折折，都要想到，有一處不到，便成罅漏。久之不知不覺，意思層叠，不求深厚，自然深厚。今做古文者多從傳誌學起，却不是。」又曰：「文字扯長，起於宋人，長便薄。太公《丹書》行幾多大禮，説出來纔只四句。箕子《洪範》三才俱備，纔一千四十三字。老子《道德經》不知講出他的多少道理，纔只五千言。宋人一篇策便要萬言，是何意思？」

百工治器，必幾經轉换而後器成。我輩作文，亦必幾經删潤而後文成，其理一也。聞歐陽文忠作《晝錦堂記》，原稿首兩句是「仕宦至將相，富貴歸故鄉」，再四改訂，最後乃添兩「而」字。作《醉翁亭記》，原稿起處有數十字，黏之卧内，到後來只得「環滁皆山也」五字。其平生爲文，都是如此，甚至有不存原稿一字者。近聞吾鄉朱梅崖先生每一文成，必黏稿於壁，逐日熟視，輒去十餘字，旬日以後，至萬無可去，而後脱稿示人。此皆後學所當取法也。

文字有難於自信者，必資良友删削。昔曹子建之言曰：「世人著述，不能無病。僕嘗好人譏彈其文，有不善者，應時改定。」白樂天之言曰：「凡人爲文，私於自是，不忍於割截，或失於繁多。其間妍媸，抑又自惑。必待交友有公鑒、無姑息者，討論而削奪之，然後繁簡當否，得其中矣。」二公皆雄於文者，而其言如此，學者可不深長思乎？

今考據家作文字，率喜繁徵博引，以長篇炫人。然氣不足以舉之，每令閲者不終篇而倦。其意自謂源於《史》《漢》，然史公文字精采，雖長不厭，《漢書》則冗沓處實多，馬、班之高下即在於此。《史記》中長短亦不一律，如《項羽本紀》長八千八百餘字，《趙世家》長一萬一千一百餘字，而《顔淵列傳》僅二百四十字，《仲弓列傳》僅六十三字，何嘗必以長爲貴乎？朱子嘗言：「凡人做文字不可太長，多照管不到，寧可説不盡。韓、歐文皆不欲説盡。東坡雖是一往滚將去，他裡面自有法度，今人不理會他裏面法度，只管學他一滚做將去，故無結構。」按坡公嘗自言作文之法：「孔子『意盡而言止者，天下之至言也。然而言止而意不盡，尤爲極至。』」坡公又云：「

言『辭達而已矣』，夫辭止於達意，宜若不文。是大不然。言理能使是理了然於心者，蓋千萬人而不一遇也，而況能使了然於口與手者乎？是之謂『辭達』。辭而至於達，則文不可勝用矣。」合此二説觀之，蘇文豈漫無節制者哉？

讀書以熟爲貴，作文亦然。昔有問歐陽公作文之法者，公曰：「吾於賢豈有吝惜，只是要熟耳。變化姿態，皆從熟出也。」毛稚黄云：「或疑文亦有生而佳者，此必熟後之生也。熟後之生必佳，若未熟之生，則生疎而已，焉得佳乎？」

朱子嘗言：「文須錯綜見意，曲折生姿。李習之嘗教人看韓公《獲麟解》，一句一轉，可悟作文之法，而不教人看《原道》，以其稍直也。」近魏叔子言：「古文之妙，只是説而不説，説而又説，是以極吞吐往復、參差離合之致。」袁簡齋亦言：「天上有文曲星，無文直星。」雖是戲言，亦自有致。

黄唐堂曰：「吾友宋介山善古文，每喜以不結爲結。言後人文字之不及秦漢者，所争在結處。凡結處須乘勢結之，譬之游客往往不能歸者，以時過勢盡也。又言文之結如果之結，花過即果，過後即不果。又言結之難，譬狂風中重舟重載落帆，又如盲人騎馬。皆非深於文者不能道。凡作墓志文字，只要不説謊。《祭統》云：『銘之義，稱美而不稱惡。』」又云：『其先祖無美而稱之，是誣也。』故聖賢雖於父母，亦不虛加一語。加以虛譽，人必指而笑之，是轉貽父母羞辱矣。韋齋人品學問迥出人羣，朱子作行述，只平平敘次。伊川爲大中作文，亦無一語褒揚。惟其如此，是以可信。且稱人亦何必全備，如孝，德之本也，孔子未嘗以稱顏子，豈顏子未孝耶？舜稱大孝，他聖不聞，豈他聖都未孝耶？」

蘇齋師云：「凡作傳誌，不宜用四六駢體。蓋敘一事而必借古事述之，何如直敘其事之爲明白乎？陸放翁詠王簡棲《頭陀寺碑》云：『文浮未可敵江山。』此語所見獨超，好用駢儷者尚亦知所持擇乎？」

白香山《策林》有云：「凡今秉筆之徒，歌詠詩賦、碑碣讚誄之製，往往有虛美，有愧辭，行於時則誣善惡而惑當代，傳之後則混真僞而疑將來，大非先王文理化成之教也。」按此風自昔已然，今又甚焉。世有自命爲雄文健筆，攫取諛墓金者，亦當稍知返也。

閻百詩云：「《顏氏家訓》謂『學問有利鈍，文章有巧拙。鈍學累功，不妨精熟，拙文研思，終歸蚩鄙。但成學士，自足爲人。必乏天才，勿强操筆。』此十言者，可以教天下萬世，不獨爲吾徒之藥石而已。」

今人自編其所著之集，大概分詩與文兩目而已。古人則不然。六朝以前多以文、筆對舉，或以詩、筆對舉。詩即有韻之文，可以文統之，故《昭明文選》奄有詩歌。筆則專指紀載之作，故陸機《文賦》所列詩賦十體，不及傳志也。《南史·顔延之傳》「竣得臣筆，測得臣文」，劉勰《文心雕龍》云「無韻者筆，有韻者文」，此以文與筆分言之也。《梁書·劉潛傳》「三筆六詩」，又《庾肩吾傳》「詩既若此，筆又如之」，杜少陵詩稱「賈筆韓詩」，趙璘《因話録》稱「孟詩韓筆」，此以詩與筆分言之也。《宋書·傅亮傳》「高祖登庸之始，文筆皆是記室參軍滕演」，《魏書·温子昇傳》「臺中文筆，皆子昇爲之」，《北齊書·李廣傳》「集其文筆十卷，魏收爲之序」，《陳書·陸炎傳》「其所製文筆，多不存本」，《劉師知傳》「博涉書傳，工文筆」，《徐伯陽傳》「年十五以文筆稱」，《北史·魏高祖紀》「好爲文章詩賦銘頌，有大文筆，馬上口授」，《南齊書·晉安王子懋傳》「文章詩筆，乃是佳事」，《北史·蕭圓肅傳》「撰時人詩筆爲《文海》四十卷」，此以合文筆、詩筆而爲言者也。至梁元帝《金樓子·立言篇》以「揚榷前言、抵掌多識者謂之筆，咏嘆風謡、流連哀思者謂之文」，又云「至如文者，惟須綺縠紛披，宮徵靡曼，脣吻搖會，情靈搖蕩」云云，語尤分晰。今人於「文筆」二字之分不講久矣。

或疑文必有韻之語爲不盡然，不知此劉彦和之説也。《文心雕龍·總術篇》云：「今之常言，有文有筆。無韻者筆，有韻者文。」彦和精於文理者，豈欺人哉？近人中知此理者頗鮮。阮芸臺先生曾詳言之，曰：「所謂韻者，乃章句中之音韻，非但句末之韻脚也。六朝不押韻之文，其中奇偶相生，頓挫抑揚，皆有合乎宮羽，故沈休文作《謝靈運傳論》曰：『五色相宣，八音協暢，由乎元黄律吕，各適物宜。欲使宮羽相變，低昂舛節，若前有浮聲，則後須切響，一簡之内，音韻盡殊，兩句之中，輕重悉異，妙達此旨，始可言文。』言之最爲曉暢。昭明所選，亦不盡有韻脚之文，而奇偶相生，宮羽悉協，溯其原本，乃出於經。孔子自名其言《易》者曰『文』，此千古文章之祖。《文言》固有韻矣，而亦有平仄聲音焉。即如溼、燥、龍、虎、覩八句上下，何等聲音，無論龍、虎二句不可顛倒，若改作龍、虎、燥、溼、覩，即無聲音矣。無論其德、其名、其序、其吉凶，四者不可錯亂，若倒『不知退』於『不知亡』、『不知喪』之後，即無聲音矣。《文言》以後，以時代相次，則及於卜子夏之《詩大序》。序曰『性發於聲，聲成文謂之音』，又曰『主文而譎諫』，又曰『長言之不足則嗟嘆之』。鄭康成釋『聲成文』爲『宫商上下相應』，釋『主文』爲『與樂之宫商相應』，此子夏直指《詩》之聲音爲文，不指翰藻也。凡文在聲爲宫商，在色爲翰藻，即如《文言》『雲龍、風虎』一節，乃千古宫商奇偶之祖；『非一朝一夕之故』一節，乃千古嗟嘆成文之祖；子夏《詩序》『性發聲成』一節，乃千古聲韻性情之祖。故曰韻者即聲音也，聲音即文也。然則今人所便單行之文極其奧衍奔放者，乃古之筆，非古之文也。沈休文之説或可横指爲八代之衰，孔子、子夏之文體豈亦衰哉？」

「韻」字不見於《説文》，故近儒謂即古「均」字，其説近是。然王氏復齋載楚公鍾篆文内實有「韻」字。从音从匀，則此字遠在沈休文四聲之前矣。今人之韻脚不足以該韻字，然但謂章句中之聲韻，恐淺人仍不能驟解。余則謂古人之韻，直是今人之平仄而已。今之四六，非有韻之文，而不能無平仄。即今之《四書》文，亦斷不可不講平仄。試取前明及本朝各名家文讀之，無不音調鏗鏘者，即所謂平仄也，即所謂韻也。然則《謝靈運傳》語所言，不但抉千古文章之秘，即今之作《四書》文者，亦莫能外之矣。

蘇文忠《答李端叔書》云：「軾少年讀書作文，專爲應舉而已。既得及進士第，貪得不已，又舉制策，其實何所有？而其科號爲『直言極諫』，故每紛然誦説古今，考論是非，以應其名耳。人苦不自知，既以此得，因以爲實能之，故嘵嘵至今，坐此得罪幾死。所謂『齊虜以口舌得官』，真可笑也。然世人遂以軾爲欲立異同，則過矣。妄論利害，攙説得失，此正制科人習氣。譬之候蟲時鳥，自鳴自已，何足爲損益？軾每怪時人待軾過重，而足下又復稱説如此，愈非其實」云云。此書字字樸誠，近人所不肯道也。

蘇文忠《南行唱和詩序》云：「昔人之文，非能爲之爲工，乃不能不爲之爲工也。山川之有雲，草木之有華實，充滿勃鬱而見於外，雖欲無有，其可得耶？故予爲文至多，而未嘗有作文之意。」時公年始冠耳，所見已如此。所論雖高，而理則平實，可以誨人。若後來語云「論畫以形似，見與兒童鄰。賦詩爲此詩，定非知詩人」，則是掉弄筆鋒，不足爲典要。今之畫山水者，未能正作一木一石，而託於雲烟杳靄，謂之氣象；賦詩者無真實意境，而徒爲茫昧僻遠之語，謂之格律，則亦自欺而已，豈坡公誨人之意哉！

董曲江元度曰：「相傳顧俠君刻《元詩選》成，家有五六歲童子，忽舉手外指曰：『有衣冠者數百人望門跪拜。』嗟乎！鬼尚好名哉？」紀文達師曰：「抉剔幽沉，蒐羅放佚，以表章之力，發冥漠之光，其銜感九泉，固理所宜有。至於交通聲氣，號召生徒，禍棗災梨，遞相神聖，不但有明末造標傍多誣，即月泉吟社諸人亦病未離乎客氣也。《昭明文選》以何遜現存，遂不登一字，古人之所見遠矣。」

錢竹汀曰：「太史公《報任安書》不敢言漢待功臣之薄，而李少卿《答蘇武書》於韓、彭、周、魏、李廣諸人之枉，剴切言之，足以示戒後世。梁世宗尚浮屠，一時名流詩文，大半佞佛之作，昭明一概不取，惟録王簡棲《頭陀寺》一篇以備體。簡棲名位素卑，不爲當時所重，明非勝流所措意也。即此兩篇之登載，足見昭明識見，遠出後世詞人之上矣。」

今人於散體文輒名爲「古文」，衆口一同，其實未考也。芸臺先生嘗辨之曰：「古人於籀史奇字，始稱『古文』，至於屬辭成篇，則曰『文章』。故班孟堅曰『武宣之世，崇禮官，考文章』，又曰『雍容揄揚，著於後嗣，大漢之文章，炳焉與三代同風』。是故兩漢文章，著於班、范，體制和正，氣息淵雅，不爲激音，不爲客氣。若云後代之文有能盛於兩漢者，雖愚者亦知其不然矣。近代古文名家，徒爲科名時藝之累，於古人之文有益時藝者，始競趨之。余嘗取以置之兩《漢書》中，誦之擬之，淄澠不能同其味，宫徵不能壹其聲，體氣各殊，弗可强已。若謂前人拙樸，不及後人，反覆思之，亦未敢以爲然也。夫勢窮者必變，情弊者務新，文家矯厲，每求相勝，其間轉變，實在昌黎。昌黎之文，矯《文選》之流弊而已。昭明《選序》體例甚明，後人讀之，苦不加意。《選序》之法於經、子、史三家不加甄録，爲其以立意紀事爲本，非沉思翰藻之比也。今之爲古文者，以彼所棄，爲我所取，立意之外，惟有紀事，是乃子史正流，終與文章有别。此千年墜緒，無人敢言者也。或曰：子之所言，偏執己見，謬託古籍，此篇亦自居何等乎？余曰：言之無文，則子派雜家而已。」

凡詩文中於古人稱呼，必經古人用過者方可用之。如樂毅稱「樂生」，賈誼稱「賈生」，李膺稱「李君」，阮籍稱「阮公」，嵇康稱「嵇生」，山濤稱「山公」，王導稱「王公」，謝安石、康樂、元暉皆可稱「謝公」，庾亮稱「庾公」，杲之稱「庾郎」，王凝之稱「王郎」，袁粲稱「袁公」，江淹稱「江郎」，徐陵稱「徐君」，杜甫稱「杜公」、「杜子」，稱「杜老」，李白稱「李侯」、「李生」，孟浩然稱「孟公」，韓愈稱

「韓公」、「韓子」，韋應物稱「韋公」，白居易稱「白公」、「白傅」，元鎮稱「元相」，劉禹錫稱「劉郎」之類，各有所本，不可假借。假令稱少陵曰「杜生」，太白曰「李公」，知復爲誰耶？又如古人有二字三字之謚，而止稱其一字者，如衛之叡聖武公，止稱「武公」，貞惠文子止稱「公叔文子」，楚頃襄王止稱「襄王」，秦昭襄王止稱「昭王」，漢諸葛忠武侯止稱「武侯」。倘非前人用過，又可以意爲之耶？

吴立夫萊論文有云：「作文如用兵，法有正有奇。正是法度，要部伍分明；奇是不爲法度所縛。千變萬化，坐作進退擊刺，一時俱起，及其欲止，什伍各還其隊，原不曾亂。」可謂善言文章者也。

王夢樓文治嘗言：「詞章之學，見之易盡，搜之無窮。今聰明才學之士，往往薄視詩文，遁而窮經注史。不知彼所能者，皆詞章之皮面耳，未吸神髓，故易於決捨。如果深造有得，必愁日短心長，孜孜不及，焉有餘功旁求考據乎？」袁簡齋亦云：「人才力各有所宜，要在一縱一横而已。鄭、馬主縱，崔、蔡主横，斷難兼得。余嘗考古官制，檢搜羣書，不過兩月之久。偶作一詩，覺神思滯塞，亦欲於故紙堆中求之。方悟著作與考訂兩家，鴻溝界限，非親歷不知。或問兩家孰優？曰：天下先有著作而後有書，有書而後有考據。著述始於三代，六經考據始於漢唐注疏，考其先後，知所優劣矣。著作如水，自爲江海，考據如火，必附柴薪。作者之謂聖，詞章是也；述者之謂明，考據是也。」

袁簡齋云：「天欲成就一文人、一儒者，都非偶然。試觀古文人如歐、蘇、韓、柳，儒者如周、程、張、朱，誰非少年科甲哉？蓋使之先出身，以捐棄其俗學，而後有全力以攻實學。試觀諸公應試之文，都不甚佳，晚年得力於學，方始不凡。不然彼方終日用心於五言八韻、對策三條，豈足以傳世哉？就中晚登科第者，只歸熙甫一人，然古文雖工，終未脱時文氣息，而且終身不能爲詩，亦累於俗學之一證。」

黄梨洲謂：「作文不可倒却架子。爲二氏之文，須如堂上人分别堂下臧否。韓、歐、曾、王皆然，東坡稍稍放寬。至宋景濂爲《大浮屠塔銘》，和身倒入，便非儒者氣象矣。」按作文架子至韓公始立，所謂起衰也。唐初稱「燕許大手筆」，然張燕公作《鄎國長公主神道碑》云：「長公主者，睿宗第七女也。嬪於薛氏。有男子四，女子五。其後君子晨歌，夫人晝哭，未亡爲稱，生意盡矣。朝制斷恩，改降鄭氏。陵谷可移，隋和之德不昧；寒暑有遷，松筠之性如一。均養七子，麻薩二宗。汾陰之家忘亡，滎陽之黨相慶。」嗚呼，此文尚可爲訓哉？

賦者，古詩之流，然自屈、宋以來，即與詩別體。揚雄有言：「能讀千賦則能賦。」蓋源流正變之不講，則操筆茫如。鄭夾漈《經籍志》所載范傳正《賦訣》、紇干俞《賦格》、張仲素《賦樞》、浩虚舟《賦門》，今皆不傳。元祝堯作《古賦辨體》，言之頗詳，而於歷代鴻篇未能備載。惟康熙間御定《歷代賦彙》，上起周末，下迄明季，以有關經濟學問者爲正集，其勞人思婦、哀怨窮愁、畸士幽人、放言任達者爲外集，而以佚句補遺附焉。學者沿流溯源，因變求正，悉具是書矣。

王惕甫有《讀賦卮言》一卷，自導源至總指，凡分十六段。自序謂「上下源流，考鏡得失，畧仿東莞《雕龍》之例」。蓋近人之善言賦無有過於是書者。

文章家每薄駢體而不論，然單行之變爲排偶，猶古詩之變爲律詩，風會既開，遂難偏廢。自庾子山出，始集六朝駢體之大成，而導唐初四傑之先路。所作皆華實相扶，情文兼至，於抽黄儷白之中，仍能灝氣舒卷，變化自如。當時雖並稱「徐、庾」，孝穆實瞠乎後塵矣。

四六文雖不必專家，然奏御所需，應試所尚，有非此不可者。純用六朝體格，亦恐非宜，惟有分唐四六、宋四六兩派，各就性之所近而學之。唐四六又當分爲兩層，有初唐之四六，王子安爲之首，以雄博爲宗，本朝之陳維崧似之；有中唐以後之四六，李義山爲之首，以流麗爲勝，本朝之吴綺似之。宋四六無專家，各以新巧爲工，近南昌彭文勤公所輯《宋四六選》已具崖畧，本朝之章藻功似之。今欲爲四六專家，則當先讀蕭《選》及徐、庾二集，而參以《初唐四傑集》、李義山《樊南甲、乙集》、彭文勤公《宋四六選》，以及《陳檢討四六》《林蕙堂集》《思綺堂集》，則源流正變，自可了然於胸。若曾燠之《駢體正宗》，吴鼒之《八家四六》，雖爲時流所喜，而所選體格未純，但資博覽可也。

近人四六體格，以孔巽軒檢討爲最正。檢討嘗言：「駢體文以達意明事爲主，不爾則用之婚啟，不可用之書札，用之銘誄，不可用之論辨，真爲無用之物。六朝文無非駢體，但縱横開闔，與散體文同也。」又云：「徐、庾集必須熟讀，此外四傑，即當擇取，須避其平實之弊。第一取音節近古，庾文『落花與芝蓋齊飛，楊柳共春旗一色』，爲王子安所襲用，若删却『與』『共』二字，便成俗響。如陳其年『四圍皆王母靈禽，一片悉嫦娥寶樹』，此調殊惡，在古人甯以兩『之』字易『靈』『寶』二字也。」又舉楊炯《少姨廟碑》云「蔣侯三妹，青溪之軌跡可尋；虞帝二妃，湘水之波瀾未歇」，以爲「『未歇』二字耐人玩讀，今人必不能到」。至云不可用經典奥衍之詞，及制舉文柔滑之句，則不足於宋四六一派矣。此所論駢體文甚精，其所作亦能副其所言，惜《儀鄭堂遺稿》所存無幾耳。

制藝文雖只用於科舉，然代聖賢立言，則與學古文初無二道，惟另有其源流正變，不可不知耳，俞寧世之《百二十名家》備矣。我朝乾隆初年，奉敕令方苞編選明文，凡四集，曰化治文，曰正嘉文，曰隆萬文，曰啟禎文。而國朝文別爲一集，每篇皆抉其精要，評隲於後，凡四十一卷，名爲《欽定四書文》。所録皆理醇詞達，以清真雅正爲宗。承學之士，於前明諸家考風格之得失，於國朝諸作定趨嚮之指歸，一切汗牛充棟之選本，盡可筌蹄棄之矣。

作制藝文，能讀書窮理，一以學古文之精力材料爲之，未有不工者。但體格不必過於求高。夫既隨衆應舉，自然志在求售，而反以不入時眼爲高，則何如捨此不務？今自《欽定四書文》之外，有近時名家專集不可不涉獵者，如方靈皋、王耘渠之屬。王耘渠之文，格律極細膩，又極分明，每篇旁批、後批皆其所自爲，閲之可當明師口授，集中篇篇可閲。方靈皋則有根柢，又有詞華，讀之可以開拓心胸，增長筆力。蓋靈皋經術本深，又於周秦諸子、宋儒諸集無不貫通，故言皆有物。論者謂靈皋古文每有時文氣，其時文則純以古文之法行之，故集中篇篇可讀。

應舉之文，固宜合時，然亦不必竭力趨迎。蓋風氣改移，人人相崇相尚，欲求勝人，未有不一往過，物極則反，復思變，思變計（勢）［窮］，必進退失據，勞而罔功。瞿昆湖嘗言：「作文要從心苗中出。初時覺難，久之自易，蓋熟極自能生巧也。」爲應舉文者，果能由此入手，何患不高人一等乎？

少年作文，以英發暢滿爲貴，不宜即求高簡古淡。昔歐陽公《答徐秘書》云：「所寄近著甚佳，議論正宜如此。然著撰苟多，他日更自精擇，少去其繁，則峻潔矣。此時且不必勉强，勉强簡節之則不流暢，須待自然而至也。」又蘇文忠《答李豸書》云：「惠示古賦近詩，詞氣卓越，意趣不凡，甚可喜也。但微傷冗，後當稍收斂之，今則未可也。」又《與姪簡書》云：「凡文字少小時須令氣象崢嶸，采色絢爛，漸熟乃造平淡，其實不是平淡，乃絢爛之極也。汝只見爹伯今日文章平淡，便專意學此樣，何不取舊日應舉時文字觀之，看其高下抑揚，如龍蛇捉不住。且須學此，斯得之矣。」

按宋時所謂應舉時文，非今之時文也，而歐、蘇之教人已如此。

唐翼修彪《讀書作文譜》所陳語多猥雜，不離村學究習氣，然亦有切實可行之法，有裨舉業，不妨捨其短而取其長也。如云：「聞諸搢紳先生，用功進取有二法。一於大比之年正月始，每日作文一篇，至臨場而止。一於大比前一年之八月始，每三六九作文二藝，限定其時刻，不令少遲。二者一取其純熟，一取其速成。然速而至於久，未有不熟者，熟而至於久，未有不速者。」又云：「人生作文，須有數月發憤功夫，而後文章始得大進。蓋平常作文非不用力，然未用緊迫工夫，從心打透，其效自淺。必專一致功，連作文一二月，然後心竅開通，靈明煥發，文機增長，有不可以常理論者矣。」又云：「傅安道嘗言：文章有筆力，有筆路。筆力到二十歲餘便定了，後來雖進，亦相去不遠。筆路常做便開拓，不做便荒廢。此言於應舉文尤切。」又云：「學者讀文，不可專趨一體，必清濃、虛實、長短、奇平並取，則雖風氣尚此讀文有與之合者，風氣尚彼讀文亦有與之合者，取其合者揣摩之，其不合者姑停之，此即趨風氣之一法。若專讀一家，焉能符合乎？且人亦知韓、柳、歐、蘇之稱古文大家，王、唐、歸、金之稱制藝名家者，何謂也？以其集中清濃、虛實、長短、奇平無所不有故也。

若止有一體，連閲數十篇，了無所異，則陋之至矣，安得稱大家、名家乎？彼世之以文出於一律一體爲到家者，直庸妄之言耳。」又云：「凡以所作之文請教於人，未嘗無益，然其爲益無多也。一則閲者未必直言，一則我之所學果淺，彼即直言，吾亦不能因一二篇之指點而即變拙爲巧。惟以吾已讀之文與欲讀之文求其去取，更問其當讀者何文，或得其指點，則受益無盡。何也？所作之文之工拙，必本於所讀之文之工拙。譬如蜂以採花，故能釀蜜，蠶以食桑，故能成絲。倘蜂蠶之所採食者非花與桑，則其成就必與凡物無異。乃知士人所讀之文精，庶幾所作之文美，亦用不離乎體耳。」又云：「吾師姜景白先生文章超邁，其制藝讀本，即門下亦不得見之。余再請其故，始曰：吾所讀者，皆係名文，每有改竄。汝曹年少，不能謹言，傳於外，人謂吾多改名文，人必非笑，故不令汝曹見也。然吾所以爲此者，亦自有故。以學人熟讀之文作文時，其氣機每來筆下而不自覺，佳處來，疵處亦至。如歸、金之文，其美處非人可及，故雖有疵而人不以爲病。如吾之文，佳處既不及彼，苟又多得其疵，不甚無益乎？故吾於其疵處可改則改之，所以防其來筆下而不自覺也。」

卷二十

學詩一

古人言詩，必推本於三百篇，或以此言爲迂者，淺人之見也。古人言語之妙，固非今人所能幾，無論今人，即漢魏以迄三唐所謂直接三百篇之作者，亦差之尚遠，此時代限之也。然三百篇之宗旨，「思無邪」三字盡之，則人人所可學也。三百篇之門徑，「興、觀、羣、怨」四字盡之，則人人所同具也。三百篇之性情，「温柔敦厚」四字盡之，則人人所當勉也。此不可以時代限之也。但就此三層上用心，源頭既通，把握自定，然後再學其詞華格調，則前人言之詳矣。

漢魏之詩，無意於學三百篇，而神理自合，時代本近也。六朝而後，刻意學之者，以杜、韓爲最。杜之言曰：「雅麗理訓誥。」韓之言曰：「詩正而葩。」三百篇之詞華格調，盡此二語矣。竊謂今之學詩者，只須將《毛詩》句句字字盡得其解，再將白文涵泳數過，於詩詣而不能精進者，吾不信也。

古人立言，以能感人爲貴，而詩之入人尤深，故聖人言詩可以興、觀、羣、怨。而今人作詩，但以應酬世故爲能，則不如不作。試觀三百篇中如《彼何人斯》云「作此好歌，以極反側」，《節南山》云「家父作誦，以究王訩」，《正月》云「維號斯言，有倫有脊」，而《四月》云「君子作歌，維以告哀」，則自稱爲君子。《崧高》《烝民》一則云「吉甫作誦，其詩孔碩」，一則云「吉甫作頌，穆如清風」，則並不嫌於自譽。蓋欲人知其言之善而聽之，非必若後人作詩多自謙之辭也。故《巷伯》直云「寺人孟子，作爲此詩。凡百君子，敬而聽之」。

《書·金縢》「公乃爲詩以貽王，名之曰《鴟鴞》」，是先作詩後爲名之證。故顧亭林曰：「古人先有詩而後有題，今人先有題而後有詩。」顧心勿成志曰：「古人詩無所謂題，曰『篇名』而已。大都取本詩中句字，或全取首句，或摘取數字，或摘取中間及篇末之字，並無義例。其合篇中句字而別立一名者，《小雅·雨無正》《卷伯》《大雅·常武》《頌》《酌》《賚》《般》而已。《雨無正》據《韓詩》有『雨無其極，傷我稼穡』八字，則亦取篇首也。《巷伯》他人所名，《酌》《賚》《般》取樂節而名，皆無深意。惟《常武》一篇特立篇名，應自有義，蓋三百篇中所僅見也。統計三百篇中篇名，少纔一字，至多不過五字，則惟《昊天有成命》一篇。今人製題有多至十餘句者，蓋古人所謂『序』也。古人篇名自篇名，序自序，三百篇序皆他人所爲。後來如張衡《四愁詩》序、《爲焦仲卿妻詩》序，亦他人所作。今人詩則皆自序，並或於題下加序，而題與序混矣。三百篇序不必盡出當時，而辭皆簡質。今人序文愈繁而詩遂減味矣。」

《風詩》與《雅詩》，其體不同。《雅詩》實，鋪敘處多；《風詩》虛，蘊藉處多。然《風詩》亦有盡情發露者，如《蝃蝀》卒章及《相鼠》之屬；《雅詩》亦有含蓄不露者，如《鶴鳴》《鼓鐘》之屬，皆變體也。

蘇齋師教人作詩：「結語有用尖筆者，有用圓筆者，隨勢用之。」此亦從三百篇出來。三百篇中有就本事近結者，《頍弁》、「間關」〔二〕之類；有離本事遠結者，《斯干》

〔二〕《詩》無題「間關」者，此處當指《車舝》，其首句爲「間關車之舝」。

《無羊》之類，亦隨勢爲之。若《甘棠》《小星》，章俱單句結，後人作古體詩亦常用之。

曹子建《贈白馬王彪》詩，顏延之《秋胡行》，皆以次章首句蟬連上章之尾，此本《大雅》《文王》、《下武》、《既醉》三篇章法也。而蔡中郎《飲馬長城窟》、晉《西洲曲》，復施其法於一章之中，纏綿委折，而節拍更緊，遂極情文之妙。

唐宋以來，詩家多有倒用之句。謝叠山謂「語倒則峭」，其法亦起於三百篇，如《谷風》之「不遠伊邇，薄送我畿」，《簡兮》之「赫如渥赭，公言錫爵」，《小明》之「至於艽野，二月初吉」，《閟宫》之「秋而載嘗，夏而楅衡」，《殷武》之「勿予禍謫，稼穡匪懈」是也。有倒用之字，倒一字者如「有敦瓜苦」「菀彼桑柔」「以我齊明」「矧敢多又」；倒二三字者，如「婉如清揚」「終其永懷」「匪言不能」「式飲庶幾」「何辜今之人」是也。他若「中谷」「中逵」「中林」「中路」「中田」「家室」「裳衣」「衡從」「稷黍」「瑟琴」「鼓鐘」「斯螽」「下上」「羊牛」「甥舅」「孫子」「女士」「京周」「鼐鼎」「息偃」之類，不勝枚舉。然在古人，却非有意爲之，亦大抵趁韻之故，遂開後人法門耳。

三百篇中對偶之句，層見叠出，已開後代律體之端。如「覯閔既多，受侮不少」「發彼小豝，殪此大兕」「升彼大阜，從其羣醜」「念子懆懆，視我邁邁」「誨爾諄諄，聽我藐藐」，又有扇對如「昔我往矣」四句，有當句對如「螓首蛾眉」「檜楫松舟」「有聞無聲」「唱予和汝」「匪莪伊蒿」「彼蔬斯稗」，有以對句起者，「嘤嘤草蟲，趯趯阜螽」「青青子衿，悠悠我心」，有以對句結者，「厭厭良人，秩秩德音」「允矣君子，展也大成」。

李、杜、韓、蘇詩中，亦不免有疵詞累句，不但無損其爲名家，且並有與古人暗合者。即如三百篇中有敷演句如「無已太康」、「亦已太甚」，「太」即「已」也，此與《書》之「不遑暇食」，《左傳》之「尚猶有臭」相同。有湊泊句，如「既伯既禱」「匪載匪來」「爰始爰謀」「如沸如羹」，第三字皆湊成。有複叠句，其相連者如「不我以，不我以」「人涉卬否，人涉卬否」；相間者如《君子于役》二章各複一「君子于役」，《采苓》三章各複一「人之爲言」，《雲漢》卒章複下「瞻卬昊天」。其複二字者，在句首如「言告師氏，言告言歸」，在句中如「以望楚矣，望楚與堂」，在句末如「奉時辰牡，辰牡孔碩」「胡不相畏，不畏於天」「戎車嘽嘽，嘽嘽焞焞」「其德克明，克明克類」，皆取成句調，别無深義也。

魏道輔泰曰：「詩者述事以寄情。事貴詳，情貴隱，故能入人之深。如盛氣直述，更無餘味，則感人也淺，烏能使其不知手舞足蹈，又況能厚人倫、美教化、動天地、感鬼神乎？『桑之落矣，其黄而隕』『瞻烏爰止，于誰之屋』，其言止於桑與烏爾，及緣事以審情，則不知涕之何從也。後人『採薜荔兮江中，搴芙蓉兮木末』『沅有芷兮澧有蘭，思公子兮未敢言』『我所思兮在桂林，欲往從之湘水深』之類，皆同此意。唐人樂府述情敘怨，雖委曲周詳，而言盡意盡矣。」

古人不朽之作，類多率爾造極，不可攀躋。鍾仲偉有「吟詠性情，何貴用事」之語。嚴滄浪亦言：「詩有别才，非關學；詩有别趣，非關理。」此專爲三百篇及漢魏言之則可，若我輩生古人之後，古人既有格有律，其敢曰不學而能乎？且詩兼賦、比、興，必熟通於往古來今之故、上下四方之跡，而多識於鳥獸草木之名，既不能無所取材，又敢曰何貴用事乎？余在樞直，每公暇輒與程春廬談藝。春廬爲余述其友方長青之言曰：「詩必以造語爲工，而造語必以多讀書、善用事爲妙。試取三百篇讀之，『沔彼流水，朝宗於海』，用《禹貢》也；『燎之方揚，甯或滅之』，用《盤庚》也；

『國雖靡止，或聖或否，民雖靡膴，或哲或謀，或肅或乂』，用《洪範》也；『罔敷求先王，克共明刑』，用《康誥》也。虞史臣之序曰『率釐下土方』，《商頌》用之；《夏小正》曰『有鳴倉庚』，《豳風》用之；塗山之歌曰『有狐綏綏』，《鄘風》《齊風》兩用之；箕子之歌曰『彼狡童兮，不與我好兮』，《鄭風》用之。夫商、周所有之書，其見於今者亦僅矣，而其可得而言者如此，則令其書具存，將三百篇無一字無來歷可知也。蓋鍾、嚴所言，專以性靈説詩，未爲過也，乃言性靈而必以不用事、不關學爲説，則非矣。桓野王撫箏而歌其詩曰：『爲君既不易，爲臣良獨難。』安石爲之衋欷。謝康樂之詩曰：『韓亡子房奮，秦帝魯連恥。本是江海人，忠義動君子。』孝静爲之流涕。彼詩之感人至於如此，亦可謂有性靈語矣，而皆出於用事，本於學古。然則以學古用事爲詩則性靈自具，以不關學、不用事爲詩，雖有性靈，蓋亦罕矣。」

李文貞教人學詩：「先將十九首之類句句摹倣，先教像了，到後來自己做出，自無一點不似古人，却又指不出是像那一首」云云。此最是初學一妙訣。從來名手作詩作文，大抵皆從此入門，但不肯自説破耳。王漁洋最喜吴淵穎詩，初時句摹字倣，到後來自成片段，便全不似他。今集中尚存和淵穎兩詩，以原詩對勘，幾如硬黄響搨書。

此即其少年用功之迹，學者當善領之。

汪韓門曰：「魏文帝《典論》曰『詩賦欲麗』，陸士衡《文賦》曰『詩緣情而綺靡』。夫以綺麗説詩，後之君子所斥爲不知理義之歸也。嘗讀《東山》之詩矣，周公但言『慆慆不歸』及『勿士行枚』數言已足矣，彼夫蠋在桑野，瓜在栗薪，伊威在室，蠨蛸在户，町畽近廬舍，而鹿以爲場，熠燿乃倉庚，而螢以爲號，皆贅言也。又嘗讀《離騷》矣，屈子但言『國無人莫我知』及『指九天以爲正』，亦數言可畢矣，彼夫駟玉虬，戒鸞皇，飲咸池，登閬風，索虙妃而求簡狄，占靈氛而要巫咸，皆空談也。是則少陵之傑句，無如『老夫清晨梳白頭』；昌黎之佳作，莫若『老翁真箇似童兒』；『一二三四五六七』，固唐賢人日之著題；『枇杷橘栗桃李梅』，且漢代大官之本色。古樂府之《魚戲》，魚戲蓮葉東，魚戲蓮葉西，魚戲蓮葉南，魚戲蓮葉北。《浣花集》之《杜鵑》，西川有杜鵑，東川無杜鵑，涪萬無杜鵑，雲安有杜鵑。元劉仁本之《蕨萁》，東山有蕨萁，南山有蕨萁，西山有蕨萁，北山有蕨萁。明袁中郎之《西湖》，一日湖上行，一日湖上坐，一日湖上住，一日湖上卧。同一排比也。晉之《懊儂》，江陵去揚州，三千三百里，已行一千三，所有二千在。蘇之《静坐》，無事此静坐，一日似兩日，若活七十年，便是百四十。同一真率也。

循此不已，不幾於風雅掃地乎？《典論》《文賦》之言，豈可盡非哉！」

瞿宗吉祐曰：「老杜詩識君臣上下，如云『萬方頻送喜，無乃聖躬勞』，『至今勞聖主，何以報皇天』，『周宣漢武今王是，孝子忠臣後代看』，『神靈漢代中興主，功業汾陽異姓王』。其上哥舒開府及韋丞相長篇，雖極稱譽翰與見素，然必曰『君王自神武，駕馭必英雄』『霖雨思賢佐，丹青憶老臣』，可謂知大體矣。至太白之《上皇西巡歌》《永王東巡歌》，畧無上下之分。二公雖齊名，而見趣不同如此。」

王從之若虛曰：「山谷論詩，有奪胎換骨、點鐵成金之喻，世以爲名言。以余觀之，特剽竊之黠者耳。山谷好勝，而恥其出於前人，故爲此强辭而私立名字。夫既已出於前人，縱加工，要不足貴。」雖然，物有同然之理，人有同然之見，語意之間，豈容全不相犯哉？昔之作者，初不較此，同者不以爲嫌，異者不以爲夸，皆不害其名家而各傳於後也。

王漁洋曰：「律詩貴工於發端，承接二句尤貴得勢。如懶殘履衡嶽之石旋轉而下，此非有伯昏無人之氣者不能也。如『萬壑樹參天，千山響杜鵑』，下云『山中一夜雨，樹杪百重泉』；『昔聞洞庭水，今上岳陽樓』，下云『吴楚東南坼，乾坤日夜浮』；

『古戍落黄葉，浩然離故關』，下云『高風漢陽渡，初日郢門山』；『錦瑟怨遥夜，遶粒風雨哀』，下云『孤燈聞楚角，殘月下章臺』，此皆轉石萬仞手也。」

毛西河曰：「古詩人之意，有故爲儇語而實重，故爲薄語而實厚者。『衮衣留周公』，辭甚儇而情則重；『麥秀傷故都』，語雖薄而思則厚。蓋風人之旨，意在言外，必考時論事而後知之。此『青青子衿』之篇，朱子以爲刺淫奔，不如《小序》以爲刺學校也。朱子之意，亦不過以爲詞意儇薄，施之於學校不相似耳。閻百詩嘗曰：唐人朱慶餘作《閨情一篇獻水部郎中張籍》云：『洞房昨夜停紅燭，待曉堂前拜舅姑。粧罷低聲問夫婿，畫眉深淺入時無。』向使無『獻水部』一題，則儇儇數言，特閨閣語耳，有能解其以生平就正賢達之意乎？又竇梁賓以才藻見賞於進士盧東表，適東表及第，梁賓喜而爲詩曰：『曉粧初罷眼初瞤，小玉驚人踏破裙。手把紅箋書一紙，上頭名字有郎君。』若掩其題，則靡麗輕薄，與婦喜夫第何異？蓋風人寓言，往往不可猝辨如此。」

孟瓶庵師曰：「古人不輕作裙釵之詞，懼其褻也。少陵陪李梓州泛江，有女樂在諸舫，題曰《戲爲艷曲二詩》，可謂艷矣，然『江清歌扇底，野曠舞衣前』，何其藴藉！『立馬千山暮，廻舟一水香』，何其豪爽！篇終乃正言之曰：『使君自有婦，莫學野鴛鴦』，是正所謂止乎禮義者。大家身分如此。」

李義山《籌筆驛》一律膾炙人口，而其章法之妙，則罕有能言之者。自紀文達師一批，而精神畢見，真學詩者之寶筏也。批云：「『魚鳥猶疑畏簡書，風雲長爲護儲胥』，此二句陡然擡起。『徒令上將揮神筆，終見降王走傳車』，此二句又陡然抹摋。然後以『管樂有才真不忝』句解首聯，以『關張無命欲何如』句解次聯。此殺活在手之本領，筆筆有龍跳虎卧之勢。『他年錦里經祠廟，梁甫吟成恨有餘』，他年乃當年之謂，言他時經其祠廟，恨尚有餘，況今日親見行兵之地乎？亦加一倍法。通篇無一鈍置語。」此等傑作，非吾師之慧眼靈心，豈能如此披卻導窾，使人心開目明？若如方虛谷之瞎批，真不值一笑矣。方批云：起十四字壯極，五六痛恨至矣。

李義山詩開卷《錦瑟》一篇，言人人殊。東坡「清和適怨」云云，亦未見的確。本朝朱長孺注，以爲令狐青衣，更無所據。惟朱竹垞謂是悼亡之作者近之。方文輈則以爲「傷玄宗而作」：玄宗之移入南内也，高力士令李輔國控馬，謂此『五十年太平天子』，杜樊川詩亦有『五十年天子』之句，故發首曰『錦瑟無端五十絃，一絃一柱思華年』也。『曉夢蝴蝶』所謂一場春夢；『望帝杜鵑』，明指幸蜀；『藍田生玉』，則反以諷肅宗也。其旨甚明，味之可見。」亦可謂善説詩者矣，然猶不若汪韓門所釋爲得神理。汪云：「按《舊唐書》，義山仕宦不進，終身坎壈，故開卷《錦瑟》一首，乃是假物以自傷。《漢書·郊祀志》泰帝使素女鼓五十絃瑟而悲，帝禁不止，破其瑟爲二十五絃。今世所用者，皆二十五絃之瑟。而此乃五十絃之古製，不爲時尚成此才學，有此文章，即己亦不解其故，故曰『無端』，猶言無謂也。自顧頭顱老大，『一絃一柱』，蓋已半百之年矣。『曉夢』喻少年時事，義山早負才名，登第入仕都如一夢。『春心』者，壯心也，壯志消歇，如望帝之化杜鵑，已成隔世。珠、玉皆寶貨，珠在滄海，則有遺珠之嘆，惟見月照；而『淚生烟』者，玉之精氣，玉雖不爲人採，而日中之精氣自在藍田。『追憶』謂後世之人追憶也，『可待』者，猶云必待於後無疑也。『當時』指現在，言惘然無所適從也。言後世之傳，雖可自信，而即今淪落，已極可嘆耳。」如此讀法，詩中雖虚字亦無一泛設。玉溪壓卷之作，似非如此讀法亦不相稱也。

汪師韓解劉夢得《西塞山懷古》詩云：「金陵之盛，至晉始著。至孫皓而西藩既摧，北軍飛渡，興亡之感始盛。假使懷古者取三國六代事，衍爲長律，便一句一事，包舉無遺，豈成體製？夢得之專詠晉事，蓋尊題也。『人世幾回傷往事』，若有上下千年，縱橫萬里，在其筆底者，山形枕水之情景，不涉其地，不悉其妙。至於『蘆荻蕭蕭』，履清時而依故壘，含蘊正靡窮矣。白香山謂其已探驪珠，其在斯乎？」按紀文達師評此詩云：「第四句『一片降幡出石頭』，但說得吴；第五句『人世幾回傷往事』，括過六朝，是爲簡練。第六句『山形依舊枕寒流』，折到西塞山，是爲圓熟。」似較汪評更爲顯豁。

劉起潛壎《隱居通議》云：「丹瑕先生張誠子自明嘗有一絶句云：『西風颯颯雨蕭蕭，小小人家短短橋。獨倚闌干數鵝匹，一聲孤雁在雲霄。』前題曰《觀邸報》。見者輒不解，曰：『觀邸報而其詩若此，何也？』有一士獨太息曰：『此詩興致高遠，真得作詩之法。彼以觀邸報爲題，而其旨如此，甚不難知。風雨蕭颯，興國事風塵也；小小人家，興建都錢唐僅得一隅也；短短橋，興朝廷無長策濟時也；獨數鵝匹，興所屬意者卑污之人也；雁在雲霄，興賢者高舉遠引也。當時必有君子去國，故爲是語。試以此意吟詠則得矣，不然則詩與題奚涉哉？』此善於評詩者，即可爲作詩法也。」

袁簡齋《隨園詩話》所録非達官即閨媛，大意在標榜風流，頗無足觀。而中間論詩數條，則實足以導引後學，因輯鈔如左，云：「有客以詩見示，題皆『雁字』『夾竹桃』之類。余謂之曰：『尊作體物非不工，然享宴者必先有三牲五鼎，而後有葵菹蚳醢之供；造房者必先有高堂廣厦，而後有曲室密廬之備。似此種題，大家集中非不可存，終不可開卷便見。昌黎與東野聯句，古奧可喜，而李漢編集，都置之卷尾，此是文章局面，不可不知。』」又云：「詩貴淡雅，亦不可有村野氣。古之應、劉、鮑、謝、李、杜、韓、蘇，皆非村野之人。蓋士君子讀破萬卷，又必須登廟堂，覽山川，結交海内名流，然後氣局見解，自然闊大，良友琢磨，自然精進。否則鳥語蟲音，沾沾自喜，雖有佳處，而邊幅狹矣。人有鄉黨自好之士，詩亦有鄉黨自好之詩。桓寬《鹽鐵論》曰：『鄙儒不如都士。』信哉！」又云：「懷古詩乃一時興會所觸，不如山經地志以詳核爲佳。近見某太史《洛陽懷古》四首，將洛陽故事搜括無遺，竟有一首中使事至七八者。編湊拖沓，茫然不知作者意在何處。古人懷古，只就一人一事而言，如少陵之《詠懷古跡》，一首武侯，一首昭君，兩不相羼也。劉夢得《金陵懷古》，只詠王濬樓船一事，而後四句全是空描，當時白太傅謂其已探驪珠，所餘鱗甲無用，真知言哉。不然金陵典故豈止王濬一事，而夢得胸中豈止曉此一典乎？」又云：「今人論詩，動言貴厚而賤薄，此亦耳食之言。不知宜厚宜薄，惟在相題爲之，以妙爲主耳。以兩物而論，狐貉貴厚，鮫綃貴薄。以一物而論，刀背貴厚，刀鋒貴薄。安見厚者定貴、薄者定賤乎？古人之詩，少陵似厚，太白似薄；義山似厚，飛卿似薄，皆名家也。」又云：「欲作佳詩，先選好韻。凡其音涉啞滯者，晦僻者，皆宜棄捨。葩即花也，而葩字近俗；芳即香也，而芳字不響。以此類推，不一而足。宋、唐之分，亦從此起。李、杜大家，不用僻韻，非不能用，不屑用也。昌黎鬬險，掇《唐韻》而拉雜砌之，不過一時游戲，然亦止於古體聯句爲之。今人效尤務博，竟有用之於近體者，是猶奏雅樂而雜侏儒，坐華堂而宴乞丐也，不已傎乎！」又云：「唐人近體詩不用生典，稱公卿不過皋、夔、蕭、曹，稱隱士不過梅福、君平，敘風景不過月露風雲，用字面不過夕陽芳草，一經調度，便意境軒新。猶之易牙治味，不過雞豚魚肉，華陀治藥，不過青枯漆葉，其勝人處不求之海外異國也。余《過馬嵬弔楊妃》詩曰：『金鳥錦袍何處去，只留羅襪與人看。』用《新唐書·李石傳》中語，非僻書也。而讀者人人問出處，余遂厭而删之，故此詩不存集中。」又云：「時文之學，有害於詩，而暗中消息，又有一貫之理。余案頭有某公詩一册，其人負重名，郭運青侍講適來讀之，引手横截於五七字之間曰：『詩雖工，氣脉不貫，其人殆不能時文者耶？』余曰：『是也。』後與程魚門論及之，程亦韙其言。余曰：『古韓、柳、歐、蘇俱非爲時文，何以詩皆流貫？』程曰：『韓、柳、歐、蘇所爲策論應試之文，皆今之時文也。不曾從事於此，則心不細而脉不清。』余曰：『然則今之工於時文而不能詩者何故？』程曰：『《莊子》有言：「仁義者，先王之蘧廬也，可以一宿而不可久處也。」今之時文之謂也。』」

蘇齋師論詩最嚴，有口授之二語，則謂「手腕必須靈活，喉嚨必要寬鬆」。蓋喉嚨寬乃衆妙之門，百味皆可茹入。王漁洋喉嚨最寬，所以一發聲即奄有諸家之長。又云：「作詩言大章法，固是要義，然學者多熟作八股，都羨慕大章法之布置，而不知五字七字之句法至要至難。句法要整齊，又要變化，全在字之虛實雙單，斷無處處整齊之理。能知變化，方能整齊也。」

古詩多展轉相襲，如「胡馬依北風，越鳥巢南枝」，語本用《韓詩外傳》「代馬依北風，飛鳥棲故巢」，而《文選·赭白馬賦》注引曹顔遠《感舊賦》，又有「胡馬仰朔雲，越鳥巢南樹」之句。又如古樂府「雞鳴桑樹顛，狗吠深宮中」，陶公亦云「犬吠深巷中，鷄鳴桑樹顛」。何遜詩「薄雲巖際出，初月波中上」，老杜亦云「薄雲巖際宿，孤月浪中翻」。沈佺期詩「船如天上坐，人似鏡中行」，老杜亦云「春水船如天上坐，老年花似霧中看」。杜詩「夜足霑沙雨，春多逆水風」，白香山亦云「巫山夜足霑沙雨，隴水春多逆浪風」。此類甚衆，不可枚舉。亦有全篇襲之者，徐孝穆《鴛鴦》詩「山雞映水那相得，孤鸞照鏡不成雙。天下真成長會合，無勝比翼兩鴛鴦」，黄山谷《題畫睡鴨》云「山雞照影空自愛，孤鸞舞鏡不成雙。天下真成長會合，兩鳧相倚睡秋江」。白香山《寄竹簡》詩「相去六千里，地絶天邈然。十書九不達，何以開憂顔。渴人多夢飲，飢人多夢餐。如何春來夢，合眼到東川」，黄山谷截爲兩首，一云「相望六千里，天地隔江山。十書九不到，何用一開顔」，一云「病人多夢醫，囚人多夢赦。如何春來夢，合眼在鄉社」。又黔南十絶，亦全用香山《花下對酒》《渭川舊居》諸作。此在古人，或居然暗合，或偶爾戲爲，今人無庸相訾，學者亦未可藉口也。

魏叔子嘗言：「古樂府有語不倫而意屬者，如複岡斷嶺，望之各成一山，察之皆有脊脉相屬。有意不屬而節屬者，譬如一林斷石，原無脉絡，而高下疎密，天然位置，可入畫圖。」此論固妙，而謂古樂府之體必如此，則不然。古樂府亡於東漢，曹操平劉表，獲東雅樂郎杜夔，能識舊樂，惟得《鹿鳴》《騶虞》《伐檀》《文王》四篇。漢、魏之樂府亡於東晉。賀循云：「自漢氏以來，依倣此樂，自造新詩而已。今既散亡，音韻曲折，又無識者，難以意言。」今之作樂府者，不過以長短句之古詩當之，不知古詩有樂府，律詩亦有樂府。《舊唐書·音樂志》所載《享龍池樂章》十首，皆七言律詩，沈佺期之「盧家少婦」一詩，即樂府之「獨不見」，而謝偃《新曲》、崔融《從軍行》、蔡孚《打毬篇》，又俱是七言長律。今人既不知其音，又何從辨其體？今之編詩集者，必以擬樂府數篇弁於卷首，讀者或嫌其不似，又或嫌其太似。雖以王漁洋之通才，而所自定之《精華録》亦不免落此窠臼。竊謂今人作詩，不妨借古樂府之題，寫我胸臆，而體格字句，則且以不知爲不知置之。若必鈎深索隱，刻意仿摹，正如查初白所譏「紙上不見有一字」者，亦何益之有哉！

詹去矜曰：「樂府可無作也。《詩》三百篇，原本性情，體兼美刺，深微要眇之思與温厚和平之意，其諧金石而感鬼神，大抵皆樂府也。漢人始有樂府之作，然已不能爲三百篇矣。而當其情與境會，自然合節，亦未始非樂府也。詩家如太白之《清平調》，君平之《寒食詩》，二王之《涼州詞》《閨怨》，既已優伶習之，絃索和之，何必非樂府乎？少陵集中如《兵車》《出塞》《無家》《垂老》《新安吏》《石壕村》諸作，沈雄悲壯，尤爲樂府勝場，何必更摹古作者之名哉？自李于鱗擬議變化之言出，耳食者流轉相蹈襲，不能出入風雅，惟務門靡誇多，每詩集一帙，標題樂府者大半。夫以一人之心思，欲使諸好皆備，忽擬美人，忽擬壯士，忽爲袞衣端冕之帝者，忽學驂鸞駕鶴之神仙，大似百戲排場，子弟顰笑俱假，趨向由人。即如《大風》《垓下》《易水》《秋風》，古人已臻極，至無容更贅一詞，乃尚刺刺不休，用心無用之地。又如《陌上桑》《秋胡行》《君馬黄》《戰城南》種種名目，古人緣情寫照，原自不可無一，不必有二。而或割裂全篇，换易字句，依稀影響，遂稱己作。工者不免優孟抵掌之誚，拙者至有葫蘆依樣之譏。言詩至此，勞而少功，故曰樂府可毋作也。」

王雪山質曰：「詩有三《揚之水》，有三《羔裘》，有兩《黄鳥》，有兩《谷風》，非相祖述也，有此曲名，故相傳爲之。如樂府一種名而多種辭，辭雖不同，而聲則同也。然則不但樂府之體原本三百篇，即樂府之題，三百篇早具其概矣。」

卷二十一

學詩二

古詩純乎天籟，雖不拘平仄，而音節未有不諧者。至律詩，則不能不講平仄矣。乃不知何時何人，創爲「一三五不論」之説，以疑誤後學，村師里儒靡然從之。律詩且如此，則更何論古詩乎？不知律詩平仄固嚴，即古詩不拘平仄，而實別有一定之平仄，不可移易。即拗體之律詩，而其中亦有必應拗之字，及必應相救之字。唐宋大家之詩具在，覆按自得，皆非可以意爲之者也。自明以來，雖詞壇老宿，間有不盡合者。不知此即自然之天籟，自有詩學以來，不約而同。若稍歧出，即爲落調，雖詞華極美，格意極高，終不得謂之合作。吾閩人尤多不講此者，執裾而談，尚疑信參半，毋怪其不能旗鼓中原也。

《禮記·王制》「同律」，鄭注云：「同，陰律也。」疏云：「所以先言陰律者，以同爲平聲，平爲發語之本，今古悉然。」夫古無四聲，而孔疏已於《王制》發之，然則作古詩者，其可不講平仄乎？古詩平仄，古無專著爲書，今欲講求其理，則不可不看王漁洋《古詩平仄論》及趙秋谷《聲調譜》。相傳秋谷問古詩聲調於漁洋，漁洋秘不以告。秋谷乃就唐人諸集，排比勾稽，自得其法，因筆之於書，以發漁洋之覆。其實從前及同時諸名家皆知之而不屑言，其不知者不能言，又不屑問，遂終身墮五里霧中。自漁洋、秋谷之書行，此説幾於家喻户曉矣。乃近人作古體詩，仍有不講聲調者，其不屑言乎，抑不能言乎？此余所以不能默然無言也。惟《聲調譜》後列李賀《十二月樂（府）〔詞〕》，所標平仄，不甚可解，姑置之可矣。

七古以平韻到底者爲正格，不可雜以律句。其要在出句第五字多用仄，落句第五字必用平；出句之第五字既用仄，則第二字必用平；落句之第五字必用平，則第四字必用仄，出句如平平仄仄仄平仄，或平平平平仄平仄，或仄平仄平仄平仄，間有不如是者，亦須與律句有别。落句如平平仄仄平平平，或仄仄仄仄平平平，或平平仄仄平仄平，間有不如是者，亦須與律句有别。大抵出句聲律尚寬，落句則以三平押韻爲正調。其有四平切脚者，如少陵之「何爲見羈虞羅中」，義山之「詠神聖功書之碑」，則爲落調，唐大家中所僅見，不必效之。若五平切脚，則直是不入調，唐、宋、元、明諸大家所無，前明何、李、邊、徐、王、李輩尚不犯此病，袁中郎之流多不能了了矣。一句一韻之柏梁體不在此限。

七古有仄韻到底者，則不妨以律句參錯其間，以用仄韻已别於近體，故間用律句，不至落調。如昌黎《寒食日出遊》詩，凡二十韻，而律句十四見；東坡《石鼓》詩凡三十韻，而律句十五見。其篇中换韻者，亦可用律句，如少陵之《丹青引》，東坡之《往富陽新城》皆是。而王右丞之《桃源行》凡三十二句，律句至二十三見。此皆唐宋大家可據爲典要者。四句轉韻之初唐體不在此限。

仄韻到底之七古，出句住脚必須平仄間用，且必須上、去、入相間用之。如以入聲爲韻，第三句或用平聲，第五句或用上聲，第七句或用去聲。大約多用平聲，而以仄聲錯綜之，但不可於入聲韻出句之住脚再用入聲字耳。若平韻到底之七古，則出句住脚但須上、去、入相間，而忌用平聲。王漁洋已詳言之。今人於仄韻之出句，往往不知間用平仄，而於平韻之出句，住脚反多用平聲，殊不可解。殆以古人詩中間有不拘者，如韓公《石鼓歌》之「孔子西行不到秦」及「憶昔初蒙博士徵」，坡公《游徑山》之「雪眉老人朝扣門」，歐陽公《啼鳥》之「獨有花上提壺盧」。然合唐、宋兩朝數大家之詩，其出句用平者不過此數處，則非後人所可藉口也。篇中轉韻、疊韻者不在此限。

五古出句住脚，亦當平仄間用，與七古同。惟平韻之出句住脚，不忌用平聲，則與七古異。漢、魏以至唐、宋諸大家詩可覆按也。至近體之出句住脚，人惟知唐賢有忌用一紐之說，不知杜詩中凡一三五七句住脚字，上、去、入三聲亦必隔別用之，莫有疊出者。昔朱竹坨《寄查德尹書》謂富平李天生之論如此，以爲少陵自詡「晚節漸於詩律細」，此可徵其細處，爲他家所不能。予初聞是言，尚未深信，退而考之，惟八首與天生所言不符。其一《鄭駙馬宅宴洞中》云「春酒杯濃琥珀薄」，又云「誤疑茅堂過江麓」，又云「自是秦樓壓鄭谷」，疊用三入聲字。其一《江村》云「老妻畫紙爲棋局」，又云「多病所須惟藥物」，疊用二入聲字。其一《秋興》云「織女機絲虛夜月」，又云「波漂菰米沉雲黑」，疊用二入聲字。其一《江上値水》云「爲人性僻耽佳句」，又云「老去詩篇渾漫興」，又云「新添水檻供垂釣」，疊用三去聲字。其一《題鄭縣亭子》云「雲斷岳蓮臨大路」，又云「巢邊野雀羣欺燕」，疊用二去聲字。其一《至日遣興》云「欲知趨走傷心地」，又云「無路從容陪語笑」，疊用二去聲字。其一《卜居》云「已知出郭少塵事」，又云「無數蜻蜓齊上下」，又云「東來萬里堪乘興」，疊用三去聲字。其一《秋盡》云「籬邊老却陶潛菊」，又云「雪嶺獨看西日落」，又云「不辭萬里長爲客」，疊用三入聲字。既而以宋元舊雕本暨《文苑英華》證之，則「江麓」作「江底」，「多病」句作「賴有故人分祿米」，「夜月」作「月夜」，「漫興」作「漫與」，「大路」作「大道」，「語笑」作「笑語」，「上下」作「下上」，「西日落」作「西日下」，合之天生所云八詩，無一犯者。由是推之，「七月六日苦炎熱」下第三句不應用「蠍」字，作「苦炎蒸」者是也。「謝安不倦登臨賞」下第七句不應用「府」字，作「登臨費」者是也。循此說以勘，雖長律百韻，諸本字義之異可審擇而正之，此義蓋前人所未發也。

七古以第五字爲關捩，五古以第三字爲關捩，其理一也。五古出句聲律稍寬，對句則亦以三平爲正調，如仄仄平平平是也。或亦用平平平仄平，或仄仄平仄平，間有不如是者，但不入律即可。或謂六朝以前五古皆不避律句，此似是而非之説也。古詩之興在律詩之前，豈能預知後世有律句而避之？若後來律體既行，則自命爲作古詩者，又豈可不講避忌之法？此如古時未有韻學之名，出口成詩，罔非天籟。若後世韻書既行，則自應有犯韻、出韻之禁，又豈得藉口古人之天籟，而盡棄韻書不觀乎？朱子贈人詩「知君亦念我，相望兩咨嗟」，自注云：「望，平聲。」夫「望」字作去聲讀自可，而必注平聲者，豈非力避律句乎？

宋元詩人於古體平仄，多有未諧，近體平仄，尚無走作。明人則不能，大抵皆爲「一三五不論」之俗説所誤耳。一三五不論，並不可施於古體，何况近體！其依附此説者，皆由不知有單拗、護拗之法也。近體詩以本句平仄相救爲單拗，出句如少陵之「清新庾開府」，對句如右丞之「暮禽相與還」是也。兩句平仄相救爲護拗，如許渾之「溪雲初起日沉閣，山雨欲來風滿樓」是也。《聲調譜》所講此例頗精。其餘變例，皆本此而推之，而「一三五不論」之謬不攻自破矣。

作近體詩自有《佩文齋詩韻》可以遵守，若古體詩，則宜參用古韻，且依邵青門長蘅《古今韻畧》用之。蘇齋師嘗云：「邵青門所著書，惟《韻畧》可取。其論古詩用韻，恪遵杜、韓可法。今坊本韻書所注古韻相通之處，當分別觀之。平韻尚無大出入，仄韻則多不可據。如四質與十三職、十二錫、十四緝，斷不可通，十二錫與十四緝，亦不可通。在昔蘇、黄及近人吴梅村皆如此混用，我輩則斷不可耳。」

作古詩但用通韻，不必用轉韻，叶韻則尤不必。雖古人有之，今人又何必悉效之？往往見人於詩賦句末旁注叶字，而讀之實不能叶，豈非徒勞而罔功乎？

古體詩用韻之寬，莫如昌黎，如《此日足可惜》一首，通用東、冬、江、陽、庚、青六韻，《元和聖德詩》通用語、麌、馬、有、哿五韻，則後學似不宜效之。《六一詩話》謂其「得韻寬則泛入旁韻，乍還乍離，出入回合，不可拘以常格，如《此日足可惜》之類。得韻窄則不復旁出，而因難見巧，愈險愈奇，如《病中贈張十八》之類。此譬如善馭馬者，通衢廣陌，縱横馳騁，惟意所之。至於蟻封水曲，又疾徐中節，不少蹉跌，此天下之至工也。」然韓集中窄韻古詩亦不止《病中贈張十八》一首，如《陪杜侍御遊湘西兩寺》一首，又《會合聯句》三十韻，洪容齋謂「除蠓、蛹二字《韻畧》未收，餘皆不出二腫之内」。今按蠓、蛹二字，《唐韻》本收在二腫，則皆本韻也。

七律有全首不入律者，謂之「吴體」，與拗體詩不同。方虚谷《瀛奎律髓》合之拗字類中，非也。如杜少陵之《題省中院壁》《愁書夢》《暮歸》諸詩皆是。其訣在每對句第五字以平聲救轉，故雖拗而音節仍諧。宋人黄山谷以下多效爲之。

吴體與拗體，方虚谷言之多不了了，必須看紀文達師所批，方能分晰，與《聲調譜》亦合。今吴中有《瀛奎律髓刊誤》，乃吾鄉李光垣將紀本校梓，講律詩者不可不家置一編。聞此板已就漫漶，吴門亦少刷印者，則須覓一舊本之《瀛奎律髓》，將紀批逐條抄附於上方，以爲讀本可耳。紀文達師督學吾閩，時有自行删定之兩册，在《鏡烟堂十種》中，今亦罕見刷印者，且所删太多，必須覓全本讀之。

趙松雪嘗言：「作律詩用虚字，殊不佳，中兩聯須填滿方好。」此語雖力矯時弊，幼學者正不可不知。唐人如賈至《早朝大明宫》等作，實開其端。此外則少陵之「五更鼓角聲悲壯，三峽星河影動摇」，「錦江春色來天地，玉壘浮雲變古今」，杜樊川之「深秋簾幙千家雨，落日樓臺一笛風」，陸放翁之「樓船夜雪瓜州渡，鐵馬秋風大散關」皆是。本朝惟吴梅村最爲擅長，趙甌北《十家詩話》所摘凡數十聯。劉公戩謂七律如强弓硬弩，古來能開到十分滿者，殆無幾人。每以此意讀前人七律詩，庶動筆時自不至有滑調耳。

作近體詩，前後複字須避，即古體詩亦不宜重叠用之。劉夢得《贈白樂天》詩「雪裹高山頭早白」，又「于公必有高門慶」，自注云：「高山本高，（高）〔于〕門使之高，二字爲義不同。」觀唐人之忌複字如此，我輩又焉得不檢點乎？

今人讀《離騷》者，但以爲憂惶瞀亂，所以一句説向天，一句説到地。其實不然。李文貞謂「《離騷》須注得一過，看出此人學問條理，讀的書既多，又一字不亂下，都合義理」云云。蓋必如此方得讀《騷》之益。近龔海峯先生有《離騷注》一卷，精博而復能貫串，允足爲學騷者之一助。余嘗録得副本，並勸其家亟付梓，以廣其傳。

王荆公嘗謂「太白人品甚卑，十句九句説婦人」。或駁之曰：「荆公學識太高，故嘗笑《春秋》爲斷爛朝報。」夫風騷之首，豈有他哉！五倫正變之際，蓋難言之。然愛成仇而忠見謗，古人所遭，往往有同世不知、後賢不諒之隱，亦遂不能已於言。然而直言近訐，比興多風，故往往寄託於美人香草，此正其用心之厚也。試思七子賦詩，亦何取蔓草零露？豈有各誦其國人淫奔之什，以贈答其鄰封者？風人之旨，概可窺矣。至若屈子見放，厥有《楚辭》，竟體香艶，幸已見諒於後之賢者，尊之爲經。假使當日身不沉湘，史不立傳，又焉知好議之口不疑其人品之卑哉？今有人動筆啟口，輒稱忠孝，而處心制行，都不外妻子利禄之間，則亦可目爲高品人乎？且風人托物起興，不貴遠引，亦不須泛作莊語。試思《周南》之首，美開國聖母之德，亦止以小鳥起興，而竟目之爲「窈窕淑女」，至文王求女不得，則又直書其「輾轉反側」。若以字面訾之，雖直坐之以大不敬可也。雎鳩則曰關關矣，荇菜則曰參差矣，採之則曰左右矣，求之則曰寤寐矣，重重複複，只此數句，又全無節義高品之言，微乎妙哉，正所謂風也，聲也，如絲桐之泛音也。意篤而語重，言近而旨遠。夫近莫近於兒女之情，而遠莫遠於周南之化，皆婦人也。故吾謂風騷之旨，不出閨房，亦不貴遠引莊論。假使冬烘作此詩，則必曰「關關鳳凰，聖女端莊。求之不得，寐無反側」，豈不令人腸痛哉！

讀漢魏六朝詩者，以《昭明文選》爲主，而參看王漁洋之《古詩選》足矣。其各家梗概，具見漁洋《古詩選》凡例中。蓋五言古詩之源流正變，悉具於此。今人但知學《文選》詩者爲選體，特專指摹山範水諸作當之，豈足以該蕭《選》乎！

既讀蕭《選》，不可不參讀徐孝穆之《玉臺新詠》。《大唐新語》云：梁簡文爲太子，好作艷詩，境内化之。晚年欲改作，追之不及，乃令徐陵爲《玉臺集》以大其體，即此書也。雖所録皆綺羅脂粉之辭，而去古未遠，猶有講於温柔敦厚之遺，未可概以綺靡斥之。余有《玉臺新詠讀本》十卷，每詩後各附批語，皆本紀文達師之緒論，尚擬付梓以行也。

漢魏而降，惟陶靖節詩須全讀。其立言之旨，息息與周孔相關，故韓昌黎惜其不遇孔子。世人但笑其出口便溜到酒上，彼何等時，尚敢以行坊言表自居乎？李文貞最喜「但恨多謬誤，君當恕醉人」二語，謙得有意思，謂吾之行事謬誤於詩書禮樂者，麴糵之託而昏冥之逃，非得已也。謝靈運、鮑明遠之徒稍見才華，無一免者，可以觀矣。

唐詩前無好選本，高廷禮之《唐詩品彙》可謂用心，而實啟後來無撫之端、膚廓之弊，故雖終明之世，館閣以此爲宗，而迄不能行遠。王漁洋不得謂非明眼人，其《古詩選》最傳於世，然五言不録少陵、昌黎、香山、東坡、放翁，七言不録香山。《唐賢三昧集》則非惟昌黎、香山不載，即李、杜亦一字不登，皆令人莫測其旨。無已，而但求一平正通達之選以爲初學金針，則沈歸愚之《唐詩別裁》尚堪充數。此書規模粗備，繩尺亦極分明，先熟復此書，而後博觀《御定全唐詩》，以求初、盛、中、晚之分合正變可矣。

自王漁洋倡神韻之説，於唐人盛推王、孟、韋、柳諸家，今之學者翕然從之，其實不過喜其易於成篇、便於不學耳。《詩》三百篇，孔子所删定，其論詩一則云「温柔敦厚」，一則云「可以興、觀、羣、怨」，原非但品題泉石、摹繪烟霞。洎乎畸士逸客，各標幽賞，乃别爲山水清音。此不過詩之一體，不足以盡詩之全也。竊謂王、孟、韋、柳之詩，只須就選本讀之，只須遇相稱之題學之，此外初、盛、中、晚，各有名家，皆須研究。蘇齋師《石洲詩話》言之詳矣。若專守一家之言，而盡束諸名家不觀，其能免固陋之誚乎？

唐詩自以李、杜、韓、白爲四大家。李詩不可不讀，而不可遽學。有人問太白詩於李文貞公，公曰：「他天才妙，一般用事用字都飄飄在雲霄之上，此人學不得，無其才斷不能到。」竊謂太白之神采，必有迥異乎常人者。司馬子微一見，即謂其有仙風道骨，可與神遊八極之表，賀知章一見，即呼爲謫仙人。甚至唐玄宗一見，即若自失其萬乘之尊者。其人如此，其詩可知，故斷非學力所能到。惟《古風》五十九首，語多着實，不徒爲神仙縹緲之談，則後學所當熟復之。第一首開口便説大雅不作，騷人斯起，然詞多哀怨，已非正聲。至揚、馬之流宕，建安之綺麗，亦不足爲法。迨有唐文運肇興，而已適當其時，即思以删述繼獲麟之後，此與少陵「文章千古事」同一抱負，蓋自信其才分之高、趨向之正，足以起八代之衰而以身任之，非徒大言欺人也。

太白本是仙靈降生，其視成仙得道，如其性所自有，然未嘗不以立功爲不朽，所仰慕之人率多見諸吟詠，如魯仲連、侯嬴、酈食其、張良、韓信輩，皆功名中人也。其《贈裴仲堪》云：「明主倘見收，烟霄路非遐。時命若不會，歸應鍊丹砂。」《贈楊山人》云：「待吾盡節報明主，然後相攜卧白雲。」《贈衛尉張卿》云：「功成拂衣去，搖曳滄洲旁。」《贈韋秘書》云：「終與安社稷，功成去五湖。」《登謝安墩》云：「功成拂衣去，歸入武陵源。」其意總欲先有所樹立於時，然後拂衣還山，登真度世，此與少陵之一飯不忘何異？以此齊名萬古，良非無因。李義山云「李杜操持事畧齊」，蓋知李、杜者固莫如義山也。

杜詩無體不佳，論者謂惟絶句稍讓太白。然後學却不必如此分別，但須學其字字有來歷，即其蕪詞累句，讀之亦皆有益。猶憶少時聞先資政公言：「讀杜詩須當一部小經書讀之。」此語似未經人道過。顧亭林亦謂：「經書後有幾部書可以治天下，《前漢書》其一，杜詩其一也。」

劉起潛《隱居通議》云：「家藏小册一本，字畫甚古，題曰《東坡老杜詩史事實署舉》。杜句有曰『賤子請具陳』，引毛遂云『公子試聽吴越之事，容賤子一一具陳』。杜句曰『下筆如有神』，引仲舒答策『下筆疑有神助』。杜句曰『青冥却垂翅』，引李斯『丈夫如提筆鼓吻，取富貴易如舉梧，何青冥之翮與鷃共垂翅乎』。杜句曰『崆峒小麥熟，且願休王師』，引武帝欲討西羌，耿遜諫曰『今崆峒小麥方熟，陛下宜休王師』。如此者凡十卷，乃知杜句皆有根本，非自作語言也。山谷云：『杜詩、韓文無一字無來處，今人讀書少，故謂韓杜自作此語。』予初未以此説爲然，今觀此集，則此言信矣。」

杜詩注本以郭知達之九家集注爲善，此外如唐元竑之《杜詩攟》，仇兆鼇之《杜詩詳注》，皆未免有附會不經之處。近浦起龍之《讀杜心解》，雖索摘文句，强分段落，不免爲通人所嗤，然如「送遠」、「九日」、「崔氏莊」、「諸葛大名」等篇，所解誠有意趣，可作後學讀本。其寓編年於分體，亦頗便檢尋。

編注韓詩者多出吾鄉人之手，最前者爲莆田方崧卿之《韓集舉正》，自朱子《考異》出而其書遂微。其以朱子《考異》於本集之外别爲卷帙，不便尋覽，重爲離析，散入本句之下者，爲福州之王伯大。而安溪李文貞公，又以王伯大本譌脱竄失，頗失本來，復以朱子門人張洽所校舊本重刊，而其版亦旋佚。厥後有編輯《五百家音》之魏仲舉，亦建安人，與所刊《五百家注柳集》同一炫博，不出書坊習氣。前明又有不著名氏《東雅堂集注》，相傳爲廖瑩中舊本，故世不甚重其書，且仍是採輯朱子及仲舉之書，毫無新意。今欲求一初學讀本，惟近人方扶南所輯《編年箋注》十二卷，簡而能賅，尚有條理。再求吾師紀文達公所批點之本合而讀之，亦可得其大凡矣。

周元公言：「白香山詩似平易，間觀所存遺稿，塗改甚多，甚有終篇不留一字者。」按公詩有云「舊句時時改，無妨悦性情」，則元公之言信矣。

王漁洋力戒人看《長慶集》，此漁洋一家之論，後學且不必理會他。《白氏長慶集》凡七十一卷，詩文各半。宋祁謂白香山長於詩，他文未能稱。是故本朝汪立名别刊其詩爲四十卷，名曰《香山詩集》，考證編排，堪稱善本。香山自記所撰詩文分寫五本，一送廬山東林寺經藏堂，一送蘇州南禪寺經藏内，一送東都聖壽寺鉢塔院律庫樓，一付姪龜郎，一付外孫談閣童，愛名之甚，與杜元凱沈碑同一過計。今考李杜集多散落，所存不過十之二三，而香山詩獨全部流傳，至今不缺，則未必非廣爲藏貯之功耳。

唐詩自李、杜、韓、白四大家外，尚有李義山、杜樊川兩集，亦須熟看。當時亦以李、杜並稱。近《義山集》有馮孟亭浩注本，《樊川集》有孟亭之子鷺庭集梧注本，皆極精極博，不可不看。若《李長吉集》，則祇須選擇觀之，知其門徑可矣。長吉驚才絶艷，比太白更不可摸捉，後學且不必遽效之。今人但知學其奇句險語，何益於事？如「石破天驚透秋雨」，句雖奇險而無意義，趙甌北所以譏其「無理取鬧」也。

唐以李、杜、韓、白爲四大家，宋以蘇、陸爲兩大家，自《御選唐宋詩醇》其論始定，《四庫提要》闡繹之，其義益明。《提要》云：「詩至唐而極其盛，至宋而極其變。盛極或伏其衰，變極或失其正。通評甲乙，要當以此六家爲大宗。蓋李白源出《離騷》，而才華超妙，爲唐人第一。杜甫源出《國風》、二《雅》，而性情真摯，亦爲唐人第一。自是而外，平易而最近乎情者，無過白居易；奇翱而不詭乎理者，無過韓愈。録此四集，已足包括衆長。至於北宋之詩，蘇、黄並駕；南宋之詩，范、陸齊名。然江西宗派，實變化於杜、韓之間，既録杜、韓，無庸複見山谷。石湖篇什，無多才力，識解亦均不能出《劍南集》上。既舉白以概元，當存陸而删范。」可謂千古定評。竊謂有志學詩，此六家缺一不可。其聰明才力能全讀本集者固佳，否則專就《詩醇》所選讀之，已無偏倚陋畧之虞。其後綴之評語，擇精語詳，尤足爲學詩者之圭臬。《提要》所謂當爲詩教幸，不僅爲六家幸，豈虚語哉！

注蘇詩者，宋代已有王梅溪、施元之二家。王本分門别類，不免割裂顛倒，然其書流傳最久。施本則隨年之先後編訂成書，元明以來久已淹没。本朝宋漫堂始得之，又多殘缺，屬邵青門爲之補訂，而後出處老少之跡，粲然可觀。施本既出，王注遂微，故讀蘇詩者無人不知有施注。繼此查初白慎行有《補注》，馮星實應榴有《合注》，翁蘇齋師亦有《補注》，而紀文達師評點本尤爲度人金針也。近涿州盧厚山督部坤已於粤東付梓，可以嘉惠後學矣。

李文貞不喜蘇詩，謂「東坡詩殊少風韻音節，逐句俱填典故，亦不是古法」。此非篤論也。蘇詩清空如話者，集中觸處皆有，如《和陶》云「丈夫貴出世，功名豈人傑」，《哭刁景純》云「讀書想前輩，每恨生不早。紛紛少年場，猶得見此老」，《題楊惠之塑維摩像》云「世人非不碩且好，身雖未病中已瘵。此叟神完中有恃，談笑可却千熊羆。至今兀坐寐不語，與昔未死無增虧」，《泗州僧伽塔》云「耕田欲雨刈欲晴，去得順風來者怨。若使人人禱輒遂，造物應須日千變」，《與宗同年飲》云「黃雞催曉不須愁，老盡世人非我獨」，《趙閲道高齋》詩云「長松千尺不自覺，企而羨者蓬與蒿」，《登玲瓏山》云「脚力盡時山更好，莫將有限趁無窮」，此豈得以少風韻、填典故概之？文貞意在講學，於詩詣力未深，其於唐詩只取張曲江及燕、許、李、杜、韓、柳數家，宋詩只取歐陽文忠、王荆公、朱子三家。講學與論詩自是兩事，學者不必爲所惑也。

放翁詩初編爲四十卷，再編通前爲八十五卷，合計之已九千二百餘首。當時羅椅選十卷爲《前集》，劉辰翁選八卷爲《後集》。羅本有圈點而無評論，劉本則句下及篇末間有附批，去取皆頗不苟。放翁詩派，初境本宗少陵，雖窮極工巧而仍歸雅正。自從戎巴蜀而後，始臻宏肆，迨及晚年，又力歸平淡，所謂「詩到無人愛處工」者，蓋自道其詣力之所至也。《劉後村詩話》僅摘其對偶之工，已爲皮相，後人又專取其流連光景、可以剽竊移掇者，轉相販鬻，而劍南一派遂爲論者口實。不知其全集中感激豪宕、沉鬱深婉之作指不勝屈，豈可以讀者之誤并集矢於作者哉？

放翁與朱子有道義之契，集中屢見往復之詩。其祭朱子文云「某有捐百身、起九原之心，傾長河、决東海之淚」，其傾倒如此。當時僞學之禁方嚴，而能不立標榜，不聚徒衆，故不爲羣小所嫉，是放翁學養勝於東坡。集中詩如《冬夜讀書》云「六經萬世眼，守此可以老。多聞竟何爲，綺語期一掃」，又云「雖嘆吾何適，猶當尊所聞。從今尚未死，一日亦當勤」，《書懷》云「平生學六經，白首頗自信。所覬未死間，猶有分寸進」，《示兒》云「《易經》獨不遭秦火，字字皆如見聖人。汝始弱齡吾已耄，要當致力各終身」，皆老學有得之言。

放翁詩有云：「愈老愈知生有涯，此時一念不容差。」又云：「皎皎初心質天地，兢兢晚節蹈冰淵。」此老心中必有把握，而史傳輒謂其不能全晚節，晚年再出，見譏清議。楊萬里寄詩亦有「不應李杜翻鯨海，更羨夔龍集鳳池」之句，皆未免失之過刻。按放翁自嚴州任滿辭歸，里居十餘年，時年已七十七八，祠禄秩滿，不敢復請，其絶意於仕途可知。嘉泰二年，韓侂胄以其名高，起修光、孝兩朝《實録》，然職在文字，不及他務，且籍以報孝宗知遇，原不必以不出爲高。甫及一年，史事告成，即力辭還山，並無留戀，則其進退之際，有何可議？而世人所藉爲口實者，徒以其爲侂胄作

《南園記》《閱古泉記》。然一則勉以先忠獻之遺，一則諷其早退，毫無依草附木、干澤向榮之意，何損於放翁？小人好議論者一唱百和，不樂成人之美如是，亦可嘆也！

蘇、陸二大家之外，宋詩之源流派別亦不可不知。其初爲西崑派，以楊大年爲眉目；次則江西派，以黄山谷爲弁冕。南渡以後有道學派，以朱子爲領袖；再降而爲四靈、江湖兩派，而宋詩遂衰。其中名家專集，自宜全讀，此外則泛覽吴之振之《宋詩鈔》，曹廷棟之《宋詩存》，厲鶚之《宋詩紀事》足矣。惟《宋詩鈔》不録西崑體，是其師心自用處。今當取《西崑酬唱集》補之，以存其概。此書外間鮮傳本，余曾刊入《浦城遺書》中，擬爲之注釋以行，亦匆匆不暇及也。

劉起潛曰：「『唐（宋）［末］人詩雖格致卑淺，然謂其非詩［則］不可。今人作詩雖句語軒昂，而其理則不可究。』此陵陽韓子蒼語，深中宋詩之病。近世劉後村亦謂：『宋三百年中，人各有集，詩各有體，皆經義策論之有韻者爾，非詩也。二三巨儒，十數大作家，俱未免此病。』皆至論也。其後劉須溪則又云：『後村所短適在此，可發一笑。』」又曰：「古詩一變騷，再變選，三變爲唐人之詩，至宋則騷、選、唐錯出。山谷負修能，倡古律，事甯核毋疏，意甯苦毋俗，句甯拙毋弱，時號江西派。此猶佛氏之禪，醫家之單方劑也。近年永嘉復祖唐律，貴精不求多，得意不戀事，可艷可澹，可巧可拙，衆復趨之，而唐與江西相抵軋矣。」

金詩只一元遺山爲大宗。《遺山集》四十卷，詩凡十四卷。所作興象深邃，風格遒上，無南渡江湖諸人之習，亦無江西流派生拗粗獷之失。古體構思窅渺，十步九折，竟欲駕蘇、陸而上之。七言律沉摯悲涼，自成格調，直接少陵，非王滹南、趙閒閒諸家所能企及。惟所撰《中州集》，意在以詩存史，去取既不能精，甄録亦尚未盡。我朝康熙間《御定全金詩》，因郭元釪之舊本，薈萃排纂，重禀睿裁，而金源一代之歌詩乃彬彬乎賅備云。

元詩大家，世稱虞、楊、范、揭，其實衹當以虞道園爲大家。或以篇幅稍狹爲嫌，則皮相之見也。嘗聞之蘇齋師云：「遺山言『詩到蘇黄盡』，此五字不知出自何時，真詩家大結局也，過此更無可展之才，更無可施之巧矣。放翁、遺山二家又恰當斯際，此後更當如何？惟一虞道園，上而經術之腴、儒先之緒，下而樂府之韻、書畫之神，以及丹經道藏之旨，靡不該焉，則奚必其排比鋪陳、舂容乎大篇之羨矣！」又云：「周文公之雅頌，惟杜少陵能執筆爲之。然杜公具此能事而未嘗有此篇章，厥後千百年，亦更無能具此手腕者，或者虞道園足以當之。」此兩條議論，前無所承，可爲道園千載下知己，讀虞詩者當以此意求之。

王漁洋《古詩選》至虞道園、吴淵穎止。蘇齋師《志言正集》亦至遺山、道園止，於明詩皆一概舍旃。惟趙甌北《十家詩話》獨以高青邱接放翁、遺山之後。青邱詩固足爲明人弁冕，然祇可稱名家，而不足當大家。余但愛誦其七律，如「重臣分陝出臺端」一首，真足方駕古人，然在集中已不可多得。而論者每盛稱其樂府及擬古、詠古諸作，以爲只敘題面，不著議論，神似青蓮，則非余之所知矣。

元詩以顧俠君《元詩選》爲善本，明詩以朱竹垞《明詩綜》爲善本。顧本前具小傳，朱本前綴詩話，網羅繁富，議論平正。兩代之詩以此兩本爲巨觀，他本可束之高閣矣。

沈歸愚之《明詩別裁》，不如《唐詩別裁》之正派，中有英雄欺人之語，當分別觀之。袁簡齋嘗譏其「評劉永錫《行路難》一首云『雪漫漫兮白日寒，天荆地棘行路難』，此數字抵人千百。按上句直襲《荆軻傳》之唾餘，下句『行路難』三字即題也。永錫苦湊得『天荆地棘』四字耳。此三尺童子皆能爲之，而登諸上選，真不可解。」

國朝詩以王漁洋、朱竹垞並稱，自係公論，百餘年來未之有改也。而趙甌北《十家詩話》獨遺之，蓋甌北詩離神韻稍遠，與漁洋之宗旨本不相謀，而其學又不如竹垞之該博，故以吴梅村、查初白代之，有意爲此軒輊。其實吴、查亦只可稱名家，非可以凌轢王、朱也。自趙秋谷有「朱貪多、王愛好」之説，後人多資爲口實。蘇齋師嘗言：「汝自腹儉耳，朱何嘗貪多？汝自不要好耳，王何嘗愛好？」實爲棒喝。竊謂今之學詩者，正當以愛好學王，以貪多學朱，則方將講求聲律、博綜故實之不暇，則此兩言轉可爲學詩者之階梯，又何所容其排擊哉？至近又有抹殺王、朱，而以蔣心餘爲我朝詩人冠冕者。狂生一偏之見，逞其雌黄，付之不辨可矣。

王漁洋《談藝》四言，曰典，曰遠，曰諧，曰則，而獨未拈出一「真」字，漁洋所欠者真耳。余有《讀漁洋詩隨筆》兩卷，其説較詳。中間多述紀文達師及翁蘇齋之緒論，近已付梓，人或可爲讀《精華録》者之一助乎？

朱竹垞詩，通集中格調未能一律。趙甌北謂其「初學盛唐，格律堅勁，不可動摇。中年以後，恃其博奧，盡棄格律，欲自成一家。如《玉帶生歌》諸篇，固足推倒一世，其他則多頹唐自恣、不加修飾之處」。錢籜石謂竹垞「早年尚沿西泠、雲間之調，暮年則涉入《江湖小集》。惟中年《騰笑》諸篇，同漁洋正調，抑若在漁洋籠罩中者」。蘇齋師則謂「詩至竹垞，性情與學問合」。此論尤精。

本朝經學世家，以元和惠氏爲第一，至定宇徵君而益精。所著書凡十餘種，皆著録《四庫》中。徵君祖父瓣香漁洋，兼精吟詠，而徵君則不復作詩。其撰《精華録訓纂》，亦以箋疏之學行之，極爲賅博。然爲吴企晉舍人《研山堂序》，謂：「詩之道有根柢，有興會。根柢原於學問，興會發於性情，二者兼之，始足稱大家。」則亦深於六義者矣。

三百篇之必有韻，夫人而知之。然前人於《周頌》首章多方求叶，余終未敢以爲信也。惟近人有解「清廟之瑟，一唱而三歎」者，是《清廟》一詩，每句皆必一人唱而三人和之，如此則合四人之尾聲，自然成韻，所謂有遺音者也。此説似最明通，可知古人之韻，即是天籟，必以唐宋之韻繩三代上之詩，宜其窒礙而鮮通矣。

汪韓門曰：「七言古詩轉韻，漢張平子《思玄賦》系詞，其肇端矣。轉韻之首句，古無不用韻者，惟江總持詩有『雲聚懷清四望臺』、《宛轉歌》。『來時向月别姮娥』《新入姬人應令》。二句無韻，此在唐以前者。唐七古以少陵爲宗，少陵集中惟『先生有道出羲皇』、《醉時歌》。『或從十五北防河』、《兵車行》。『君不見東吴顧文學』、《醉時行》。『先帝侍女八千人』、《舞劍器行》。『杖兮杖兮，爾之生也甚正直』、《桃竹杖行》。『憶昔霓旌下南苑』、《哀江頭》。此六處轉句無韻。其他名人集中，偶一有之，如太白之『匈奴以殺戮爲耕作』，《戰城南》。喬知之『南山羃羃兔絲花』，《古意和李侍郎》。東坡之『不羨白衣作三公』，《賀朱壽昌蜀中得母》。虞伯生之『丹邱越人不到蜀』、《題墨竹》。『圖中風景偶相似』《何博士畫》。等是也。然一篇中只偶一句耳。今人有至連轉皆不用韻者，竟與四言五言一例，音節乖舛甚矣。」

又曰：「律詩亦有通韻，自唐已然，惟東、冬、魚、虞爲多。如明皇《餞王晙巡邊》長律，乃魚韻，而用符字、敷字；蘇頲《出塞》五律，乃微韻，而用麾字；杜詩《寄賈嚴兩閣老》乃先韻，而用騫字；又《崔氏玉山草堂》乃真韻，而用芹字；劉長卿《登恩禪寺》五律，乃東韻，而用松字；戴叔倫《江鄉故人集客舍》五律，乃冬韻，而用蟲字；閭邱曉《夜渡淮》五律，乃覃韻，而用帆字；魏兼恕《送張兵曹》五律，乃東韻，而用農字；宋若昭《麟德殿》長律，乃東韻，而用農字宗字；耿湋《紫芝觀》五律，乃冬韻，而用風字；釋澹交《望樊川》五律，乃冬韻，而用中字。至於李賀《追賦畫江潭苑》五律，雜用紅、龍、空、鐘四字，此則開後人轆轤進退之格，詩中另爲一體矣。其東韻之有宗字，魚韻之有胥字，或《唐韻》原是如此。如耿湋《詣順公問道》五律之末聯，王維《和晉公扈從》長律之第八聯，楊巨源《聖壽無疆詞》長律之第八首末聯，司空曙《和常舍人集賢殿》長律之第三聯，皆以東韻而用宗字。李白《鸚鵡洲》乃庚韻，而用青字，此詩《唐文粹》編入七古，後人又編入七律，其體亦可古可今，要皆出韻也。元以後律詩尤多通韻，如元遺山、虞伯生、薩天錫、楊廉夫諸名家集中皆有之，非可概論。唐律第一句多用通韻字，蓋此句原不在四韻之數，謂之孤雁入羣，然不可通者亦不用也。進退格乃是兩韻相間而成，亦必韻本相通，非可任意也。凡此皆於古有據，讀者不可不知，作者正不必遽效之。」

袁簡齋曰：「顧亭林言三百篇無不轉韻者，唐詩亦然。惟韓昌黎七古始一韻到底。」余按《文心雕龍》云：「賈誼、枚乘，四韻輒易；劉歆、桓譚，百韻不遷，亦各從其志也。」則不轉韻詩漢代已然矣。

閻百詩曰：「百里不同音，千里不同韻。《毛詩》中凡韻作某音者，乃其字之正聲，非强爲押也。《焦氏筆乘》載古人『下』皆音虎。《衛風》『於林之下』上韻爲

『爰居爰處』，《凱風》『在浚之下』上韻『爲母氏勞苦』，《大雅》『至於岐下』上韻爲『率西水滸』。『服』皆音迫，《關雎》『寤寐思服』下韻爲『輾轉反側』，《候人》『不稱其服』上韻爲『不濡其翼』，《離騷》『非時俗之所服』下韻爲『依彭咸之遺則』。『降』皆音攻，《草蟲》『我心則降』下韻爲『憂心忡忡』，《旱麓》『福禄攸降』上韻爲『黄流在中』。『英』皆音央，《清人》『二矛重英』下韻爲『河上乎翱翔』，《有女同車》『顔如舜英』下韻爲『佩玉鏘鏘』，《楚詞》『華采衣兮若英』下韻爲『爛昭昭兮未央』。「風」皆讀分，《緑衣》『凄其以風』下韻爲『實獲我心』，《晨風》『鴥彼晨風』下韻爲『鬱彼北林』，《烝民》『穆如清風』下韻爲『以慰其心』。「憂」皆讀喓，《黍離》『爲我心憂』上韻爲『中心搖搖』，《載馳》『我心則憂』上韻爲『言至於漕』，《楚詞》『思公子兮徒離憂』上韻爲『風颯颯兮木蕭蕭』。其他則『好』之爲吼，『雄』之爲形，『南』之爲能，『儀』之爲何，『宅』之爲托，『澤』之爲鐸，皆玩其上下文及他篇之相同者而自見。」袁簡齋亦云：「『風』字《毛詩》中凡六見，皆在侵韻，他可類推。」後人不解此義，乃欲以後來詩韻强協三百篇，誤矣。

古人之音，隨時遞變，後人亦止能尋其迹，而實無由聞其聲，則以今人言古韻，亦衹以意而已。沈約以吳音爲人口實，吾閩之音又有甚焉，而言古韻者，實莫善於閩人，則亦惟古書之是據而已。講古韻者，自吾閩之吳才老棫始，惟《韻補》一書，頗多謬誤。連江陳季立第因之作《毛詩古音考》《屈宋古音義》，則條例貫通，考證精密。顧亭林之《音學五書》，實從此出。亭林之學又傳之安溪李文貞公。康熙間《御定音韻闡微》，即出文貞之手。昔劉貢父攽《中山詩話》載閩士試《清明象天賦》，破題云「天道如何，仰之彌高」。會考官亦同里，遂中選，宋人以此事爲閩人笑柄。然蘇子由，蜀人也，其集第一卷《嚴〔顏〕碑》長韻，磨、訛、高、豪、何、曹、齊、戈，亦相間而用，則知宋人用韻多似此，又豈得獨誚閩音乎？

毛稚黄《聲韻叢説》云：「韓文公《蝌蚪書記》云『作爲文辭，宜畧識字』，然韓公識字頗不深。如《諱辨》云『漢之時有杜度』。不知杜上聲，又平聲。晉有杜蒯，劉昌宗讀作屠，無讀作去、入二聲者。度去聲，又入聲，《詩》『周爰咨度』，無讀作平、上二聲者。則杜、度二字非同音矣。云『諱吕后名雉爲野雞，不聞又諱治天下之治爲某字也』，不知『治天下』治字，平聲非去聲也。《子產不毀鄉校頌》，以監叶言，《徐偃王廟碑詞》以頑叶躭。古音既無此通法，考之《唐韻》益謬。韓公蓋讀監爲肩，讀耽爲丹故也。是公於常用之字尚識之不盡，何論蝌蚪書乎？蓋聲韻之難明，自古已然矣。」

毛西河曰：「韻者均也。《鶡冠子》曰：『五（均）［聲］不同（聲）［均］。』謂宮商角徵羽聲本不同，且即一均之中，亦必取聲之不同者而彙爲一宮，蓋以不均爲均而韻名焉。故古人爲詩，即二句三句，無同聲者。如『元首明哉，股肱良哉』，『日出而作，日入而息』之類。而其宮則同，如明、良爲陽庚之通，作、息爲藥職之通，皆同宮音也。至魏時，李登始取其聲之同者而分聚之，名曰聲類。如東、中、通、同爲一類，支、忌、脂、之爲一類，但取聲之相類者而聚於一處，故曰聲類，然而猶無四聲也。及齊中書郎周顒始著《四聲切韻》，而梁沈約效之，又有《四聲類譜》之作。夫然後就一類之中，而又分四等，即平、上、去、入。然當時雖存其書，而其説不著，雖梁武猶疑之。梁武問：「何爲四聲？」周捨曰：「天子聖哲。」至隋［開］皇間，有陸詞者，即陸法言。偶與同時劉臻等私相擬議，謂既名切韻，則必細加剖析，而音始親切。於是又將聲類之中支、脂、魚、虞、先、仙、尤、侯諸類，前此從未分列者，而又加分之，總其名曰《四聲切韻類譜》，析爲五卷。此則合周顒、李登之説而統爲一書，今其書不傳。顧當時詩文，自魏、晉迄於六季，其拘《聲類》者十之七，拘《四聲》者十之八，而拘《切韻》者則十不得一。六朝詩文無分東冬支微者，若冬又分鍾，支又分脂之類，則自六朝至唐並無遵之者。蓋其説雖自以爲音韻微眇，宜有分劃，實未嘗强世間之押之者限以是也。至唐以律詩、律賦取士，欲創爲拘限之説以難之，遂取《切韻》之書爲取士之法。實則除應制詩賦之外，仍用古韻。且謂律韻雖嚴，亦不宜太瑣，即又取冬鍾之分、支脂之判者而合之，亦何嘗謂一東二冬本金科玉律，六脂七之皆精微幻眇，而上以之繩六經，下以之檢百代哉！乃自是以後，逡巡唐代數百年，或稱《切韻》，或稱《官韻》，或稱《唐韻》，俗傳吴彩鸞所書者，近人僞作也。即宋初取士猶仍舊本。真宗大中間，遂改《切韻》爲《廣韻》，删《唐韻》習用之字，而增以他字。仁宗景祐中，又更造爲《集韻》，然當時試士則又置《廣韻》《集韻》二書不用，而別爲《禮部韻》。南渡後又有毛晃增修《禮部韻畧》。至理宗朝，乃有平水劉淵者，實始併冬鍾支脂二百六部爲一百七部，且盡删去三鍾六脂數目，而易以今目，是爲《平水部》，自元、明迄今，皆遵用之。」則是今所行韻，實創於楊隋一人之作俑，而迄於南渡後一人之更定。而舉世夢夢，稱爲沈韻，且疑爲古韻，是何千古長夜至此也？至平水韻，當時又名「試韻」，蓋以單爲試士而設，而他無所用。今人率稱「詩韻」者，殆亦「試韻」之訛乎？

詩話莫盛於宋，今《四庫》所録，自《六一詩話》以下二十餘家，求其實係教人作詩之言則不可多得。國朝吴景旭撰《歷代詩話》至八十卷，嗜奇愛博，而尚非度人金針。余嘗欲就宋人各種中，精擇其可爲詩學階梯者，益以明人及我朝名流所著，都爲一編，庶幾爲有益之書。未知此願何日酬耳。

方虚谷《瀛奎律髓》一書，行世已久，學詩者頗奉爲典型，吴孟舉至懸諸家塾以爲的。海虞馮氏嘗有批本。方氏左袒江西，馮氏又左袒晚唐，負氣詬争，矯枉過正，亦未免轉惑後人。若非得紀師批本，則謬種蔓延，何所底止。紀本有序，别白是非，大旨已具，讀方書者不可不先讀此篇也。序云：「虚谷選詩之大弊有三：一曰矯語古淡，一曰標題句眼，一曰好尚生新。夫古質無如漢氏，冲淡莫過陶公，然而抒寫性情，取裁風雅，樸而實綺，清而實腴。下逮王、孟、儲、韋，典型具在。虚谷乃以生硬爲高格，以枯槁爲老境，以鄙俚粗率爲雅音，名爲遵奉工部，而工部之精神面目迥相左也。是可以爲古淡乎？『朱華冒緑池』，始見子建；『悠然見南山』，亦曰淵明。響字之説，古人不廢，暨乎唐代，煅煉彌工。然其興象之深微，寄託之高遠，固別有在也。虚谷置其本原而拈其末節，每篇標舉一聯，每句標舉一字。將舉天下之人而致力於是，所謂温柔敦厚之旨蔑如也，所謂文外曲致、思表纖旨亦茫如也。後人纖巧之學，非虚谷階之厲耶？贊皇論文，謂『譬如日月，終古常見，其光景常新』。人生境遇不同，寄託各異，心靈濬發，其變無窮，初不必刻鏤瑣事以爲巧，捃摭僻字以爲異也。虚谷以長江武功一派標爲寫景之宗。一蟲一魚，一花一木，規規然摹其性情，寫其形狀。騷雅之本意果若是耶？是皆江西一派，先入爲主，而變本加厲，不知所返也。至其論詩之弊，一曰黨援；堅持一祖三宗之説，一字一句，莫敢異議，雖茶山之粗野，居仁之淺滑，誠齋之頹唐，宗派苟同，無不袒庇。而晚唐、崑體、江湖、四靈之屬，則吹索不遺餘力。是門户之見，非是非之公也。一曰攀附：元祐之正人，洛閩之道學，不論詩之工拙，一概引之以自重。本爲詩品，置而論人，是依附名譽之私，非別裁僞體之道也。一曰矯激：鐘鼎山林，各隨所遇，亦各行所安，論人且爾，況於論詩？乃詞涉富貴，則排斥立加，語類幽棲，則吹噓備至。不問其人之賢否，並不計其語之真僞，是直詭託清高，以自掩其穢行耳，文人無行，至方虚谷而極。周草窗所記，不忍卒讀也。

又豈論詩之道耶？凡此數端，皆足以疑誤後生，瞀亂詩學，故不可不亟加刋正也。」

今之學詩者，但知以偷語爲戒，而以偷勢、偷意爲尚，即可謂高手矣，而不知其尚有進也。紀文達師曰：「詩之爲道，非惟語不可偷，即偷勢、偷意亦歸窠臼。夫悟生於相引，有觸則通；力迫於相持，勢窮則奮。善爲詩者，當先取古人佳處涵泳之，使意境活潑，如在目前，擬議之中，自生變化。如『蕭蕭馬鳴，悠悠旆旌』，王籍化爲『蟬噪林逾静』，『光風轉蕙汎崇蘭』，王荆公化爲『扶輿度陽焰，窈窕一川花』，皆得其句外意也。水部詠梅有『横枝却月觀』句，和靖化爲『水邊籬落忽横枝』『疎影横斜水清淺』，東坡化爲『竹外一枝斜更好』，皆得其句中味也。『春水滿四澤』變爲『野水多於地』，『夏雲多奇峰』變爲『山雜夏雲多』，就一句點化也。『千峰共夕陽』變爲『夕陽山外山』，『日華川土動』變爲『夕陽明滅亂流中』，就一字引伸也。『到江吴地盡，隔岸越山多』變爲『吴越到江分』，縮之而妙也。『曲徑通幽處，禪房花木深』變爲『微雨晴復滴，小窻幽且妍。盆山不見日，草木自蒼然』，衍之而妙也。如是有得，乃立古人於前，竭吾力而與之角，如雙鵠並翔，各極所至，如兩鼠鬭穴，不勝不止。思路斷絶之處，必有精神坌涌、忽然遇之者，正不必撏撦玉溪，隨人作計也。」

司空表聖《詩品》，但以雋詞標舉興象，而於詩家之利病實無所發明，於作詩者之心思亦無所觸發。近袁簡齋作《續詩品》三十二首，乃真學詩之準繩，不可不讀。《自序》謂：「陸士龍言：『隨手之妙，雖難以詞諭，要所能言者盡於是。』」蓋非深於詩者不能爲也，今悉録如左。《崇意》云：「虞舜教夔，曰詩言志。何今之人，多辭寡意？意如主人，辭如奴婢，主弱奴强，呼之不至。穿貫無繩，散錢委地。開千枝花，一本所繫。」《精思》云：「疾行善步，兩不能全。暴長之物，其亡忽焉。文不加點，興到語耳。孔明天才，思十反矣。惟思之精，屈曲超邁。人居屋中，我來天外。」《博習》云：「萬卷山積，一篇吟成。詩之與書，有情無情。鐘鼓非樂，捨之何鳴。易牙善烹，先羞百牲。不從糟粕，安得精英。曰不關學，終非正聲。」《相題》云：「古人詩易，門户獨開。今人詩難，羣題紛來。專習一家，硜硜小哉。宜善相之，多師爲佳。地殊景光，人各身分。天女量衣，不差尺寸。」《選材》云：「用一僻典，如請生客。如何選材，而可不擇？古香時艷，各有攸宜。所宜之中，且争毫釐。錦非不佳，不可爲帽。金貂滿堂，狗來必笑。」《用筆》云：「思苦而晦，絲不成繩。書多而壅，膏乃滅燈。焚香再拜，拜筆一枝。星月驅使，華嶽奔馳。能剛能柔，忽斂忽縱。

筆豈能然，唯吾所用。」《理氣》云：「吹氣不同，油然浩然。要其盤旋，總在筆先。湯湯來潮，縷縷騰烟。有餘於物，物自浮焉。如其客氣，冉猛必顛。無萬里風，莫乘海船。」《布格》云：「造屋先畫，點兵先派。詩雖百家，各有疆界。我用何格，如盤走丸。横斜超縱，不出於盤。消息機關，按之甚細。一律未調，八風掃地。」《擇韻》云：「醬百二甕，帝豈盡甘。韻八千字，人何亂探。次韻自繫，叠韻無味。鬬險貪多，偶然游戲。勿瓦缶撞，而銅山鳴。食雞去跖，烹魚去丁。」《尚識》云：「學如弓弩，才如箭鏃。識以領之，方能中鵠。善學邯鄲，莫失故步。善學仙方，不爲藥悞。我有神燈，獨照獨知。不取亦取，雖師勿師。」《張采》云：「明珠非白，精金非黄。美人當前，爛如朝陽。雖抱仙骨，亦由嚴粧。匪沐胡潔，非薰胡香。西施蓬髮，終竟不臧。若非華羽，曷別鳳凰。」《結響》云：「金先於石，餘響較多。竹不如肉，爲其音和。詩本樂章，按節當歌。將斷必續，如往復過。簫來天霜，琴生海波。三日繞梁，我思韓娥。」《取逕》云：「揉直使曲，叠單使複。山愛武夷，爲遊不足。擾擾闤闠，紛紛行人。一覽而竟，倦心齊生。幽逕蠶叢，是誰開創。千秋過者，猶祀其象。」《知難》云：「趙括小兒，兵乃易用。充國晚年，逾加遲重。問所由然，知與不知。知味難食，知脉難醫。如此千秋，萬手齊抗。談何容易，着墨紙上。」《葆真》云：「貌有不足，敷粉施朱。才有不足，徵典求書。古人文章，俱非得已。僞笑佯哀，吾其優矣。畫美無寵，繪蘭無香。揆厥所由，君形者亡。」《安雅》云：「雖真不雅，庸奴叱咤。悖矣曾規，野哉孔駡。君子不然，芳花當齒。言必先王，左圖右史。沉誇徵栗，劉怯題糕。想見古人，射古爲招。」《空行》云：「鐘厚必啞，耳塞必聾。萬古不壞，其唯虚空。詩人之筆，列子之風。離之愈遠，即之彌工。儀神黜貌，借西搖東。不階尺木，斯名應龍。」《固存》云：「酒薄易酸，棟橈易動。固而存之，骨欲其重。視民不佻，沉沉爲王。八十萬人，九鼎始扛。重而能行，乘百斛舟。重而不行，猴騎土牛。」《辨微》云：「是新非纖，是淡非枯。是朴非拙，是健非粗。急宜判分，毫釐千里。勿混淄澠，勿眩朱紫。戒之戒之，賢智之過。老手頽唐，才人膽大。」《澄滓》云：「描詩者多，作詩者少。其故云何，渣滓不掃。糟去酒清，肉去洎饋。寧可不吟，不可附會。大官筵饌，何必横陳。老生常談，嚼蠟難聞。」《齋心》云：「詩如鼓琴，聲聲見心。心爲人籟，誠中形外。我心安妥，語無烟火。我心纏綿，讀者泫然。禪偈非佛，理障非儒。心之孔嘉，其言藹如。」《矜嚴》云：「貴人舉止，咳唾生風。優曇花開，半刻而終。

我飲仙露，何必千鍾。寸鐵殺人，甯非英雄。博極而約，淡蘊於濃。若徒槩獶，非浮邱翁。」《藏拙》云：「晝贏宵縮，天不兩隆。如何弱手，好彎强弓。因謇徐言，因跛緩步。善藏其拙，巧乃益露。右師取敗，敵必當王。霍王無短，是以無長。」《神悟》云：「鳥啼花落，皆與神通。人不能悟，付之飄風。惟我詩人，衆妙扶智。但見性情，不着文字。宣尼偶過，童歌滄浪。聞之欣然，示我周行。」《即景》云：「混元運物，流而不住。迎之未來，攬之已去。詩如化工，即景成趣。逝者如斯，有新無故。因物賦形，隨影换步。彼膠柱者，將朝認暮。」《勇改》云：「千招不來，倉猝忽至。十年矜寵，一朝捐棄。人貴知足，惟學不然。人工不竭，天巧不傳。知一重非，進一重境。亦有生金，一鑄而定。」《著我》云：「不學古人，法無一可。竟似古人，何處著我。字字古有，言言古無。吐故吸新，其庶幾乎。孟學孔子，孔學周公。三人文章，頗不相同。」《戒偏》云：「抱杜尊韓，托足權門。苦守陶韋，貧賤驕人。偏則成魔，分唐界宋。霹靂一聲，鄒魯不閧。江海雖大，豈無瀟湘。突夏自幽，亦須廟堂。」《割忍》云：「葉多花蔽，辭多語費。割之爲佳，非忍不濟。驪龍選珠，顆顆明麗。深夜九淵，一取萬棄。知熟必避，知生必避。入人意中，出人頭地。」《求友》云：「游山先問，參禪貴印。閉門自高，吾斯未信。聖求童蒙，而況於我。低棋偶然，一着頗可。臨池正領，倚鏡裝花。笑倩旁人，是耶非耶。」《拔萃》云：「同鏘玉佩，獨姣宋朝。同歌茗花，獨美孟姚。拔乎其萃，神理超超。布帛菽粟，終遜瓊瑶。折楊皇華，敢望鈞韶。請披采衣，飛入丹霄。」《滅迹》云：「織錦有迹，豈曰蕙娘。修月無痕，乃號吴剛。白傅改詩，不留一字。今讀其詩，平平無異。意深詞淺，思苦言甘。寥寥千年，此妙誰探。」

凡作詩，不可有時文氣，惟試帖詩當以時文法爲之。先讀紀文達師之《唐人試律説》以定格局，其花樣則所選《庚辰集》盡之，晚年又有《我法集》之刻，其苦心指引處，尤爲深切著明。時賢所作，驚才絶艶，儘有前人所不及者，而扶質立幹，不能出吾師三部書之範圍也。

鄭蘇年師曰：「排律爲詩之一體，而其法實異於古近體諸詩。其義主於詁題，其體主於用法，其前後起止，鋪衍詮寫，皆有一定之規格，淺深之體勢。而且題中有一字，即須照應不遺；題意有數重，又須迴環鈎綰。尺寸一失，雖詞壇宗匠，亦不入程式焉。蓋其道與八股制義相出入。八股之原，固亦出於古文，然竟以古文爲八股，則必有所隔閡而不行。蓋題體纖雜，神理非出於一端；鋪寫有定，語言不可以旁出也。」又云：「八股與古文雖判爲兩途，然不能古文者，其八股必凡近纖靡，不足以自立。排律亦然。排律雖以用法詁題爲主，然無性情、學問、風格以緯於其間，則亦俗作而已。深於風雅者當自得之。」

紀文達師曰：「試帖結語，更要緊於起語。起語可平鋪，結語斷不可不用意。錢起《湘靈鼓瑟》詩自以結語擅場。西河毛氏曰：『往在揚州與王于一論詩，王謂錢詩固佳，而起尚樸僿，相此題意，當有縹緲之致霎然而起，不當纏繞題字。時余不置辨，但口誦陳季首句「神女汎瑤瑟」，莊若納首句「帝子鳴金瑟」，謂此題多如是。王便默然。』蓋詩法不傳久矣。」又曰：「陳季《湘靈鼓瑟》詩：『一彈新月白，數曲暮山青』，語畧同錢作。然錢置於篇末，故有遠神，此置於聯中，不過尋常好句。西河調度之説，誠至論也。此如『大江流日夜，客心悲未央』、『悵矣秋風時，余臨石頭瀨』，作發端則超妙，設在篇中則凡語。『客鬢行如此，滄波坐渺然』，『問我今何適，天台訪石橋』，作頷聯則挺拔，設在結句則索然。此意當參。」又曰：「作詩最可藏拙者，莫過於險韻。唐人試律中限險韻者至少，蓋主者深知甘苦，不使人巧於售欺。且如柳詩限青字，鷺詩限明字，皆非難押，而惠崇五易其稿，始得『棲烟一點明』句，萊公四押青字不倒，竟至閣筆。難易之故，了然可悟矣。」

昔僧秀關西與黄山谷云：「作詩無害，惟耳艷歌小詞可罷之。」山谷笑曰：「殆空中語耳，終隨此惡道耶？」師曰：「若是以邪言蕩人淫心，使彼由汝犯法，恐不止墮惡道而已。」黄自此不作艷詞。此語見《七修類藁》，甚爲有理。鄭蘇年師嘗言：「填詞語多佻達，可不必學。」故及門中亦無一工此者。

卷二十二

學字

朱子謂「歐陽公字如其人，外若優柔，中實剛勁」。又《跋邵康節「檢束」二大字》云：「先生自言大筆快意，而其書法謹嚴如此，豈所謂從心不踰矩耶？」又《跋韓魏公與歐陽公書》云：「張敬夫嘗言，平生所見王荊公書，皆如大忙中寫，不知公安得如許忙事。」余作書多潦草，讀此語輒如芒刺背。柳誠懸云：「心正則筆正。」程明道先生云：「某學書時甚敬，非是要字好，即此是學。」常以此等語自箴，而故態迄不能改。每觀張二水瑞圖及王覺斯鐸字輒賞其神駿，而未嘗不心非其恣肆。漳浦黄忠端行書極飛舞，而楷書乃甚謹嚴。嘗購得公在白雲庫楷書《孝經》全册，無一筆鬆懈，知張、王輩不能望其項背矣。

唐太宗曰：「吾少時觀陣，即知强弱，今臨古人書，不學其形勢，惟求其骨力。及得其骨力，而形勢自生耳。」

張安國曰：「字學至唐最勝，雖經生亦可觀。其傳者，以人不以書也。褚、虞、歐、薛，皆太宗之名臣，魯公之忠義，柳公之筆諫，雖不能書，若人如何哉！」

歐陽文忠公曰：「余始得李邕書，不甚好之，然疑邕以書自名，必有深趣。及看之久，遂（爲）［謂］他書少及者。得之最晚，好之尤篤。譬猶結交，其始也難，則其合也必久。余雖因邕書得筆法，然爲字絶不相類，豈得其意而忘其形者耶？」按「其始也難，其合也必久」，真洞悉學書之言。

《宣和書譜》言：「學右軍書者，必自懷仁《集聖教序》始。」黄長睿伯思曰：「《聖教序》集右軍行書勒石，累年方就。逸少劇蹟，咸萃其中。今觀碑中字與右軍遺帖所有者，纖毫克肖。近世侍書輩多學此碑，學弗能至，了無高韻，因［自］目其書爲院體。故士大夫玩此者少，然學弗至者自俗耳，碑中字未嘗俗也。」按唐時甚重此碑，至宋代黄、米諸巨手皆弗道，及自《宣和書譜》及《東觀餘論》，始爲吐氣耳。

董文敏公曰：「晉人書取韻，唐人書取法，宋人書取意。或曰：意不勝於法乎？曰：不然，宋人自以其意爲書，非能有古人之意也。」此論亦精。

蘇文忠公曰：「王會稽父子書存於世者，蓋一二數。唐人褚、薛之流硬黄臨倣，亦足爲貴。」按蔡絛《鐵圍山叢談》稱所見内府書目，唐人硬黄臨二王至三千八百餘幅，大凡虞、褚、薛及唐名臣等書字不可勝記，獨兩晉人則有數，至二王《破羌》《洛神》諸帖，真蹟殆絶，蓋亦僞多焉。」然則今人又安所得晉蹟以供臨摹，但得唐臨祖本，即希世珍耳。

王虚舟澍曰：「顔魯公《争坐帖》當與《蘭亭》並峙。然《蘭亭》清和醇粹，氣韻宜人，學之爲易，及既入手，却不許人容易寫得，非整束精神，皎然如日初出，却無一筆是處。《争坐帖》奇古豪宕，學之爲難，一旦得手，即隨意所之，無往不是。此亦兩公骨格之所由分也。」

吴匏庵寬嘗言：「朱文公論當時名書，獨推君謨書有典型，而謂黄、米書有欹傾狂怪之勢，故世俗甲乙曰蘇、黄、米、蔡者，非公論也。沈啟南得此四書，定曰蔡、蘇、米、黄，深合文公之旨。」按相傳當時所推之蔡爲蔡元長，後因薄其人品，遂以公謨易之。元長以瘦金體擅長，然其書險僻而無蘊藉之氣，非公謨敵手，即置之蘇、米、黄之間，亦瞠乎後塵，不但以其人而已。匏庵又云：「書家例能文辭，不能則望而知其筆墨之俗，特一書工而已。且世之學書者如未能詩，吾亦未見其能書也。」

姜堯章言：「楷書以平正爲善，此世俗之論。鍾、王之書皆瀟灑縱横，何拘平正？」此論固是，然不可以示後學，不若黄山谷之言爲無弊也。山谷云：「凡作書之害，姿媚是其小疵，輕佻是其大病。直須落筆一一端正，至於放筆，自［然］成行草。最忌用意粧綴，便不成書矣。」

米海嶽曰：「凡大字要如小字，小字要如大字。褚遂良小字如大字，其後經生祖述，間有造妙者。若大字如小字，未之見也。」又曰：「字之大小，自有相稱，不在展促也。且如寫『太一之殿』，作四窠分，豈可將『一』字肥滿一窠，以對『殿』字乎？余嘗書『天慶之觀』，天、之字皆四筆，慶、觀字皆多畫，各隨其相稱寫之，挂起氣勢自帶過，皆如大小一般。」又云：「吾書壯歲未能立家，家人謂吾書爲集古字，蓋取諸長處總而成之。既老始是成家，見者不知以何爲祖也。」

王元美曰：「正鋒、偏鋒之説，古本無之，近專攻祝京兆，故借此爲談耳。蘇、黄全是偏鋒，旭、素時有一二筆，即右軍行草中亦不能廢。蓋正以立骨，偏以取態，自不容已也。文待詔小楷時出偏鋒，不特京兆，何損法書？解大紳、豐人翁、馬應圖縱盡出正鋒，甯救惡札乎？」

董文敏深於書法，能言其意。嘗謂書家雖貴藏鋒，然不得以模糊爲藏鋒。蓋以勁利取勢，以虛和取韻，顔魯公所謂「如印印泥、如錐畫沙」是也。又嘗自評其書，謂與趙文敏各有短長：「趙書因熟得俗態，吾書因生得秀色。趙書無弗作意，吾書往往率意。當吾作意，趙書似輸一籌，第作意者少耳。」按今人評董書者，皆喜其熟，且賞其率意，抑知董之自負者，固在生而在用意乎？

孫虔禮過庭《書譜》云：「一時而書，有乖有合。合則流媚，乖則彫疎。神怡務閑，一合也；感惠狥知，二合也；時和氣潤，三合也；紙墨相發，四合也；偶然欲書，五合也。心遽體留，一乖也；意違勢屈，二乖也；風燥日炎，三乖也；紙墨不稱，四乖也；情怠手闌，五乖也。乖合之際，優劣互差。得時不如得器，得器不如得志。若五乖同萃，思遏手蒙；五合交臻，神融筆暢。」又云：「初學先求平正，進功須求險絶。成功之後，仍歸平正。」皆深造有得之言也。

張士行紳《法書通釋》云：「凡寫字，先看文字宜用何法。如經學文字，必當真書；詩賦之類，行草不妨。又看紙筆、卷册，合用字體大小，務使相稱。」又云：「寫字正如作文，有字法，有章法，有篇法。終篇結構，首尾相應。故云一點成一字之規，一字乃終篇之主。《禊序》自『永』字至『文』字，筆意顧盻，陰陽起伏，筆筆不斷，人不能也。書評稱褚河南『字裏金生，行間玉潤』，以爲行款中間所空素地亦有法度，疎不至遠，密不至近，相間須要得宜耳。」

張敬元曰：「字體各有管束，一字管兩字，兩字管三字，如此管一行。一行管兩行，兩行管三行，如此管一紙。」

李西涯嘗言：「子昂臨右軍《十七帖》，非此老不能爲此書，然觀者掩卷知其爲吴興筆也。大抵效古人書，在意不在形。子敬嘗竊效右軍醉筆，右軍觀之，嘆其過醉，始愧服，以爲不可及。此其形體嘗極肖而中不可亂者如此。」按西涯此言，爲上等人説法耳。夫子敬效右軍書，亦必先能極肖而後成爲子敬之書。今人臨古，往往藉口神似，不必形似，其鑒别古蹟，亦往往以離形得意爲高。此等議論，最能疑誤後學。古人硬黃響搨，鰓鰓於分秒之間，豈故作是無益？蓋斷未有不先形似而輒能神似者。今人詣力未深，不能形似，每以此自文其短，亦有但取寫意，而姑爲是英雄欺人之言者，又豈可爲典要哉！

李長蘅流芳曰：「學書固不專以臨摹形似爲工，然不臨摹則與古人不親，終不能去其本色。多摹古帖，然後知古人難到，尺尺寸寸而規之，求其肖而愈不可得，故學者患其難。然以爲某書某書則不肖，視自書則遠矣。」

唐翼修曰：「臨摹法帖相似之後，再加工臨摹百餘遍，則反不肖，且不能自辨其工拙，過時寫出，竟相似矣。若臨摹相肖之後，不加工多寫，後日再書，便不甚相似。」

古人有九宮之法，亦傳授下學之苦心。陳伯敷繹曾曰：「隨字點畫多少疎密，各有停分，作九九八十一分，界畫均布之。先於鍾、王、虞、顏法帖上以朱界畫印，印訖視帖中字畫分數，一一臨擬，仍欲察其屈伸變換本意，秋毫勿使差失。法帖字大，以小印分數蹙之；法帖字小，以大印分數展之，雖以《黃庭》《樂毅》展爲方丈可耳。」

蘇文忠公《論書》詩有「苟能通其意，常謂不學可」之句。此在坡公之天才，實能如此，而斷非後學所可藉口。坡公自謂常懸帖壁間觀之，又常言「筆成冢，墨成池，不及羲之即獻之。筆禿千管，墨磨萬錠，不作張芝作索靖」，則坡公豈以不學誤後人者乎？

古人以「撥鐙」爲秘法，其説又各不同。林韞以爲推、拖、撚、拽四字，陸希聲以爲擫、押、鉤、抵、格五字，李後主以爲擫、壓、鉤、揭、抵、拒、導、送八字。蓋自唐以來，所傳即互異如此。舊以鐙爲馬鐙，謂執筆如足踏馬鐙，淺則易於轉運；或又以鐙爲燈，即撥燈草之小棍，亦取其輕便之意。昔人謂李後主書最工此訣。余購得李後主真蹟一册，再三審玩，了不悟所謂撥鐙者。嘗聞陳香泉奕禧與一巨公論撥鐙法不合，至於絶交。竊謂論書之語，亦悉數難終，但取其切實可遵守者耳。撥鐙之法，即不得其解何害？所謂「不食馬肝未爲不知味」也。

蘇齋師曰：「今人但知作書須用腕力，而不知右腕之力須從左腕出。」此論甚微，前人所未發也。

先資政公曰：「凡書未成家者，宜日與古帖爲緣。無論何帖，皆足以範我筆力。

否則日有走作，諺所謂『自來腔』也。米襄陽嘗言：『一日不書，便覺思澀。』想古人未嘗一日廢書，米老猶爾，況後學乎？」

宋高宗曰：「士人作字，往往篆、隸各成一家，真、行、草自成一家者，以筆意本不同，每拘於點畫，無放意自得之蹟，故別爲户牖。若通其變，則五者皆在筆端，了無閡塞，非風神頓悟，力學不倦，至有筆冢研山者，未易語此也。」

有志學書而年力有餘者，竟當從小篆入手，先覓一舊本《説文》汲古閣本舊搨者即可。字字摹仿，到掩卷悉能自運後，再覓舊本《石鼓文》及李斯各磨崖篆字，李陽冰各石刻，精心學之，腕力自然堅定，結構自然謹嚴。記得有人言學篆者首學畫棋盤，次學畫圈子，必須懸腕爲之，到得縱横大小無不如意，思過半矣。

篆字必須正鋒，須用飽筆濃墨爲之。近人率用秃筆，或竟剪去筆尖，不可爲訓。王虚舟篆體結構甚佳，惟用剪筆枯毫，不足以見腕力。今人中前惟趙謙士侍郎秉沖，近惟程春海侍郎恩澤得其法，而春海筆力尤壯。昔人言篆之善者，就日中視之，必有一線濃墨在每畫之中間，毫無偏倚，此豈剪筆枯毫之所能爲哉？

吾士行曰：「篆字必須博古，能識古器，則其款識中古字神氣敦樸，可以助人，又可知古人象形、指事、會意等未變之筆皆有妙理。」又曰：「篆書中多有字中包一二畫，如『日』字『目』字之類。若初一字內畫不與兩邊相黏，後皆如之，則爲首尾一法。若或接或離各異，爲不守法度，不可如此。」又曰：「篆法扁者最好，謂之蝸扁，《石鼓文》是也。徐鉉自謂吾晚年始得蝸扁法。凡小篆多瘦而長，蝸扁法非老筆不能到。」又曰：「小篆俗皆喜長，然不可太長，但以方楷一字半爲度，一字爲正體，半字爲垂脚。脚不可過長，當以正脚爲主，餘畧收短。其有下無垂脚，如山、白等字，以上枝爲出，如草木正生則上出枝，倒懸則下出枝耳。」

王虛舟謂篆法有三：一曰圓，二曰瘦，三曰參差。圓乃勁，瘦乃腴，參差乃整齊。按篆法要圓，自是不易之論，其要瘦、要參差，皆非是。瘦與腴，參差與整齊，皆正相反，當改作一曰圓，二曰腴，三曰整齊。虛舟作篆之弊，正在不能腴，不整齊。蓋以剪筆枯毫爲之，求瘦非難，而去腴則遠。腕不定，指不熟，動即參差，欲求整齊，又何可得哉？

隸書必須溯源漢碑，不可從唐隸入手。漢隸則《曲阜》《任城》數碑已足。就中字數分明、最可摹仿者，無如《史晨》《韓敕》《乙瑛》三碑。此外則東平州之《張遷碑》，汶上縣之《衡方碑》，郃陽縣之《曹全碑》，及魏黄初三碑，亦須熟摹。至《華山碑》與《熹平石經》，皆中郎遺跡，惜舊本難得，與其臨此碑之翻刻本，不如臨前數碑之原石本。《夏承碑》今亦無善本，而體貌瑰麗，神采飛揚，在漢碑中爲別派，亦可學也。

伊墨卿秉綬言：「學漢碑每種須兩副，一懸壁諦觀，一剪裱臨仿。」愚謂唐人如韓擇木、蔡有鄰各大碑，亦瑰麗可喜，但懸壁觀之可矣。宋、元、明三代隸學幾絶，率多以意爲之，不特漢隸無傳，即學唐隸者亦渺不可得。至我朝朱竹垞始復講漢隸，然如墊角巾，聊復爾爾，已爲前人所譏。同時之鄭谷口簠隸書最著，則未免習氣太重，聞其時有戲於黑漆方几上加白粉四點，謂爲鄭谷口隸書田字者，其惡趣可知，不知當日何以浪得名。此外如林佶人、王虚舟腕力皆弱，直至伊墨卿、桂未谷出，始遥接漢隸真傳。墨卿能拓漢隸而大之，愈大愈壯。未谷能縮漢隸而小之，愈小愈精。「斯翁之後，直至小生」二語，真堪移贈耳。

唐隸無可學者，惟唐玄宗之《泰山銘》得漢人遺意，《石臺孝經》肉重骨柔，遠弗及也。蓋漢以來，碑碣之雄壯未有及此者。漢隸無大字，欲作大隸者，捨此銘奚所取法哉？

吾士行曰：「隸書人謂宜扁，殊不知妙在不扁。挑拔平硬如折刀頭，方爲漢隸，所謂方勁古拙、斬釘截鐵備矣。」

王虛舟曰：「世之爲隸書者，多以扁濶爲漢，方整爲唐。其實漢隸何嘗不方整？但於精神今古之間分優劣耳。」又曰：「書到熟來，自然生變。《韓敕碑》無字不變，『普』字『留』字不知多少，莫有同者。此豈有意於變，只是熟故。若未熟便有意求變，所以數變輒窮。」

蘇文忠公曰：「書法備於正書，溢而爲行草。未能正書而事行草，猶未能莊語而輒放言，無是道也。」

姜堯章曰：「真書以平正爲善，此世俗之論，唐人之失也。古今真書之神妙，無出鍾元常，次則王逸少。今觀二家書，皆瀟灑縱横，何拘平正？良由唐人以書判取士，而士大夫字類有科舉習氣，顔魯公之《干禄字書》是其證也。」

王虛舟謂《多寶塔》爲魯公少時書。魯公書碑遍天下，權輿於此，此碑以前無魯公書也。王元美謂此碑少遠大雅，不無佐史之恨。誠然，惟近世學顔書者，非廓落即枯朽，求其不大不小、骨肉停勻，惟此一碑可爲家塾通行之本。近搨過於肥漫，但得中間鑿字不甚模糊，末後「空王可託」等字不破者，即爲稍舊之本，可供臨摹。余嘗見一宋搨本，瘦勁迥殊近搨，凡三點水皆有牽絲連之，每字之方格痕尚隱隱可見也。

顔魯公《干禄字書序》云：「字書源流，起於上古，自改篆行隸，漸失本真。若總據《說文》，便下筆多礙。當去其太甚，使輕重合宜。」近人嘉興王惺齋亦云：「今之學者，於經史韓、歐所用之字，概置不用，獨好用許氏《說文》字，此韓子所謂『蘄勝於人，非蘄至於古之立言』者也。」此言尤中今人之病，惟破體俗字，斷不可從，但看舊搨之《干禄字書》最好，既可辨體，又可師其筆法，大小皆可摹仿。近則遵守四庫館所訂《通俗文字》足矣。

《說文》字不可以通行，而作行楷者則不可不通篆隸之意。唐人顔、柳從篆出，歐、褚從隸出，即宋人米、蔡亦從篆出，蘇、黄亦從隸出也。吴匏庵嘗言：「作真行書者，能寫篆籀，則高古今。」此亦探原之論也。

初學書先須大書，不得從小。此語出自衛夫人，至今學書者皆知遵守，但不知彼時所學何帖耳。今人學書，且須從唐人入手，如歐陽之《醴泉銘》、《皇甫碑》、《温虞公碑》，顔之《多寶塔碑》，柳之《玄秘塔碑》，皆可爲初學門徑，逐日臨摹。若歐陽之《化度寺碑》，今無善本，翻刻本皆失真。顔之《家廟碑》《宋廣平碑》，字體過大，不便初學。此外如虞永興之《廟堂碑》，結體渾穆，未易攀躋，且西安、城武二本亦皆非原石。褚河南之《雁塔聖教序》《房梁公碑》，虚和圓健，非可以形迹求。此數種皆極好之楷則，然必須將《醴泉銘》等種立定脚跟，再進而學此數種，方有把握。惟鄉僻寒儒，豈能盡得佳帖？黄山谷謂：「唐彦猷得率更真跡數行，精思學之，遂以名世。」趙松雪《蘭亭十三跋》中所云「昔人」即本此。此意不可不知也。

近人作小楷者，率稱學《樂毅論》，不知所學者皆快雪堂本，乃宋人王著所臨，非右軍書也。《樂毅論》真本有二種。一爲越州學舍本，從元祐秘閣重摹，今停雲館所摹前一全本是也。一爲海字本，即宋高紳學士所藏石，末後至一短行僅存一「海」字，止一刻於越州石氏帖，再刻於博古堂帖，今停雲館所摹後一不全本是也。然停雲館是從博古堂帖摹出，字勢改就方整，又脱失其後三半短行，頗無人知爲海字本。惟章氏墨池堂所摹，是從越州石氏本出，徐壇長所稱筆鋒纖毫畢肖者，實勝停雲館不全本，爲元祐秘閣真影，尚可想見開合縱横之意。今人眼光全爲快雪堂本所罩，雖人人意中口中皆有《樂毅論》三字，而於《樂毅論》之源流正變實則茫然，故不得不詳論之。《樂毅論》之外，最著者爲《十三行》。趙松雪謂：「王獻之所書《洛神賦》，是晉時麻牋，紹興間思陵訪得九行一百七十六字，米友仁定爲真蹟；宋末賈似道復得四行七十四字，合成十三行二百五十字。」然《寶刻叢編》及《宣和書譜》皆在賈似道之前，已有「十三行」之目，而《汝帖》所收乃從「之郁」字起，可見宋人傳本已自多寡不同矣。今人所臨，亦是快雪堂本，後有柳公權跋兩行者。松雪以爲是唐人用硬黄紙所臨，非真本也。松雪所跋本今不可見。近來評此帖者，皆云唐荆川本第一，孫文介本第二。今唐本又不可多見，孫本即從唐本重摹，是爲元晏齋本，文介以不當意，中間鑱損九字，其未損者是初上石後初搨本耳。《十三行》九字損本，正與《蘭亭》五字損本爲對。此外又有賈似道用碧玉所刻本，俗稱《玉版十三行》。厥後又有玉工重鐫之一本，今墨池堂所摹是也。總謂之杭州本，而鋒稜太露，遠不及元晏齋本。又有一種偏於側媚者，則王雅宜臨本，愈不足辨矣。

黄山谷言：「大字無過《瘞鶴銘》，小字莫學癡凍蠅。隨人作計終後人，自成一家始逼真。」按此數語，真學書之秘鑰，而「莫學癡凍蠅」語尤爲痛切。今人作小楷鮮不如癡凍蠅者，即古帖小楷之不佳者，如《樂毅論》《黄庭經》諸劣刻，皆癡凍蠅也。能提筆即避此三字足矣，然談何容易哉！

學行草書，須熟摹《淳化閣帖》及懷仁《聖教序》、孫虔禮《書譜》，則晉、唐人之筆意已備。《蘭亭》不易學，並不易言。今世所傳唐絹本，褚臨也，定武本，歐臨也，二派已迥不相入，似於山陰風矩離之已遠，何況後人？米襄陽、趙吴興所臨蘭亭本具在，仍自成爲米趙之書，何況餘子？無已，則惟顔魯公之《争坐帖》合晉、唐爲一家，學之者爲脚踏實地耳。

宋四家蘇、黄、米皆可學，惟蔡不必學。蓋蔡書尚未盡變唐人面貌，學蔡則不如徑學唐人。此後趙、董兩家，惟真跡可學，墨刻亦不必學。最可笑者，吾鄉學行書多從陝刻《天冠山帖》入手，操觚家案頭輒有一本。不知此帖是僞本，罅漏顯然，字體側峭，神味淺薄，何足以供臨摹？余曾從蘇齋見松雪《天冠山詩》真蹟卷，深厚精腴，迥殊陝刻，詩款皆有參差，則安得呼抱殘守缺之徒而遍告之乎？

黄長睿曰：「凡草書分波磔者，名章草，非此者但謂之草。猶古隸之生今正書，故章草當作草書，先本無『章』名，因漢建初中杜操伯度善此書，帝稱之，故後世目焉。今便以爲章帝書，誤矣。」

宋高宗曰：「昔人論草書謂應指宣事如矢發機，霆不暇擊，電不及飛，此造極之言、創始之意也。後世或云『忙不及草』者，豈草之本旨哉？正須翰動若馳，落紙雲烟方佳耳。」蘇文忠公草書雖是積學乃成，要是出於欲速。古人匆匆不及草書，此語非是。

李之儀曰：「『家貧不辦素食，事忙不及草書。』此特一時之語耳。正不暇則行，行不暇則草，理之常也。間有蔽於『不及』之語，而特於草字行筆故爲遲緩，久之雖欲稍急，不可復得矣。今法帖二王部中多告哀問疾、家私往還之書，亦可謂迫矣，胡不正而反草耶？」

學草書者，但一部《書譜》已足。王虛舟嘗言：「右軍以後無草書，雖大令親炙趨庭之訓，亦已非復乃翁堂奥。顛素以降，則奔逸太過，所謂『驚蛇走虺勢入户，驟雨旋風聲滿堂』者，不免永墮異趣矣。」余論草書須心平氣和，斂入規矩，使一波一磔無不堅正，乃爲不失右軍尺度。少一縱逸，即惡道坌出。米老譏顛素謂「但可懸之酒肆」，非過論也。隋唐以降，惟永書《千文》及《書譜》爲得草書之正，竇泉《述書賦》譏《書譜》「千紙一類，一字萬同」，非篤論也。

宋射陵曹《書法約言》云：「初作字不必多費楮墨，取古搨善本細翫而熟觀之，既復背帖而索之，學而思，思而學，心中若有成局，然後舉筆而追之。似乎了了於心，不能了了於手，再學再思，再思再校。始得其二三，既得其四五，自此縱書以擴其量，總在執筆有法，運筆得宜。真書握法近筆頭一寸；行書寬縱，執宜稍遠，可離二寸；草書流逸，執宜更遠，可離三寸。筆在指端，掌虛容卵，掌實則不能動轉自由。務求筆力從腕中來，筆鋒從畫中見。腕豎則鋒正，鋒正則四面鋒全，而左右逢源、静躁俱稱矣。」

魏伯子曰：「古人作字，於楷細秀婉中，忽作一重大奇險者，蓋其精神機勢所發，無能自遏，不覺縱筆，覽者亦遂怵然改觀。後人見此，學爲怪異，而所書不足動人，本無情興、徒欲作怪故也。人有呵欠噴嚏，必舒肆震動而洩之，苟無是而學爲張口伸腰，豈得快哉？」

鍾伯敬惺曰：「古法帖無論妍拙放斂，其下筆無不厚者。厚故不易入，所以能傳。試取古帖中數字極樸而無態者，一臨之，纔覺有一二分似處，即佳矣。而彼之樸而無態者自如，人反以爲不佳，此即所謂厚也。」伯敬書不佳，而此言乃有妙理，可爲學古帖者開一法門。然此是專指晉、唐以前名蹟言之，若今人學行書，只知《天冠山詩帖》，學楷書只知《閑邪公家傳》，則又何必以此語告之。

凡臨古人書，須平心耐性爲之，久久自有功效，不可淺嘗輒止，見異即遷。師宜官之帳，張芝之池水，其故可思。徐季海《學書論》云：「俗言『書無百日工』，悠悠之談也。宜白首工之，豈可百日乎？」今人亦有「書無一月工」之諺，蓋本於此。試觀歐陽詢初見索靖碑，唾之，復見，悟其妙，臥其下者十日。閻立本嘗至荆州，視僧繇畫，忽之，次見，畧許，三見，坐臥宿其下者十日。書畫之妙，以歐陽與閻之真識，尚不能以造次得之，況下其幾等者乎？

周櫟園曰：「書有四種，曰臨，曰摹，曰響搨，曰硬黄。臨者，置紙法書之旁，睥睨纖濃點畫而倣爲之。摹者，籠紙法書之上，映照而筆取之。響搨者，坐暗室中，穴牖如盎大，懸紙於法書，映而取之，欲其透射畢見，以法書故縑，色沈暗，非此不徹也。硬黄者，縑紙性終帶暗澀，置之熱熨斗上，以黄蠟塗匀，紙雖稍硬而瑩徹透明，如世所謂魚魫、明角之類，以蒙物，無不纖毫畢見者。」[一]昔人解響搨、硬黄者皆若此。

[一] 按以上引文本出明李日華《紫桃軒文綴》，非周亮工語。

今人不用熨斗塗蠟，但以油脂入少許蠟搥薄，側理既明徹，又不透滲。或用薄明角作板，映而書之。硬黄似矣，惟礬搨尚未分明。予在北海，見膠西張用之爲人集右軍帖中字作碑，先用硬黄法摹帖中字於紙，嚮燈取影，以遠近爲大小，度其式合，就而雙鉤，然後填實，亦一法也。

姜堯章曰：「筆欲鋒長勁而圓。長則含墨可以取運動，勁則剛而有力，圓則姸美。」予嘗評世有三物，用不同而理相似。良弓引之則緩來，捨之則急往，世俗謂之揭箭。好刀按之則曲，捨之則勁直如初，世俗謂之回性。筆鋒亦欲如此，如一引之後，已曲不復，又安能如人意耶？故長而不勁，不如不長，勁而不圓，不如不勁。

黄長睿曰：「流俗言作書皆欲懸腕而聚指管端，真、草必用此法乃善。予謂不然。逸少書法有真一、行二、草三，以言執筆去筆跗遠近耳。今筆長不過五寸，雖作草書，必在其三，真行彌近。若不問正、草，必欲聚指管端，乃妄論也。觀晉唐人畫執筆者，未嘗如此，可破俗之鄙説耳。」

趙子固孟堅嘗言：「行草宜用棗心筆者，以其搯裊婉媚。然用之須捺筆鋒向左，只用筆鋒，不用筆尖，乃可。如真書，直竪用尖，則施之行草無態度。此要緊處，人多未知。」按棗心筆大約如今之純羊毫，故可以捺鋒向左。近人惟劉文清公墉善用純羊毫，蓋於子固之言有默契也。

記明人説部中載一條云：京師某巨公頗負書名，適門下士有出守湖州者，囑寄致佳湖潁數枝。某守莅任日，即訪一名筆工製筆，工言上等筆不能速就，守刻期一月，工竭力爲之，僅得十枝。守馳書專介至京，某公試之不佳，復書有歉語。守怒，召筆工欲責之。工請曰：「貴師字體可得觀乎？」守以復函示之。工覼然曰：「早知貴師筆力止此，則一日即可得十枝。」因更製數十枝以寄。某公乃大稱意，復書致謝。守詰其故，工曰：「我之上等筆，非歐、虞、顔、柳不能用。後所製者，便於時手耳。」按《盧言雜記》亦有一條，云宣州陸氏世能作筆，右軍嘗與其祖求筆。後子孫猶能作筆，柳公權嘗就求筆。先與二管，謂其子曰：「柳學士能書，當留此筆；如退還，即可以常筆與之。」未幾柳以爲不入用，遂與常筆。陸云先與者，非右軍不能用，柳信與之遠矣。此與前事相類而更在其前。今人有工書而不能用純羊毫者，即是此理。近阮芸臺先生跋予宋拓《醴泉銘》云：「魏、周、齊、隋書派，至歐陽而集其成。嘗細玩此等書法，是何等毛潁？今湖州筆，祇便寫宋元字耳。必如此舊搨本，方見得古人毫柱蹤跡，安得良工爲之？」此非王著輩所及知也。

蘇文忠公曰：「獻之少時學書，逸少從後取其筆不可，知其長必能名世。僕以爲知書不在於筆牢，浩然聽筆之所之而不失法度，乃爲得之。逸少所以重其不可取者，以小兒子用意精至，猝然掩之，而意未始不在筆，不然則是天下有力者莫不能書也。」

陳伯敷嘗言：「初學須用佳紙，令後不怯紙；須用惡筆，令後不擇筆。」余謂初學者亦宜令不擇紙，俟筆法稍成，然後以佳紙縱其手，否則安得如許佳紙以供塗抹乎？

趙希鵠嘗言：「古人晨起，必濃磨墨汁滿研池，以供一日之用，用不盡則棄去，來早再作，故研池必大而深。」陳繹曾言：「磨墨不得用研池水，令墨滯筆沍。須以水注汲新水，隨時斟酌之。」皆是。至謂凡書不得自磨墨，令手顫筋骨强，是爲大忌云云，則寒儒作字，豈皆旁有磨墨之人？昔人言「磨墨如病」，又言「磨墨後須養手」，得其理矣。

王虛舟曰：「東坡用墨如糊，云須湛湛如小兒目睛乃佳。古人作書，未有不濃用墨者。晨興即磨墨升許，以供一日之用，及其用也，則但取墨華而棄其渣穢，故墨彩豔發，氣韻深厚，至數百年猶黑如漆。至董文敏以畫家用墨之法作書，於是始尚淡墨，雖一時韻味沖勝，及其久也，則黯黮無色矣。要其矜意之書，亦未有不濃用墨者也。」

今人臨摹古人書者，統曰臨帖。不知帖之名起於晉而盛於宋，秦漢以前之鐘鼎款識及石鼓等，皆當謂之金石文字；李斯各篆刻，但當謂之磨崖；至兩漢以後，樹石書丹者則謂之碑碣，而皆不可以帖名。帖者，始於卷帛之署書，凡後世一縑半紙珍藏墨蹟者，皆歸之帖。宋以後《閣帖》如鍾、王、郗、謝諸書，皆帖非碑。阮芸臺先生嘗著《北碑南帖論》，於書家源流正變所辨極精。其言曰：「前後漢隸碑盛興，書家輩出，山川廟墓，無不刊石勒銘，最有矩法。降及西晉、北朝，中原漢碑林立，學者慕之，轉相摹習。唐人修《晉書》《南、北史》傳，於名家書法，或曰善隸書，或曰善隸草，或曰善正書，善楷書，善行草，而皆以善隸書爲尊。當年風尚，若曰不善隸是不成書家矣。故唐太宗心折王羲之，尤在《蘭亭敘》等帖，而御撰《羲之傳》，惟曰『善隸書，爲古今之冠』而已，絕無一語及於正書、行草，蓋太宗亦不能不沿史家書法以爲品題。《晉書》具在，可以覆案。而羲之隸書，世間未見也。隸字書丹於石最難。北魏、周、齊、隋、唐變隸爲真，漸失其本，而其書碑也，必有波磔，雜以隸意。

古人遺法猶多存者，重隸故也。隋唐人碑畫未出鋒，猶存隸體者，指不勝屈。褚遂良，唐初人，宜多正書，乃今所存褚蹟則隸體爲多，間習南朝體，書《聖教序》即嫌飄逸。蓋登善深知古法，非隸書不足以被豐碑而鑿貞石也。宮殿之榜，亦宜篆隸，是以北朝書家，史傳稱之，每曰長於碑榜。今榜不可見，而瓦當、碑頭及《天發神讖碑》可以類推。晉室南渡，以《宣示表》諸蹟爲江東書法之祖，然衣帶所攜者帖也。帖者始於卷帛之署書，見《說文》。今《閣帖》如鍾、王、郗、謝諸書，皆帖也，非碑也。且以南朝敕禁刻碑之事，是以碑碣絶少，見《昭明文選》。是帖是尚，真行草書，無復隸古遺意矣。《閣帖》所載晉人尺牘，非釋文不識，苟非世族相習成風，當時啟事，彼此何以能識？東晉民間墓甎，多出陶匠之手，而字跡尚與篆隸相近，與《蘭亭》迥殊，則非持風流者所能變也。王獻之特精行楷，不習篆隸。謝安欲獻之書太極殿榜，而獻之斥韋仲將事以拒之，此自藏其短也。夫魏之君臣失禮者，在橙懸仲將耳。若使殿榜未懸，陳之廣廈細旃之上，敕文臣大書之，何不中禮之有？豈君上殿廷不及竹扇籠鵝耶？北朝碑字破體太多，特因字雜分隸，兵戈之間無人講習，遂致六書混淆，向壁虛造。然江東俗字亦復不少，二王帖如『稧』『智』『軆』『㯮』等字，非破體耶？唐初破體未盡，如虞、歐碑中『咲』『苪』虞《廟堂碑》。『准』歐《虞恭公碑》。『煞』歐《皇甫君碑》。等字，非破體耶？唐太宗幼習王帖，於碑版本非所長，是以御書《晉祠銘》，筆意縱橫自如，以帖意施之巨碑者，自此等始。此後李邕碑版，名重一時，然所書《雲麾》諸碑，雖字法半出北朝，而以行書書碑，終非古法。故開元間《修孔子廟》諸碑，爲李邕撰文者，邕必請張庭珪以八分書書之，邕亦謂非隸不足以敬碑也。唐之殷氏仲容、顔氏真卿，並以碑版隸楷世傳家學。王行滿、韓擇木、徐浩、柳公權等，亦各名家，皆由沿習北法，始能自立。是故短牋長卷，意態揮灑，則帖擅其長；界格方嚴，法書深刻，則碑據其勝。若其商榷古今，步趨流派，擬議金石，名家復起，其誰與歸！」

阮先生又有《南北書派論》，以東晉、宋、齊、梁、陳爲南派，趙、燕、魏、齊、周、隋爲北派。北派是中原古法，拘謹拙陋，長於碑牓，由鍾繇、衞瓘、索靖及崔悅、盧諶、高遵、沈馥、姚元標、丁道護等以至歐陽詢、褚遂良。南派是江左風流，疏放妍妙，長於啟牘，減筆至不可識，亦由鍾繇、衞瓘及王羲之、獻之、僧虔等，以至智永、虞世南。兩派判若江河，直至趙宋《閣帖》盛行，不重中原碑版，而北派始微。

宋帖展轉摹勒，不可究詰。漢帝秦臣之蹟，並由虛造，鍾、王、郗、謝，豈能如今所存北朝諸碑，皆是書丹原石哉？」此論亦前人所未發。

本朝書家林立，亦似有南北派之分。前人如勵文恪杜訥、張文敏照、蔣拙存衡、王虛舟澍，以及近時之劉文清公、翁蘇齋師，皆當爲北派。查聲山昇、陳香泉奕禧、何義門焯、姜西溟宸英、林吉人佶，以及近時之王夢樓、梁山舟同書、陳玉方希祖，皆當爲南派。若余知交中郭蘭石尚先、張瀨山岳崧二人，無家不學，無體不工，其意似欲奄有南北之長，而其實則尚未成派耳。

稀見筆記叢刊

已出版

獊園 〔明〕錢希言 著

鬼董 〔宋〕佚名 著　夜航船 〔清〕破額山人 著

安安録 〔清〕朱海 著

古禾雜識 〔清〕項映薇 著　鐙窗瑣話 〔清〕于源 著

續耳譚 〔明〕劉忭等 仝撰

集異新抄 〔明〕佚名 著 〔清〕李振青 抄　高辛硯齋雜著 〔清〕俞鳳翰 撰

翼駉稗編 〔清〕湯用中 著

籜廊瑣記 〔清〕王守毅 著

風世類編 〔明〕程時用 撰　闇然堂類纂 〔明〕潘士藻 撰

新鐫金像評釋古今清談萬選 〔明〕泰華山人 編選

疑耀 〔明〕張萱 撰

退庵隨筆 〔清〕梁章鉅 編

即將出版

在野邇言 〔清〕王嘉楨 著　薫蕕并載 〔清〕佚名 著

述異記 〔清〕東軒主人 撰　鸝砭軒質言 〔清〕戴蓮芬 撰

魏塘紀勝·續 〔清〕曹廷棟 著　東畬雜記 附 幽湖百詠 〔清〕沈廷瑞 著　鴛鴦湖小志 〔民國〕陶元鏞 輯

見聞隨筆 見聞續筆 〔清〕齊學裘 撰

仙媛紀事 〔明〕楊爾曾 輯